《抗战文化研究》编委会

【第十辑】

KANGZHAN WENHUA YANJIU

抗战文化研究

李建平 张中良 /主编

广西抗战文化研究会
广西社会科学院文化研究所 /选编

GUANGXI NORMAL UNIVERSITY PRESS
广西师范大学出版社
·桂林·

图书在版编目（CIP）数据

抗战文化研究．第 10 辑 / 李建平，张中良主编．
桂林：广西师范大学出版社，2016.10
ISBN 978-7-5495-8895-4

Ⅰ．①抗… Ⅱ．①李…②张… Ⅲ．①抗日战争—
文化史—研究—中国 Ⅳ．①K265.03

中国版本图书馆 CIP 数据核字（2016）第 233338 号

广西师范大学出版社出版发行
（广西桂林市中华路 22 号 邮政编码：541001
网址：http://www.bbtpress.com）
出版人：张艺兵
全国新华书店经销
桂林广大印务有限责任公司印刷
（桂林市临桂县秧塘工业园西城大道北侧广西师范大学出版社集团
有限公司创意产业园 邮政编码：541100）
开本：720 mm × 960 mm 1/16
印张：21.5 字数：360 千字
2016 年 10 月第 1 版 2016 年 10 月第 1 次印刷
印数：0 001～1 600 册 定价：49.80 元

承蒙
广西社会科学院和
广西壮族自治区文化精品项目资金资助出版
特此鸣谢

目　录

本辑关注：东北作家群研究

东北作家群中的内地作家和撤离作家
——抗战时期东北流离作家群研究之一　张　泉/1
论东北作家群的抗日题材短篇小说创作　洪　亮/19
东北抗日报告文学管窥（1931—1945）　赵　伟/29

思潮与运动

“抗战建国”与方志文化
——以四川省通志馆为中心的考察　曾　荣/43
基于新闻史料的桂林抗战国际传播研究　万　忆　朱丽莉　徐　乐/54

人物研究

哈庸凡抗战文化活动及其战地通讯写作
——兼记武汉和随枣会战几件史料　哈晓斯/74
庄寿慈在桂林抗战文化城的翻译实践研究　袁斌业/96
台湾义勇队创始人李友邦爱国抗日功绩略论　杨益群/105

文本论析

孙陵与《突围记》 张中良/118
"四塞山河护国魂"
——抗战文学中的"衡阳书写" 吕彦霖/126
论严杰人诗中的英雄形象 蒋婧琳/138
中日军民心理特点书写异同
——《南京血祭》与《活着的士兵》比较研究 高 磊/149

抗战艺术研究

新四军战地舞蹈活动述论 何立波/160
救亡下的"趋新":抗战时期的江西音乐戏曲界 邱 泉/169
无言的前卫:抗战时期的"现代绘画联展" 漆 麟/184
赵景深及其《战时大鼓词》 万华英/199

文化遗产保护

云南省抗战遗址调查报告 陆 璎 李建平/207
贵州省抗战遗址调查报告 陆 璎/222

史料研究

民族精神视域下抗战文献的文化形态 谭 翠 王兆辉/233
中国抗战文化和民国广西文化的珍贵遗产 黄伟林/243
抗战时期鼓词文献拾遗两则
——基于重庆图书馆馆藏 王兆辉 闫 峰/250
榕湖畔的文人背影 尹汉胤/260

评论与争鸣

国家意识 史诗精神
——评"中国·四川抗战文化研究丛书" 苏 宁/268

《广西抗战文化研究丛书》评论专辑 /274
一部记录广西抗战独特贡献的文化研究新著
——评李建平等的《广西抗战文化史》 黄伟林/275
彰显广西抗战特色的史学新著
——评《广西在抗日战争中的历史作用与贡献》 李建平/277
一本填补多项重要空白的艺术史力作
—— 李建平等著《桂林抗战艺术史》读后 魏华龄/278
桂林抗战文化研究可资借鉴的学术样本
——《桂林抗战文化综论》简评 盘福东/281
尊重一段历史 为往事继绝学
——评《广西抗战文化大事记》 朱丽莉/283
一部反映中国共产党直接领导文化抗战的新作
——读《中共中央南方局与广西文化抗战》感言 李建平 盘福东/284
探寻真相 重塑英烈
——评《不能忘却的记忆——追寻新四军杰出的青年戏剧家李增援》 谢力哲/287
应区分两种内涵不同的文化
——评《桂系的文化自觉与抗战桂林文化城》 魏华龄/291

综述与消息

《抗战文化研究》编委工作会议纪要 曾 祁/302
西部地区抗战遗址考察与保护利用研讨会会议综述 宋 泉 陆 璎/321
本刊聘请罗存康、苏宁、文丰义、杨绍军为编委会委员 李建平/330

后记 /331
征稿启事 /332
关于稿费支付的声明 /333

★ 本辑关注：东北作家群研究

东北作家群中的内地作家和撤离作家

——抗战时期东北流离作家群研究之一

张　泉

[摘　要]1931年九一八事变之后，身在内地的东北作家失去了故乡家园。在东北沦陷区，一批批作家或自主或被动地出走，进入关内，形成流离作家群，也称东北作家群。作家流离的原因多种多样，逃离法西斯文化统制、反抗殖民是绝大多数人的诉求。文学是作家与环境即时互动的精神产品。文艺生产者的流离、语境的转换，必然导致文学的重组。本文主要梳理东北作家群中的内地作家和撤离作家两个群落。

[关键词]抗战文艺；沦陷区文艺；东北作家群

中国现代文学史上的东北作家群，其规模及文学成就，要比现有文学史著述中所描述的大得多。对东北作家群细分，大致由以下六个群落构成：1.九一八事变前主要在内地学习、工作的东北人，即内地文坛上的东北籍作家和在内地走上文坛的东北青年。2.九一八事变后撤离和逃离的沦陷前已成名的东北作家，他们在沦陷后没有实质性地介入“满洲国”文学场域。3.离开东北后在内地走上抗战文坛的学生、青年。4.逃亡祖国的东北沦陷时期的知名作家。5.离开“满洲国”后仍活跃于其他日本统治区的东北沦陷时期的知名作家①。6.因各种机缘在事变前后的东北有过文学活动，而后回到内地，在文学创作和活动中继续与东北或东北作家群有密切联系的作家。本文主要梳理前两个群落。

---

①　第4类和第5类作家跻身于“满洲国”主流文坛，被称作“满系”作家。依此类推，伪满文坛上的日本人作家，称作“日系”，朝鲜人作家，称作“鲜系”，苏联人作家，称作“俄系”。这是当年约定俗成的称谓，不含价值判断意义。

在东北作家群中，九一八事变前在内地的作家，以及九一八事变后撤离的东北成名作家这两类作家，占有相当的比重。他们的共同点是，文学创作和抗日活动主要是在内地开展的。对于日本的侵略行径，他们有着切身的仇恨，创作题材多与家乡有关。由于他们“反映了这一阶段东北人民在日本帝国主义侵略下的不屈的斗争与被奴役被侮辱的悲惨生活，在国内外都受到广大读者的注意与宣扬”。这批作家历史地“象征着民族革命方向所系”①。

一 、内地文坛上的东北籍作家

(一)穆木天

穆木天(1900—1971)，吉林伊通人。原名穆敬熙。1915 年入读天津南开中学。1918 年回家乡考取吉林省公署蒙旗科官费留学生，进入东京第一高等学校特别预科，后转入京都第三高等学校文科。开始诗歌创作和文学翻译。1921 年中国新文学团体创造社在东京成立时，为七位发起人之一。1926 年东京帝国大学法国文学专业毕业后回国，在南北几所高校任教。1930 年底，因抨击时政、宣传抗日，被家乡新办的吉林省立大学解聘。他前往上海，投身左翼文学运动，以及抗日救国活动。1936 年 4 月，九个诗歌团体发起成立中国诗歌作者协会，穆木天为七位理事之一。同时在复旦大学、暨南大学等校兼课。1938 年以后，随着中国文化中心的迁移，辗转大后方武汉、昆明、桂林、贵州。1947 年返回上海。新中国时期，先受聘于东北师范大学，后调北京师范大学。

作为精通法语，掌握日、英、俄语的诗人翻译家，穆木天出版了五十余部创作集、译著和论著。他战前和战时出版的四部诗集，显示了时局对这位西化诗人的影响，以及东北籍作家在家国之变中的心路历程和历史担当。

《旅心》(上海:创造社出版部，1927 年)收诗 32 首，大部分写于留学日本期间。作者借鉴正在研习的法国象征派诗歌和诗论，抒写游子的寂寥乡愁，吟咏一己的情爱心绪，体察自然景物的曼妙神秘，力图在造像与声律、外在景象与内心感受之间达到平衡，每每营造出朦胧、疏离、玄秘的意境。这个时期的穆木天，追求“纯粹的诗歌”，突出诗的暗示作用，使得他的诗“托情于幽微远渺之中，音节也颇求整齐，却不致力于表现色彩感”②，成为中国新文学初创期中国象征诗派的代表作家之一。

---

① 骆宾基:《史料贵于真而难于确》,《东北文学研究史料》第 6 辑(1987 年 12 月)，哈尔滨业余文学院编。

② 朱自清:《中国新文学大系 · 诗集 · 导言》,《中国新文学大系导论集》，良友复兴图书印刷公司，1940 年，第 357 页。

九一八事变后以及全国抗战爆发前后，“亡省”的痛苦、“亡国”的威胁，促使穆木天诗的题材与风格发生“惊人心目”的改变。同时代诗人蒋锡金回忆道：“为了诗歌的更能与时代的要求相结合，更能为大众所接受”，穆木天毅然彻底舍弃了象征主义手法，“从而为诗歌开拓了莽莽苍苍的比较粗犷而浩阔的境界。”[①]他的第二部诗集《流亡者之歌》（乐华图书公司，1937 年），收诗 21 首，其中，有对家园故乡的神游梦回，如《北山坡上》《江雪》《心响》等，而更为突出的是那些取材于东北民众抗日故事的长篇叙事诗。《扫射》控诉殖民者的野蛮杀戮，《在哈拉巴岭上》礼赞一支抗日武装的诞生和战功，《守堤者》重现唐马寨惨案。《江村之夜》首发在一年前出版的《东北作家近作集》之中，无论是对于东北作家还是对于穆木天来说，都具有宣示这一区域作家群体在中国现代文坛集体登场的意义。诗中虚构的江村是日本占领区的缩影。在九一八事变五周年之际，各界民众，包括外国人，在江村集会。发言者依次上台，或报告武装抗日的辉煌战果，或控诉殖民者的暴行，或表达中国人、朝鲜人“全是被压迫的民族”的共识，或吐露儿童也“要奋勇保卫疆土”的告白。“大众合唱”一节则对发言一一加以回应。场景设定，个体发言，众人点评，以及括号里的旁白，凡此种种，与其说它是一首长篇“大众合唱诗”，不如说更像一台时事剧。穆木天支持高兰提倡的朗诵诗运动，也曾身体力行走上街头表演。显然，穆木天的这部诗集中的许多作品也在向朗诵诗的写法靠拢。他在代序中坦言：“自从《旅心》之后，外界的各种条件，使我没有唱歌的余裕。但，自从同东北作了永诀之后，唱哀歌以吊故国的情绪是时时地涌上我的心头。”[②]为了更紧密地配合现实，他进而借用鼓词的形式来直陈抗战大事，以唤起底层民众的抗战热情，也宣泄自己的一腔“吊故国”悲愤。通俗诗歌集《抗战大鼓词》（汉口：新知书店，1938 年 3 月）收 5 个段子，讲述北京、东北、上海、苏北等地军民奋勇抗战的事迹，具有浅白流畅、朗朗上口的特点。其中之一的《卢沟桥》，用两百二十多行的篇幅，铺陈事变故事，结尾收在“卢沟桥开了民族怒吼的第一炮，/最后胜利，是要靠全面抗战长久的斗争”。一位西化诗人、学者，在抗战大潮中对自己的诗风做了紧跟时代的转变。

全民抗战大动员的亢奋期过后，抗战进入相持阶段，在大后方颠沛流离的知识分子，时时要面对失业、穷困的压力，切身体会到持久抗战的艰苦。穆木

---

① 锡金：《穆木天、中国诗歌会和他的诗》，《社会科学战线》1983 年第 2 期。蒋锡金（1915—2003），江苏宜兴人。左翼诗人，新中国成立后在吉林师范大学任教。

② 穆木天：《我的诗歌创作之回顾》，《现代》第 4 卷第 4 期，1934 年 2 月。

天也把主要精力转向教学工作和名著翻译等文化建设工程。这时期的作品,叙事者的叙事风格发生改变,激进的抗战宣传员的角色渐渐淡出。1942 年 9 月由重庆文座出版社出版的《新的旅途》,其中有很大一部分作品转向个人感悟,平实地表现流寓西南边陲的日常生活和情感思绪。然而,生活的困苦并没有消磨他抗战必胜的信念。在行动的层面上,穆木天一直是抗战文化活动的积极参与者。

1957 年,穆木天被划为右派。在"文化大革命"的高潮期,在同一学校任教的夫人非正常死亡。不久,出版过《旅心》《流亡者之歌》《新的旅途》诗集的穆木天,一位大跨度的资深诗人,也结束了自己的人生旅行。

有人揣测说,把穆木天归入东北作家群的依据可能是因他的东北籍。而实际上,最为重要的根据还是他的与时俱进的诗歌创作历程和他对于抗战文化工作的投入,以及他对东北沦陷区文学叙事所做出的贡献。穆木天在很长一段时间里不在现代文学研究的范围之内。或许,这与他 1932 年加入中共,在 1934 年被国民政府拘捕两个月后"不再保留中共党员身份"有关①。但这样的事件不宜成为文学评价的先决条件。

(二)李辉英:构造反日故事

30 年代东北作家群中,只有少数人出生在殷实之家,其中有李辉英、端木蕻良。李辉英(1911—1991),吉林永吉人。原名李连萃,笔名梁晋、叶知秋等。1927 年到上海私立立达学园高中部学习,1929 年考入中国公学大学部中文系。

九一八事变三个多月以后,李辉英的短篇小说《最后一课》及时出现在中国左翼作家联盟的《北斗》(1932 年 1 月)杂志上。作品讲述陷区女学生惨遭日军蹂躏,表现殖民地中国民众的苦痛,激发抗日情绪,是东北作家最早的家乡沦陷叙事。这时,东北已成为全国关注的焦点。《北斗》主编丁玲邀约李辉英写一部以东北抗日为题材的长篇小说。李辉英选择了"万宝山事件"。

万宝山位于长春西北,不属于满铁附属地,是中国政府的辖地。1931 年 4 月,一中国人在万宝山租下四百余垧土地,未经中国政府审批又转租给来自日本殖民地的朝鲜农民。他们要在中国农民的熟田里强行开掘引水渠。7 月,日本军警不顾中国地方政府执法人员的阻止,鼓动朝鲜人继续挖渠,向护地的中国农民开枪,并拘捕刑讯多人,造成几十人死伤。引水渠建成后,日本在朝鲜宣传中国排斥朝鲜人,导致朝鲜半岛发生大规模排华暴动,数百名华侨死伤。

① 详见陈方竞《文学史上的失踪者:穆木天》,北京大学出版社,2007 年。

这一事件是日本武装侵华的预演。两个月后就爆发了震惊中外的九一八事件。李辉英用两个半月时间写成小说《万宝山》[①]，作为"抗战创作丛书"的一种，与张天翼的《齿轮》、阳翰笙的《义勇军》一起，1933 年 1 月由上海湖风书局出版。

李辉英自陈，《万宝山》"依凭想象描绘了一个反日的故事"[②]，因为他并不十分了解万宝山当地的情况。1933 年，李辉英加入左联。7 月，他只身潜回伪满洲国，在吉林、长春、哈尔滨、沈阳、大连进行实地调查，收集了大量第一手素材。重返上海后，"所写的以反日为主题以东北为背景的作品，才具有某种程度上的真实感"。不过，李辉英影响最大的还是这两个"存在了一些缺点"的初出茅庐之作。周扬、茅盾等人均予以好评。主要是，它们应和了时代的主潮，发出了国难中东北籍流亡作家登上中国主流文坛的先声。抗战胜利后，李辉英回到故乡，先后在长春大学、东北大学任教。1950 年移居香港。

(三)杨晦

杨晦(1899—1983)，辽宁辽阳人。原名杨兴栋。1917 年考入北京大学哲学系。是 1919 年五四学生运动的积极参与者。1920 年毕业后，先后在辽宁奉天第一师范学校、太原国民师范学校、河北定县第九中学、厦门集美学校等校短期任教。1925 年秋，在北京与冯至、陈翔鹤、陈炜谟等人结成沉钟社。这个文学社团坚持时间超过八年，断断续续编辑出版了《沉钟》周刊、《沉钟》半月刊以及沉钟文艺丛书七种，被鲁迅誉为"确是中国的最坚韧、最诚实、挣扎得最久的团体"[③]，并且认为，"看现在文艺方面用力的，仍只有创造、未名、沉钟三社"[④]。1934 年杨晦到上海。1936 年 6 月，在《中国文艺工作者宣言》上署名。1937 年全面抗战爆发后，随上海同济大学附中迁至江西。1938 年任职广西桂林师范学校、桂林女子中学等校，参与抗敌文化协会的工作。在日军的压迫下，1941 年转任西安西北联合大学，1944 年入职重庆中央大学。抗战胜利后，在上海幼稚师范专科学校任教。新中国成立前夕，转道香港来到北平，出席中华全国文学艺术工作者代表大会。而后长期担任北京大学中国语言文学系主

---

① 有著作称，为写"万宝山"事件，李辉英特意潜回东北，搜集资料，了解素材。见常勤毅《中国新文学与中国共产党》，浙江人民出版社，2011 年，第 82 页。以及蒋蕾《精神抵抗：东北沦陷区报纸文学副刊的政治身份与文化身份》，吉林大学博士论文，2008 年，第 88 页。实际上，《万宝山》是李辉英回家乡实地考察前的急就章。

② 李辉英：《中国现代文学史》第八章第五节，香港东亚书局，1970 年。

③ 鲁迅：《中国新文学大系·小说二集·导言》，良友图书印刷公司，1935 年，第 6 页。

④ 鲁迅：《致李霁野(一九二七年九月二十五日)》，《鲁迅全集》第 11 卷，人民文学出版社，1987 年，第 583 页。

任。杨晦主要从事翻译和剧本创作,著有戏剧集《楚灵王》(商务印书馆,1937年)等,以及多部外国文学名著翻译。后期主要专注于文艺理论教学与研究。由于杨晦在五四新文学开创期的贡献,无论是当时和后来,都被视为东北作家群重要成员。

(四)齐同

齐同(1902—1950),吉林人。原名高滔。有关他的描述不多。据李辉英回忆,齐同客居北平多年,对北平非常熟悉,写有长篇《新生代》,“第一、二部仿佛已经出版了,第三部则未见到。小说写‘一二·九’学生运动,轰轰烈烈,气吞河山。第一册和第二册初版时,颇受好评”。① 1939年,齐同在重庆北温泉完成《新生代》的第一部,当年由重庆生活书店出版。作品以一名出身于破落地主家庭的学生为中心,展现他如何在不可抗拒的时代转折期,一步步发生思想转变,跟上了时代的洪流。这是首部以“一二·九”运动为题材的长篇小说,在当时引起积极的反响,对青年学生投身革命起到了推动作用。作者原计划写三部,实际完成两部,第二部手稿不幸遗失。他还出版有屠格涅夫的《贵族之家》等译著。

(五)高兰

高兰(1909—1987),黑龙江瑷珲人。原名郭德浩。黑龙江省立第一师范学校毕业后到北京,先后进入崇实中学、汇文中学。1928年考入燕京大学。在民族生死存亡关头,他投身抗日救亡大潮,于1938年春加入中华全国文艺界抗敌协会。他提倡和践行诗歌朗读运动,尝试用新诗宣传抗战救国。他创作的朗诵诗,大气磅礴,与时俱进,朗朗上口,情感热烈,具有很强的感召力。代表作有《我们的祭礼》(1937年)、《哭亡女苏菲》(1942年)。在战时成都、重庆,出版有多种高兰朗诵诗选本,是最具群众基础的抗战诗人之一。李辉英回忆说:“七七事变以后,出现了朗诵诗,一时之间,风起云涌,始作俑者为高兰……当是东北作家群中最后出的一人。”②战后,高兰先后在东北、北京工作。1951年被山东大学中文系聘为教授。对于高兰的研究比较多,专著有《高兰评传》(张杰、陆文采,青岛海洋大学出版社,1989年)等。

(六)端木蕻良

端木蕻良(1912—1996),出生于辽宁昌图。原名曹汉文,又名曹京平。端

① 李辉英:《问姓惊初见,称名忆旧容——出席中国作家协会“四大”漫记》,香港《新晚报·星海》1985年2月10日。

② 李辉英:《中国现代文学史》,香港文学研究社,1978年,第191页。

木蕻良的青少年时期在关内度过,主要在平津大都市接受中等、高等学校教育。

端木蕻良的曾祖父为清朝官吏,属汉八旗中的正白旗,置地多达两千余垧。到他父亲的后期,家道中落。他的生母是佃户的女儿,是被曹家强娶为妾的,在曹家的状态一直是“奴婢以下的微笑和工作”。大房去世后母亲扶正,她的屈辱感依旧,并且直言不讳向端木蕻良倾诉她的郁愤。端木蕻良同情母亲,厌恶父亲,从小就形成了“流动在血液里的先天的憎爱”,以及和母亲一脉相承的“彻骨的忧郁”①。还在幼年期,端木蕻良就对关外大家族的变迁以及阶级间的对立怀有切身的感受,这对他日后的文学创作产生深刻影响。

1923 年 11 岁时,端木蕻良到天津名校汇文中学读书,一年后因直奉战争爆发返乡自学。1927 年入昌图县中学。一年后,又转天津南开中学。九一八事变,家园沦丧。1932 年初,他回过东北老家一次,对“红口岘满山遍野的都是武装的老百姓……”留下深刻印象②。他的母亲也告别故乡,定居北平。端木蕻良曾短期参加过孙殿英的部队,在绥远、察哈尔从事抗日活动。后部队调防西北,端木蕻良未随行,在秋季考入清华大学历史系,并加入北平左翼作家联盟,负责编辑机关刊物《科学新闻》。1933 年,左联遭到当局的镇压。他退学返回天津,决心用故事表现地主和农民的关系,以及九一八事变后军民的抗日斗争。《科尔沁旗草原》上卷仅用三个月时间便写完。现代教育、革命活动使得这位世家子弟的第一部长篇小说别具一格。手稿得到文学前辈如郑振铎等人的首肯。但迟至 1939 年,小说才获得出版机会(上海开明书店),并引起反响。

东北人,东北题材,九一八前后的东北社会生态,是九一八事变后祖国文坛关注的焦点。《科尔沁旗草原》的成功也使端木蕻良跻身于东北流亡文学代表作家的行列。生养他的科尔沁旗草原记忆,是他文学想象的源泉。早在 1932 年发表的短篇处女作,取名《母亲》。1935 年,他离开北平南下,发表了步入上海文坛的第一篇小说《鴜鹭湖的忧郁》(上海《文学》7 卷 2 期,1936 年 8 月 1 日)。作品的人物塑造与情景渲染交融,被认为是他的短篇代表作,而他的出生地正是昌图县鴜鹭树村。这个短篇与《遥远的风砂》均入选良友图书公司 1936 年度的选本《短篇佳作集》。1937 年 6 月,他的首部短篇小说集《憎恨》由上海文化生活出版社出版。除《鴜鹭湖的忧郁》外,还收有《爷爷为什么不吃高粱米粥》《遥远的风砂》《万岁钱》《雪夜》《浑河的急流》《吞蛇儿》《乡愁》《憎恨》

① 端木蕻良:《大地的海·后记》,《中流》第 2 卷第 3 期,1937 年。

② 端木:《我控诉,为了三千万被侮辱和损害的人民》,重庆《新华日报》1946 年 4 月 24 日。

和《被撞破了的脸孔》。

后来,端木蕻良一直在左翼抗日文化阵营之内,辗转于武汉、香港、桂林、重庆,与萧红有过一段四年多的婚姻。有当代学者这样比较东北作家群作家:“1932年初至1934年,东北作家群在哈尔滨初成气候时,远在平津的端木蕻良尚处于这个群体之外。1935年,萧军、萧红有幸得到鲁迅的扶助,因《八月的乡村》与《生死场》问世而名声大振,而此时的端木蕻良在文坛上还是默默无闻。然而,从1936年8月起,端木蕻良这个名字在《文学》《作家》与《中流》等影响较大的刊物上频频出现,其意绪饱满、表现别致的作品给人留下了深刻的印象,颇受好评。随着时光的流逝,一些当年走红一时的作品已渐渐为人们所淡忘,而端木蕻良小说——来自黑土地的歌吟,却依然魅力不减。”①

新中国时期,端木蕻良为北京文联、北京市作家协会专业作家。

(七)林咏泉

林咏泉(1911—),辽宁岫岩人。原名林永泉,笔名林艾。在家乡的中级师范学校毕业后,任小学教员。1930年考入南京中央军校。1933年调北平,参加部队训练工作,开始在《晨报》《太平湖周报》上发表诗作。1936年到安庆,与诗友创办《桐雨》文艺月刊。1938年在长沙与孙望等人编《抗战日报》副刊《诗歌战线》十八期,并组织中国诗艺社,出版一期《中国诗艺》。11月13日,长沙发生全城大火事件。林咏泉转往桂林、重庆。1941年,在重庆遇孙望等人,重又复刊《中国诗艺》。1948年在南京与孙望、汪铭竹等人创办《诗星火》。在战争期的颠沛流离中,一直孜孜执着于诗歌。主要诗集有《咏泉初集》(南京,1936年)、《半旗》(自费,上海《大公报》出版,1937年)、《塞上吟》(重庆:国民图书出版社,1943年)等。

新中国学界对他知之不多:“作者林咏泉的情况一点也不了解,是个被尘埃埋藏的人物。”②他出身小康之家,又曾在国民政府的军队里工作。在新中国初期,这样的背景,在政治运动中的境况是可以想见的。据说,他“蒙冤三十余年,1985年平反”。他的诗在纤细的想象、联想和象征中见厚重。他不忘《为东北而歌》(重庆《国民公报》副刊《文群》第139期,1940年3月26日),更关注当下的全民抗战,对民族解放斗争充满热情和信心:

---

① 张中良:《张中良讲现代小说》,湖南教育出版社,2011年,第203页。

② 张泽贤:《中国现代文学诗歌版本闻见续集(1923—1949)》,上海远东出版社,2009年,第378页。

是夜车过去了吗？
载着战士，荷枪不眠的战士，
风从塘边吹来，从大野边吹来，
好乱扑车窗的柳絮呵，
莫疑是漫天飞雪，
战士已整就轻装。

告诉你，那如白带的黄河。
对岸便是敌人了。
趁杨花迷了强盗的眼睛，
听，遥远的枪声起，
明朝有捷报传来！①

时人评价说："潼关——是座多么雄威的古关啊！这地方，不是我们每个中国人的心中，都在崇仰着的吗？看了这首诗——《过潼关》，不由得使我们想起大汉时代，想到往日我们国家在全盛的时候，更想到现在，我们能不为她叹息着吗？但紧接着叹息的，我们还该生着更大的愧心，更大的复仇的愤怨！"②诗作在现实与历史的连接中，激发军民为国家和民族的生存而奋起战斗。

蒋星煜了解林咏泉的经历与创作，曾为他的《塞上吟》作序，因而早在1944年就提出，"东北作家"群中应补充林咏泉。

二、东北作家的撤离与流亡

20世纪20年代后期，受内地的影响，东北出现新文学活动。东北现代文学开创期最早的一批在地新文学作家有宇飞、赵惜梦、于毅夫、陈纪滢、白晓光、师田手、孔罗荪、关吉罡、崔汗青等。九一八事变后，他们大多迁往内地，继续在文化领域从业。也有一些人的作品影响比较大，成为东北作家群的代表作家。

（一）于浣非

于浣非（1894—1978），黑龙江省宾县人。笔名浣非、眠石、宇飞。哈尔滨

① 《过潼关》1940年首发《国民公报》副刊《文艺》第30期，是林咏泉构想中的长诗《黄河之梦》中的一章，后收入《塞上吟》，国民图书出版社，1943年。

② 吕亮耕：《战时诗人们的使命》，《贵州日报》1940年4月28日。

医学专门学校毕业后，曾回到家乡创办县医院。五四运动时期，热衷于国民革命和新文化运动。国民党第一次全国代表大会(1924 年)召开之后，加入国民党。1925 年，参加由赵惜梦等人组织的新文学社团春潮社。1929 年，与孔罗荪、陈纪滢等人结成蓓蕾社，在哈尔滨《国际协报》上辟有每周一期的《蓓蕾》文学副刊。九一八事变后从事抗日救国宣传。第二年 5 月举家迁往北平。张学良以哈尔滨时期的报人、作家为班底，在武汉创办《大光报》。于浣非曾担任报社经理。后随东北抗日救亡总会去重庆。

作为东北地区第一代新文学青年，于浣非主要写新诗，也创作新小说和散文。孙中山在北京逝世半个月后，他的小说《泪》就在哈尔滨《晨光报》上连载。小说写师生对孙中山去世的反应，表达崇敬和悼念①。他影响较大的作品，是流亡内地后收入《东北作家近作集》的独幕剧《土龙山》，也是以真人真事入话剧。

1934 年 3 月 8 日，为反抗殖民当局收缴民团枪支和地照(土地所有权执照)，在谢文东等多位保长的带领下，黑龙江佳木斯桦南县土龙山地区的两千多名农民举起刀枪，解除了地方警察署和商团的武装，几天内，击毙来犯的日军、伪军几十人。此举引起轰动，天津《大公报》以及美英的《纽约时报》《泰晤士报》等媒体迅速做了报道，史称“土龙山暴动”。这支民间武装顽强坚持了下来，自称“抗日民众救国军”，后被中共改编为东北抗日联军第八军。《土龙山》用话剧的形式重述这一重大事件，歌颂抗日英雄，进一步弘扬抗战到底的信念。

东北作家出走的原因相同，出走星散后的道路迥异。1937 年 9 月上旬，萧红和萧军从上海乘船赶往武汉。他们对武汉也人生地不熟。到达武昌码头时，上船进行例行检疫的医官正巧是于浣非，不期而遇后惊讶又亲切。当年在北满时，他们曾共同参加过哈尔滨文人的聚会。于浣非介绍他们与同船到站的蒋锡金相识。这样，萧红萧军在武汉就有了临时落脚之处，尔后在文学上不断精进。于浣非战后回吉林担任国民政府接收大员，1948 年被选为国民大会代表。移居台湾后，他离开政坛，专心绘画和古籍整理，出版有《屈赋正义》《诗经新析》等。

(二)赵惜梦

赵惜梦(1899—1956)，辽宁瓦房店人。原名赵云鹤，国民党人士，东北早

---

① 于浣非:《泪》，哈尔滨《晨光报》副刊《光之波动》1925 年 4 月 1 日—22 日。参见铁峰《黑龙江文学通史》第 2 卷，彭放主编，北方文艺出版社，2002 年，第 94—97 页。

期新文学的倡导组织者。奉天省省立文学专门学校（1923 年改为东北大学文法科）毕业。1924 年任哈尔滨《晨光报》文艺编辑。他广泛联络哈尔滨、长春、沈阳、大连等地的新文学作者，如于浣非、凝秋、金剑啸、张沫元、冯文蔚、秋子、任白鸥、尤致平、崔汗青、芮道一、关鸿翼、王粟颖、沈玉贤等，结成关外最早的新文学社团春潮社，并在《晨光报》上先后设立《文学》《文艺》周刊，促进了新文学的普及和发展。1926 年 12 月 15 日，《晨光报》因"左翼"倾向被查封。他转往《国际协报》，任副刊部主笔，对副刊进行改革，设立以发表文学作品为主的综合性文化副刊《国际公园》，又以《国际协报》副刊附页的形式，先后编印《绿野》《蔷薇》《灿星》《蓓蕾》等新文学周刊，每期除随报纸附送外，另多印几十份，每累积一段时间便装订成册，交由书店发售。在当时东北还没有纯文学期刊的情况下，以这种形式为左翼新文学社团提供了集中展示作品的载体①。九一八事变后，《国际公园》副刊立即做出反应，从 20 日起，每天以通栏标语进行抗日救国宣传。他本人以《国际协报》特派员的身份，奔赴马占山将军领导的江桥抗战前线慰问、采访。国民政府火线任命马占山为黑龙江省代主席后，赵惜梦投笔从戎，担任其私人秘书，负责新闻和外事事务。齐齐哈尔陷落后，马占山率部撤退至海伦，赵惜梦返回哈尔滨。1932 年 2 月 5 日，哈尔滨沦陷，赵惜梦逃亡北平。他曾兼任国闻通讯社哈尔滨分社主任，与内地新闻界联系密切，得以担任《大公报》《华北日报》记者。1935 年，受张学良委托，在武汉组建大光报社。1937 年 9 月《大光报》停刊，他到南京参与《益世报》复刊工作，又去甘肃出任兰州市政府秘书长兼西北日报社社长。抗战胜利后返回东北，官至大连市长。1949 年 7 月移居台湾。在创作方面，青年时期发表有新诗如《情人的泪》《冬夜》《雪花》《春夜感怀》《中秋之夕》等。后主要撰写杂文、时评、报道，著有《沦陷三年之东北》（天津大公报馆，1935 年）等。

（三）楚图南

楚图南（1899—1994），云南文山人。笔名高寒、高素。1923 年北京高等师范学校毕业。青年时代就投身中共革命活动的楚图南，1925 年受中共北方区委和李大钊的派遣，从昆明移居哈尔滨，先后在哈尔滨、长春等地任教，承担中共的宣传工作。1926 年，楚图南由中国共产主义青年团团员转为中共党员。1930 年，因涉嫌"吉林五中共产党案"被逮捕。在通共证据不足的情况下，吉林临时军法会以"宣传与三民主义不兼容主义"罪，判处楚图南有期徒刑 9 年 11

① 比如，赵惜梦招聘陈慧新（凝秋、塞克）做文学副刊编辑。《灿星》是中共党员楚图南（高寒）策划的社团刊物。

个月。九一八事变后,11月,刑期被减至4年3个月。1934年,溥仪登基"皇帝",实施大赦。6月,楚图南提前出狱。好友何霭人[①]第二天就帮助他乘火车返回北平。不久,楚图南赴河南开封北仓女中任教。

早在1928年,楚图南已跻身东北文坛。他引导哈尔滨第六中学的学生成立了哈尔滨的第一个学生文学社团灿星文艺研究社,印行《灿星》月刊,而后成为《国际协报》的文艺副刊之一,每周刊出一期[②]。其中,楚图南使用笔名介青发表诗歌、散文、剧本以及俄苏文学译作。

楚图南的情况颇为特殊。他在监狱这个封闭的空间里,经历了从国民政府、沦陷区到伪满洲国的演化。国民政府时期,国内主要矛盾是以中共和国民党为核心的阶级斗争。日本统治时期,主要矛盾转化为中华民族一致对外的民族独立解放斗争。作为共产党人,即使在狱中译介德国哲学家尼采,楚图南也将其与中国实际相结合。比如1932年9月译完尼采的自传《看哪这人》之后,他撰写的《〈看哪这人〉译序》,做了这样的表述:"在中国,一切正在变动之中,介绍或研究尼采,亦只能强调了尼采对于时代的叛逆性、革命性乃至进步性。"[③]

1932年10月,楚图南的七篇文稿由探监的朋友带出,经陈翔鹤、杨晦联系,结集为《没有仇恨和虚伪的国度》,由北平人文书店(佩文斋)出版,署名高素。他的作品在伪满洲国创作,但没有在伪满洲国发表,是"潜在写作"的一种形式,无法归入沦陷区文学或满系文学。

新中国时期,楚图南入职北京师范大学。出于统战工作的需要,以对外文化协会会长、民盟中央主席的身份出现,成为著名的民主人士和社会活动家。

(四)关吉罡

关吉罡(1907—1979),吉林永吉人。笔名同刚,满族,东北大学毕业。20世纪20年代末在哈尔滨中东铁路理事会任职期间即参加抗日文化活动。九

① 何霭人(1899—?),原名何致堂,笔名云祥、考贝等。留学日本。吉林女子师范学校教师,曾任职伪满洲国教育部编审。为东北新文学开拓者,1923年与穆木天等人在吉林市组织白杨社。著有《文法概要五讲》(新京益知书店,1943年)等,编有女子新文艺作品集之一《窗前草》(新京:益智书店,1934年),1936年、1937年两次再版。1950年进入东北师范大学。后被定为"汉奸文人"。1957年被定为"右派分子"。在无产阶级"文化大革命"中自杀。

② 灿星社的社刊《灿星》因无经费,只印行了一期。在时任《国际协报》主笔的赵惜梦的帮助下,作为《国际协报》的副刊附页得以延续。后因楚图南在长春被捕,《灿星》也因其"普罗文学"即无产阶级文学倾向,在1930年4月26日被查封。出至第2卷第30号。见哈尔滨市地方志编纂委员会《哈尔滨市志·人物附录》,黑龙江人民出版社,1999年,第91页。

③ 麻星甫编著:《楚图南年谱》,群言出版社,2008年,第18—19页。

一八事变后，他辞职投奔东北人民抗日义勇军。后随受挫的义勇军进入苏联，又绕道海参崴到达上海。阎宝航[①]担任新生活运动促进总会（新运总会）书记时，注意聘用东北流亡人士，关吉罡一家搬到南京，在新运总会做宣传工作。又参加东北救亡总会，先后移居武汉、重庆。在汉口担任《大光报》编辑，并与陈纪滢、孔罗荪一起创办《一般》周刊，共出 20 期（至 1936 年）。1936 年 12 月 12 日，张学良、杨虎城发动西安事变时，一度接管国民党陕西省党部机关报《西京日报》，关吉罡为参与接管报社的人员之一。1939 年在重庆，开始担任国民党元老莫德惠的私人秘书。

从政之余，关吉罡勤于著述，涉及面广泛。《关于东北的宣抚政策与救亡工作》（《全民周刊》1937 年第 2 号）分析伪满洲国的殖民文化统制。《保卫武汉的战时交通问题》（《全民周刊》1938 年第 1 卷第 7 号）、《民生主义计划经济与战后我国复兴经济建设》（《经济论衡》1943 年第 4 期）等文，研究抗战的社会保障和经济建设问题。他的小说《挖泥船》（重庆《新评论》1941 年第 3 卷第 2 期），是一个从敌人的集中营里传出来的故事，讲述在黑龙江军事交通要塞北安镇，抗日反满大同盟盟员如何炸毁了挖泥船。

1948 年，由莫德惠的推荐，关吉罡得以以“边疆民族”的身份当选第一届国民大会代表，曾任经济部专门委员。年底，国民政府开始撤离南京，莫德惠派员给他送来飞往台湾的机票。作为共产党的朋友，关吉罡最终决定留在南京。新中国时期，他任职南京师范大学，讲授中国古代史，擅长太平天国史。1959 年，以无党派少数民族身份被选为中国人民政治协商会议江苏省委员会委员。[②]

（五）陈纪滢

陈纪滢（1908—1996），河北安国人。笔名滢、生人、羁瀛、影影、丑大哥等。肄业于北京国民大学。中学时代开始在北京《晨报》《京报》上发表诗文。父亲在哈尔滨做律师。1926 年，陈纪滢考入哈尔滨吉黑邮政管理局，后升任邮袋管理组组长，兼管邮件检查事宜，业余参加蓓蕾社（1928 年）的文学活动，为《国际协报》副刊《蓓蕾》周刊的主要撰稿人之一。作品有中短篇小说《红氍毹的迷惑》《搜灵集》等。国民政府要求东北邮政员工在 1931 年 10 月至 1932 年 8 月间撤退至上海，他拖至截止期才离开。先后任职邮政部门、《大光报》和《大公报》。

---

① 阎宝航（1895—1968），奉天海城人。1937 年加入中共，与张学良友好，在国民政府内身居要职，为中共战略情报人员。其子阎明复在新中国曾任中共统战部长、全国政协副主席。

② 参见赵家璧《满族革命先行者关吉罡》，《南京史志》1992 年第 4 期。

作为新闻记者,陈纪滢沦陷期的重要业绩之一,是他对东北的两次实地踏访。九一八事变后,赵惜梦介绍陈纪滢兼任天津《大公报》特约通讯员。他利用在哈尔滨邮局工作的便利,秘密向内地寄发了一大批通信、报道稿,及时披露东北沦陷后的现况、殖民者的图谋,并预测未来的走向,抨击日本的侵略罪行。第二次,已离开伪满洲国的陈纪滢,接受天津《大公报》的委托,专程化装赴东北,从1933年8月6日到9月16日,在大连、长春、哈尔滨、三姓(今黑龙江依兰境内)、佳木斯等地旅行,收集资料,感受社会民情,侧面调查各路义军武装抗日活动的影响。特别是深入新京国务院公报部,获得了各语种的完整宣传材料,在哈尔滨国际协报社、哈尔滨公报社、中东路月刊社找到大量年鉴、人名录、画片、书籍及零星纪事等"建设"资料。依据他的邮政从业经验,设法逃过检查,将十几包材料快件挂号寄往天津。安全返回天津后,陈纪滢连夜撰文,以《东北勘察记》(署名生人)为题,赶在《大公报》纪念九一八特刊上刊出。该文图文并茂,占据三大版,均为第一手资料,是事变后中国大报的中国记者对失地的首次系统采访,各方反响强烈。这是陈纪滢在抗战纪实文学领域中的重要作品。

战后,陈纪滢被聘为第四届国民参政会参政员,任哈尔滨市文化指导委员会主任。1948年当选国民政府第一届立法院立法委员。1949年8月移居台湾,任《中央日报》董事长等职。他的《三十年代作家记》(台湾成文出版社,1980年)、《三十年代作家直接印象记》(台湾商务印书馆,1986年)等书,对东北流亡作家有生动的记述。

(六)白晓光

白晓光(1910—2004),辽宁新民人。原名白永丰,笔名马加,满族。1928年考入东北大学预科,与同学创办校园文学刊物《北国》《怒潮》,开始在奉天《平民日报》《盛京时报》上发表诗歌、小说。九一八事变后,流亡北平,参加北平东北大学南校反帝大同盟读书会。生活艰难,曾为交房租典当行李。只好又返回东北家乡。1934年春,再次移居北平,加入中国左翼作家联盟。在平期间,编辑同人刊物《黎明》《文风》《文学导报》,创作政治抒情诗《火祭》《第三时期》,以及《登基前后》《鸦片零卖所之夜》等多个中短篇小说。《登基前后》全方位地反映这一巨变前后东北沦陷区社会的实际样貌,在《文学导报》上发表后,作者又以大学出版社的名义自费出书五百册,委托上海杂志公司代销。1963年重印时,改名《寒夜火种》。他战时不多的创作,留下了东北流亡青年左翼文学情怀的历史见证。

七七事变后,白晓光离开北平,辗转南京、开封、西安、河北、山西各地,参加军队和地方的抗战工作。1938 年晋西北反扫荡之后,从山西雁门关步行到延安,在陕北公学参加培训,从事专业创作,间或参加八路军战地文工团,前往各个抗日根据地做宣传工作。作品多为短篇小说。1945 年,《解放日报》开始连载他的长篇《滹陀河流域》。抗战胜利后回东北参加土地改革运动。新中国曾任东北作家协会主席等职,完成并出版了大量以"马加"署名的作品。

(七)师田手

师田手(1911—1995),吉林扶余人。又名田质成、田风章。1928 年,在吉林市与张铁全、季守仁组织文学社团火犁社,并编印 11 期《火犁》杂志。九一八事变当月流亡北平,第二年入弘达学院继续读高中,并在家乡吉林《共和报》副刊《火犁》上发表文艺作品。1933 年在上海参加左翼作家联盟。1934 年考入北平大学,担任北平左联的工作。后投身抗日救亡实践。1938 年赴延安。九一八事变八周年之际,他重新用诗来诠释九一八:"'九·一八',/奴隶的枷锁。/在地狱里,/我们点起反抗的烽火!/黑暗的尽头,/就是光明。/战斗啊,战斗,/我们要用战斗,/打破残酷的压迫!"①

抗战胜利后返回东北,在政府机关、作家协会任职。出版有短篇小说集、报告文学集、长篇小说、叙事长诗以及多部新诗集。

(八)孔罗荪

孔罗荪(1912—1996),出生于山东济南。原名孔繁衍,笔名有鲁孙、野黎、叶知秋、秋娘、紫微等几十个。父亲任职电报局。少年期在山东、上海、北京生活、读书。1927 年父亲调到哈尔滨电报局。他考入哈尔滨吉黑邮局,在窗口做营业员。结识同在邮局工作的文学青年陈纪滢以及编辑赵惜梦等,结成文艺团体蓓蕾社,开展文学活动。还参与组织寒光剧社,演出田汉的《湖上的悲剧》。日军进入哈尔滨后,全市只有海关和邮局的楼顶上还悬挂中国国旗。根据协议,他于 1932 年 9 月 12 日离开哈尔滨,继续在上海邮局工作。后参加左翼作家联盟,投身抗战文艺运动,先后担任汉口《大光报》文学副刊《紫线》的编辑、汉口《战斗旬刊》主编、重庆《文学月报》主编、重庆中华全国文艺界抗敌协会理事、《抗战文艺》杂志编委等。

从伪满洲国撤回关内以后,孔罗荪以文艺批评著称,抗战时期出版的评论集有《野火集》(汉口:一般文化出版社,1936 年)、《文艺漫笔》(重庆:读书出版

① 师田手:《"九·一八"之歌》,《中国青年》1939 年第 9 期。

社,1942年)、《小雨点》(桂林:集美书店,1943年)等。他的创作常常触及东北。长文《从封锁到通邮》(《中华邮工》第1卷第1期,1935年3月5日),材料翔实,留下了那一特定时空中的邮政史,也是对日本帝国主义侵略东北行径的声讨。散文集《最后的旗帜》(重庆:当今出版社,1943年),收入《最后的旗帜》《哈尔滨城头的梦》《二月五日》《太平盛世》《职业》《告别武汉》《江上》《轰炸书简》《武汉的来客》《梦的境界》《庆祝的一章》《情感的瞬间》《赌》《生活片断——忆萧红》等。这些文章基于作者的亲身经历,叙述平实,情真意切,言之有物,为读书界所关注。有书评说,该书"真实地反映了九一八事变后东北沦陷区人民的悲惨生活与英勇抗战,表达了对横遭暴虐的黑山白水和患难中的亲朋故友的思念之情,抒写了自己的流亡逃难经历和抗战后方生活的感受。"①

新中国时期,孔罗荪成为主流文艺评论家,曾任《文艺报》主编、中国作家协会书记处书记、中国现代文学馆名誉馆长等职。

(九)王星岷

东北易帜后,国民党在哈尔滨的活动得以公开化。1929年,国民党人王星岷(? —1937)进入《国际协报》担任总编辑,一直到1931年。该报文艺副刊作者多为国民党系统的文人以及中共地下人员和左翼作家。1934年3月1日,伪满洲国改制。就在溥仪登基的第二天,洛虹在《国际协报》上发表了新诗《晒黑了你的脸》,讽刺那些在街头参与庆典的人。1932年9月15日,日本正式承认"满洲国"。对于《晒黑了你的脸》一诗的所指,还有其他观点:"抨击那些为伪满洲国的'9·15'纪念日,上街摇旗呐喊的败类们。"②后一种说法似乎在时间上不吻合。这首诗引起了麻烦,新闻主管部门要追查副刊《国际公园》的编辑刘莉(白朗),王星岷等人从中斡旋,平息了此事③。撤离伪满洲国后,王星岷继续在新闻界从业。1935年,任汉口《大光报》总编辑。《大光报》停刊后,国民党中宣部主办的《武汉日报》聘请王星岷任总编辑。资深报人徐铸成回忆说,王星岷"学识似有根底,人亦有风味,大概已作古人了"④。

(十)李曼霖

李曼霖(? —1938),吉林人。1929年到北平读书。1930年在家乡出版诗

---

① 刘志强主编:《抗日战争大典》,湖南出版社,1995年,第522页。

② 见季红真《萧红全传:呼兰河的女儿》,现代出版社,2011年,第226页。

③ 金玉良:《冰城热血——白朗在"沦陷前后"》,《传媒》2001年第1期,第53页。此说如果属实,王星岷流亡内地的时间要在1934年3月以后。这样的话,他实质性地介入了伪满洲国文坛。应该放在本书第七章《满系的离散:回到祖国》里加以介绍。

④ 徐铸成:《报人张季鸾先生传》,生活·读书·新知三联书店,1986年,第160页。该书对于关吉罡的介绍有误。

与散文合集《灯下恋者》(辽宁：亚东印书馆)。1933年秋天他前往上海，参观1932年“一·二八”淞沪抗战战场，写下了《吊闸北》一诗，题材从一己的小我转向国家、民族。除诗歌外，他也写小说，如《奴隶圈外》(《黑白》1935年第2期)等。他仍与沦陷后的东北报刊有联系，也在家乡《泰东日报》上发表诗歌如《旅店》[①]等。1935年曾到绥远，在边疆通讯社工作。此时，《绥远民国日报》已改为《西北日报》，提倡新文学，副刊由《十字街头》改名《塞风》，并开辟《骆驼草》《三家村》《艺苑》等几个新副刊。李曼霖负责编辑的《骆驼草》，朝气蓬勃，由于不满当局的管控，出版四期后停刊。1936年6月，他还参与创办塞原社诗歌研究会以及《塞北诗草》旬刊[②]。他在学生时代有志于社会科学，也是一个行动者，曾与友人编辑《前卫旬刊》，进行抗日宣传。中共领导的北平1935年“一二·九”抗日救亡学生运动爆发后，《东方快报》特聘李曼霖为采访主任、外勤记者，他发表的系列文章，及时对运动做了报道。

北平《东方快报》注意介绍东北的情况，发表东北流亡作家的作品。李曼霖的新体诗代表作《高粱叶》在该报连载后，得到友人的资助，很快出版了单行本(张景云发行，1935年)。有书评指出，东北盛产高粱，书名“高粱叶”系指东北，实际上写的是义勇军的故事[③]，表达了东北民众不畏强敌、收复失地的决心。也有国防诗歌的倡导者提出，抗战诗的艺术性有待提高：“数年以来，白山黑水地为民族沦亡而奋斗的义勇军及人民革命军，在出生入死及水深火热中与敌人厮杀的壮烈场面，未见有人谱出雄伟的歌声，差幸有过李曼霖的《高粱叶》一集，也嫌过于贫弱，技巧内容均不能使我们满意。”[④]穆木天的书评《读〈高粱叶〉十五章》(《思想月刊》第1卷第2期，1937年3月1日)，则对《高粱叶》推崇备至。在《忆曼霖》[⑤]中，穆木天更是将《高粱叶》称作“伟大的叙事诗”，是东北作家的作品中最好的一部。诗贵在情感强烈。该诗寄情于东北典型的地域意象红高粱，将社会各阶层的愤怒情绪与战斗力量加以集中表现，与穆木天的《江村之夜》有异曲同工之处。同时，穆木天感慨作者因早逝而未能展示他的文学天才，认为他是东北流亡青年作家中最为不幸的一位。

---

① 李曼霖：《旅店》，《泰东日报》1936年12月7日。《泰东日报》系沈阳日资中文报纸，创刊于1908年，1944年停办。

② 《塞北诗草》旬刊共出七期。见章叶频《塞北文苑萍踪》，中国人民政治协商会议呼和浩特市委员会文史资料研究委员会《文史资料选编》第5辑，1985年，第11、34页。

③ 《书园》，《东方快报》1935年6月18日。

④ 袁勃：《关于国防诗歌》，《诗歌杂志》创刊号(1936年10月1日)。袁勃(1911—1967)，原名何风文。新闻从业者、左翼诗人。新中国时期曾任中共云南省委宣传部长等职。

⑤ 收入李曼霖《高粱叶诗十五章》，上海杂志公司，1938年。

七七事变后,李曼霖南下,参与山东地方抗战民运工作,后转辗到河南鸡公山,在流亡至此的东北中山中学教书,不幸因校内纠纷意外死亡。他的吉林同乡田雨时、李辉英、关梦觉、于毅夫等21人慷慨解囊,捐款重印《高粱叶》,以表纪念之情。再版《前言》说他是一位英勇的民族斗士。诗人也可以是民族斗士——李曼霖又是幸运的。《高粱叶》的再版也显示了东北流亡同乡间的情溪谊厚。

(十一)王一叶

王一叶(1905—1944?),辽宁海城人。笔名一叶。1927年进入新闻界,任职《新亚日报》《民众日报》,组织东北文学研究会(1928年),著有诗集《锦瑟集》(1929年)。1932年离开东北,流亡关内。曾任察哈尔民国日报社社长(1933年)、西安张学良将军总部秘书(1936年)。1944年在北京被逮捕后失踪。20世纪40年代,大量署名一叶、王一叶的诗文发表在上海的《新东方》上。《题何一鸿诗集》(《新东方》第1卷第7期,1940年8月)中有句云:"飞鸿落叶两飘零,/侥幸相逢在古城。/神识已曾经十载,/快谈真喜慰平生。"以及"新诗字字美如珠,/采自干戈散失余"。诗中所提何一鸿(? — 1944),河北正定人,在北京求学时期即开始发表诗作。"一二·九"运动后参加抗战文艺活动。沦陷期在北京发表了大量的诗作,既有抒情短诗,又有立意在反抗的长篇历史故事诗《出塞行》《天山曲》等。1944年病逝前被推举为华北作家协会诗歌部门委员①。看来,王一叶在内地沦陷区的鲜为人知的文学活动,也需要专题研究。

理想、壮志在心中,又要时时应对失业和面临迁徙。东北流亡作家的创作之路和生活之路,都是异常艰难的。

作者简介:

张泉,北京市社会科学院文化研究所研究员,研究方向为中国现代文学、殖民地文化、国际汉学以及北京区域文化。

① 详见张泉的《抗战时期的华北文学》(贵州教育出版社,2005年)第九章《华北沦陷文坛新进作家》第一节《其他作家》中的"何一鸿"部分。

论东北作家群的抗日题材短篇小说创作

洪 亮

[摘　要]九一八之后流亡关内的东北作家群,被认为开创了抗日文学的先河。不过研究者讨论更多的是他们的中长篇小说创作,实际上他们还创作了不少的抗日题材短篇小说,且其中不乏精品。如李辉英的《最后一课》作为第一篇抗日题材小说具有重要的文学史意义;萧红善于在抗战的大背景下,讲述一个个小人物的遭遇,诉说战争给普通人所带来的不幸;萧军却从多个侧面控诉了侵略者的暴行带给东北人民的灾难;端木蕻良的笔下既有异族统治下东北人民的压抑与愤懑,亦有他们的反抗的怒火,还有对于侵略者及其帮凶的辛辣讽刺;其他如舒群、罗烽、白朗、骆宾基等作家也都写过各具特色的抗日题材短篇小说。

[关键词]东北作家群;短篇小说;抗日题材

九一八之后,萧红、萧军、罗烽、白朗、舒群、林珏、孙陵等前“夜哨作家群”成员纷纷从哈尔滨等地流亡关内,他们构成了现代文学史上一个非常重要的群体——东北作家群。这个群体除上述诸人以外,还包括1927年离开东北到上海求学、1932年1月即发表抗战题材小说《最后一课》的李辉英,1928年起离开家乡到天津、北平等地求学,后以短篇小说《鴜鹭湖的忧郁》、长篇小说《科尔沁旗草原》等作品驰誉文坛的端木蕻良,1936年从哈尔滨逃亡到上海以后才开始发表作品的骆宾基,等等。东北作家群的创作当然不以抗日题材为限,但是关注已经沦陷的故乡、表现东北人民在日伪统治之下的痛苦和他们的反抗,的的确确是这一批作家最显著的共同特征之一,因此,文学史上一般认为他们的创作开了抗日文学的先河,尤其是他们的中长篇小说,如萧军的《八月的乡村》、萧红的《生死场》、端木蕻良的《科尔沁旗草原》等,都是现代文学史上的名著。同时这些作家还创作了为数更多的抗日题材短篇小说,但是它们所受到的关注远远逊于上述中长篇作品。实际上,这些短篇小说虽然思想和艺术价值参差不齐,但多数都各具特色,其中堪称精品者亦有不少。

李辉英的《最后一课》,被认为是第一篇抗日题材的小说。小说写的是东北沦陷后,一所女子中学陷入瘫痪,学校里的两个学生,因为撕掉了日军司令部的布告而被捕。校长为了保护她们,和她们一起来到拘留所,并在拘留所里向她们宣讲抗日救亡的道理,为她们上了“最后一课”。小说还有一条副线,写女教员张先生不但平时向学生传播爱国思想,而且还亲身参加抗日活动,组织工人罢工、农民暴动,结果遭到日军逮捕并被判死刑。从艺术角度看,这很难说是一篇成功的作品,比如小说中的校长和张先生,往往一开口就是大段大段的说教,而作者对女学生之一“我”的心理活动的描写,也有过重的理念化痕迹,这些都是作品的不够成熟之处。另外在小说末尾,两个女学生因为“证据不足”而被释放、张先生也在赴刑场途中被战友救出,这样的“大团圆”结局,也在一定程度上削弱了作品的感染力。不过无论如何,《最后一课》作为最早出现的抗日小说(不仅是东北抗日小说)之一,其历史地位仍是无法抹杀的。

继《最后一课》之后,李辉英不断创作反日题材的作品,其中包括《万宝山》《松花江上》等长篇小说和大量短篇小说。这些短篇小说虽然大多没有像《最后一课》那样产生较大影响,但也各具特色。比如《焚书》以日伪当局查禁进步书刊为背景,写两个嗜书如命的学生为保住宿舍里的大量书籍而想尽办法,但最终训导主任还是派人将他们的藏书全部焚毁,小说通过这样一个侧面,控诉了日伪统治者严苛的文化专制手段。《归来》的主人公是一名东北青年,因为会日语而做了日本人的宣抚官,并随日军进入华北沦陷区,成为替日本人进行殖民宣传的帮凶。他住在一户农民家里,感到了房东父子对他的鄙视与敌意,于是心生痛苦,再联想到自己家人的经历(哥哥被抽壮丁进了“满洲国”军队,弟弟因犯“思想罪”被捕入狱),最终幡然悔悟,并在得知房东的儿子暗中从事抗日活动以后,向其提供日军的机密,终于将功折罪。小说对主人公的心理有较为深入的刻画,其思想转变的过程也写得令人信服,是一篇较为成熟的作品。

在东北作家群中,萧红、萧军、端木蕻良是公认的成就较高、影响较大的几位,他们也都或多或少写过一些抗战题材的短篇小说。

萧红的大部分抗战短篇小说,都和她的其他作品一样,具有浓郁的诗性风格。比如《红的果园》写的是一个年轻的男教员,本来和一个女同事相恋,后来恋人去参加了抗日队伍,他却仍旧日复一日地修改那些写着“皇帝登极,万民安乐”之类胡话的学生作文。小说通篇没有正面表现抗日,而只是用细腻的笔触描写园中的景物，以及男教员微妙的心理活动，读来别有韵味。结尾处写主人公在和看园人的对话中受到触动，暗示他将追随爱人走上抗日的道路。其余像《汾河的圆月》写一个老妇人因为儿子在抗日部队中病死而发疯；《朦胧的期待》写女佣李妈爱上了主人的卫兵，但是卫兵却要去前线打仗，李妈在他走后陷入惆怅和失望；《孩子的讲演》写一个仅仅九岁的战地服务团小团员，在一次讲演中获得了热烈的掌声，却因此紧张得无法讲下去，甚至后来还产生了心理阴影；《北中国》写耿大先生虽出任伪职却怀有爱国思想，因思念参加抗日军队的儿子而变得精神失常，家人因为怕他惹祸将他关起来，最后在用炭火盆取暖时被炭烟熏死……这些作品的共同特点，就是极少直接宣扬国家民族大义，而是在抗战的大背景下，讲述一个个小人物在平凡生活中的遭遇，诉说着这场战争给无数普通人所带来的不幸。它们的风格都是温婉而哀伤的，而且往往体现出女性作家独特的视角，这些作品的存在，无疑极大地丰富了东北抗日文学的意蕴。当然，萧红的抗日小说里也有宣传意味较为明显的篇什，比如《黄河》写的就是一个八路军战士为了追赶队伍而搭乘一条货船渡过黄河，通过战士和船主的对话来凸显国难家仇，进而宣扬抗日救国的主旨。不过很显然，萧红的前一类作品具有更高的艺术价值，也更能体现出她对于东北抗日文学的独特贡献。

萧军虽然因为创作了正面描写人民革命军斗争生活的《八月的乡村》而成名，但是他的短篇小说中以抗战为题材的却非常少，我们现在仅能找到四篇。其中《职业》写的是一个失业的青年，为了维持生计而经人介绍到日伪的警察厅里工作，虽然解决了生存危机，灵魂却变得逐渐麻木，后来在去看望一位具有爱国思想的昔日好友时，心灵才受到了触动。《樱花》写一位父亲本来带着两个女儿在哈尔滨生活，东北沦陷后，为了不让孩子过亡国奴的生活而把她们送到北平的弟弟家里，自己则潜回东北参加抗日活动，后来被捕入狱，出狱后到北平寻找女儿时才得知弟弟也已经入狱，两个女儿则被送到上海，当他辗转来到上海并偶遇女儿以后，却又因为已经沦落得形同乞丐而无法与女儿相认。《马的故事——在满洲》写一个酷好养马的东北农民，喜爱马甚至胜过了爱自己的家人，但他辛辛苦苦喂养的马却屡次被军阀夺走，九一八之后他又养得一匹好马，但是当日本人要来抢夺物资的消息传来以后，他再一次变得寝食难安。《四条腿的人》写一个年轻矿工在日本人开设的煤矿中工作，因矿难而失去双脚，却只得到了仅够维持几年生活的赔偿金，他愤怒地撕碎了矿方塞给他的钱，随后被逐出医院，最终只能和一个几十年前在德国人的煤矿中同样因矿难失去双腿的老矿工相依为命。这几篇小说,题材、角度各不相同,从多个侧面控诉了侵略者带给东北人民的灾难。

端木蕻良创作的以抗战为题材的短篇小说,在数量上比二萧都要多,而且其中也不乏名篇。他的成名作《鷟鹭湖的忧郁》,通过两个少年在夜间"看青"的经历,来表现东北沦陷区农民的贫穷和苦难,作品中那悲愤、压抑的情绪几乎要喷薄而出,但是作者却以平静的语调将故事娓娓讲来。作品通过人物的对话,把现实中的抗日义勇军和流传在民间的"八月十五杀鞑子"的传说勾连在一起,表现出民众对侵略者的仇恨。但是作者的忧愤并不仅仅缘于侵略者,因为作品中的人物还说,即使义勇军真的成功了,"地还是归地主的","咱们不会好的",很显然,端木蕻良的左翼姿态,使得他的作品中民族情绪与阶级意识往往纠缠在一起。《爷爷为什么不吃高粱米粥》是一篇曾经得到鲁迅肯定的作品,它的构思非常巧妙,两个主要人物爷爷和马老师,前者因为儿子在九一八当天死在了北大营,此后每年到了这个铭刻着国仇家恨的日子就不吃饭,因为迷信着"在死人的忌日里,阳间人分内不动的东西,他可以得到";后者则张口闭口"伯夷叔齐""不食周粟""绝食救国",实际却是想食周粟而不得,之前已经饿了三天,这日来到爷爷家里做客,才借机饱餐一顿。然而这个看似迂腐滑稽的人物,却是因为事变之后不肯"宣传王道"而无书可教,才沦落到此种地步,因而在他可笑的言行后面,其实还隐藏着一个更加可敬的灵魂。小说在短短的篇幅内,将两个人物形象都塑造得相当丰满,体现出不俗的笔力。而且作者还别出心裁地通过两个未谙世事的孩子的眼光,来观察成人们那看似古怪的举动,这不仅加强了作品的层次感,也让回荡在作品中的那股悲凉情绪更加浓郁。《爷爷为什么不吃高粱米粥》堪称东北抗日文学中的精品。

除了反映东北沦陷区人民生活的苦难以外,端木蕻良也有一些作品表现了他们的反抗。《遥远的风砂》里的主人公"煤黑子",是一个能够在现代文学的人物画廊中占据一席之地的形象,他本是一伙胡子(土匪)的二当家的,因为义勇军首领欲将他们收编,遂让他带着一支义勇军小队伍去见他们大当家的,进行最后磋商。但是途中在一个骡马店过夜时,煤黑子却做出了种种违反纪律、令战士们忍无可忍的举动,甚至还险些向一个战士开火。然而当第二天途中遭遇伪军、因寡不敌众而需要撤退时,他却主动和队长留下作掩护,并救护之前和他发生冲突的战士,最终牺牲。很多东北作家的笔下都经常出现"胡子"形象,但是像"煤黑子"这样个性极为鲜明、丑恶到极致又英勇到极致的形象,却是比较罕见的,他让人爱恨交织,令读者读过之后便很难忘怀。《浑河的激流》写的是浑河岸边的猎户，因当地总管以伪满洲国皇帝娶妃为借口让他们交出五百张狐皮，无法完成任务而面临杀头之祸，遂商议群起反抗，先是炸死了总管，后又集体投奔人民革命军。小说在主要表现这个抗争故事的同时，还穿插了一个恋爱故事：猎户的女儿水芹子和青年猎人金声相恋，当金声鼓动她的父亲参与反抗时，她起初感到伤心，但随即便理解并支持他们的举动。后来在反抗的枪声响起以后，金声独自一人来找她，她误以为恋人是因为胆怯而逃脱，竟落下泪来，待知道金声其实是负责联络工作、只是顺路来看她并把随身的刀子交给她时，才转悲为喜。通过这一主一副两条线索，作品将浑河儿女的风骨与柔情表现得分外感人。

端木蕻良的上述作品，都洋溢着一股诗情，正如研究者所指出的："这个从东北大旷野走出来的作家，以得于乡土的意兴淋漓的本能冲动，捕捉着、开掘着、展示着一马平川的丰饶大地保姆和强悍的人间父兄的粗犷雄放的性格。"① 除这些作品之外，端木蕻良的小说里也有一些讽刺之作，比如《万岁钱》写一个老和尚勾结伪政权的基层长官，要求百姓出钱到他的庙里挂"万岁钱"以保平安，后来一个青年因母亲病重前来挂钱，但是就在他装模作样念经的时候，青年却听到了母亲的死讯，于是在悲愤中将其杀死；《眼镜的故事》则写伪满洲国国王虽然名义上有尊贵的身份，但是就连配什么样的眼镜这种小事都不能自己做主，而只能听人摆布，最后他在烦躁中不小心将从日本远道运来的新眼镜摔碎，这似乎暗喻着伪满洲国政权的脆弱。像这一类作品，也表现了作者创作才能的多样性。

东北作家群除上述几位作家以外，比较重要的成员还有舒群、罗烽、白朗、骆宾基等。舒群最负盛名的作品是《没有祖国的孩子》，写一个生活在中国东北的朝鲜孩子，被当地苏联子弟学校的学生看作甘当亡国奴的"高丽人"而饱受轻蔑和羞辱。直到九一八事变以后，他被日本人抓去做劳工，趁着护送日本兵乘船转移的机会，用刀插进了"魔鬼"的胸膛，自己则落水后被人救起，此后才得到了苏联学生的尊重，并得以进入学校和中、苏学生一起读书。后来随着学校被日军占领，苏联学生纷纷回国，这个孩子决定和中国学生"我"一同漂泊到关内，当下船以后遭到警察盘问时，他怕连累朋友而勇敢地说出"我是高丽人，他不是的"。小说用明朗、朴素的笔调刻画的这个遭遇亡国之痛的少年形象，他无论在肉体还是精神上都遭受了难以想象的创伤，但是仍然保持着坚

① 杨义：《中国现代小说史》第3卷，人民文学出版社，2005年，第271页。

强、勇敢而善良的本性。作品对于他和中苏两国少年之间友谊的描写,也超越了同类题材小说中常见的民族情绪的单纯表达,而是闪现着国际主义的光辉。难怪周立波在总结1936年的中国文坛时特意提到了这部小说,把它和端木蕻良的《遥远的风砂》《鴜鹭湖的忧郁》等并列,称它们"在艺术的成就上和反映时代的深度和阔度上,都逾越了我们的文学的一般的水准。凭着这些新的力量的活动,一九三六年成了文学上的一个新的年份"①。舒群其他的作品也多以抒写亡国之痛为一贯特色,如《松花江的支流》写东北沦陷后,原来的哈尔滨江防舰队变成了"满洲国"的海军,其中一艘军舰上的官兵在经历了种种痛苦的挣扎之后,终于决定杀死甘当日本人走狗的舰长,但是在试图逃走时被其他军舰围攻,最终舰上所有人在一起举行了最后一次升旗礼后,和军舰一同沉没;《手铐》写一个青年在伪满洲国因为"叛国罪"被捕,在冒险打伤看守、侥幸逃脱以后,连母亲都怕受到牵连而不敢让他待在家里,后来虽被一个有正义感的朋友收留,但是当大批侦探来搜捕的时候,他还是因为不愿连累朋友而跳了出来将侦探打倒;《奴隶与主人》写年迈的马车夫载着一个准备逃亡的学生"我"去车站,途中却遇到一个强行搭车的日本兵,而且他还要求车夫搭载另一个日本宪兵和女人,并要求"我"下车,车夫于是把"我"赶了下去,正当"我"在马车后面怒骂车夫"奴隶"时,却看到车夫把马车赶到桥上后,故意让它翻到河里……出现在这些作品中的,都是一些"失掉了祖国的被蹂躏、被歧视的人们",他们不能忍受异族统治者的压迫,而做出了种种悲壮的反抗举动。这虽然也是东北作家群的共同特色,但是在舒群的笔下却表现得更加突出。

罗烽小说的特色,是在战争的酷烈背景下,着意把人性置于最极端的情境中来开掘、拷问。如名作《第七个坑》写一个皮鞋匠被日本兵强迫着挖坑活埋中国人,在他的锹下被埋的有排字工人、年轻夫妇和未满周岁的婴儿、但求速死的吗啡鬼,而他本想去求助的亲人——自己的舅舅偏巧也从旁走过,被日本兵抓住,他也只能忍气吞声将舅舅活埋,只是心存侥幸地埋得松一些。最终当他挖好第七个坑时,日本兵让他自己跳进去,这时他才终于抡起锋利的军用锹,将日本兵劈死,但是当他从坑里挖出舅舅时,舅舅已经断气。《一条军裤》写一支反正的队伍在日军进村前撤退,留下连副伪装成村民刺探情报,后来日军找到了连副扔进枯井里的一条军裤,并据此将他逮捕,但他坚决不承认军裤是自己的。村长为了救下爱国爱民、深受村人敬仰的连副,试图哄骗一个被认

① 周立波:《一九三六年小说创作的回顾》,《光明》1936年第2期。

为是傻子的石匠顶包,但是这石匠其实对事情心知肚明,而且他也是连副的一个崇拜者,甚至为连副雕过一尊石像,最终他坦然对日军说军裤是自己丢弃的,并在自己雕刻的连副石像之前从容就戮。在这些作品中,侵略者的野蛮和凶残固然得到了极力表现,但是更能打动读者的,却是形形色色的人物在面临抉择时所表现出的人性的复杂。

白朗虽然和萧红同为女性作家,但是她的作品却极少有那种温婉细腻的风格,其笔触的粗犷、恢宏,在现代中国的女作家中是比较罕见的。如《依瓦鲁河畔》写"满洲国"的宣抚员来到一个村庄,强令每家每户更换国旗,并登台演讲宣传"王道",结果遭到村民的嘲骂和抵制,愤怒的村民想将他杀死,带头的农民贾德出于不忍之心放过了他,后来却被他的护卫队抓去。义勇军在贾德被押送的途中解救了他,并将宣抚员擒获,最终在民众的要求之下处死宣抚员以祭奠战死者,而曾经附逆的老村长则在愧悔之中投河自尽。《轮下》写遭遇水灾的哈尔滨难民在南岗搭建临时住所,却被当局以"有碍观瞻"为名强令拆毁,走投无路的难民到市政府前请愿无果,后来在警察和宪兵前来强拆时与之发生激烈冲突,最终几十人被捕,一个难民首领的妻子抱着婴儿跌倒在路中央,被囚车活活碾死。《生与死》写一个被称为"老伯母"的老太太,本是哈尔滨一座监狱里的女监看守,但在看到那些年轻的"政治犯"所受的非人待遇后心生同情,就尽量地帮助她们,后来她自己家庭的变故——儿子参加义勇军而阵亡,怀孕的儿媳遭日军强奸后自杀,促使她进一步觉悟并决定复仇,最终借监狱整修、八名女犯被临时调离之机,将她们全部放走,自己则企图服毒自杀未遂,在受尽折磨后被秘密处死。白朗的某些作品,在风格上和加入左联后的丁玲颇有相似之处,像《轮下》就很容易让人联想到丁玲的《水》,虽然前者的民族话语代替了后者的阶级叙事,但是它们在反映民众觉醒的过程、塑造反抗者的群像等方面,都有明显的相通之处。只不过白朗作品中所体现的那种雄浑、悲壮的风格,和丁玲相比更为突出,她的创作在现代女性文学中,可称得上是一个异数。

骆宾基登上文坛的时间比上述作家稍晚,与其他东北作家不同的是,他的抗战题材小说写的多是发生在江浙一带的故事,而很少以故乡东北为背景(长篇代表作《边陲线上》除外)。这可能和他自身的经历有关:"八一三"淞沪战争爆发以后,骆宾基立刻参加了上海的"青年防护团",负责抢救、运送伤员,后来又参加了一支准备开赴敌后打游击的"别动队",因此他的很多作品,便以自己的亲身经历为素材。比如《一星期零一天》[①]写的就是淞沪战场上一支奉命坚守阵地的队伍,由于友军接防不及时,在大雨天里被泡了整整一星期,最后只剩三十几个士兵,当所有人已经精疲力竭之时,又遭遇了敌人的一波攻势,结果直到几乎全军覆没之时,接防队伍方才开来,看到的只是一具具浸泡在红色雨水里的肿胀尸体。另外,《夏忙》写一个领导、组织抗日宣传工作的知识分子"三先生"是如何受到农民的爱戴;《在庙宇里》写一位政治宣传员借庙里办法事、大量农民来拜庙之机作民众运动,但是乡里的秀才、师爷等旧知识分子毫不配合,而只知算计如何夺取农民的财产;《戏台下的风波》写一群热心青年在祠堂里开办夜校、宣传抗战,但是当地豪绅却整日演戏,致使夜校难以为继,当为首的青年登上戏台演讲、要求夜校学员参加庆祝台儿庄胜利的大会时,竟遭到殴打;《夜与昼》写"我"夜间乘船时遇到一连串令人不快的人和事,但是白天上岸后看到了江南初冬的秀丽风景,又偶遇一支正要去打日本鬼子的军队,于是感慨"愿前夜所见的会在白昼的光辉下消逝溶化!"上述几篇作品其实都可以用"夜与昼"这个题目来概括:一边是为抗战而做的庄严工作,一边却是自私、愚昧甚至卑劣的行径。当然即使是写江南,骆宾基也仍然不会忘记他的"东北老乡",如《落伍兵的话》写的就是一个来自东北的士兵,追赶队伍途中在一座废弃的车站歇脚,偶遇一个逃难至此的老乡,遂与之攀谈。当他听到当地农民说"你是东三省人,又来浙江替我们保守家乡"时,他却指着自己的军服答道:"那我是脱了这件衣服说……若是穿上这件衣裳我就不是东三省人了,我是属于中华民族,为中华民族来保卫中华民族的疆土。"这个结尾虽略有说教之嫌,但是却可以作为骆宾基乃至整个东北作家群的抗战小说的象征:这群作家从东北流亡到关内以后,他们的写作自然会带上浓郁的乡关之思,但是一旦投入到抗日救亡的洪流中,他们的地域身份便会淡化,其作品也就变成了整个民族的救亡文学的一部分。

东北作家群中还有一些作家由于种种原因,所受关注较少,如孙陵、林珏、齐同、马加、雷加等。孙陵 1911 年出生于山东黄县,但是从幼年起即在哈尔滨生活,直至 1936 年秋离开东北来到上海,因而一般也被视作东北作家群成员。他的代表作《红豆的故事》以散文化的笔调,写一群来自上海的青年男女,徒步走到洛川去参加救亡工作,通过"我"与一个年轻女同志交往过程中的几件小事,表现抗日队伍中亲密无间的同志情谊。《从军》写"我"和几个伙伴决定投

---

① 这篇作品曾被收入作者的报告文学集《大上海的一日》,但是和抗战初期的许多作品一样,它的性质介于报告文学与小说之间,看作小说亦无不可。

笔从戎,并由此回忆起六年前哈尔滨的旧事:沦陷之初,一个貌似激进的同学也和“我”商议组织游击队,但是很快他就做了伪满的警察,小说旨在通过今昔的对比,来赞颂正在进行中的民族解放战争。

林珏在20世纪30年代的影响没有其他东北作家那样大,40年代之后他又主要从事文教工作,因此他的作家身份往往被人忽略,但其实他也是东北作家群中重要的一员,1933年起即在哈尔滨左翼文化人聚集地“牵牛房”出入,也是“夜哨作家群”成员,1936年离开东北辗转来到上海,此后创作了大量反映东北抗日的作品。林珏的多数作品篇幅都不长,往往用两三千字讲述一个小而完整的故事,如《血斑》写几个被迫参加伪军的中国士兵不忍攻打同胞,试图逃跑不成而中弹身亡,《鞭笞下》写一群矿工在日军占据煤矿后被当作奴隶一样对待,最终借着抗日队伍突袭煤矿守军的机会逃脱,《老骨头》写一个年老的战士冒死给战友送饭,又不顾旁人的劝阻加入战斗,在战斗中以扁担代替刺刀与敌人搏斗。

齐同(高滔)的经历和李辉英有些类似,也是出生在东北,九一八之前即来到关内。他比上述其他东北作家都要年长(1902年生),而且很早就开始文学活动,但是直到1939年才以反映“一二·九”学生运动的长篇小说《新生代》而为文坛所知。他的短篇小说里也有一些是以“一二·九”为题材的,如《十二九前后》以日记体的形式,写一个来自农村的大学生在运动前后十三天内的见闻和感受,既表现了多数青年学生的爱国热情,也写到了当局的昏聩、校方的软弱,乃至学生内部的动摇、投机现象。齐同也写过一些其他题材的抗日小说,如《平凡的悲剧》写一个孩子被流氓骗走并带到日本浪人那里,日本人向孩子的父母勒索一百大洋,他们拿不出钱,结果孩子被撕票,警察也不敢管,最终这对夫妇用菜刀杀死了那一户日本人,并在与随后赶来的警察搏斗后被捕。

马加1934年流亡到北平并加入了北方左联,抗战爆发后辗转来到延安,在延安陕北公学毕业后被分配到陕甘宁边区文协搞创作。他的抗日作品因而分成两类:一是到延安之前写的反映东北沦陷区的作品,一是到了延安后写的反映边区战时生活的作品。前一类如《复仇之路》写农民在家园被日军毁坏后集体投奔义勇军的故事,《同路人》写两个从北京回到东北的人眼见故乡“已经没有属于中国的东西”而感到的痛苦;后一类如《过甸子梁》写一个八路军的通信兵为了传达紧急任务,冒着大雪通过凶险的甸子梁;《杨芬的苦恼》写一个在妇救会工作的女性在战争中遇到的感情烦恼。相比而言,马加初期的一些作品稍显稚嫩,后来写作的反映边区生活的作品更加成熟一些。

雷加的经历和其他东北作家略有不同。他也是九一八后流亡关内的，但1935年去了日本，在东京法政大学读书，1937年初回国，次年到达延安，入抗日军政大学学习，并在延安的《文艺战线》等刊物发表作品，因此他的抗日小说基本都是以根据地为背景的。如《一支三八式》写一个士兵在撤退以后，主动要求回去寻找被炸飞的战友，并从战友的遗体上取回了一支三八式步枪，在归队途中遇到敌人，于是凭借一个人和一支枪的力量完成掩护任务，最终壮烈牺牲；《黄河晚歌》类似一幅人物速描，描写一个老人在儿子牺牲以后的悲痛，同时也写出了他为儿子的勇敢而感到的骄傲；另如以《前线故事》为总题的四篇速写《敌后行》《游击区内》《炮位周围》《游击大队长》，写的也都是边区的抗日故事。

可以说，东北作家群的抗日题材短篇小说，无论数量还是质量，都是一个不容忽视的文学史存在，其所反映的历史画卷具有惊人的宽度和深度：从时间上看，既有反映九一八至卢沟桥事变期间的局部抗战的作品，亦有反映全面抗战爆发以后的作品；从空间上看，这些作家在以饱含深情的笔触描写已经沦陷的东北故乡的同时，也对发生在关内广阔国土上的战争予以极大的关注，他们的作品中故事的发生地点，包括沦陷区、国统区和根据地；从对战争的反映看，很多作家不仅描写了敌后战场，也对抗日战争正面战场有所反映，其中有些作家还是战场的亲历者、见证者……凡此种种，都是东北作家群的抗日题材短篇小说创作之独特文学史价值的体现。

作者简介：

洪亮，山东师范大学文学院讲师，文学博士，研究方向为中国现代文学。

东北抗日报告文学管窥(1931—1945)

赵 伟

[摘 要]本文以九一八为时间起点,通过地域、事件、体裁等限定作品内容、形式,围绕作家、刊物等节点串连成篇。同时,考察中参照时间顺序,穿插相同主题之比较,相互补充。本文所涉,无论"七七"前后,均以东北流亡人士之作为主,或讲东北景观或看全国战事,内容各有侧重,发表则多在关内;抗战文艺多着眼宣传目的,报告文学因"简洁有力,却正是工人士兵以及乡村干部的合适读物"[①]而得到重视,舒群、李辉英等左翼作家大力创作报告文学未尝没有这方面的考虑。

[关键词]东北作家群;抗日;报告文学

东北抗日文学随九一八而勃兴,回顾十四年峥嵘岁月(1931—1945),即见抗敌文艺疆域广阔,与东北相关的抗日篇章不胜枚举。首先,山河变色,当地作家遭逢丧乱痛彻肺腑。金剑啸、罗烽、萧红等饱蘸血泪泼墨抒怀,前辈、后起,去留行藏,创作轨迹或有变化,但毁家之痛、沦陷之恨、抗敌之志均成为这批东北籍作家的共同话题,而较早前入关的李辉英、端木蕻良等东北人士也感同身受不乏此类文章。其次,东北作家流亡关内后,投身救亡活动,记述各地抗战见闻,如舒群《西线随征记》、李辉英《北运河上》、白朗《我们十四个》等,此亦可视为东北抗日文学一脉。同时,东北陷敌,同胞无不悲愤扼腕,外省籍作家亦为东北鼓与呼。例如张恨水《九月十八》,知识青年于《申报·青年园地》《民国日报·觉悟》发表的九一八诗歌等,以不同体裁、题材传递国人对关外情形之关切。另外,东北战场战斗间隙,将士不免吟咏、歌唱,文字或有深浅,但多是真情实感,此类作品亦属东北抗日文学范畴。概括观之,东北抗日文学时

① 赵超构:《延安一月》,新民报社,1945年1月,转引自《中国报告文学丛书(第二辑第六分册)》,长江文艺出版社,1983年,第396页。

间跨度长,书写者以东北籍人士居多,作品从不同角度反映 20 世纪三四十年代中国抗日救亡图景,题材繁复,并涉及诗歌、小说、散文、戏剧、报告文学等多种形式,文笔或壮怀激烈或曲折委婉,表达虽有显隐,爱国无分高下,其争自由之精神一以贯之。

一、中国报告文学与抗日背景

“报告文学”何解? 1937 年,茅盾曾说:“这一种新样式在外国被称为 Reportage,诚然是‘报告’,也诚然是‘文学’,可就没有写成‘报告文学’,——只是‘报告’,正像‘小说’这一样式新登‘文坛’之时,未尝写成‘小说’文学。Reportage 不过是年龄最小而已,其与‘小说’同为文学之一部门,现在倘有人在‘小说’这名词下特缀以‘文学’二字,见者必掩口葫芦,我想将来‘报告文学’这四个汉字大概也将引人失笑的,——虽然现在只有不多人觉得可怪。”[①]依茅盾所说,上述舶来之文学样式称“报告”似更准确,不过,如今抗战胜利 70 余年,“报告文学”之称已然约定俗成。

“报告文学”随西风东渐,何时于中国落地、生根? 1941 年,以群回顾总结,“一九三一年底‘九一八’以前,中国还没有报告文学,那时,即或有少数类似报告文学的作品,也未被称为报告文学,因为当时报告文学这一名称还未被确立起来。接近报告文学的作品底较大量的产生,是在一九三一年底‘九一八’,日本帝国主义侵略东北四省之后。当时,反日运动风靡全国,各地的青年为着反映当地的反日运动及表达自己底激越的情绪,写下了许多报告性的短小作品,刊布于各地的新闻杂志上。这可以说是中国报告文学底最初的萌芽。然而,报告文学正式在中国新文学史中确立了地位,成为中国新文学底一分支,却还是一九三二年底‘一二八’事件以后的事。”“我们如果要追溯中国报告文学底历史,就不能不认识‘一二八’是中国报告文学底正式的发端期。”“‘一二八’的抗日战争虽然不久即告结束,但是全国民众底反日运动却并未因此停止,而报告文学也正是与民众反日运动相依为命,相辅发展的。”[②]按以群观点,“抗日”即报告文学发生、发展之关节点,其因九一八初露端倪,遇“一二八”蓬

① 茅盾:《关于“报告文学”》,转引自田仲济《中国报告文学丛书(第一辑第一分册)·序》,长江文艺出版社,1981 年,第 6—7 页。

② 以群:《抗战以来的中国报告文学》,《中苏文化》1941 年第 9 卷第 1 期。

勃生长[①],后更因抗战势不可挡,如此说来,报告文学与东北抗日颇有因缘。不过,"报告文学"究竟起于何时,认识并不统一。田仲济认为,"虽然'报告'或'报告文学'这一名称的确立是三十年代的事情",但名为实之宾,1919年《一周中北京公民的大活动》、20世纪20年代瞿秋白《饿乡纪程》等皆可划归报告文学,因之,"在中国,它是同五四新文学的诞生同时诞生的。"[②]学界争鸣相互启发,以群前说,并未否认九一八前有类似文章出现,田氏则更强调早期作品之不容忽视,结合二者,报告文学谱系更加完整。

20世纪30年代初,报告文学因中日关系恶化、紧张而异军突起,抗战全面爆发后,围绕战争,一批重要作品再次涌现。丘东平的《第七连》,战地速写《淞沪火线上》[③]《东战场上》[④]等勾勒了淞沪会战之图景;《从卢沟桥到漳河》[⑤]讲述了平津地区的战况;察绥一带局势借助《西线的血战》[⑥]等略见一斑;汝尚《当南京被虐杀的时候》《魔掌下的两个战士》[⑦]则讲述了南京城破的血腥场景。检阅上述作品,抗战初期各地战事尽显其中。随战争进行,曹白、阿垅、陶雄、碧野、姚雪垠、王余杞等一批作家及文学青年均在报告文学方面有所贡献,以致"在当时的许多报刊上","发表的报告文学的数量是惊人的","单行本的报告文学作品集也大批的出现,并且还出版过《战地报告丛刊》《战地生活丛刊》等报告文学丛书"[⑧]。借助这批作家作品,敌我进退之来龙去脉,局势变化之前因后果,日寇之凶残,将士之奋勇,难民之悲惨,一一展现,战时中国社会百态历历在目。随着作品不断推出,关于报告文学的理论探讨也逐渐深入。以群就报

---

① 南强编辑部1932年4月出版的《上海事变与报告文学》即此间代表作品,包括两篇序在内共收录文章30篇。

② 田仲济:《中国报告文学丛书(第一辑第一分册)·序》,第5页。

③ 该书系"抗战中的中国"丛书之二,范长江主编,胡兰畦等著,生活书店,1938年2月初版。

④ 华之国主编,该书封面注"抗战报告文学选辑之九",封一则标"抗战报告文学选辑之八",出版社及出版时间不详。

⑤ 该书同为"抗战中的中国"丛书,范长江主编,生活书店,1938年3月初版。

⑥ 此书为"抗战报告文学选辑之二",华之国编,范长江等著,上海杂志公司,1937年10月10日初版。《西线的血战二辑》,华之国编,"抗战报告文学选辑之七",时代史料保存社1937年12月25日初版。

⑦ 分别刊于《七月》第2集第8期,1938年2月;第2集第10期,1938年3月。

⑧ 林非:《抗战以后国统区的报告文学创作》,《中国报告文学丛书(第二辑第八分册)·代序》,长江文艺出版社,1983年,第4页。另,关于抗战初期报告文学的发表、题材等情况,以群在前引《抗战以来的中国报告文学》中亦有详介。

告文学的来源、人物描写、发展趋势等问题发表系列文章[①];《八路军军政杂志》为给部队文艺工作者以参考,就报告文学相关问题展开集体讨论[②];《不要误解了报告文学》[③]精当地剖析报告文学理解与写作的几个误区;周钢鸣出版专著,从报告文学特性、写作技巧及作家素养等方面指导青年创作实践[④],同时指出报告文学所肩负的政治任务及其在宣传、教育方面的作用[⑤]。写作活动与理论探索齐头并进,量与质逐步提升,报告文学渐成文坛劲旅。然而,这支新兴力量缘何受到文坛青睐,以致其在当时得到快速发展?左翼文艺阵营强调,首先,报告文学之革命性、战斗性与生俱来。它由西方无产阶级革命运动催生,后随世界革命潮流自西向东播撒火种,在中国恰能真实、迅速地反映波澜壮阔的革命狂潮[⑥],理应成为宣传武器。其次,战时社会生态为报告文学发展营造氛围。九一八、"一二八"及至全面抗战,中日战局多变且影响广泛,国内外亟须了解各方情形,相比其他文学样式,报告文学对事态之反映生动翔实快速准确,国内军民及国际社会凭此感知、理解战时中国之风云变幻,受众需求推动创作实践,相关作品亦由此激增。简言之,正是由于外部环境刺激结合报告文学自身特点,决定了该文学样式在战时中国大放异彩。

左翼重视意识形态,强调斗争传统势所必然,而报告文学能于战争环境下快速成长广泛传播,更在于其兼具新闻性与文学性的特质,这也成为鉴别、判断该文学样式的准绳。一方面,"新闻性区别了报告文学和其他文学形式的不同,凡具新闻性的,不问其形式怎样,均是报告文学,凡不具新闻性的均属于报告文学以外的他种形式的文学。"另一方面,"文学性将报告文学和一切不具文学性的通讯报道区别开来,这就使所有具文学性的一些形式,如文艺通讯、特写、速写、素描、散记、手记等等,凡是具新闻性的都称为报告文学。"前贤成说可资参考,按图索骥易有所得。不过,文学世界并非全是一派泾渭分明之象,

---

① 文章以"报告文学讲话"为总题发表于《学习生活》,如《报告文学为什么会发达起来》(第1卷第3期,1940年5月10日)、《报告文学中的人物描写》(第1卷第5期,1940年9月10日)、《怎样深化报告文学运动》(第1卷第6期,1940年10月10日)等。

② 《谈报告文学》,集体讨论,石琳执笔,《八路军军政杂志》第3卷第9期,1941年9月25日。

③ 茅盾:《不要误解了报告文学》,《文艺阵地》第1卷第8期,1938年8月1日。

④ 周钢鸣:《怎样写报告文学》,生活书店,1938年2月。

⑤ 相关评价参见茅盾《短评·〈怎样写报告文学〉》,《文艺阵地》第1卷第8期,1938年8月1日。

⑥ 前述以群《报告文学为什么会发达起来》及《八路军军政杂志》之《谈报告文学》等均指出,报告文学随德国早期无产阶级斗争而诞生,后在美国、苏联、日本兴起、传播,天然具有革命基因,在中国正可作为宣传利器与民众对内、外斗争相结合。20世纪80年代,黄钢、田仲济谈及报告文学亦提到其与世界无产阶级革命的联系。

界限模糊非花非雾之作也属文坛一景,如罗烽《莫云与韩尔谟少尉》《三百零七个和一个》,雷加《游击大队长》等,前人视为报告文学,但归入小说亦无不可,个中元素相互杂糅,孰轻孰重难分轩轾,此类情形不一而足。

二、七七事变前,关内外作家对东北的书写

相比关内,东北较早遭受日寇欺凌,反日的军事斗争与救亡文艺或隐或显不绝如缕。九一八事变爆发,东北作家如萧军、萧红、罗烽、白朗、舒群、孙陵等坚持书写,伪满洲国成立后,殖民统治日趋酷烈,因言获罪屡见不鲜,自 1934 年起,上述作家相继流亡。

舒群《归来之前》与萧军《大连丸上》分别讲述一段逃亡经历,仓皇惊险悲愤莫名。出走前夕,舒群已察觉周围空气紧张。不出所料,舒群忽然收到预警,心怀惴惴的“我”意识到大祸将至,一番犹豫后决定逃亡。全篇重心即在于描写“我”面对去留问题时,反复挣扎、痛苦无奈的心理活动。“我”乃家中支柱,此一去,既不得承欢尽孝于高堂,弱妹幼弟亦失依凭,老父多病、慈母忧深,家人何以为生?日后何时再见?故园至亲难以割舍,心中倩影怎忍轻离。曾救“我”于穷途的苓子姑娘有情有义,其兄才入狱,又助“我”逃亡,红颜憔悴心痛不已。前思后想,亲情、爱情实在可贵,但暴日逞凶难得苟全,哀戚亡国不如追寻自由。于是,“我”不及拜别家人便匆匆启程。元宵时节不得团圆,前路茫茫尽是未知,“在我的心上,早已失去了快乐与痛苦的感觉,只看见白色的雪花,在我眼前飞着,飞着。”舒群此文情感细腻、文笔哀婉,离别之痛难以言表。危急时刻,作家纠结于家庭责任与个人出路。内心矛盾反映个体之苦,苍凉意绪揭示民族之困,孤身上路不免凄楚,但雪笼大地未尝不孕育新生,路已在脚下,义无反顾。舒群此去三个多月后,萧军偕萧红踏上流亡之路,《大连丸上》即复原了其虎口逃生的一段经历。同属铤而走险的一段往事,相比《归来之前》对内心细节的反复刻画及低沉的叙事基调,《大连丸上》以简洁之篇幅记录戏剧化的场景,文字爽脆感情外露。作品通过你来我往间不容发的对话营造紧张气氛、描绘真实形象,敌伪狐疑阴险狡诈,“我”强作镇定表现平静,狭小的船舱中一时生死难测。命运赌局中萧军从容不迫,但内心已波涛汹涌“显得急躁”,面对敌人,作家强压怒火,只为尽快打破殖民枷锁返归祖国,夜的海面上,愤激的灵魂冲决黑幕。

二萧脱难有惊无险,另一对作家夫妇却未如此幸运。萧军启程不久,罗烽即遭逮捕下狱,直至 1935 年,罗烽获释与妻赴沪。劫后余生,白朗作《狱外集》

回顾二人在东北之斗争与劫难。九一八后,罗烽等在中共领导下创办《夜哨》坚持文艺抗敌,并协助杨靖宇工作[①],白朗亦参与其中。此时东北局势严峻,"可是,我们并不灰心,并不焦虑。我们相信:组织起来就是力量,如果我们坚决的奋斗到底,故乡终会失而复得"。反抗带来报复,日伪反扑,罗烽下狱,《狱外集》即以大量篇幅记述了罗烽入狱后,"我"与敌伪的周旋及对爱人无尽的思念。东北女作家性情不一风格各异,《大连丸上》萧红吞声饮泣,《狱外集》中白朗直面日寇。为拯救爱人,白朗全力奔走,跟随作家视角,敌人之威逼,黑狱之阴森,嫌犯之病、弱皆有所见。为搭救爱人,"我"不得不与手握大权的山田接触并与其妻打交道,在此,"我竟受了这么多难堪的对待,而且是受之于一个仇敌的女人"!日寇擅作威福,国人无不切齿,但白朗并未刻意丑化敌人。山田之妻虽然势利但持家勤谨,"我"不禁感叹,"日本妇女治家的精神,确是不能不使你吃惊的"。作家笔下,山田夫妇可憎可鄙,但敌人也并非皆是脸谱化的魔鬼,诸如山田夫妻本寻常人家,来华后却直接或间接地屠杀、欺压中国人;中国牺牲固大,而从人性角度审视,侵华战争对日本人精神之扭曲亦可谓触目惊心。百般忍耐,白朗狱外搭救愈挫愈勇,坚忍不拔,罗烽狱中斗争机智顽强,妻子下笔饱蘸熬煎,丈夫泼墨浸透血泪。1938 年 3 月,罗烽《满洲的囚徒》开始在《战地》连载,详细记述狱中经历,细数往事历历在目,恰与《狱外集》相互补充。

抗战全面爆发前流亡的东北作家还有孙陵。日寇嗜血,1936 年夏,金剑啸等多位作家、记者遭日军逮捕、杀害,同年,孙陵踏上流亡道路,年底,《边声》开始由《光明》[②]连载,以期"叫我们国人明了一点日本统治下的东北的真相"。日本在东北的殖民势力无孔不入:文教方面,奴化政策荼毒幼小,不少孩子接受了"'满洲国'和日本国好"的灌输[③],民族意识尽遭剪除;政治层面,日伪施以恐怖,在"反满抗日、宣传共产、思想不稳"等名目下,肆意关押、屠杀民众;民生更无从谈起,日、朝人口大量涌入,对原住民予取予夺,致使"我们的故乡"沦为"别人的'新地'"。"边声"中自有心声,作家理性思考,感性表达,描画东省实况,记录内心忧愤,沦陷区百姓的挣扎与苦痛令人感同身受。

---

① 参见《白朗文集》第 3、4 合卷,春风文艺出版社,1986 年,第 11 页。

② 《光明》半月刊,洪深、沈起予主编,1936 年 6 月创刊,至 1937 年 8 月止,共出 3 卷 29 期。《边声》于第 1 卷第 11 期(1936 年 11 月 10 日)开始发表,至第 3 卷第 5 期(1937 年 8 月 10 日)止,除后记外共有 10 篇。另,该作 1940 年于桂林结集出版,改名《从东北来》。

③ 孙陵:《边声后记》(续),《光明》第 3 卷第 5 期,1937 年 8 月 10 日。

舒群、萧红、萧军、孙陵等相继出走，东北写作群体渐成分散状态。随人员迁徙，“东北民众抗日救亡团体，辗转流亡至北平、西安、上海、南京、武汉、重庆等地进行了抗日复土斗争”[①]，随之一批由各团体、学校编撰的刊物相继面世[②]，其中即包括上海东北协会刊行的《黑白》[③]。该刊重心在时政，涉及政治、军事、经济、文化等多方面，编撰者或许并非皆隶籍东北，却均围绕伪满生发各类话题，其“文艺”一栏对了解斯时东北不无裨益，在此仅以报告文学为限，简述一二。

东北失陷满目疮痍，无论身处何方，爱国之士无不悲愤。不平则鸣，揭露乌烟瘴气的“王道乐土”便化作一种控诉与呐喊，而描绘沦陷中的故土，也是东北抗日文学的重要主题。《不堪回首话故乡》[④]作者漂泊关内，“因事东归，往返途次，走马观花”略记见闻。北宁路上，日人扰攘恃强凌弱，国人则日语熟练似母语，更有同胞为牟利争相服务伪组织，人心散落，到底谁之过？故乡小住，体验亡国奴生活，从税收发币到收缴民枪，从都市营造到乡村农耕，从官吏任用到穿衣打扮，日人经营下，东省殖民气息浓厚。归去来，山河有异，铁蹄下，国人惨遭蹂躏。《颤抖着的沈阳》[⑤]中，整个城市似成屠场，城头的日章旗更加刺眼。暴日阴险，以黄赌毒腐蚀反抗意志，浪人横行，无辜民众屡遭祸害，弹冠相庆，汉奸鹰犬争做傀儡。屠刀下的沉默并非尽是屈服，如今备受摧残的民众未尝不是日后更生的希望。“希望你的叹息，变成怒吼，变成高呼，变成呐喊——变成一种不可冷凝的无畏的血流，变成一种不可抵抗的宏伟的力量！”诗性结语极富鼓动性，潜行的地火伺机喷发。《故乡心影录》[⑥]同样涉及沦陷区政治、经济与社会生活多个层面。相比《不堪回首话故乡》《颤抖着的沈阳》，本篇描述翔实，文笔流畅，就文学性与新闻性而言，略胜一筹。

---

① 齐红深：《抗战时期东北青年学生流亡史略》，齐红深编著《流亡——抗战时期东北流亡学生口述·前言》，大象出版社，2008 年，第 17 页。

② 已知东北救亡刊物有《救国旬刊》《覆巢月刊》《东方快报》《东北通讯》《中山周报》等，参见齐红深《抗战时期东北青年学生流亡史略》，齐红深编著《流亡——抗战时期东北流亡学生口述·前言》，大象出版社，2008 年，第 15、18 页。笔者尚未寻到上述刊物，特立此存照。

③ 《黑白》半月刊于 1933 年 11 月 15 日开始发声，以“传达东北消息、研究东北问题、阐扬东北文献”为宗旨，设“文艺”专栏，第 3 卷改为“国难文学”，笔者所见为第 1 卷第 1—16 期，第 2 卷第 1—12 期，第 3 卷第 1—10 期，截止时间 1935 年 5 月 30 日。

④ 中心：《不堪回首话故乡》，《黑白》第 1 卷第 2 期，1933 年 12 月 15 日。

⑤ 穆益：《颤抖着的沈阳》，《黑白》第 2 卷第 9 期，1934 年 11 月 5 日。

⑥ 诸君：《故乡心影录》（连载一至七），《黑白》第 3 卷第 1 期（1935 年 1 月 15 日），第 2 期（1 月 30 日），第 3 期（2 月 15 日），第 5、6 期（3 月 31 日），第 7 期（4 月 15 日），第 8 期（4 月 30 日），第 9、10 期（5 月 30 日）。

生长于斯,家园岂可轻弃,百折不回,义军前仆后继。《三日从军记》[①]中,作者因九一八流离失所,故旧多家破人亡,"我"愤而从军,与战友击杀日寇,无奈势单力薄队伍溃散,"我"再次流亡。作品背景涉及马占山江桥抗战,国难当前,东北军民并非皆不战而走,舍生取义者不乏其人。《攻城》[②]一战,"东北国民救国军"缺人少炮仍奋力向前,被日军围困后,流血牺牲在所不辞。作品中,对待义勇军,百姓态度不尽相同,欢迎、加入者有之,但也有因怕日军迁怒而躲避、怨恨者。驯顺乡民面对凶残敌寇,一时退缩在所难免,但东北抗日洪流中,更多力量与支持确也来自民间。《一个无名义军底自述》[③]中讲到,"我"三代耕作于乡间,家乡失陷,日军霸我田产杀我父母,忍无可忍,"我"离别妻儿参加义军,为了逝者的冤屈也为幼小者的将来。以上作品反映,沦陷初期即有东省军民组织抵抗,士农工商皆有参与,屡败屡战,誓死不坠抗敌之志。面对侵略、杀戮,不止农夫野老铤而走险,崇尚和平的基督徒也加入反抗的队伍。《奴隶地带的基督徒》[④]中,作为教徒,"我"试图回避战争,但"眼见同胞遭遇惨杀侮辱,毫无救护保卫的能力",内心无比纠结。思索再三,我们终"不忍全民族沦为奴隶",于是,由基督徒组成的担架救护队奔赴火线救死扶伤。

《黑白》中的上述作品,主要描述沦陷区社会现状及各地军民抗争。东北沦亡乱象丛生,日伪治下,人民遭受严密监控,经济亦受剥削压榨。敌人待我以枪炮,往昔可爱的家乡、淳朴的乡亲化作废墟、白骨,遭受侵略之痛,作家椎心泣血。倭寇狂妄,国人奴隶不如,爹娘妻子家园墓庐何以保全?高压态势下,有人屈膝侍敌,有人忍气吞声,亦有人拼死一搏。沉沦者或麻木或纠结,反抗者或牺牲或流亡,可悲或可敬,逝者已矣,生者仍旧挣扎。

东北沦陷,逃离者众多,亦有人反其道而行深入虎穴,顾海清《劫后东北的一斑》[⑤]便属后者。作者因工作缘故前往东北,几个月内履及大连、哈尔滨、长春及外蒙等地,观察各方,议论风生。"我"一路走来,所遇形形色色:村民大多愚昧,可怜亦复可笑,乡村建设道阻且长;国联调查团似被日本圈养,指望公正裁决简直缘木求鱼;伪满官吏及部队各有打算,有的不过得过且过敷衍塞责,也有的一心为奴甘做汉奸;日本拉拢,蒙古王公若即若离;日人独霸东北,欧美

---

① 韻绮:《三日从军记》,《黑白》第2卷第1、2期,1934年7月30日。

② 新生:《攻城》,《黑白》第3卷第1期,1935年1月15日。

③ 醒槐:《一个无名义军的自述》,《黑白》第3卷第9、10期,1935年5月30日。

④ 作田:《奴隶地带的基督徒》,《黑白》第3卷第3期,1935年2月15日。

⑤ 顾海清:《劫后东北的一斑》,商务印书馆,1934年1月初版,1935年4月再版。

各国担心利益受损多不买账；谈到义勇军，作者除对马占山、王德林部表示佩服外，余则不以为然。作品语言风格幽默，对日伪多讥讽、挖苦，对国民性之丑陋也屡有调侃，笔墨虽有滑稽之处，却非游戏心态。作者出发前即担忧国事，到东北后，在治安混乱的情境下，只身探访各地，多次与密探、特务周旋，然而一番冒险游历，更添几分焦虑，能做的唯有笔耕，一纸荒唐难掩辛酸。另外，作者文笔诙谐，但极有分寸，其探讨义勇军问题，严肃且深刻，对义勇军自身及外部之不足，从理性出发论述精准，比起一味褒扬，其笔墨可谓独特。客观上讲，抗联成立前，关外义勇军队伍繁杂，其中多数以失败告终，但在冰天雪地的环境中，物资匮乏的战士们实已尽力。立川《血战归来》①即以军中一员之身份，介绍辽西一支以绿林人物为班底的抗日队伍，其杀敌之初衷与作战之艰辛如鱼饮水，冷暖自知，而面对这样一群奋不顾身的爱国民众，同情、佩服之外，实难苛责。

自九一八至七七事变，东北抗敌文苑日渐逼仄，舒群、罗烽等苦苦支撑。舒群、萧红、萧军等流亡前后，关内其他知识青年、文艺人士同样聚焦侵略声讨日伪，无论去留、往来，有名、无闻，他们都奋力吹响号角互为声援。这其中，音调或分高低缓急，但保家卫国之心无不殷红。东北抗日文学因战争而起，随战局变动而现晦明之态，及至抗战全面爆发，东北抗日文学园地再呈新景。

三、七七事变后，东北抗日文学之面貌

七七事变爆发，日本将侵略战火烧向全中国，国共团结御侮携手对外，中华民族紧急动员。全民抗战的新形势下，文艺界人士或扛枪上阵或随军采访或参与慰劳，前线、敌后，战斗、宣传，尽其所能。此前东北失地，如今民族危亡，舒群、萧军、白朗、孙陵等东北流亡作家，更是全力投身抗战，其所关注也不止于东北一隅，脚步所至，他们将焦点对准全国。同时，国共合作，政治、舆论环境相对宽松，在全国一盘棋的态势下，东北抗敌情形吸引更多注意，由此，关内一批以东北为表现对象的篇章、刊物次第出现。

“八一三”炮响，舒群在西安以随军记者的身份参加八路军随之进入山西，

① 立川：《血战归来》，《新中华杂志》第1卷第9、10期连载（未完），1933年5月10日、5月25日。另，立川本名张永兴或张新生，祖籍山东，1896年生于辽宁，1920年代曾参与对日斗争，九一八后投高鹏振部助其组织抗日救国军，作品所写即此前后经历。

据路上见闻作《西线随征记》①。进入山西,舒群等先后访问了彭德怀、任弼时、朱德,八路军官兵一致,几位领导人朴素、低调的作风给记者留下深刻印象。长官之外,作家更留意基层军民。战争加剧贫困,但当地乡民仍出人出粮支援抗战,他们对八路军的纪律及战斗力抱有信心。驰骋山西,八路军战绩不俗,人道为本,我军善待日伪俘虏。在驻地,“我”见到战俘松井四郎与佐伯小二郎②。此二人曾杀我同胞,但作家未表仇恨之情,相反,“我们待他们很好,每天都把我们所有的最好的东西给他们吃,行军时他们一人骑着一匹马”。以德报怨的温情似有成效,“他们渐渐地也终于被感动了,尤其是松井四郎,在一处农村的集会上发表了很激烈反日的演说”,“最后他们被送到延安受教育去了。听说他们一天比一天好起来,而且不愿离去中国”。左翼意识形态中,日本士兵乃受军阀蛊惑而来,经过阶级教育,定可痛改前非。阶级论能否解释战争狂热,日俘是否真心改造,见仁见智,但八路军优待俘虏的政策无可置疑。战火中的友谊弥足珍贵,作品中,舒群还特别提到了中国之友——英国基督徒特如丁格女士。通过她的观察,作品间接宣传了八路军之爱民、善战,并揭露日军烧杀奸淫之暴行。行进西北,舒群笔耕不辍,除《西线随征记》外,还有《西北特区抗战动员记》③,前者从侧面反映了八路军的抗日活动,后者则从正面介绍了以延安为中心的西北特区为抗日而进行的动员。为抗日,中共放手发动群众,士兵、农民,妇女、儿童,齐集红旗之下,锄奸、征粮、选举,各项工作有条不紊。积极备战,根据地各界热火朝天,党的组织动员与宣传能力可圈可点,贫瘠的土地上,一股充满激情的政治力量重新积聚、崛起。战争中,作家经受考验也得到锻炼。自九一八至全面抗战,舒群作品中的迷茫、愁苦之感渐被坚定、乐观之情冲淡,前路仍有磨难,但作家已看到方向与希望,叙述风格也由低沉一变而为昂扬向上。

离开东北,萧军、白朗、孙陵等流亡作家视野更为开阔。萧军注重自我,个性十足,《大连丸上》血气方刚,几年后,《侧面》④依旧思想独立棱角分明。作品前后三部,萧军自述晋、陕救亡之旅,笔触所及涵盖地方军政、民生疾苦以及知识分子战时表现等,崇高与世俗,理性与蒙昧,率真与虚伪,人情世态杂糅纷

① 舒群:《西线随征记》,上海杂志公司,1938年6月。

② 《半月文摘》第1卷第8期(1938年1月10日)之《两个俘虏的自白》(署名绍龙,中央社发文)亦记录了对此二人的采访,所得信息与舒群可相互印证。

③ 舒群:《西北特区抗战动员记》(民族解放丛书),解放出版社,1938年3月初版。

④ 萧军:《侧面》(七月文丛),海燕书店出版,1941年2月初版,4月再版。

陈。所见者细碎、平常,所思者独到、深刻。目睹沿途军民死伤,作家追问残酷战争因何发生?在萧军看来,求生属人类本能,但狭隘、自私之徒只允许自己及其后代活,发展到极端“也就有了可耻的人与人的屠杀”。比照现实,日本妄图独霸东亚生存空间与资源,遂以此私欲刺激人心之阴暗面,进而煽动极端民族主义至令举国疯狂肆意逞凶,其野蛮行径不仅令中国惨遭屠戮,人类文明亦为之蒙羞。面对日寇杀伐,保家卫国属国民义务,但这是否等于政府有权随意支配国民生死?战争环境下,“小我”究竟价值几何?作家以为,侵略应当制止,生命亦须宝贵。因之,对于“与临汾共存亡”“誓死保卫临汾”“誓死保守山西”等“官家们的标语”,“我”“就从来是打着‘?’号看它们。”高喊口号并不代表全力以赴,毕竟,听其言还要察其行。更关键的是,作家不赞成当局引导国人轻言生死,即便为了崇高之目的。战争中,伤亡在所难免,虽则如此,政府也不应视民命为无足轻重而驱群羊饲馁虎,国民之所以支持抗战最终是“为了活”,国与家固然密不可分,但若人之不存,国又焉附?斯时,在国家话语高涨的舆论场中,在政府试图操控一切的环境下,萧军发言立意尊重人性珍视个体可谓异数。融汇五四精神,作品关于“人”之探讨时有穿插。关于启蒙,作家强调,理性可习而得,倘因百姓对社会变革一时不适而作“奴隶解放不得”之论,则实属荒谬;针对个人与党派之关系,萧军质疑个体完全从属集体之说,相比所谓忠诚,独立之人格与思想似更可贵。抗战是救亡亦是启蒙,国家亟待挽救,国民更须解放,个人若无现代观念,现代国家又从何谈起?在意志集中、力量集中的主流话语里,萧军之观点曲直自可讨论,但其思想独立、表里如一之个性实堪佩服。

1939 年 6 月,中华全国文艺界抗敌协会组织作家战地访问团,白朗等一行 14 人由重庆北上开启劳军之旅,《我们十四个》[①]即沿途日记。一路上,访问团留意收集日军暴行证据,同时过访中国工业合作社、东北救亡总会陕西分会、东北妇女军鞋军服合作社、妇救会、修械所等,了解军民生产、生活。在晋东南,访问团与前线将士近距离接触,他们听取战地报告,访问卫立煌、孙连仲等将领,慰劳伤员、采访战俘并与部队联欢,真切感受前方生活。官兵口中,山西军民合作密切,国共部队亦相安无事。不过,一山二虎总有区别,一方面,据战事报告称,晋东南作战失利,“主因是指挥的不得力,民众的组织不够,军民未能切实合作,政治工作人员不到前方去”。而另一方面,作家从村民处得知,当

① 白朗:《我们十四个》,上海杂志公司,1940 年 2 月初版。

地壮丁不顾薪饷微薄，多投八路军，民众以脚投票，取舍背后值得深思。

报告文学形式多样，白朗以日记出之，夹叙夹议，孙陵《初夏的山谷》[①]情景交融近似散文。孙氏深入采访，马蹄所至，是生机勃勃的山谷，这里时有激烈战斗，更多的却是清新富有诗意的自然景色。作品视角逐步拉伸，叙述基调俏皮、热闹，军中英勇、乐观之精神与多彩、美丽的环境相互映衬，战事的紧张氛围被冲淡，战斗意志迎风生长，《边声》中的压抑全然不见，明朗、豪爽的情绪显而易见，可爱的战士、坚定的信念，初夏的山谷希望无限。投笔从戎，孙陵转战鄂豫，生死度外。作家以秘书身份供职军中，随枣会战一度遭日军包围，危机形势下，孙陵时而随军行动时而独自上路，据此经历作《突围记》[②]。敌进我退或在咫尺，作家虽觉紧张但未惊慌，笔下草木明丽可喜；歧路亡羊命悬一线，“我”持枪备战沉稳冷静，心怀祖国无惧无憾。顺利突围，捷报跟至，作家依旧波澜不惊。事后怀想，长官之英武，士兵之随和，行军、战斗，乡民、同伴，沿路风景与心中所思，各场景缓缓流淌。孙陵生于山东长于东北，后又随军转战，粗粝环境下，《突围记》文笔细腻、自然，从容、平静的叙述中，随枣战役之一角得以呈现。

流亡者之歌唱响南北，东北文坛再谱新篇。相比舒群等人，李辉英早离桑梓。七七事变后，作家奔走于苏鲁豫间进行抗日宣传，名都通衢乃至“山谷野店”[③]，救亡道理传播南北。报告文学长于纪实，通过《山谷野店》的镜头，战时文艺宣传、鲁西北抗敌形势、苏皖战祸与流民、伤兵救助及针对日军的反战行动等皆有呈现。李辉英于途中留意观察，诉诸笔墨认真、翔实。一路走来，根据所见，作家反思亦多。关于宣传方式，广大军民文化水平有限，较之口号、标语，旧调新词的地方曲艺与直白、形象的抗敌戏剧往往更具成效；组织抗敌，政府当以身作则，敌未至而长官先逃，民众何以信服当局？动员民众须放手，若政府过多干涉、限制，民间团体难有作为；抗战工作重要但须有的放矢，否则荒村野店日军罕至，广撒传单意义何在？且行且思，战时中国，生机与问题并存。与《山谷野店》相仿，《军民之间》[④]亦探讨了组织民众、文艺抗宣、军民合作等战时热门话题，民众之朴实、善良，演出之激动人心，军民之同仇敌忾等多个场景

① 孙陵：《初夏的山谷》，《抗战时代》第1卷第1期，1939年。

② 孙陵：《突围记》，桂林创作出版社，1940年9月初版。该书分四部，同名作品《突围记》乃第一部，其他乃“在港渝两地大公报副刊上登载过的几篇散文”，“按照文章底性质”再分三部。详见该书之跋。

③ 李辉英：《山谷野店》，独立出版社，1940年。

④ 李辉英：《军民之间》，上海杂志公司，1938年6月5日初版。

无不得到生动展示,而知识青年在军中之生活、工作同样有所反映。几度寒暑,作家奔走战地广泛接触基层军民,随手拾取以为原型,乃有《夜袭》[①]。该作以人物速写为主,描绘形象有正有邪,他们具名而不知名,平凡、普通却各有性情,面对日寇,各有打算各有所为,无论好坏成败,皆被作家收入笔端立此存照。类似的人物、故事在各地层出,一个个鲜活的生命逐渐交织成宏大的历史画卷,在这场旷日持久的战争中,人人都是主角,人人亦成为背景,也正因为他们,历史更加生动。

以籍贯论,抗战时期涉猎报告文学的东北作家尚有雷加、王研石等。雷加所写多反映抗日根据地军民之战斗、生活,如《黎明曲》《火》《炮位周围》《游击大队长》等。这些作品内容大致有两种,或为苦大仇深的百姓如何觉悟、成长为一名战士,或写游击队之英勇善战。身处解放区而受环境熏陶,雷加作品大多营造出一种淳朴热情、积极向上的格调、氛围,与中国共产党着力塑造的精神气质一脉相承。根据地作家意气风发,沦陷区文人动辄得咎。王研石曾于哈尔滨编辑《国际协报》,因抗敌言论触怒日军,1932 年 2 月被日本宪兵逮捕。1933 年 8 月,王研石转赴天津供职《益世报》,1937 年 7 月 19 日再遭牢狱,历半年始出,作《被日寇囚系半载记》[②]追述囚笼黑幕,与罗烽的《满洲的囚徒》异曲同工。

战时中国,抗敌书写无疑乃时代主题,《东北抗日联军游击实录》《东北抗日联军》等[③]相继问世。《东北抗日联军中的女儿们》以当地女性为原型,串联抵抗史事,蹊径独辟小中见大。杀敌无分男女,游击草木皆兵。《全面抗战中的东北抗日联军》[④]同样介绍了抗联的发展、组织及活动区域,游击战中,日寇疲于奔命。此文载于《反攻》,该刊为东北救亡总会之机关刊物,抗日救国收复故土即其宣传主旨,另一刊物《东北论坛》亦与之相近。不少反映东北人事之作如《活跃在第一线上的东北健儿》《反正的东北壮丁》《东北在动荡中》《敌国去来》等均载于上述两刊,关内外消息借以传播。东北沦陷日久,中共中央始终记挂关外民众,《新华日报》即报道过李延禄、唐聚五等人事迹,激励东北人民坚持斗争。祖国河山牵动各方,政党喉舌之外,《辛报》《星报》《星岛日报》

① 李辉英:《夜袭》,中国文化服务社,1940 年 4 月初版。

② 王研石:《被日寇囚系半载记》,生活书店,1938 年 8 月初版。

③ 朱铁雄:《东北抗日联军》(抗战小丛书之四),自力出版社,1938 年 2 月。

④ 沈毅:《全面抗战中的东北抗日联军——其发展、组织与活动区域》,《反攻》第 1 卷第 2 期,1938 年 2 月 16 日。

《大美报》等媒体就东北殖民、抗争等情形向国内外广而告之,其中部分篇章收入《抗战丛刊》扩大影响。抗战艰辛人心易疲,歌之咏之是鼓舞亦为战斗。炮火肆虐,文化机关首当其冲,各刊排除万难生产精神食粮,内容或粗糙,苦心可明鉴。

四、结语

1931 年至 1945 年,日寇侵略狂澜令中华几近灭顶,东北更经"变天"惨痛,舒群、萧军、罗烽、孙陵等作家相继远走,流离人话兴亡事,沦陷前后之反抗、镇压、旧影、近闻于文学殿堂留下烙印。亡国痛彻,伪满无天日,斗转星移,蚕食变鲸吞。卢沟桥再掀抗日大潮,南北、老幼,四海一家,李辉英、萧军、舒群等走向全国战场。炮火熬炼笔亦生花,东西战线上作家往还奔波,敌我进退之成败,正面、敌后之异同,军民之隔阂、互助,政治之经验得失等社会万象统统摄入笔端,自由中国拼死一搏。

抗战文学烟波浩渺,报告文学多姿多彩。本文所述,无论七七事变前后,均以东北流亡人士之作为主,据其经历,或讲东北景观或看全国战事,内容各有侧重但发表多在关内,毕竟,自由中国包容性更胜沦陷之区。当然,即使身处日伪治下,亦有作家表露抗敌心迹,只是声音或许曲折隐晦,事关生死,不必苛责前人。言说东北或显或隐,字里行间,历史面影略窥一二。

作者简介:

赵伟,江苏省社会科学院文学研究所副研究员,博士,研究方向为中国现当代文学。

“抗战建国”与方志文化

——以四川省通志馆为中心的考察

曾　荣

[摘　要]近代中国知识制度鼎革、社会剧烈变动背景下的方志文化，承担了传承历史文化、弘扬民族精神以及鼓舞社会民众抗战建国的重大历史使命。以四川省通志馆为切入点，考察时人以“抗战建国”和“保存文献”为宗旨开展省志编修的历史，旨在探索传统修志理念的转变与近代方志的革新，揭示通志馆上下、内外的利益纠葛及其与国民政府派系之间的矛盾冲突，进而窥探民国“乱世修志”背景下的历史样态。

[关键词]抗战建国；保存文献；国民政府；四川省通志馆

[基金项目]本文为国家社科基金项目(13CZS042)、中国博士后科学基金第55批面上资助项目(2014M550775)和中国博士后科学基金第8批特别资助项目(2015T80110)的阶段成果。

创办于1942年的四川省通志馆，正处于抗战最为紧张激烈的关键时期，战火纷纭所带来的时局变动，对包括通志馆在内的文化事业造成了巨大冲击，导致后人对民国修志的认识和评价有失偏颇(认识并不全面，评价也不高)。学界关于四川省通志馆的专题研究尚付阙如，一些综述四川省志编修史的论著，为开展研究提供了基础。[①] 研究和考察四川省通志馆的修志实践，正好为探索“乱世修志”这一历史命题提供了极佳的样本。尤其是时人从“抗战建国”和“保存文献”的高度立意，督促、建议并对修志寄予厚望，促成了传统修志理

① 何金文:《四川方志考》，吉林省地方编纂委员会、吉林省图书馆学会，1985年，第84页；吉正芬:《四川地方志纂修源流述略》，《中国地方志》2011年第10期；马小彬:《四川方志撰修述略》，《首届中国地方志学术年会方志文献国际学术研讨会论文集》，中华书局，2012年，第194—201页。

念的转变与近代方志的革新。

本文在发掘四川省通志馆档案的基础上,对比参照台北“国史馆”所藏档案,通过与其他文献资料相互比刊,试图揭示通志馆上下、内外的利益纠葛及其与国民政府派系之间的矛盾冲突,进而窥探民国“乱世修志”背景下的历史样态。

一、志馆创办与“抗战建国”

1940 年抗日战争正进行得如火如荼,作为抗战大后方的四川,对国民政府而言有着特殊意义。然而在四川省内部,因各派势力激烈角逐而呈现错综复杂的情势。是年 11 月,蒋介石辞去所兼川省政府主席职务,改由张群继任。①

关于四川省通志馆筹建事宜,1942 年 3 月 17 日,四川省政府委员会召开第 555 次会议。在省政府主席张群的倡议下,会议表决通过“聘本府委员李肇甫暂行兼任馆长”的决定。② 馆长人选甫一确定,四川省通志馆的筹备工作即紧锣密鼓地展开。经过两个月的筹备,通志馆于 5 月 21 日正式成立。据曾任总务主任的陶元甘回忆,“通志馆只设了采访、总务两组,每组约有工作人员十人。另设会计员一人”,通志馆也没有修建馆舍,时值抗战激烈交火,“因省府为避免空袭,早迁至外西茶店子办公。乃将督院街原省府空房拨了几间,供通志馆使用”③。可以说,成立之初的通志馆在机构、人员、经费、设施等方面均面临严重问题。

尽管初创的通志馆存在诸多弊端,但省志编修毕竟是文化界的一件大事,得到了学界人士的广泛关注。就在通志馆成立之际,时任《文史教学》杂志编辑的钟禄元④发表《整理川省通志刍议》,阐述其对四川省通志馆在“革新”旧志、编纂新志及其对“抗战建国”重要性的见解和主张,表达对通志馆“期以整理方志,表扬国粹,庶可征文献于既往,资考镜于来兹”的愿望。⑤

钟禄元提出方志“革新”的主张,是针对前人修志“每斤斤于文字之雕饰,抹杀事实,以古论今,忽略时代精神”的弊病而作。他认为“前志之失,应加纠

---

① 邓汉祥:《蒋介石派张群图川的经过》,中国人民政治协商会议全国委员会文史资料研究委员会编《文史资料选辑》第 5 辑,中华书局,1960 年,第 79—80 页。

② 四川省档案馆藏:《四川省政府委员会第 555 次会议决议案》,档案号:资 1,顺序号:279。

③ 陶元甘:《记四川通志局及四川省通志馆》,《四川文史资料选辑》第 32 辑,第 168 页。

④ 冯树盛:《钟禄元先生简介》,《四川客家文化丛书:民国年间的成都东山客家》,四川客家研究中心,2005 年编印,第 82 页。

⑤ 钟禄元:《整理川省通志刍议》,《文史教学》1942 年第 5 期。

正，以求完善”，而重视地方特色和反映时代精神则是其修志的关注重点。值得注意的是，在论及志书“编辑之方”时，钟氏还从“抗战建国”的时代需要出发，建议通志馆“采丛书式，可将人物，舆地，特产，文艺，礼俗诸类，各自成册”，各册“合之成通志，分之为专著”，不但有利于编辑出版，而且方便社会大众利用。尤其是各册单独成书，“若每门俱堪作乡土教材，而于各该地之学子，获益良多，此所谓事半而功倍也。”①

诚然，1942 年正值中国人民抗日战争进入战略相持的关键时期，“抗战建国”成为时代主题，徐征、吴宗慈、于乃仁等人均围绕这一主题积极建言献策，由此掀起关于方志编修与“抗战建国”关系问题的讨论。学界关于方志编修与抗战建国问题的激烈讨论，对方志的性质、内容、功能等作了全新界定，这不仅有利于旧志的“革新”，而且可以为抗战后期启动方志编修工作宣传造势。

然而，与社会各界殷切期待相比，通志馆的运作情况却不如人意。直到 1942 年底，通志馆始终未能制定省志编纂计划，甚至连全馆上下人员的职责权限都未明文规定。次年 1 月 18 日，历时近半年多，《四川省通志馆组织规则》“经第六七次省务会议通过并公布”，对馆内人员职责、编制、经费等，予以明文规定。② 但考察《组织规则》可以发现，通志馆的组织架构有一个重大缺陷，即尚未设立“编纂部”。尽管通志馆认为，编纂部有“旧志修改及删订”“新辑资料之编纂”“新志体例之商订”以及“新志稿之草拟”等职责，所承担的工作可谓是通志馆的核心事务，但却认为须等到“修志时设编纂部”，因此通志馆建立半年多，却连主持编纂工作者都没有。③

上述情况得以改变的契机，是国民政府内政部的一则函电。1943 年 1 月 19 日，即《组织规则》颁布次日，通志馆收到内政部的函电。据函电要求，通志馆务必将成立时间、经费情况、馆长和总编纂简历等报送内政部，由此促成了通志馆总编纂人选的确定。关于总编纂人选，馆长李肇甫拟聘请四川大学教授李培甫，然而“李辞谢，推荐庞石帚”，即同曾为川大教授的庞俊。④ 尽管庞俊因故不肯就职，但通志馆仍以“总编纂”名义，将其名单及略历等函至内政部备案。⑤

---

① 钟禄元：《整理川省通志刍议》，《文史教学》1942 年第 5 期。

② 四川省档案馆藏：《抄送内政部关于筹设省市通志馆纂修通志的公函》，档案号：民 042—02—2781。

③ 《四川省通志馆组织规则》(1943 年 1 月 18)，《四川省政府公报》1943 年第 151 期。

④ 陶元甘：《记四川通志局及四川省通志馆》，第 168 页。

⑤ 四川省档案馆藏：《复内政部公函》，档案号：民 042—02—2781。

至此,四川省通志馆上至馆长、总编纂、主任秘书、总务组组长、采访组组长,下至馆员、办事员等职员人选悉数确定,而机构方面也设立了秘书室、总务组和采访组三个部门。与此同时,《四川省通志馆组织规则》已正式发布,相关人员也已配备到位。虽然尚未设立编纂室,但随着1943年7月1日正式聘请庞俊为总编纂,通志馆创办工作告一段落,启动修志工作正式排上议事日程。

二、战时修志与"保存文献"

1943年前后,正是抗日战争由战略相持阶段转向战略反攻的关键时期,举国上下正集中一切力量支援抗战,方志界人士亦加入抗战建国的战线中来,由此开始了战时是否修志、编纂什么样的方志以及如何编纂方志等问题的争鸣。

吴宗慈认为,当此抗战焦灼之时,国家各项事务千头万绪,"最重要者言,一曰国防之整备,一曰文化之推进",修志工作对战时国防整备及文化建设大有裨益,只要方法得当、注重实用,则应当大力提倡。① 徐征也赞成战时开展修志工作,认为修志能保存文献,"为地方建设重要的参考资料",强调修志工作者注重"地方性与时代性","把平日所见所闻所传闻的材料,整个地搜集拢来,加以分类保存",达到保存地方文献的目的。② 钟禄元则结合四川省志编纂,提出"际此抗战建国之大业",修志当以"实用"为重。③ 卢建虎表示,"志料之征集,在战时即宜开始措办",由此建议将各类文献资料"广为甄采,严加抉择,什袭而珍藏之"。④ 甘鹏云亦视保存文献为"急务",主张"四处搜罗"文献,将各种因战事而损坏的"断简残编"及时保存,以利日后"征文考献之人"。⑤

上述各方虽然所论对象各异,但均认为修志有利于保存文献,并且于抗战建国有重要意义,这与四川省通志馆"保存文献"的宗旨不谋而合。诚然,学界争鸣在某种意义上为战时方志编纂宣传造势,时人对通志馆也给予了更多的期待。但是通志馆成立一年多,却并未开展具体工作,"因为没有展开工作,各方多有訾议,如当时的四川大学文学院长向仙乔(即向楚)就曾在一次宴会上当面指责过李肇甫"。而总编纂人选迟至1943年7月才正式确定,更是因此

① 吴宗慈:《论今日之方志学》,《江西文物》1942年第2卷第2期。
② 徐征:《怎样编纂新方志》,《江苏文献》1942年第3、4期合刊。
③ 钟禄元:《整理川省通志刍议》,《文史教学》1942年第5期。
④ 卢建虎:《战後修志问题》,《东方杂志》1944年第10期。
⑤ 甘鹏云:《修志答问》,《方志学两种》,岳麓书社,1984年,第186页。

"受到舆论界的指责"[①]。

面对社会期待和舆论指责，馆长李肇甫倍感压力而不得不筹备修志事宜。1943年8月20日，李肇甫向省府委员会提交《四川省通志馆采访计划书》，经会议"审查"通过，为资料征集工作奠定基础。[②] 按照计划书，在征访资料过程中，通志馆采取接收政府机关档案、购置图书、登报征求资料、向各县索取县志资料和派遣采访员寻访资料等措施。虽然通志馆做了种种努力，但迫于经费、时局等困难，通志馆的"采访工作并不顺利，需要的图书及资料都难于到手"，以致采访组组长陶元甘不胜感叹道："四川省通志馆，最困难的是不易采访到资料。"资料既无从征集，编纂省志工作则无法开展。[③]

尽管如此，但通志馆仍然利用所征集的有限资料，做了力所能及的事情：

其一，编纂《四川方志简编》。该志书的编纂肇始于主任秘书舒君实，当时他阅读商务印书馆出版的《江苏六十一县志》有所启发，便建议仿照该书编纂一部小型省志。此议得到全馆上下的一致同意，尤其是馆长李肇甫，立即安排采访组全体及总务组人员参与编纂。按照志书架构，在具体分工上，《总论》部分由采访组长负责编写，即概述四川全省情况；《分论》则以每县列一专节的形式，分别交给其余人员分任。1944年全书编纂完成，共9册，60多万字。志书完稿后，由主任秘书舒君实润饰文字，采访组长陶元甘校阅全稿。[④]

其二，缮写《四川方志简编》。《四川方志简编》编纂完成后并未印行，出于保存文献的考虑，通志馆决定缮写全书，"以抄写之多寡为成绩之殿最，酌予奖叙"，故馆员们抄写颇为勤奋，至1944年8月，全志抄写完毕。按照奖励办法，馆长李肇甫呈请省政府人事室，对相关抄写人员予以奖励，其中办事员冯藻光还因"抄录方志简编成绩甚著"擢升为三级组员。

其三，抄写乡土志。为编纂《四川方志简编》，通志馆曾向四川大学借阅几十部各县《乡土志》稿本。由于抗战时期，乡土志能激发民众爱国、爱乡情怀，唤起民众救亡图存的责任心，通志馆决定从1944年起，组织人员集中抄写乡土志。至1945年4月，抄写工作取得了丰硕成果。其中，办事员张令则抄写最多，达16万余字，王启斌抄写15万余字，两人分别受到了擢升或记功的奖励。

---

① 陶元甘：《记四川通志局及四川省通志馆》，第168—169页。

② 四川省档案馆藏：《四川省政府委员会第六三九次会议决议案》，档案号：民042—02—2781。

③ 陶元甘：《记四川通志局及四川省通志馆》，第169—170页。

④ 陶元甘：《记四川通志局及四川省通志馆》，第171页。

其四,整理旧档。1944年秋,采访组组长陶元甘在成都督院街省府空房内,见一位叫降绍荣的工人点火吸烟的纸捻上有印泥痕,展开后发现盖有大汉四川军政府的印章。经指引,他在附近一间空房内找到了摆满了大汉四川军政府卷宗的档案架。陶氏将情况向馆长李肇甫汇报,并且建议由通志馆接收整理这批档案。建议得到李的赞同,并立即组织通志馆人员着手整理。

经逐件整理发现,这批旧档包括大汉四川军政府档卷、四川巡按使公署档卷、省长公署及督军公署档卷以及刘文辉任省主席时的部分档卷。整理工作包括整编和抄缮两个部分,全部工作原计划于1945年底竣事,“因各组员、办事员咸能勤奋从事,故于十月底即已提前完成”,并且编写了一本档案目录册。①

由上述可见,四川省通志馆虽然因战乱和时局影响,未能实现最初编修计划,但在调查采访、搜集资料、聘请硕学等方面做了大量努力和实践,并且于两年时间完成《四川方志简编》一书,可谓于乱世中取得修志成果,实属可贵。

三、易长风波与政治生态

民国修志的乱象之一,是通志馆易长往往牵扯各种政治势力明争暗斗的矛盾纠葛,因而牵一发而动全身,不时引起轩然大波。在此过程中,为了争夺或是维护权利,各派反复较量厮杀,台面台下的斗争进一步加剧。就此而论,通志馆馆长的更换,影响早已超越馆史的范围,成为政局波澜起伏的折射与反映。围绕四川省通志馆馆长李肇甫的去留而展开的政治角逐,背后不仅涉及川省政局的权利斗争,而且反映了战后恶劣政治生态下修志的艰难和不易。

关于李肇甫的去职,陶元甘在回忆中简略提及:1947年“李肇甫未再担任秘书长”后,虽然还担任通志馆馆长,但“经常不来馆,后又辞职他去”②。此说不错,但背后的情形远比此复杂,所牵涉的不仅仅是通志馆内部的纠葛,还有川省政府乃至国民政府派系的纷争。

李肇甫萌生退意,由通志馆的机构变革与人事问题肇其端。1946年底,通志馆面临着一次行政化变革,即将临时性的修志机构转变为常设的政府机关。是年11月19日,馆长李肇甫致函省府人事室称,通志馆乃根据国民政府内政部《修志事例概要》“依法成立”,故所有职员“应视同普通公务人员”。次日,李肇甫考虑到机构变革“事关确定资格”,涉及全体馆员的身份认同以及修志机

① 四川省档案馆藏:《四川省通志馆呈》,档案号:民042—02—2781。

② 陶元甘:《记四川通志局及四川省通志馆》,第174页。

构的长期性，遂再次致函人事室，告以通志馆“经内政部备案”，“特将内政部先后来函与附件及本馆复函”附上，要求全体职员“依一般公务员例，一律参加铨叙”。[①] 然而，25 日省府人事室复函称，通志馆职员系“聘派人员”，只需按国民政府颁布的“修正聘派人员管理条例实施办法”办理。[②] 至于通志馆职员是否转为公务员，却只字未提。显然，省府人事室的复函是敷衍之辞，直到李氏辞职之前，通志馆行政化变革的初衷仍未实现，馆内职员仍被视为临时性的聘派人员。

通志馆行政变革之事未平，馆内人事纷扰又起。1947 年初即上演了馆长李肇甫“先斩后奏”式地聘用戴永华为办事员，却被省政府人事室接二连三地予以否决之事。而围绕是否委任戴永华而产生的系列冲突，表面是人事安排的具体问题，实则是川省政府对李氏“先斩后奏”式做法的强硬回应。而查戴永华履历，其学历仅为成都市士林实习学校会计科毕业，并无过优之处，之所以李氏不厌其烦地为她请命，或许从其曾在“中央工程司”任职经历中找到些许端倪。需要补充的是，李肇甫函电中所述戴永华“先行到职”之事确凿，而事实上，在李氏授意下，早在 1947 年 2 月 1 日戴永华就来通志馆任办事员职，在收到代理主席邓锡侯委任书后，通志馆还造具表册，为戴永华“补领二、三、四、五月份生活补助费 578400 元”[③]。函电的针锋相对、人事关系上的错综复杂，在某种意义上表明通志馆上下乃至整个国民政府行政体系的复杂性。

业务工作难以开展，经费问题愈演愈烈，则是李氏辞职的又一诱因。从现有档案资料来看，1947 年后通志馆业务工作几乎陷于停顿，尤其是总编纂庞俊的不予到职，以及采访组长陶元甘的去职，省志编纂事宜更是无从谈起。

与此同时，通志馆机构变革、人事变迁与经费问题的日趋严重，反映的不仅是通志馆与川省政府的矛盾冲突，而且折射出国民政府政治生态的逐渐恶化，这些均是促成李氏去职的重要原因。

从国民政府派系情况来看，李肇甫显然是张群派人物。张群担任川省政府主席后不久，即将李氏调任为川省政府秘书长，而自李肇甫兼任通志馆馆长后，利用其与川省政府的特殊关系，使通志馆在创办初期的经费、人员与机构等得到了较好的保障。然而自 1946 年以后，随着张群的去职，蒋介石与川中

---

① 四川省档案馆藏：《致人事室的函》，档案号：民 042—02—2781。

② 四川省档案馆藏：《省府人事室复通志馆函》，档案号：民 042—02—2781。

③ 四川省档案馆藏：《四川省通志馆三十六年度新委及升级人员请补领二、三、四、五月份生活补助费名册》，档案号：民 042—02—2781。

各派势力的矛盾冲突与以及川中内部各派之间争斗日益激烈。1946 年 9 月 13 日，蒋介石致电邓锡侯，以“川政重要”为由，命其“兼代”四川省政府主席。[①] 邓锡侯出任代理主席后，李肇甫即未担任省府秘书长。表面上“邓仍留他当通志馆长”，这背后难免有李系张群派人物的考虑。据邓锡侯自称：“张群来川任省政府主席，试图拉拢我们(按：邓锡侯、刘文辉等人)。我们在地方上支持了他，他在蒋介石面前也支持了我们。”显然，在政局动荡与川派势力争斗不已的背景下，这种所谓“共进退”的关系只是互相利用的权宜之计。[②]

1948 年，国民党政权在内战节节失利中逐渐动摇。在此情势下，蒋介石试图以西南为基地、以四川为主要据点，来对抗中国人民解放军，为此决定“另选有气魄、有担当的人员来做主席”[③]。是年 3 月 31 日，蒋发电要求“川省政府急需改组”，以王陵基为省政府主席，撤销邓锡侯代理川省政府主席职务。[④] 此举无疑进一步激化了川派势力之间的矛盾。一方面，王陵基的上任加深了其与邓氏的矛盾；另一方面，邓氏去职后，利用张群的关系，抵制继任川省主席的王陵基。此外邓氏还联合刘文辉、潘文华等人，与王陵基直接对抗。可以说，川中派系之间的相互倾轧，加速了国民党政权的分崩离析。而影响所及，省政府内部行政机构无法正常工作，“通志馆工作几类停顿状态”。这或许可以为 1946 年前后通志馆与川省政府之间函电交锋之下，馆内人事变迁不已、机构变革无果、经费问题日益严峻作一注解，而这一系列问题最终促使李肇甫的去职。因此，从某种意义上来说，通志馆易长的直接原因是川中各派势力的相互争斗，所折射出的是国民政府政治生态的恶化以及内部离心力渐强的趋势。

李氏去职后不久，在省府主席王陵基的运作下，邀请陈廷杰来川继任馆长。1949 年 4 月 1 日，陈氏正式到职。应当指出的是，陈廷杰以编修通志“事关文献”为职守，在选定馆舍、聘请人才等方面作了富有成效的努力。而凭借与四川省政府的特殊关系，陈氏还谋划通志馆的长效运作机制，即：酝酿通志馆机构的行政化改革，力图将通志馆职员纳入“公务员”的行列。一方面，将

---

① 《蒋中正电邓锡侯兼代川政并随时详报》(1946 年 9 月 13 日)，台北“国史馆”藏档案，档案号：002—010400—00003—053。

② 邓锡侯：《我在川西起义的经过》，全国政协文史资料研究委员会编《文史资料选辑》第 17 辑，中华书局，1961 年，第 20 页。

③ 邓汉祥：《蒋介石派张群图川的经过》，第 82 页。

④ 《蒋中正电孙震中原剿务重要留郑镇守及川省府急需改组调王陵基主川》(1948 年 3 月 31 日)，台北“国史馆”藏档案，档案号：002—010400—00008—064。

“原有的采访、总务两组，改名为科”，以与省政府各机关行政规格相适应。[①] 另一方面，为妥善安排相关行政人员，陈氏还向省政府人事处申请，于 1949 年 7 月分别委任贺绳武为总务科科长，周丹忱、李克济、印襄等为科员，游汉章等人为办事员。[②] 此外，修改《四川省通志馆组织规程》，明确人员编制为“采访、总务两科各置科长一人，荐任科员二至五人，办事员二至六人，均委任递承主管人员之命，办理两科事务”[③]。是年 8 月，陈廷杰将上述修改事宜报省府秘书处法制室备案后，还形成专门议案，报请省府委员会第 8030 次会议审议通过，从而正式确立了通志馆的行政化运作机制。

正当通志馆逐渐恢复发展之时，国民党政权却因内战节节失利而风雨飘摇。内战不仅造成了时局的动荡，而且使得财政消耗巨大，再也无力支撑文化事业的发展。由于经费短缺严重，是年 10 月，陈廷杰致函省府主席王陵基，诉以“本馆各编纂现正着手起草初稿、正稿，需纸甚多，刻际深秋，所有窗户均属空洞，急应安装玻璃，用备风袭”，为此请其速拨该项“事业费”。[④] 这是所见档案中陈氏给省府的最后一封信函，其中透露的通志馆难以维持的竭厥之状跃然纸上。

反观国民政府及川中各派势力，正因各自利益斗得难解难分。一方面，蒋介石为稳固四川这“最后一块阵地”，任命张群为西南军政长官，位在川省主席王陵基之上，由此遭到王陵基等的抵制。另一方面，邓锡侯、刘文辉等人“想利用张群的关系推倒王陵基，夺取省政”。[⑤]

与此同时，中共方面也派人策动邓、刘等人“及时准备，争取做到光荣起义”。[⑥] 12 月 5 日，周恩来致电负责与邓、刘等人接头的王少春，请其转告刘文辉，目前起义“时机已至”，“应联合邓（锡侯）、孙（震）及贺国光诸先生有所行动”，响应刘（伯承）邓（小平）大军的作战计划。[⑦] 在中共的策动下，刘文辉、邓锡侯、潘文华等四川地方实力派，联合熊克武、邓汉祥等人，形成了反蒋起义的

① 陶元甘：《记四川通志局及四川省通志馆》，第 174 页。

② 四川省档案馆藏：《四川省政府人事处复通志馆的函》，档案号：民 59—2153。

③ 四川省档案馆藏：《关于修正四川省通志馆组织规程第八条条文的函件》，档案号：民 59—2153。

④ 四川省档案馆藏：《陈廷杰至省府主席王陵基的函》，档案号：民 59—604。

⑤ 邓汉祥：《蒋介石派张群图川的经过》，第 83 页。

⑥ 邓锡侯：《我在川西起义的经过》，第 20 页。

⑦ 《关于策动刘文辉起义等问题的电报》（1949 年 12 月 5 日），《建国以来周恩来文稿》第 1 册，中央文献出版社，2008 年，第 627 页。

联合体。①

1949 年 12 月,刘伯承、邓小平和贺龙指挥的"成都战役",瓦解和歼灭了国民党军队主力。12 月 27 日,四川全境解放。"解放后,陈廷杰改任他职,编纂部工作未再进行",这一局面维持到 1950 年,通志馆的命运终于宣告结束。

四、结语

综上所述,四川省通志馆经历了抗战中后期的初创、战后的兴盛以及国共内战时期的停滞与易长风波。以四川省通志馆为例,通过考察时人在"抗战建国"和"保存文献"的宗旨下,开展省志编修的历史,可以探索传统修志理念的转变与近代方志的革新,揭示通志馆上下、内外的利益纠葛及其与国民政府派系之间的矛盾冲突,进而窥探民国"乱世修志"背景下的历史样态:

一是以"抗战建国"和"保存文献"为宗志的省志编修。民国年间,四川省政府曾两度设立省志编修机构,均因时局纷乱而未能竣事。其中,以 1942 年创立的四川省通志馆,较之前次修志,其组织机构更为健全、人员配备更为齐整、修志经费更为充足。尽管通志馆未能完成最初的省志编修计划,但顺应"抗战建国"的时代主题,在保存文献方面作了种种努力,并且于两年时间完成《四川方志简编》一书,可谓于乱世中取得修志成果,实属可贵。

二是传统修志理念的转变与近代方志的革新。综观上述关于方志编修的两次讨论,一方面,学界关于方志编修与"抗战建国"关系问题的讨论,注重志书的"时代"特征和"地方"特色,推动了传统修志理念的转变;另一方面,方志界关于编纂什么样的志书以及如何编纂志书等问题的争鸣,则凸显志书的"实用"价值与"文献"意义,促进了近代方志的革新。

三是修志机构的长效运作机制的初步探索。如前文所述,成立之初的通志馆在机构、体制、设施等方面存在诸多弊端,对此李肇甫积极探索机构改革举措,试图将临时性的修志机构转变为常设的政府机关。继任馆长的陈廷杰则谋划通志馆的长效化运作机制,不仅有效实施通志馆机构的行政化改革,还成功将通志馆职员纳入国民政府"公务员"序列统一管理。② 这些有关修志机构长效化运作机制的努力与探索,对于当前我国地方志机构改革,仍具有借鉴价值。

---

① 何一民:《成都通史》卷 7,四川出版集团、四川人民出版社,2011 年,第 64 页。

② 四川省档案馆藏:《四川省政府人事处复通志馆的函》,档案号:民 59—2153。

四是“乱世修志”背景下的矛盾冲突与利益纠葛。四川省通志馆涉及人物众多，既有在四川省政府任职的李肇甫、曾科澄、胡宅安等，也有来自四川大学等学校的蒙文通、庞俊、陶元甘等，范围囊括了当时的政界、军界、学界和新闻界，人物的纷繁复杂导致馆内人事的频繁更迭，不可避免地造成相互之间的矛盾冲突与利益纠葛。而通志馆易长所折射出的川省政府乃至国民政府的派系纷争，更是反映了战后恶劣政治生态下修志的艰难和不易。

诚然，近代中国知识制度鼎革、社会剧烈变动背景下的方志文化，承担了传承历史文化、弘扬民族精神以及鼓舞社会民众抗战建国的重大历史使命。对于国民党政权而言，省志编修本是一件展示功绩、安抚人心的文化工程。不幸的是，这样一件时人寄予厚望而耗资巨大的文化工程就此轰然倒塌，历时八年多的通志馆也无疾而终，导致时人（尤其是文化界人士）大失所望。由于省志编修事业未竟，1949年6月30日，陈廷杰就财政问题致函川省政府，质问省财政厅长任师尚和主席王陵基道：如果通志馆最终无法完成省志编修，则“固属可耻而群起责难，咎将谁负？”[①]毋庸置疑，四川省通志馆的曲折运作，反映的不仅是乱世修志的艰难和不易，更是折射出国民政府的政治生态与政治走向。从这个意义上来说，国民党政权失去民心或许比其军队败退产生的影响要更直接，也更为深远。

作者简介：

曾荣，历史学博士，广东外语外贸大学马克思主义学院副教授，研究方向为中国近现代史。

① 四川省档案馆藏：《陈廷杰致任师尚的函》，档案号：民59—2153。

基于新闻史料的桂林抗战国际传播研究

万 忆 朱丽莉 徐 乐

[摘　要]抗战时期是中国国际传播的发端与发展时期。作为全国三大抗战文化中心之一,广西省会桂林是中外政府、社会组织和个人开展国际传播的重地。本文通过梳理抗战时期在广西,主要是桂林出版的主要报纸——《扫荡报》(桂林版)、《救亡日报》、《广西日报》、《南宁民国日报》、《柳州日报》和《大公报》(桂林版)的新闻史料,从国际传播学的角度,对当时在桂林开展的国际信息交流活动进行了系统的分析研究。

[关键词]新闻史料;桂林;抗战;国际传播

[基金项目]本文系"中宣部全国文化名家自主申报项目"《中国边疆省区国际传播能力建设现状、问题与对策研究》部分成果。

一、引言

抗日战争胜利70年了,亚太形势依然敏感复杂。在中国构建"一带一路"和打造"周边命运共同体"的大背景下,无论是"抗战文化研究",抑或是"国际传播研究",都极具理论和现实意义。"中国的对外新闻传播是在抗日战争期间起步的"①。这里说的"对外新闻传播",实际上指的就是国际传播。国内学术界对于抗战时期中国国际传播发端与发展的研究大多是从国民党与共产党两个国内主要政治力量如何开展"对外新闻宣传"的角度进行探讨。比较有代表性的文献有三篇:

中共上海市委党史研究室年士萍的《论抗战时期中国共产党对外宣传工作的国际传播力和影响力》一文,主要讨论了抗战时期中共对外新闻宣传的渠道建设问题;河北大学新闻传播学院副研究员王晓岚在其论文《论抗战时期国民党的对外新闻宣传策略》中,以"卢沟桥事变"和"太平洋战争"为两个时间节点,考察了国民党前后两个时期的对外新闻宣传策略;同样是王晓岚,在其《中

---

① 甘险峰:《中国对外新闻传播史》,福建人民出版社,2004年,第51页。

国共产党抗战时期对外新闻宣传研究》一文中，按抗战初期、中期及太平洋战争以后三个分期对中共借助国内外媒介资源开展对外新闻宣传，有力地配合了党的军事斗争、政治斗争和外交活动进行了研究。这些成果的价值是不言而喻的，但是，本质上还属于新闻实践的探讨，而非传播学意义上的研究。并且，这些研究对于中国政府“宣外”的国际传播活动，外国政府抗战时期在中国的国际传播活动，以及中、外社会组织和个人抗战时期的国际传播活动缺乏应有的观照。

本文的研究框架按不同的国际传播主体逐一展开分析。国际传播有所谓广义和狭义之分，广义的国际传播包括跨越国界的大众传播和人际传播。狭义的国际传播仅指跨越国界的大众传播。本文讨论的是广义的国际传播，即：“国际传播是指跨越两个或两个以上国家，或不同文化体系间的信息交流。信息交流是指个人、团体、政府通过各种手段转移信息及数据”①。国际传播主体是国际传播信息内容的发出者，是对国际传播过程产生直接影响的重要因素。从本质上说，广义的国际传播研究的是不同传播主体利用大众传媒或人际交流进行的跨国界的信息传播行为，因此，对传播主体的考察分析是国际传播研究的基础性内容。② 本文基于抗战时期桂林的新闻史料，分析研究当时在桂林开展国际传播的主体有哪些？它们各自的利益诉求是什么？传播的内容和渠道有哪些？产生的效果，或者说影响力又如何？在此基础上，对抗战时期中国国际传播的不同传播主体进行分类研究，具体观察这些传播主体各自不同的传播行为和特性，对抗战时期中国出现的国际传播发端与发展的现象做出理论解释，以期对今天的中国国际传播史研究和中国国际传播实践提供一定的学术助益。

本文的研究来自于第一手资料。报纸是抗战时期国内主要的大众传播媒介，它既是各种传播主体开展国际传播的主要渠道，又忠实地记录了它们开展国际传播的各种史实。由于政治和地理的原因，当时的广西省会桂林，是大后方的三大抗战文化中心之一。相较于陪都重庆的国民党中央严密控制和陕甘宁边区延安的中共绝对影响，桂林的整个舆论环境和新闻传播相对自由、透明，因而也就成了各种传播主体开展国际传播的主要阵地。本文通过查阅1937年7月至1945年8月间，在广西境内出版发行的主要新闻报纸——中共背景的《救亡日报》，国民党新桂系的《广西日报》《南宁民国日报》《柳州日报》，

① 郭可:《国际传播学导论》，复旦大学出版社，2004年，第6页

② 程曼丽:《国际传播主体探析》，2007年5月23日《中华新闻报》，第C01版。

国民党中央背景的《扫荡报》(桂林版)和民间背景的《大公报》(桂林版)、《力报》等文献来获得资料,从而全面地、正确地了解掌握当时在桂林开展的中国国际传播的历史全貌。

根据对八年全面抗战时期桂林主要报纸登载的新闻史实研究,当时跨国之间的信息交流主要有四种方式:中国的传者向中国的受众传播国际的信息;中国的传者向外国的受众传播中国的信息;外国的传者向中国的受众传播外国的信息;外国的传者借助中国的媒介向外国的受众传播信息。根据这四种方式,本文从相关史料中梳理三万余字的国际传播相关史料,并在此基础上归纳总结出三类主体的国际传播活动。

二、抗战时期政府主体在桂林的国际传播活动分析

根据国际传播的理论,作为传播主体的"政府",既指"国家",也指具体的"国家行政管理机关"[①]。与个人和社会组织不同,作为国际传播主体的政府,既是信息的传播者,也是控制者。

由于政治立场和政治利益的不同,桂林抗战国际传播的政府主体事实上分为国民党中央领导下的国民政府和中共领导下的抗日根据地政府,还有美苏英等盟国政府。

(一)国民政府

国民党中央领导下的国民政府是当时中国的中央政府,是战时在桂林开展国际传播的当然主体。

1.信息的发出和控制机构

(1)军事委员会委员长桂林(西南)行营。例如,1939 年 11 月 22 日《广西日报》刊载:桂林行营今日上午九时在行营大礼堂招待中外记者,对倭犯钦坊发表谈话。

桂林行营是抗战前期国民政府在桂林的主要外宣信息控制单位。桂林行营全称国民政府军事委员会委员长桂林(西南)行营,是最高统帅部为便于就近指挥作战而设立的派出机构,各行营主任由资历深且具有相当指挥作战能力的将领担任,桂林行营主任为白崇禧。

(2)军事委员会桂林办公厅。例如,1943 年 1 月 23 日《广西日报》刊载:军委会桂林办公厅李主任济深今日就"中英中美签订新约废除在华治外法权"发

① 程曼丽:《国际传播学教程》,北京大学出版社,2006 年,第 56 页。

表广播演说:发奋图强,实现平等。

军事委员会桂林办公厅是抗战后期国民政府在桂林的主要外宣信息控制单位。1940昆仑关战役后,桂林行营撤销,改设军委会桂林办公厅,李济深任主任,军事指挥权划归第四战区司令长官部。

(3)第四战区司令长官部。例如,1944年4月8日《扫荡报》(桂林版)刊载:(第四)战区(司令长官部)派员来桂主持对敌广播。

第四战区司令长官部是抗战时期桂林对敌(日)宣传的主要信息控制单位。第四战区是抗战开始后国民政府在中国境内划分的与日军作战的战区之一,第四战区辖广东、广西。1939年后直至抗战胜利,第四战区司令长官为张发奎。

(4)广西省政府。例如,1940年2月18日《南宁民国日报》刊载:省党部主任委员黄旭初(广西省主席)等电呈中央声讨汪逆:誓集全省民众,扫除奸凶,歼灭倭寇。海外各公私团体亦纷纷通电声讨。

抗战爆发前,新桂系领导下的广西地方政府处于事实上的割据状态。抗战爆发后,新桂系领袖李宗仁、白崇禧共赴国难,黄旭初留守广西,广西的军令政令开始归于国民政府的统一领导。在桂林的抗战国际传播活动中,广西省政府主要担负着向省内民众传播国际信息和向国际受众传播广西信息的重任。

2.传播的内容

(1)向国内受众传播国际反侵略、反法西斯斗争的形势。例如,《扫荡报》(桂林版)1940年2月13日刊载:省府举行纪念周活动,共两千余人,由白崇禧任主席,报告国际情势及前方战况:国际形势对我日趋有利,美倭商约废止,倭军需来源断绝;国内战果亦有很大收获,两广天时地利人和,均足以制胜。

(2)向国际受众传播中国政府和人民抗战到底的决心、战绩和战略。例如,《扫荡报》(桂林版)1941年12月21日刊载:下午二时,桂林各界在公共体育场举行拥护国策反侵略大会,到会约10万人。李济深及在华日本人反侵略同盟代表、朝鲜革命党人代表相继演讲,支持国民政府正式发表对日、德、意三国宣战文告。会后举行示威游行。再如,《救亡日报》1939年6月5日三版头条刊载:《二期作战之敌我新战略——周恩来在国际宣传处向中外记者讲话》,指出:当前应加强游击战,展开对敌全面战争,才能击破敌人以战养战之策略。

(3)对敌宣传。例如,《广西日报》1939年7月15日刊载:桂林广播电台加紧对敌宣传,播《告日本民众》。再如,《广西日报》1940年2月19日刊载:桂南前方某将领指斥敌寇荒谬通告:敌在开国会期间,拼命捏造战果,其用心之苦,我深知之,亦深谅之。三如,《扫荡报》(桂林版)1943 年 9 月 18 日刊载:九一八纪念,桂林电台广播告日本民众,由日语广播队播讲。

3.传播的渠道

(1)大众传播。抗战时期,大众传媒是国民政府开展国际传播的主要渠道,这其中,既包括国内的大众传媒,也包括国外的大众传媒。

国内大众传媒:国民政府主要通过报纸、广播、电影这三种大众传播媒介,将国际的信息由外向内地传递给国内的受众。

报纸是当时国内民众最广泛接触的大众媒介,在桂林当地出版的报纸中,《扫荡报》(桂林版)是国民政府军事委员会办的报纸,《广西日报》是国民党新桂系的机关报,这两份官方背景的报纸是国民政府向国内受众传播国际信息的主要纸媒。当然,国民政府还通过国宣处、广西省政府等信息控制机构,利用其他纸媒如《救亡日报》《大公报》《力报》等开展国际信息传播活动。因本文研究资料均来自于上述报纸,在此不再举例赘述。

作为当时的新兴、强势媒介,广播以其即时生动、覆盖面广的传播特点,成为国民政府向民众传递国际信息的重要渠道。政府通过对民众直接广播和转播境外广播电台的方式,将国际信息传递给国内受众。例如,1942 年 6 月 15 日《广西日报》刊载:广播电台庆祝"联合国日",留桂盟国人士对世界广播。又如,1943 年 11 月 18 日《扫荡报》(桂林版)刊载:桂广播电台转播美电台节目。政府还不断加强广播媒体的建设,以夯实通过广播开展国际传播的物质基础,并通过广播对国际传播的信息进行必要的控制。例如,1940 年 12 月 7 日《广西日报》刊载:防止谣言发生,禁止收听敌伪广播,南宁市府定期登记民用收音机,取缔办法准备实行。1941 年 5 月 24 日《扫荡报》(桂林版)刊载:桂广播电台强力播音收效,各方听众热烈收听,不受敌伪电台干扰。

电影在二战时发挥了巨大的宣传教育作用,美军就有运用电影传播的经典案例。国民政府利用电影生动形象的传播特点,不定期在省府桂林和省内南宁、柳州等其他城市进行电影巡映和影片展览,让民众了解国际反法西斯战争的最新信息。例如,1938 年 2 月 28 日《南宁民国日报》刊载:省府购获战争影片,日内在桂市放映。又如,1944 年 3 月 27 日《扫荡报》(桂林版)刊载:桂林社会服务处举办联合国战况影片展览。

国外大众传媒:为了使对外的信息传播更为有效,国民政府还注重运用外国媒体开展国际传播。这样的做的原因有二:其一,国外的媒体更熟悉本国的文化背景和表达方式，因而更有利于开展宣传工作；其二，外国媒体以客观中立的面目出现，其所谈所写更易于被国际受众接受。例如，1939 年 2 月 16《广西日报》刊载：莫斯科《消息报》论广西民众武力，谓：每村庄皆为作战单位，早已准备强力打击敌人。再如，1940 年 2 月 10 日《扫荡报》（桂林版）刊载：苏《真理报》论中倭战事。三如，1943 年 2 月 12 日《广西日报》刊载：省电教处自制抗战形势幻灯片，赠送国内新闻界及各国驻华记者。

（2）群体传播。在桂林，国民政府还通过举办大型活动，包括纪念周活动、时事讲演等，在一定范围和数量的民众内传播国际抗战的信息。例如，1939 年 3 月 16 日《广西日报》刊载：下午六时，白（崇禧）主任在乐群社招待本市文化界，到会者有马君武、李任仁、陈劭先、李钟撰、鹿地亘（日籍）、万民一、张铁生、千家驹、张志让、夏衍、王文彬等五十余人，白主任发表演讲，谓之：近代战争不是军力战而是国力战，是军事、政治、经济、文化各方面配合起来的，我们在二期抗战，是精神重于物质，宣传重于作战，攻心重于攻城。政治动员根本要靠文化宣传力量，望各位仁人志士戮力同心，坚持抗战到底。再如，1940 年 9 月 9 日《扫荡报》（桂林版）刊载：军委会桂办公厅招待日反战同盟，愿以牺牲决心完成革命使命，望创造新日本为人民谋幸福。

（3）人际传播。国民政府在桂林的抗战国际传播中，还通过高端人际传播开展对外信息交流活动。这种人际传播主要在国家元首、军队统帅等具有特殊身份、具备特定职衔的高端人群中展开，不仅扩大了中国抗战的国际影响，而且传递出准确的军事、政治合作信息，对世界反法西斯阵营的联合作战，起到了极大的促进作用。例如，1944 年 6 月 27 日《广西日报》刊载：美国副总统华莱士在桂林与中、美将领商讨中国抗战形势，并听取白崇禧、张发奎介绍第四战区战况。30 日离桂。1944 年 9 月 14 日《广西日报》刊载：史迪威上将由缅甸飞抵桂林与张发奎会晤，研究美国空军在广西各机场的设施处理问题。史迪威命令除留 1 个机场外，其余全部破坏。

4.传播的受众

根据上文对传播渠道的史料分析，国民政府桂林国际传播的受众可分为三类：

（1）国内受众有：报纸的读者——广西及周边省的报纸读者；广播的听众——收听区域的听众；电影的观众——广西各市民众；群体传播的受众——参加各种抗战活动的各界群众。

（2）国外“顺意受众”。所谓“顺意受众”，是指与传播主体国有长期友好关系或处在同一联合体中的受众以及在某一种大事件中与主体国有形同态度和立场的受众。[①] 具体来说,就是与中国站在同一反法西斯阵线的国家的受众。主要有:桂林报纸的海外受众——南洋华侨、外国读者。当时的桂林,因为独特的地理位置,几乎成为中国大陆对外联系的唯一窗口。“根据地、大后方及沦陷区的书籍、报纸杂志,通过桂林运往香港,再推向南洋、海外一带。”[②]外国报纸的本国受众——驻华记者发回报道的读者;群体传播的受众——参加各种抗战活动的外国驻华和滞华人士;高端人际传播的受众——来华访问的外国元首和政府官员。

(3)敌国“逆意受众”。所谓“逆意受众”,具体来说,就是与中国站在战争对立面的侵华日军和日本民众。

5.传播的效果

由于条件所限,本文无法对当时国民政府的国际传播效果做科学的计量,但可从影响力的角度间接加以分析。

(1)在南洋的传播影响力——大批南洋华侨捐款捐物支援抗战或者直接回国参战。从以下摘选的史料可以看出:1938年2月7日《南宁民国日报》刊载:爱国侨胞回国从戎,大批华侨考入南宁军校。1938年5月6日《南宁民国日报》刊载:高棉华侨救济灾民会捐越币五千元赠五路军抗敌。1939年5月21日《南宁民国日报》刊载:越南华侨缩食队赠医施药及特别诊例。1939年9月24日《扫荡报》(桂林版)刊载:侨胞纷纷回国参战,献身报国。暹罗机工团一行47人由冯裕钟率领抵桂。1940年2月20日《广西日报》刊载:桂南告捷,南洋桂桥汇款劳军国币二万元。1940年8月24日《广西日报》刊载:桂林各界昨日举行欢迎陈嘉庚大会,由黄(旭初)主席致欢迎词,陈氏报告侨胞对祖国之贡献。1941年7月6日《扫荡报》(桂林版)刊载:新加坡侨胞发起宣誓献金运动。1944年6月21日《扫荡报》(桂林版)刊载:华侨爱国情殷,慷慨献金十万。

(2)在港澳的传播影响力,从以下摘选的史料可略见一斑:1938年3月9日《南宁民国日报》刊载:侨港团体热心应募,共捐予以胶鞋各二万余套,另募集港钞五万三千余元。1938年3月18日《南宁民国日报》刊载:侨港何甘棠先生借演剧筹款,捐助五路军买雨具,李、白总副司令,黄主席去电致谢。

---

① 程曼丽:《国际传播学教程》,第181页。

② 文丰义:《抗战全局视野下的桂林文化抗战》,《抗战文化研究》第1辑,广西师范大学出版社,2007年。

(3)在欧美的传播影响力，从以下摘选的史料可略见一斑：1938 年 4 月 2 日《南宁民国日报》刊载：省当局电谢旅美、旅越侨胞捐巨款。旅美华侨汇六千元赠五路军，旅越中华布商公会捐助千元。9 日，坎拿大(加拿大)域多利埠华侨团体捐巨款慰劳第五路军。1938 年 3 月 10 日《南宁民国日报》刊载：海外侨胞纷起应募，美洲、越南各地共募得十余万元。1941 年 3 月 24 日《南宁民国日报》刊载：英援军会赠教养院大批药品。1943 年 1 月 10 日《南宁民国日报》刊载：美国赈济会按月捐款一万元补助南宁麻风院。

(4)在苏联的传播影响力，从以下摘选的史料可略见一斑：1942 年 5 月 21 日《柳州日报》刊载：省府对苏联称赞备至——不计任何困难运送物资，竭力援助我盟友。

(二)中共领导下的抗日根据地政府

由于政治立场和政治利益的不同，中共领导下的抗日根据地政府也是战时在桂林开展国际传播的政府主体之一。其中，陕甘宁边区政府 1937 年 9 月 6 日在延安成立。

1.信息的发出和控制机构

中共领导下的抗日根据地政府实质上是由中国共产党完全主导的地方战时临时性区域政府，因此，中共南方局及其领导下的桂林八路军办事处是其在桂林开展国际传播的信息发出和控制机构。但是，基于政治现实的原因，中共南方局对于国际传播信息的发出与控制是不公开的，主要通过党实际掌握的《救亡日报》和国际新闻社等媒体机构来实现。例如：1939 年 11 月 7 日，为庆祝苏联十月社会主义革命胜利二十二周年，《救亡日报》出版由中苏文化协会桂林分会主编的纪念特刊，其中有毛泽东同志的一篇特稿《苏联利益与人类利益的一致》。

2.传播的内容

(1)传播中共的抗战主张和战绩。例如：1939 年 2 月 18 日，《救亡日报》第一版发表郭沫若写的社论《巩固反侵略的战线》。社论建议世界反法西斯力量，要趁着侵略者的阵线尚未十分稳定，准备尚未十分周到之前，及早地予以实力的教训。1939 年 5 月 12 日《救亡日报》副刊《文化岗位》发表了毛泽东同志写的《序〈论持久战〉的英译》全文。1939 年 10 月 2 日《救亡日报》发表华嘉的《活跃江南的游击军——访叶挺将军》(特约稿)，向桂林及全国人民报道了江南新四军的抗日战绩。

(2)传播中共领导下边区的真实情况。1938年7月25日《救亡日报》三版开始连载美国合众社记者霍尔多·汗森(Haldore Hanson)的《晋察边区视察记》。《视察记》对边区的行政、军事组织诸事项均有简明扼要的记述,为记者的亲身经历。

(3)传播对世界反法西斯同盟国家政府和人民的友好情谊。1938年9月24日,《救亡日报》一版刊发本报特约专稿乔纳森·怀特(Jonathan white):《美国舆论与中日战争"中国之友"在孤立营垒中》。作者为世界著名通讯社的驻华记者。文中综述了美国当今政坛上形形色色的孤立主义。由蔡鸿干翻译。1940年8月12日,《救亡日报》副刊《文化岗位》,以整版篇幅刊登了桂林文艺界同仁给苏联的书简,有艾芜的《给苏联友人》,宋云彬的《我们精神上永远在一起的》,谷斯范的《致绥拉菲摩维支》,林山的《简单的信》,孙陵的《致苏联友人》,阳太阳的《致苏联友人》,高咏的《寄苏联诗人们》。1940年9月9日,《救亡日报》副刊《文化岗位》,又以整版篇幅刊登了桂林文艺界同仁给苏联的书简。计有文协桂林分会的《致苏联作家们》,中华全国木刻界抗敌协会的《致苏联木刻作者》,孟超的《给苏联文艺工作者》,李育中的《给苏联文艺理论工作者》,陈残云的《给江布尔先生》,黄药眠的《希望两民族文学的交流》和新波的《让敌人在我们面前消灭》等。

3.传播的渠道

由于不便公开活动,中共在桂林的国际传播渠道比较复杂,大众传播主要依靠《救亡日报》和国际新闻社,群体传播则主要通过一些半官方的社会组织公开召集的活动进行,这部分内容在后文详述。

(1)国内大众传媒。一是《救亡日报》。《救亡日报》原是上海文化界救亡协会的机关报,上海沦陷后,该报迁到广州出版。广州沦陷后,于1938年10月24日迁到桂林。同年11月25日,该报在桂林先期出版《十日文萃》,1939年1月10日正式复刊。《救亡日报》总共在桂林出版了两年多时间,以统战面貌出现,实际上是桂林八路军办事处的机关报,报社建立了中共支部,是宣传中国共产党抗战方针和推动抗战文化运动的坚强舆论阵地。皖南事变发生后,夏衍被国民党新桂系"礼送出境",《救亡日报》也被迫于1941年2月28日停刊。中国共产党领导下的桂林《救亡日报》对指导和推动广西抗战文化的发展,作出了重要的贡献,在中国新闻文化史上具有重大的影响。二是国际新闻社和中国青年记者学会。该会是1939年以中共秘密党员胡愈之名义办的国际新闻总社在桂林成立的,"它实际上是中共南方局直接领导下的涉外宣传新闻机构,不断把我党的抗日方针政策和八路军、新四军的同仇敌忾,辉煌战绩发布到世界各地，获得良好反响”①。国际新闻社桂林总社以范长江为社长，同年在重庆、金华设立办事处，并在国民党统治区和敌后抗日民主根据地建立通讯网。中国青年新闻记者学会简称“青记”，是抗日战争时期中国共产党领导下的青年新闻记者的组织。国际新闻社桂林总社成立后，中国青年新闻记者学会的各地分会也就成了国新社的各地分社。“皖南事变”后，国新社被迫迁往香港，青记就地解散。

(2)国外大众传媒。例如，前文所述的《救亡日报》刊发的《晋察边区视察记》，就由美国合众社记者霍尔多·汗森(Haldore Hanson)亲身采访后，首先发表于美国《密勒氏评论报》，立行译。又如，1939年6月5日《救亡日报》三版头条刊《二期作战之敌我新战略——周恩来在国际宣传处向中外记者讲话》，指出：当前应加强游击战，展开对敌全面战争，才能击破敌人以战养战之策略。

4.传播的受众

(1)《救亡日报》的读者。《救亡日报》日发行量由最初3000份扩大到1万余份，在西南、华南各省，港澳和南洋一带发挥了鼓励抗日的积极作用。

(2)国新社稿件的海外用户和读者。这一时期，桂林总社、香港分社和重庆办事处的任务，就是对国外出版英文《远东公报》(又译《远东通讯》)，对华侨出版《祖国通讯》《国新通讯》。

(3)《救亡日报》停刊，国新社停业之后，中共在桂林的国际传播渠道与受众和国民政府趋同。

5.传播的效果

中共在桂林的国际传播活动，积极宣传报道党领导下的抗日根据地的抗日形势、抗战事迹和民主救亡运动，树立了中共领导下的抗日根据地的正面形象，吸引了大批进步人士和海外华侨奔赴根据地为抗战服务。中共南方局和八路军桂林办事处还充分利用桂林特殊的地理和政治优势，与海外新闻媒介直接联系，积极开展国际传播，直接促进了中国抗战与世界反法西斯战争的有机联系，架起了一座用新闻信息构筑的互相支持、互相声援的世界反法西斯统一战线的桥梁。

(三)盟国政府

美英苏等反法西斯盟国政府，也是战时在桂林开展国际传播的政府主体之一。

---

① 盛胜：《记父亲盛成先生和胡愈之伯伯的交往》，仪征风情网 http://www.0514.net/shengsheng/huyuzhi.shtml。

1.信息的发出和控制机构

(1)来华访问的外国国家元首和政府官员。例如:1944 年 6 月 27 日《广西日报》刊载:美国副总统华莱士在桂林与中、美将领商讨中国抗战形势,并听取白崇禧、张发奎介绍第四战区战况。30 日离桂。再如,1944 年 9 月 14 日《广西日报》刊载:史迪威上将由缅甸飞抵桂林与张发奎会晤,研究美国空军在广西各机场的设施处理问题。史迪威命令除留 1 个机场外,其余全部破坏。15 日,史飞重庆。(2)驻华使领馆。例如:1938 年 8 月 26 日《广西日报》刊载:英国驻华大使卡尔偕陆军副参赞沙克托到桂林参观访问。再如,1942 年 7 月《广西日报》刊载:英国驻两广总领事馆由广州迁至桂林,首任总领事班以安。

(3)官方背景的驻华机构。例如,1941 年 3 月 24 日《南宁民国日报》刊载:英援军会赠教养院大批药品。再如,1943 年 1 月 2 日《广西日报》刊载:桂林国际联谊社成立,社长凌士芬。基本会员 34 人,其中有日军进占香港后撤退到桂林的美国、英国、荷兰、葡萄牙和挪威等国的友人及领馆人员。

2.传播的内容

(1)对中国抗战的支持和援助。例如:1941 年 10 月 5 日《扫荡报》(桂林版)刊载:英美武官及记者湘北视察团,过桂赴湘,参观湘北战绩,采访会战经过,召集公布世界,粉碎倭寇谣言。1943 年 8 月 17 日《广西日报》刊载:美医药援华会主席柯鲁伯今来桂考察军队卫生。1943 年 8 月《广西日报》刊载:美国经济作战局专家莫里司由资源委员会派员陪同到平桂矿务局考察锡、钨、钼矿等战略物资。

(2)塑造本国的国家形象。例如:1940 年 7 月 5 日《广西日报》刊载:桂美侨及留美学生热烈纪念美国独立。1943 年 9 月 31 日《广西日报》刊载:中英中美签订新约废除在华治外法权,全省各地筹备庆祝。1943 年 6 月 1 日《扫荡报》刊载:苏联建国影片将运桂展览。1943 年 12 月 28 日《扫荡报》刊载:盟国照片展览琳琅满目,黄旭初主席主持揭幕。

3.传播的渠道

(1)大众传播。一是新闻媒体。例如:1943 年 9 月 5 日《广西日报》刊载:美国驻华大使馆新闻处桂林分处欢宴新闻界,该处即日起开始办公。1943 年 12 月 4 日《广西日报》刊载:美国驻华大使馆新闻处主任鲍威尔来桂,将任美国新闻处桂林分处副主任。1943 年 12 月 22 日《南宁民国日报》刊载:美大使馆新闻处长费思来桂,欢宴桂市新闻界,谈对太平洋战争观点。1943 年 12 月 16 日《广西日报》刊载:英国大使馆新闻处桂林分处定期举行图片展览。二是电影。例如:1942 年 11 月 22 日《扫荡报》刊载:电影募映,改映苏联空军。1944 年 3 月 27 日《扫荡报》刊载:桂林社会服务处举办联合国战况影片展览。1943 年 12 月 25 日《扫荡报》刊载:桂市开罗会议影展今日继续展览。

(2)群体传播。例如:1943 年 2 月 17 日《广西日报》刊载:英军官杰克上尉由沪脱险抵桂林,今日公开演讲日军占领下的上海和印度问题。在桂林的部分英国人成立文化团体"1943 团"和"英国服务团音乐队",将演出收入捐助中国的慈善事业。1943 年 7 月 11 日《广西日报》刊载:留桂英美盟友日内招待各界,美空军晚会情况热烈。1944 年 3 月 4 日《广西日报》刊载:中美军训图片在桂公开展览预展,盟国人士集聚,张司令长官亲临致辞。1944 年 6 月 8 日《南宁民国日报》刊载:盟军部署攻欧图片展览在桂市举行。

(3)人际传播。外国政府在桂林的抗战国际传播中,还通过高端人际传播与国民政府开展双向信息交流活动。相关史料分析见"国民政府"所述。

4.传播的受众

盟国政府在桂林开展的国际传播的受众为中国的政府官员和普通民众。

5.传播的效果

对盟国政府在桂林开展国际传播的效果,本文同样也只能根据摘选的中国政府和人民感谢和支持盟军对日作战的史料,从影响力的角度间接加以分析。例如:1940 年 9 月 6 日《扫荡报》刊载:桂林总工会电谢美总统夫人——多次发动大规模援华工作,望对侵略者作进一步制裁。1944 年 1 月 11 日《扫荡报》刊载:桂青年团计划为盟军服务。1944 年 5 月 20 日《南宁民国日报》刊载:本省各界慰劳美空军暨公宴长官部。1944 年 7 月 16 日《南宁民国日报》刊载:桂林各界慰军会慰劳中美空军,经拨款二百万元作为慰金,并发动民众捐款献金。

三、抗战时期社会组织主体在桂林的国际传播活动分析

抗战时期活跃在桂林的国内抗日救亡团体和国际反战组织也是国际传播的主体,较具代表性的,国内有:国际反侵略运动大会中国分会广西支会、国际宣传委员会、中苏文化协会。国际有:在华日本人民反战同盟西南支部、朝鲜义勇队、中越文化工作同志会和"英国援助中国运动委员会"广西分会。其他一些重要的救亡团体,如中华全国文艺界抗敌协会,并非专门从事对外传播的组织,本文暂不列入。本文将基于新闻史料,按照拉斯韦尔的 5W 传播模式——"谁,说什么,通过什么渠道,对谁说,有什么作用",对它们的国际传播

活动逐一分析。

(一)国内抗日救亡团体

1.国际反侵略运动大会中国分会桂林支会

国际反侵略运动大会成立于1936年,是西欧各国爱好和平的人士组成的国际反战组织。该组织的中国分会于1938年1月23日在汉口宣告成立,致力于战时国际问题的研究与国际信息的传播。据《扫荡报》(桂林版)刊载,1939年1月26日,国际反侵略运动大会中国分会桂林支会成立。

国际反侵略运动大会广西支会自成立之日起,就积极开展国际信息交流活动。其国际传播的内容主要有以下三个方面:(1)向国内受众传播国际形势和各国反侵略斗争的最新动态。例如:1939年1月26日《扫荡报》(桂林版)刊载:在国际反侵略运动大会桂林支会成立大会上,方振武报告了各国反侵略情形。(2)向国际社会传播中国的抗战主张。例如:1939年5月24日《广西日报》刊载:国际反侵略大会桂林支会敦促国联制裁暴日,经开会决定宣传事宜。1940年1月24日《扫荡报》(桂林版)刊载:反侵略桂分会一周年纪念大会一致通过敦促美政府经济制裁倭寇。1941年7月25日《扫荡报》(桂林版)刊载:国际反侵略运动大会桂林支会电请一致主张——反侵略国家应即联合检出祸首倭寇,中英美苏四强宜先除此罪魁。(3)呼吁国际社会援助中国抗战。例如:1940年11月10日《扫荡报》(桂林版)刊载:桂反侵略会支会电贺罗斯福连任,望实现对被侵略者援助诺言。

根据上文所引用的史料,国际反侵略运动大会广西支会主要通过公开通电、座谈会、演讲等群体传播渠道以及新闻媒体报道之后的大众传播渠道,向国际、国内受众开展国际传播活动。此外,国际反侵略运动大会广西支会还依靠组织传播的渠道,建立总会和各地分会之间的信息沟通与联系。例如,1940年6月15日《扫荡报》(桂林版)刊载:桂反侵略分会决议扩大国际反侵略组各地通信网。

国际反侵略运动大会广西支会开展的国际传播活动有力地声援了中国和世界的反法西斯战争,在广西乃至全国,甚至是国际上都造成重大的影响。例如,1941年12月20日《广西日报》刊载:下午,桂林各界在公共体育场举行拥护国际反侵略运动大会中国支会,到会约10万人。李济深及在华日本人反侵略同盟代表、朝鲜革命党人代表相继演讲,支持国民政府正式发表对日、德、意三国宣战文告。会后举行示威游行。

2.国际宣传委员会

国际宣传委员会原是上海文化界救亡协会下设的机构,上海沦陷后成为独立的组织。国际宣传委员会表面上是个非政府民间组织，实际上其领导和成员几乎全是中共秘密党员和党外进步人士，“其实质就是党的统战组织”①。

国际宣传委员会在桂林的国际传播工作主要是通过时事报告会的群体传播渠道向国内受众传播介绍国际形势，再通过大众传媒的报道进一步扩大影响。例如：1939 年 7 月 3 日《广西日报》刊载：国际宣传委员会、国际反侵略运动大会中国分会桂林支会同定于本日下午三时在乐群社餐厅举行第二十一次座谈会，同时招待中山泰德、北义雄等，听取他们反侵略的呼声，增强我们抗战到底的决心。1940 年 2 月 4 日《救亡日报》刊载：国际宣传委员会在广西建设研究会举行讨论会，讨论“米内内阁及日本之对外关系”等问题。由胡愈之、张志让、盛成、苏乡雨等人主讲，与会者包括数十名中外记者。

3.中苏文化协会

中苏文化协会成立于 1936 年，是开展对苏文化交流的民间组织。中苏文化协会桂林分会 1939 年 10 月 1 日成立，其宗旨是“宣传两国文化，敦睦国民友谊”②。中苏文化协会桂林分会的国际传播内容主要包括以下两个方面：

(1)向苏联受众传播中国的抗战信息和中国人民对苏联的友好情谊。例如：据《广西日报》1941 年 7 月刊载：为推进中苏两国人民之间的友谊，中苏文化协会桂林分会特发动桂林全市人民向苏联人民写信，借以表达我国人民团结抗战、反对侵略、维护和平的精神和决心，并且对苏联援助我国抗战表示感谢，对苏联维护世界和平表示敬佩。1942 年 4 月 11 日《广西日报》刊载：中苏文化协会桂林分会举行第三次全体会员大会，会议致电斯大林，对苏联军民英勇抗击纳粹侵略军表示敬意。(2)向中国受众传播介绍苏联的政治、经济、文化发展情况。例如：1940 年 2 月 11 日《救亡日报》刊载：为纪念俄国伟大诗人普希金逝世 103 周年，中苏文协桂林分会研究部在李子园青年会召开诗歌座谈会，作家杨晦、林林二人介绍了普希金的生平及其著作。1940 年 5 月 5 日《救亡日报》刊载：中苏文化协会桂林分会在李子园青年会大礼堂举行演讲会，敦请胡愈之讲演《苏联之文化建设》。1942 年 11 月 7 日《广西日报》刊载：中苏文化协会桂林分会举行盛大集会，纪念苏联十月革命 25 周年。参加大会的有广西当局党政军领导、各界人士共千余人。苏联驻华顾问保诺罗特洛夫出席并演讲。新中国剧社还演出了活报剧《希特勒摇篮曲》。1943 年 3 月 24 日《广

---

① 盛胜：《记父亲盛成先生和胡愈之伯伯的交往》，仪征风情网 http://www.0514.net/shengsheng/huyuzhi.shtml。

② 王锦辉：《中苏文化协会桂林分会述评》，《广西地方志》2009 年第 3 期。

西日报》刊载:中苏文化协会桂林分会,分别在依仁路市商会及滑翔分会,举办苏联抗战与文艺图片展览会。内容有:苏联建国以来的历史画幅、苏联卫国英雄介绍、反纳粹漫画,以及关于高尔基、普希金、马雅可夫斯基生活和创作的图片绘图等共五百余件,展期为五天。

中苏文化协会桂林分会国际传播的渠道包括报刊、电影等大众传媒,也包括研究会、展览会、座谈会等群体传播的方式。此外,该会还通过开展中国民众与苏联友人的通信活动,进行国际信息的人际传播。中苏文化协会桂林分会国际传播的受众,包括中国和苏联民众以及驻华的国际反战人士。

中苏文化协会桂林分会通过开展国际传播,引入了苏联的进步文化和思想,加强了中苏两国民众的了解和交流,大大激发了国民抗日的战斗热情和勇气。同时,该组织将中国的抗战信息、抗战文艺作品传播至苏联,在苏联形成了广泛的影响。例如,1940 年 12 月 24 日《救亡日报》刊载:郭沫若曾为《中苏文化》杂志苏联文学专号所写的《中苏文化之交流》一文,在苏联文艺界引起了很大的反响。苏联作家纷纷写文章、写信响应郭沫若提出的加强两国人民在文化上的联系的号召。为此,苏联作家协会和苏联《国际文学》主编罗果文给郭沫若写了两封信,希望两国作家密切联系,使得两国的文化联系得到进一步发展。

(二)国际反战团体

1.在华日本人民反战同盟西南支部

根据《扫荡报》(桂林版)的记载,在华日本人民反战同盟西南支部于 1939 年 12 月在桂林乐群社正式成立。该组织负责人为日本反战作家鹿地亘,成员由觉悟了的日本士兵和俘虏以及一些日本侨民组成。

在华日本人民反战同盟西南支部的国际传播内容主要有以下两个方面:一是向日本反战人士和中国民众开展反战宣传。例如,1939 年 12 月 4 日《人民之友》刊载:日本在华人民反战同盟西南支部油印报刊《人民之友》第一期在桂林出版,其中刊有日本反战作家鹿地亘的《告反战同志书》。1940 年 3 月 25 日《救亡日报》刊载:下午一时,《救亡日报》社在建国村本社招待在华日本人民反战同盟西南支部全体成员,对他们在桂林期间从事反战宣传工作表示慰问。二是向侵华日军面对面地开展反战宣传。例如,1939 年 11 月 28 日《广西日报》刊载:上午,在华日本反战革命同盟西南支部代言人、作家鹿地亘夫妇抵桂林,拟赴桂南前线从事反战宣传活动。1939 年 12 月 30 日《扫荡报》(桂林版)刊载:鹿地亘率在华日本人民反战同盟西南支部成员到达昆仑关前线,以巨型扩音器对日军进行反战宣传。1940 年 1 月 7 日,日本反战作家鹿地亘结束在桂南前线的对敌宣传工作，返回桂林。

在华日本人民反战同盟西南支部国际传播的渠道既包括《人民之友》《救亡日报》《扫荡报》(桂林版)等大众传播渠道，也包括阵前喊话、时事讲演会、茶话会、话剧等群体传播渠道，还包括与日军士兵通信等人际传播渠道。例如，1939 年 12 月 16 日《救亡日报》刊载：日本反战作家鹿地亘在乐群社举行茶会，招待新闻、文化界人士，介绍在华日本人民反战同盟西南支部的组织、工作等情况。参加招待会的有杨东莼、王文彬、陈纯粹、王安娜、欧查、舒群、特伟、新波等 40 人。

在华日本人民反战同盟西南支部通过开展国际传播，揭露日本法西斯侵略战争的本质和给日本人民带来的巨大伤害，宣传中国军队优待俘虏的政策，对促进日本士兵反战思想的觉醒和加速中国抗战的胜利起到了重要的促进作用。

2.朝鲜义勇队

朝鲜义勇队是一支由朝鲜爱国志士组成的国际反战组织。1938 年 12 月，朝鲜义勇队从武汉迁到桂林，多次参加了桂林文化界组织的抗日宣传活动。

朝鲜义勇队在桂林的国际传播内容主要有以下两个方面：一是传播朝鲜义勇队的建国理念和革命主张。例如：1939 年 3 月 1 日《救亡日报》刊载：朝鲜义勇队开会纪念三一运动，响应“伤兵之友”募捐，今日起连续三天，在新华大戏院公演由金昌满编导、金炜主演的朝鲜话剧《朝鲜的女儿》和朝鲜歌剧《阿里郎》。1939 年 6 月 5 日《扫荡报》(桂林版)刊载：下午，国际宣传委员会举行第十次时事座谈会，请朝鲜东方战友社社长李斗山主讲《朝鲜革命运动的回顾和前瞻》。1942 年 8 月 28 日《广西日报》刊载：朝鲜民族革命党中央委员、朝鲜义勇队队员、《东方战友》社社长李斗山，在桂林私寓招待新闻界人士，介绍朝鲜义勇队抗日情况。二是传播朝鲜义勇队的反战主张和抗战决心。例如：1939 年 7 月 8 日《救亡日报》发表了朝鲜人李达《加强中韩联合战线》一文。1939 年 2 月 8 日《广西日报》刊载，朝鲜义勇队在桂林乐群社举行盛大招待会，出席的有法国记者李蒙夫妇、美国纽约《泰晤士报》记者窦顿、日本作家鹿地亘、苏联摄影师卡尔曼等人，还有国际新闻社、国际宣传委员会以及西南行营政治部和第五路军等部门的代表共 300 多人。朝鲜义勇队政治组组长金奎光在讲述朝鲜人民被日本帝国主义剥削压迫以及朝鲜义勇队参加中国抗战等等情况后，希望座中欧美友人做三件事：把中国英勇抗战情况告诉世界各地人民；把朝鲜民族的反日斗争，特别是朝鲜义勇队的情况告诉大家；把东方被压迫民族联合抗日的情况，尤其是中韩共同抗战的事实，广泛地告诉世界人士。1939 年 6 月

22 日《广西日报》刊载:朝鲜义勇队为实践"政治重于军事""宣传重于作战"的两大原则,于午后二时在桂林乐群社礼堂举行茶会,招待日本俘虏二十余人。

朝鲜义勇队在桂林的国际传播活动的受众主要是中国民众、朝鲜流亡人士和国际反战人士。其国际传播活动所借助的渠道主要有两个,一是通过自办刊物《朝鲜义勇队通讯》《东方战友》和中国媒体《救亡日报》《扫荡报》(桂林版)《广西日报》等大众传播的渠道;二是利用包括召开会议、举行茶话会、时事座谈会、义演等在内的群体传播的渠道。

朝鲜义勇队在桂林的国际传播活动,坚定了朝鲜流亡人士联合中国人民反抗日本侵略的决心和勇气,争取了国际社会对朝鲜民族和国家命运的同情与支持。

3.中越文化工作同志会

中越文化工作同志会是由越南民主革命人士组成的国际反战团体,于1940 年 12 月 8 日正式成立。中越文化工作同志会在桂林的国际传播内容主要有:(1)传播越南革命人士的建国理念和革命主张。例如:1940 年 12 月 9 日《广西日报》刊载:中苏文化协会桂林分会、广西建设研究会、国际反侵略运动中国分会广西支会三团体在桂林市美丽川菜馆设宴招待中越文化工作同志会的越籍理事和旅桂越南爱国人士。席间范文同介绍了越南民族解放运动的情况。1940 年 12 月 16 日《广西日报》刊载:武元甲、胡学览、胡亦兰、阮海臣等越籍理事在东坡茶楼举行茶会招待桂林文化界和新闻界人士。梅公毅说:"希望今后有关越南革命运动的情况能不断地介绍到中国来,中国抗战的史实亦能不断地介绍给越南民众。使东亚弱小民族更团结一致,争取独立解放。"(2)传播越南革命人士的反战主张和抗战决心。例如:1941 年 1 月 19 日《广西日报》刊载:中越文化工作同志会举行集会讨论国际形势、声援越南人民的抗日斗争,参加者除会员外,还有来自国外的驻华记者。

中越文化工作同志会的国际传播活动的受众主要是中国民众、流亡中国的越南华侨和民众、国际反战人士以及欧美等国驻华代表。其国际传播活动所借助的渠道主要有两个,一是通过中国媒体进行大众传播;二是利用各种活动进行群体传播。中越文化工作同志会在桂林的国际传播活动,坚定了越南革命人士联合中国人民反抗日本侵略的决心和勇气,争取了国际社会对越南民族和国家命运的同情与支持。

4.英国援助中国运动委员会广西分会

英国援助中国运动委员会成立于 1937 年,其宗旨是广泛联络和组织英国各阶层人士援助中国抗战，是抗战时期援助中国的重要国际力量。

英国援助中国运动委员会广西分会的国际传播内容主要包括：(1)向欧美民众传播中国抗战的战况，呼吁欧美国家政府和人民支援中国抗战。例如，英国援助中国运动委员会负责人阿瑟·克莱格还于同日在英共《工人日报》上发表纪念中国抗战七周年文章，主张国共团结合作，同盟各国予敌后中国抗日军民以武器援助，并呼吁英美等同盟国向国民党当局施加压力，促使其放弃对陕甘宁边区的军事封锁。(2)向中国民众表达痛恨日寇的侵略行径，支持中国抗战的主张。例如，1939 年 6 月 3 日《南宁民国日报》刊载：英援华救济桂分会欧干事等抵达上思施诊，并痛斥日寇破坏世界和平。

英国援助中国运动委员会广西分会的国际传播活动，使英国民众乃至国际社会了解了中国政府和人民英勇抗战的真实情况，同时鼓舞了中国政府和民众坚持抗战到底，直至最后胜利的决心和信心。

四、抗战时期个人主体在桂林的国际传播活动分析

抗战时期活跃在桂林的一些国际反战人士和革命志士也是国际传播的主体。他们的国家或者已经沦亡，或者是他们反对的对象。他们的国际传播活动直接或间接地支援了世界人民的反法西斯斗争，为争取战争的最后胜利做出了重要的贡献。

(一)鹿地亘

鹿地亘，日本作家。1938 年 3 月，流亡中国的鹿地亘任国民政府军委会政治部设计委员，并在第三厅第七处(对敌宣传处)从事反战宣传工作。1939 年 11 月，鹿地亘来到桂林，继续从事反战宣传。

在桂林，除了领导和组织在华日本反战革命同盟西南支部的工作，鹿地亘个人的国际传播活动主要包括两个方面的内容：(1)通过文艺创作表达反战主张。例如：1939 年 1 月 12 日，在《救亡日报》连载报告文学《和平村记》，这是他访问湖南常德俘虏收容所的纪实。1940 年 3 月 3 日《救亡日报》副刊《文化岗位》刊载：今起连载日本反战作家鹿地亘在桂林创作的反映日本人民反战立场的三幕话剧《三兄弟》(夏衍翻译)。1940 年 4 月 30 日，由日本反战作家鹿地亘创作、夏衍翻译的三幕话剧《三兄弟》，由桂林南方出版社出版。(2)通过大众传媒向中国受众介绍日本的真实情况。例如：1938 年 6 月 8 日《救亡日报》一版刊载鹿地亘的《日本兵士残酷心理的根源》。1938 年 12 月 11 日《救亡日报》刊载：日本反战作家鹿地亘在中华职业教育社主办的第七次时事演讲会上主讲《中日战争新阶段》。

(二)史沫特莱

史沫特莱是美国著名进步作家、记者和社会活动家。抗日战争时期,史沫特莱曾经两次来到桂林。一次是在1938年底,随中国红十字会总会的救护总队路过桂林;另一次是1940年8月25日,她由重庆抵桂林。

史沫特莱在桂林期间和通过桂林媒体开展的国际传播活动主要包括两个方面的内容:(1)通过《救亡日报》将中共领导下的抗日根据地的真实情况介绍给国统区的受众。例如前文所述的《得自江南游击区日寇士兵的日记》《为西北战士呼吁》《二年来的一个青年——特为新四军成立两周年纪念写》等文章。(2)通过进步报刊传播进步的文化思想和观念。例如,1939年12月4日,《救亡日报》副刊《文化岗位》发表的《论鲁迅》,评说鲁迅是当今世界上少有的几个伟人之一。1940年1月31日,《救亡日报》副刊《文化岗位》发表的《鲁迅是一把宝剑》,对鲁迅著作作了高度的评价。1940年12月,《青年生活》第三期上发表的特稿《中国青年应该做些什么》,文章指出,"知识青年该懂得他们的作品不仅是为着知识分子,而且也是为着军队,为着工人和农民。他们的作品应该以抗战为中心,他们的作品也必定要达到士兵和工农青年的手里"。

(三)胡志明

胡志明是越南共产党的卓越领导人。在抗日战争时期,胡志明曾经来到桂林,以华侨身份在八路军驻桂林办事处工作。胡志明个人在桂林的国际传播活动主要包括以下两个方面:(1)通过《救亡日报》向中国政府和民众乃至国际社会介绍越南国内的真实情况。例如:1940年12月18日《救亡日报》第2版刊载的文章:越南"复国军"还是卖国军。(2)通过《救亡日报》向中国政府和民众表达越南人民对中国抗战的强烈支持。例如:1940年12月4日《救亡日报》刊载的《越南人民与中国报纸》和1940年12月4日《救亡日报》刊载的《安南歌谣与中国抗战》等文章。

(四)李蒙夫妇

法国著名记者李蒙夫妇是抗战开始后,第一批踏上广西的西方新闻界人士。在桂林期间,李蒙夫妇的国际传播内容主要包括以下两个方面:(1)通过群体传播表达对中国抗战的坚定支持。例如:1939年1月5日《广西日报》刊载:桂市中央日报、新华报、中央通讯社、中国青年记者学会南方办事处、国际新闻社、广西日报等新闻机关,于昨日下午三时在乐群社招待法国东方问题专家及名记者李蒙夫妇及《泰晤士报》驻美国纽约记者窦丁先生,到场有新闻界同人及各机关代表一百五十余人。李蒙对法西斯抨击颇力,会议决定发起锄奸大会。1939 年 2 月 18 日《扫荡报》(桂林版)刊载:国宣会座谈会,法国名记者李蒙报告:倭寇如欲进犯广西,非备十万兵力不可。(2)向西方受众传播中国的真实情况。例如:1939 年 1 月 2 日《扫荡报》(桂林版)刊载:法国名记者、东方问题专家李蒙夫妇来桂,将研究中国抗日民族解放运动之发展,并求纠正法人对我(国)之态度。李蒙夫妇预计留桂一周,将谒白(崇禧)主任、黄(旭初)主席,与《广西日报》记者谈抗战问题,并参观广西大学。

五、结论

1.国民党中央领导下的国民政府是抗战时期在桂林开展国际传播的主要政府主体,它主要通过大众传播、群体传播和人际传播的渠道向中外受众传播国内外抗战信息和国民政府的政治军事外交主张。

2.中共领导下的抗日根据地也是抗战时期在桂林开展国际传播的政府主体之一,它主要通过大众传播的渠道向中外受众传播根据地的抗战信息和中共的政治主张。

3.美英苏等盟国政府是抗战时期在桂林开展国际传播的外国政府主体,它们主要通过大众传播、群体传播和人际传播的渠道向中国受众传播国际抗战的信息和塑造它们各自国家的正面形象。

4.抗战时期活跃在桂林的国内抗日救亡团体和国际反战组织也是国际传播的主体,它们主要通过大众传播和群体传播的渠道,向中外受众传播它们坚持抗战的态度和各自的政治主张。

5.抗战时期活跃在桂林的一些国际反战人士和革命志士也是国际传播的主体,他们主要通过大众传播和群体传播的渠道,向中外受众传播他们反战的主张和各自国家民族的真实信息。

作者简介:

万忆,浙江工商大学人文与传播学院教授,研究方向为传播学、抗战文化。

朱丽莉,硕士,新华社广西分社记者。

徐乐,广西大学新闻传播学院 2014 级硕士研究生。

哈庸凡抗战文化活动及其战地通讯写作

——兼记武汉会战和随枣会战几件史料

哈晓斯

[摘　要]抗日战争时期，哈庸凡以文化和政治工作者的身份活跃于抗日战场，包括敌后与前方两个战场，抗战文化活动贯穿其抗战期间全部经历。文章论述其在桂林创办和参与抗日报刊工作和奔赴武汉会战、随枣会战战场的战地采访写作等活动。

[关键词]哈庸凡；克敌周刊；战地通讯

哈庸凡20世纪50年代留影

哈庸凡（1914—2003），广西桂林市人，回族，民国知名报人，中共党员。曾任安徽省政协委员、安徽省政协文史委员会委员、民革中央孙中山研究学会理事，《安徽民政志》主编、《江淮英烈传》主编等。

哈庸凡抗战前期投身文化救亡运动，在桂林抗战文化活动中崭露头角。1937年卢沟桥事变爆发后，代表广西日报社当选广西各界抗敌后援会理事，主编该会《克敌周刊》，在新闻、戏剧等领域积极从事抗战文化活动。1938年6月奉派抗日前线，在军队中担任政工主管及报刊编辑工作，仍兼任《广西日报》特派战地记者，参加武汉会战外围广济黄梅战役、随枣会战、枣宜会战及鄂北豫南战役等。抗战胜利时任国民政府第五战区司令长官部军简三阶参议兼阵中日报社社长。

哈庸凡以文化和政治工作者的身份活跃于抗日战场，包括敌后与前方两个战场，抗战文化活动贯穿其抗战期间全部经历。现依据近年来发现的抗战时期相关报刊史料及其本人20世纪40年代后期及50年代初期《自传》手稿[①]（下文中凡引用《自传》的文字，不再另注），记述哈庸凡抗战文化及战地活动若干经历，为桂林和广西抗战文化研究提供相关史实。

一、在桂林后方——从“风雨社”到《广西日报》

（一）结缘《桂林日报》

哈庸凡原名哈荣藩[②]，幼年丧父，家境贫寒，随寡母寄居外祖母家中。1926年考入广西省立第三中学，1929年初中毕业后以优异成绩免考入高中部，开始在普通科，因无力缴纳学费，曾休学一个学期。期间曾报考广西航空学校，以体格不合条件未被录取。复学后改换师范科，嗣因母病家困，1932年从桂林三中肄业回家。此后即踏入社会，饱尝谋职与失业之苦。

1936年6月1日，两广军阀联手发动逼蒋抗日的“六一”运动，广西各界民众抗日热潮愈加高涨。6月4日，广西省主席黄旭初发出“支电”，表示全省民众“宁为抗战玉碎，不为屈辱瓦全”。数日后，以李宗仁、白崇禧为总、副司令的抗日救国第四集团军总政训处发布《告全国民众书》[③]，激昂而悲壮地宣告：“本军现在发动抗日了！路过贵境，北上平津，和日本帝国主义拼命了！这一次反抗日本帝国主义强暴侵略的革命战争，本军认定是十分壮烈而伟大的，因为这是为着中华民族之生存和几千年光荣文化之存续而战，这是为着全世界被压迫民族争生存，争正义，争人格而战。……本军全体将士内受良心的驱使，外受国民爱国热情的激励，已下绝大决心动员全广西已经受过军事训练的团兵一百二十万人，一致参加抗日救国的革命战争。”

同年10月，李、白为中央接受抗日主张发布《告全省乡镇村街长及退伍士兵书》[④]，明确指出：“我们工作的基本方针，仍然是抗日救国，因为中国国家民族已到了生死存亡的最后关头。”

自九一八事变至“六一”运动，广西抗日救国运动汹涌澎湃。这一时期，哈

---

① 哈庸凡《自传》手稿收入哈晓斯2014年编撰的哈庸凡遗著《瑰异庸凡》（内部印刷，未出版）。该书已捐赠广西壮族自治区图书馆、安徽省图书馆、湖北老河口市博物馆（国民政府第五战区旧址博物馆）等处收藏。

② 其在初中和高中期间对外投稿以“哈庸凡”为笔名，进入社会后即以“哈庸凡”为本名。

③ 见《救亡情报》1936年6月21日。

④ 见《救亡情报》1936年10月25日。

庸凡失业在家,常与桂林师专的同学交往,读到许多新理论,接受一些新思想。其《自传》手稿记载:“那时,广西省立师范专科学校在桂林良丰成立,这个学校聘有好几位进步的教授,如陈望道、马泽民、邓初民、施复亮、夏征农、杨骚诸先生,他们在学校中经常讲授马列主义理论。而这个学校的学生大都是我在中学时代的同学,因此我有几回时常从他们那里读到新奥的文艺理论,并由文艺理论进而读了不少的社会科学书籍。”

不久,哈庸凡经人介绍担任《桂林日报》通讯员兼校对,并受邀开辟“本报特写”专栏,采写桂林风土人情。这一时期,他的文学创作活动频繁。

1936 年 6 月,《桂林日报》开辟本报特写专栏,集中刊出哈庸凡采写的《蒲节风俗谈》《本市消暑的玩意儿》《油条与糊辣》《特察里别饶风味》《桂林的“凉粉”“梅水”》等。同年 8、9 两月,在继续采写本报特写的同时,他还在《桂林日报》先后发表反映桂剧艺人苦难人生的短篇小说《他们这一伙》,塑造对现实环境极度不满、具有反叛意识的被压迫者形象的《青面兽杨志》,以九一八以后东北现状为背景的《到祖国去》以及刻画反抗者心态、折射现实的《卖刀》等四篇①。

尤其引人瞩目的是,1936 年 8、9 两月中,在创作小说、特写之余,哈庸凡还直接参与《桂林日报》两个新副刊的策划编辑,并分别为两个新副刊创刊号著文。这也是哈庸凡参加有组织的抗战文化活动的发端。

其一,1936 年 8 月 30 日,《桂林日报》第 4 版推出“抗日救国周刊”创刊号,由广西各界抗日救国联合会桂林分会编。广西各界抗日救国联合会系同年 6 月 3 日(“六一”运动期间)由广西文化界救国会发起在南宁成立的,此后各县相继成立分会。广西各界抗日救国联合会桂林分会设在县党务通讯处,时任桂林县党务通讯处通讯员的周振纲为负责人。创刊号刊载周振纲、哈庸凡、爱滋三位作者同以《抗日与除奸》为题的文章。

在《抗日与除奸》中,哈庸凡按捺不住愤怒地写道:“自日寇进兵沈阳以来,南京政府始则拖戈退入关内,继则高谈‘亲善’,‘提携’,终则黑起良心摧残一切抗日运动,消灭一切抗日势力。像非法逮捕北平上海各地底爱国学生和无端抽调大兵南下威胁西南等等事实,都是南京政府在汉奸卖国贼窃据之下干出来的罪恶。在他们那一贯降日政策下,连西南这点仅存在的抗日势力,也要

① 其中《到祖国去》署名哈庸凡等三人集体创作。另据其自传手稿,此前尚有《冬夜》《赌徒》《泪与血》等小说发表在《桂林民国日报》上。

无情的加以消灭，暴日给予我们底痛苦，我们已经捱不住了，那堪更遭受国内底自己人底压迫呢?”

周振纲与哈庸凡早在《桂林民国日报》时期就很熟悉，此时，周振纲兼任桂林军团妇女工读学校教导主任。经过周的介绍，哈庸凡进入桂林军团妇女工读学校担任国文教员，他俩这一时期交往频繁。“爱滋”是当时桂林较为活跃的文艺青年，或是桂林师专学生的笔名，与哈、周均熟悉。此前即同年7月31日，他以“爱滋”笔名在《桂林日报》“突击”副刊发表一篇《桂市青年之分析》，招致各方批评。8月8日，哈庸凡写出长篇质疑文章《与爱滋君公开讨论〈桂市青年之分析〉》，于8月12—14日分三次在《桂林日报》连载。相隔不足半月，他们又做同题文章，可见并不陌生。

其二，“抗日救国周刊”创刊10天后，即1936年9月9日，《桂林日报》又推出“每周文艺”副刊，创刊号发表哈庸凡等人集体创作、反映东北沦陷后民众遭遇的短篇小说《到祖国去》，一周后，“每周文艺”第2期为“历史小说专号”，开始连载哈庸凡历史小说《卖刀》。显然，哈庸凡直接参与了“每周文艺”副刊的创刊策划。

同年10月，广西省会由南宁迁往桂林，原南宁民国日报社社长胡讷生奉令接管《桂林日报》。不久，经胡讷生邀请，哈庸凡辞去桂林军团妇女工读学校教职，进入《桂林日报》任外勤记者。

1937年3月21日，韦永成接替胡讷生兼任桂林日报社社长。次日《桂林日报》发布消息后附录报社职员名单，外勤记者为哈庸凡、万殊、黄娥英三人。韦永成到任后，即对外勤记者实行改组，重新招考外勤记者。4月1日，《桂林日报》易名《广西日报》。广西日报社当日发布通告，择优取录萧钟琴等五人为试用外勤记者。5月4日，广西日报社发布启事，称五名新聘外勤记者试用期满，“连同原有之外勤记者，重新确定哈庸凡、萧钟琴、谢启道、李雪坦等四人为本报外勤记者”。由此可见，哈庸凡为唯一经历《桂林日报》和《广西日报》两个时期的外勤记者。

(二)“风雨社”与《风雨月刊》

在桂林军团妇女工读学校教书写作之余，哈庸凡热情投入校内外社会活动。据当年《桂林日报》报道，1936年10月20日，桂林军团妇工校由教导主任周振纲主持，举行校务会议。在讨论“举办时事研究会，使学生对现社会有相当认识”议题时，决议“由哈庸凡指导学生及学术会办理”。让刚入校任教的教员担此要责,凸显哈庸凡此前在时事与学术研究中的特长与名气。这一时期,哈庸凡与校内外文艺爱好者来往密切,其中包括他的小学和中学同学、高中时与他同样休学找工作的陈钟瑶(即陈迩冬,时在桂林师专读书)、陈钟瑄(时在桂林初中读书)兄弟,有时任国防艺术社职员的朱平秋(即朱门弦),还有校内音乐教员苏永华、冯素霏等。同年9月间,哈庸凡等倡议发起成立文学团体"风雨社",获得同伴们响应。哈庸凡在《自传》手稿中写道:"到桂林军团妇女工读学校教书以后,生活已趋于安定。在一种事业的狂热的冲动之下,我想以郭沫若的'创造社'和茅盾的'文学研究会'为榜样,发起组织业余文艺团体'风雨社',企图从这里给自己的文学事业打下基础。"

由于发起成员多属在校学生,经费无来源,场地也不好解决。故而他们征得周振纲支持,并以周为发起人之一。"风雨社"酝酿成立时间,应在1936年9月上旬。9月27日,《桂林日报》刊出报道《周振纲等发起组织"风雨社"》,并刊出哈庸凡等人草拟的《风雨社简章》。简章中阐明,以健全身心,联络感情,提高文化水准,激发民族意识,精诚团结,共赴国难为宗旨。9月29日,为筹备庆祝双十节,桂林县党部召集第一次筹备会议,由周振纲主席。会议讨论双十节话剧及游艺节目安排时,决议聘请风雨社表演话剧及灯谜①。这是已知的风雨社第一次社会活动。

同年9月30日,风雨社补行成立典礼。再次申明风雨社"纯系一般热情青年处兹非常时期,感觉自身责任之重大,乃思在文化界中尽一份救亡图存之力量。"县党部党务通讯处通讯员周振纲等来宾致辞祝贺,哈庸凡等作为社员代表讲话。报道中附录风雨社干事及职员名单。干事会由七人组成,依次为周振纲,哈庸凡,陈祖钰,程延渊,苏永华,林光岚。周振纲为总干事,事实上风雨社干事会及后续活动,周并未参与,只是挂个名义。风雨社下设总务、文化、游艺三部,另有《风雨月刊》杂志编委会与风雨剧团。其中风雨月刊编辑委员会主任为哈庸凡,风雨剧团主任为陈迩冬。

风雨社社址设在县党部通讯处内,而桂林县党部通讯处当时租借文昌庙桂林军团妇工校内办公,可见风雨社与桂林军团妇工校的特殊关系。事实上,风雨社职员中,除周振纲外,哈庸凡、苏永华、冯素霏均为该校教员。哈庸凡离开桂林军团妇工校后,仍与该校学生保持密切联系。1937年3月,风雨剧团主

① 见1936年10月5日《南宁民国日报》。

任陈迩冬曾任桂林军团妇工校代理教导主任。

由哈庸凡主编的《风雨月刊》，1936 年 11 月 15 日出版创刊号。《风雨月刊》创刊号为黑白版，全书 36 页。由桂林启文印务局印刷与代售。与一般刊物的发刊词不同，《风雨》创刊号以一曲《风雨前奏曲》作为代发刊词。署名为“延渊①、庸凡作曲，永华②制谱”，这里“作曲”疑为“作词”，《风雨前奏曲》歌词写道：

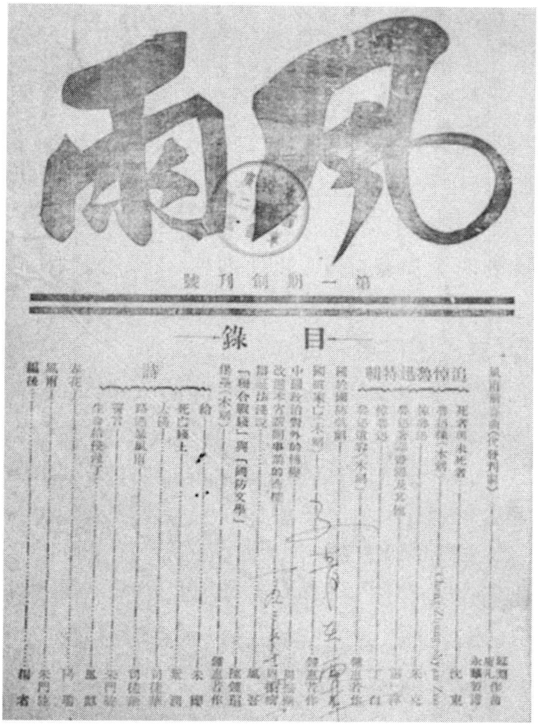

1936 年 11 月 15 日出版的《风雨月刊》创刊号封面

民族解放，呼声怒吼，
天翻地动。
时代在暴风雨中，我们的热血沸湧。
拉起手拉起手，
联合起被压迫的民众，
向侵略者进攻，
向侵略者进攻。
……③

在创刊号《编后》中，哈庸凡进一步点出：“本刊的任务，主要的自然是反帝反汉奸。此外，我们还要切实地去体味现实，暴露现实，把一切不合理、不正当的丑恶的事实，都毫不掩饰地摆出来给大众看，使大众嗅到烈火的毒味，使大众感到‘冷水淋头’的逼迫，从而扬起眉毛挺起胸脯起来跟侵略者拼个死活。”

《风雨》刊载的作品体裁包括文论、诗歌、小说、戏剧等。原先的首篇文章

① 即程延渊，时为风雨社文化部部长，后为国防艺术社总务主任。

② 即苏永华，时为桂林军团妇女工读学校音乐教员，风雨社游艺部部长兼音乐股股长。

③ 此歌曾由风雨社同人在 1936 年广西各界庆祝双十节国庆纪念大会游艺会上表演。

是署名“庸凡”的文艺评论《关于国防戏剧》,唯因“在本刊付排之始,恰听到鲁迅先生的噩耗。……所以我们在本期的开始,就另外收集了一部分‘追悼鲁迅特辑’,算是表示我们哀悼鲁迅先生的至意”。“特辑”收录三篇文章,一首短诗和两幅鲁迅木刻画像。这与哈庸凡在《自传》中所述“《风雨月刊》一共出了四期,其中包括‘纪念鲁迅专辑’和‘国防文学专辑’”,亦相吻合。

当时,上海等地文化界正在展开所谓国防文学与民族革命战争的大众文学的两个口号之争,地处西南一隅的桂林文学青年对此亦遥相呼应。哈庸凡在《关于国防戏剧》中写道:“我们底赤血,冲成了侵略者底白兰地;我们底白骨,筑成了侵略者的高楼大厦。到今日,我们一切都没有了,我们只有斗争,只有从斗争中去求生存,从而国防就成了当前民族解放斗争中最迫切,最严重的任务。国防戏剧就是要把我们斗争的情绪组织起来,具体地在舞台上表现,使这一点一滴的斗争情绪,都渗透到大众的心中,使大众勇敢地步上求生存,求解放的道上,使他们成为一员英勇的战士。”

创刊号在《编后》中还预告:“本刊在第二期,拟出‘批判桂剧特辑’,请读者诸君留意。”当时传统桂剧所表现的内容与抗战时代气息和大众需求严重脱节,八桂文化界的有识之士对此深感忧虑,桂剧改良呼声日渐高涨。《风雨月刊》拟出“批判桂剧特辑”正是顺应这一潮流,可惜目前除创刊号外,《风雨》其他各期均未得见。

风雨剧团的演出活动,见诸报道的有两次。一次是1936年广西各界庆祝双十节游艺活动,演出节目为独幕话剧《压迫》和由风雨社同人朱门弦创作的独幕话剧《风雨》,以及歌曲《风雨前奏曲》(后为《风雨月刊》代发刊词)。另一次是1937年广西各界庆祝元旦联合公演,风雨剧团演出3个独幕剧,即《打出象牙塔》《风雨》和《朋友》(改编自《一个女人和一条狗》)。《打出象牙塔》与《风雨》系风雨社同人创作,哈庸凡在《打出象牙塔》中饰演男主角画家余君美。

哈庸凡进入《桂林日报》(1937年4月1日易名《广西日报》)后,风雨社人员分散,活动渐次沉寂。1937年5月,哈庸凡与风雨社同人陈迩冬、刁建萍、程延渊等集资在桂西路创办一家紫金书店,以期用经营书店维系风雨社的活动。同年5月23日,《广西日报》刊出《本市新张紫金书店》的消息。因刁建萍到广州贩书蚀本,问世不久的紫金书店戛然夭折,成为风雨社的“绝唱”。

(三)主编《克敌周刊》

卢沟桥事变爆发后,广西迅即组建各界抗敌后援会,哈庸凡代表广西日报社当选为理事会理事。此前,他已代表广西日报社参加桂林县抗日救国会,负责拟定该会工作纲要。

1937 年 11 月 27 日，由广西各界抗敌后援会主办、名为《抗战半周刊》的杂志在桂林出版。1938 年 3 月 12 日改版为《克敌周刊》，出版周刊第 1 期，同年 11 月 26 日出版至第 38 期后宣告终刊。哈庸凡在 1937 年至 1938 年间，与《克敌周刊》存有一段渊源。

据哈庸凡 1949 年 11 月在华东军政大学所撰《学习鉴定》中回忆："1936 年 8 月至 1938 年 5 月，在桂林任广西日报记者、编辑及采访主任……抗战以后，兼任广西各界抗敌后援委员会宣传部副总干事，主编《克敌》半月刊。"（按：此处"半月刊"系"半周刊"及"周刊"之误）

这是继一年前主编《风雨月刊》后，哈庸凡在桂林主编的第二份杂志。

哈庸凡在《克敌周刊》第一期发表《战时的文化工作》一文，阐明了他的主张："在积极方面，应当要坚定国民抗战到底的信念，并要尽可能使大众认识在抗战过程中，一切事物的本质及现象，更进而集中大众的一切力量，在政府领导下，去争取民族的解放斗争。……在消极方面，根绝一切封建思想和汉奸言论，并运用一切有效的方式，提高大众文化的水准，进而使大众接受时代的使命，能自动地运用他们自己的力量，去开辟民族国家的道途。"

《克敌周刊》创刊号封面

他把此作为战时文化工作的两项纲领，认为："抱定这两样工作纲领，把文化的领域展开，使得每一个城市，每一个乡村，甚至每一个空间，都荡漾着文化的气息，每一个中国人都能自觉地起来，担当保卫国家，拯救民族的神圣任务。"文章末尾，哈庸凡不忘提醒文化工作者要迅即行动起来，"敌人的刺刀和枪炮是再不容许我们久待了，如何利用这有限的时间去做我们的工作，也是一个异常重大的问题"。

中国抗战与世界反法西斯战争密切相连，欧洲战局之变化受到国人格外关注。从改版第一期起，《克敌周刊》每期刊载国际时评，针对当前重大国际问题尤其是与殴战相关问题做出时事分析。担任主编、时任《广西日报》外勤记者、编辑和采访主任的哈庸凡,自己动笔撰写国际时评。《克敌周刊》第三期和第七期则相继刊出哈庸凡撰写的两篇欧战时评。

这两篇国际时评分别写于1938年3月17日和4月1日,时为《克敌周刊》改版之初。尽管哈庸凡承担《广西日报》的编辑采访任务十分繁重,但他还是忙里偷闲赶写出稿件,并迅即在《克敌周刊》上刊出。头一篇时评写于希特勒悍然以武力侵占奥地利之时,题为《多瑙河的怒潮》,开篇便写道:"而今,多瑙河是被掀起滔天的巨浪了!从本月十日到十三日,仅仅是短短的三天工夫,欧洲的黑花脸希特勒便以武力统治了全奥。——夺取了中欧的锁钥。"并指出:"这次希特勒公然并奥,无论在政治上,军事上,其影响都足以遍及欧洲而牵动世界,正在展开神圣的民族自卫斗争的中国人,对此尤应有一个明确的了解,以便从国际情势中认清我们抗战的任务。"在略述希特勒并奥的过程并揭露其"第三帝国"侵占全欧洲的企图,以及剖析意、英、法诸国对纳粹德国并奥各自采取的态度之后,哈庸凡指出:"德奥合并对远东,特别是中日问题的关系是重大的。上月德国承认伪满就是强盗们串同分认赃物的铁证。这次德国并奥,日本当然是礼尚往来,同时,更因为中欧问题牵制了英、法诸国,无暇东顾,更加紧对我国的侵略,这也是意料中事。"同时一针见血地告诫读者:"我们分开来看,在欧洲是德奥合并,在远东是中日战事,合起来观察,就是中华民族所领导的弱小民族解放斗争最壮烈的一幕的展开。世界已临到腥风血雨的前夜,人类历史将启开最伟大的一页。"另一篇时评《透过西乱来观察欧洲政局》,则从西班牙内乱背后各大国的角力,分析并勾勒出欧洲各大国间存在的错综复杂的利益关系,更指出"这是侵略阵线企图以暴力消灭和平阵线的铁的事实。所以西班牙战争,确成为今日欧洲惊涛骇浪中的一股主要的洪流"。同时,也从国际资本主义的利益追逐本质出发,揭穿英、法两国所谓"西乱不干涉办法"的西洋镜。

1938年5月,欧阳予倩抵达桂林。5月中旬的一天下午,哈庸凡前往桂林中华大旅馆对欧阳予倩先生做了专访。而一年前,即1937年4月,哈庸凡也曾对抵桂访问的戏剧家洪深先生做过专访。关于此次采访的意义,哈庸凡在访问记中写道:"假如我们说抗战戏剧是抗战中的一件武器的话,则对于这个武器的铸炼人——欧阳予倩先生——当然是表示无限的钦仰。所以这次欧阳予倩先生到广西来,其意义不仅限于促进广西剧运的发展,就是在抗战戏剧的整个部门里,也应该是一种有力的帮助。"

在这篇三千余字的访问记中,针对记者的询问,欧阳予倩先生兴致勃勃地谈到关于戏剧在战时的作用、用话剧宣传抗战、戏剧演出所反映的思想、目的与技巧，以及抗战戏剧的内容、街头话剧形式等。尤其具有价值的是，在这次谈及桂剧改良时，欧阳予倩先生进一步引申到表演形式，首次提出戏曲表演应创造“活动的浮雕”这一戏曲导演美学命题：“我也主张用布景，但我不求写实，只求像画，像图案画。因此在台上站的位置，也完全变更，是要利用舞台成为变化的舞台面，每个舞台面成为一个画面，每一个人在在画面上动作，就好像浮雕，活动的浮雕。”

哈庸凡这篇访问记在《克敌周刊》刊出两日后，即同年 5 月 30 日，《广西日报》也以《戏剧是抗战中的武器——欧阳予倩访问记》为题予以发表。

二、武汉会战期间撰写战地通讯《大战双城驿》

1938 年 6 月，继首都南京沦陷后，华中重镇武汉告急。广西军队陆续开赴前线，广西学生军也毅然北上。学生军中许多人与哈庸凡是同学，受他们影响，哈庸凡毅然投笔从戎，申请上前线。1938 年 7 月，哈庸凡离桂北上，经武汉、浠水，到广济，在陆军八十四军第一八九师政治部任上尉科员。其《自传》写道：“（1938 年）6 月间，我接到派令，被派到八十四军政治部做上尉科员，并受广西日报聘为战地特派记者。”“7 月下旬，我由汉口搭广西一个补充团的专轮到湖北浠水，由浠水徒步到广济一八九师驻地到职。师长是凌压西。”

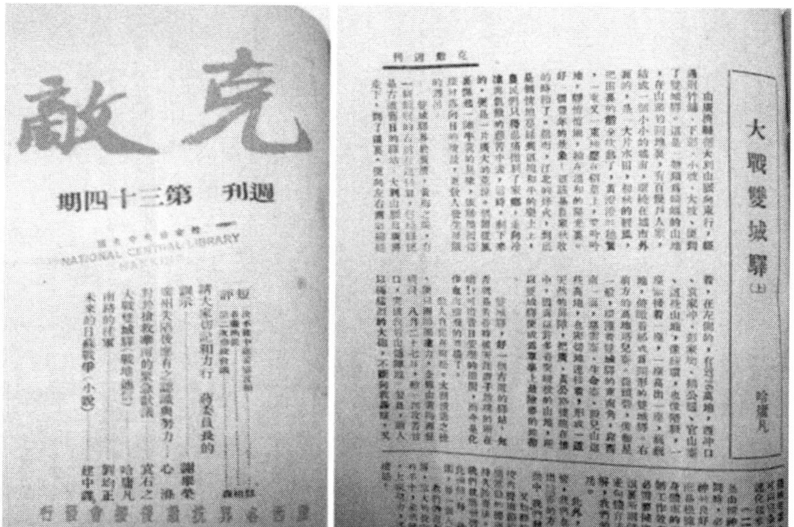

1938 年 6 月哈庸凡奔赴抗日前线后，《克敌周刊》同年 10 月连载其由前线发回的战地通讯《大战双城驿》

此时,正值武汉保卫战外围战役炙热之时。1937年底,国民政府军事委员会拟定作战计划,利用大别山、鄱阳湖和长江两岸地区有利地形,组织防御,保卫武汉。1938年6月至10月,中国军队在武汉地区同日本侵略军展开大规模会战,战场在武汉外围沿长江南北两岸展开。

《大战双城驿》记述的战役就是在长江北岸广济双城驿打响的。第五战区代司令长官白崇禧上将坐镇广济指挥此役。9月5日至6日八十四军一八九师与友军经过激战,夺回被日寇占领的双城驿,切断黄梅、广济公路联络,哈庸凡随团参战,真实记载了师、团官佐战场指挥与士兵作战情形,再现了抗日军人血溅沙场的卫国情怀。

广济作为拱卫武汉外围的重要据点,战前即受到中方统帅部的极端重视。1938年2月,第五战区关于武汉会战右翼兵团之作战计划中即确定:“本兵团以决战防御击灭当面敌人的目的。拟于黄泥湖北岸亘大金铺、双城驿、亭前驿、二郎河镇、西北连山地占领数线阵地带,拒止敌之西进,依机动转取攻势,将敌压迫于长江方面捕捉而歼灭之。”(《国民政府军令部战史会档案》)

同年7月26日,蒋介石在致白崇禧(时任国民政府军事委员会副总参谋长、第五战区代司令长官)、李品仙(时任第五战区副司令长官兼第四兵团总司令)的密电中即明确要求:“……广济阵地与田家镇要塞相联系,极为重要。应置重点于该地,集结兵力,纵深配备。……广济以东山地,万一发生破绽,亦无关系,唯广济阵地必须固守。”(《国民政府国防部战史会档案》)9月2日9时蒋介石再次致白崇禧、李品仙密电,严令死守广济主阵地:“限2小时到。英山宋埠白代长官、蕲水李副长官:密。(一)敌有变更联络线,于小池口方面,以一部守宿松、二郎河,以主力直冲广济及张家塝之可能;(二)应以刘汝明(按:二十八军团军团长)、王瓒绪(二十九集团军总司令)、覃连芳(八十四军军长)三部死守广济主阵地,并推进何知重军于该阵地近后方为预备队,以期确保该地,掩护田家镇要塞,因该地以西无良阵地也。(三)其余各军应以重点指向宿松、黄梅中间地区侧击敌人,方能有效策应广济战斗。……中□。02.09。令一。元。”(《国民政府国防部战史会档案》)

哈庸凡此篇战地通讯所述大战双城驿之役打响前,敌我在双城驿等各阵地已反复争夺多日。9月3日,李品仙在致蒋介石密电中报告:“世、东、冬(即8月31日、9月1日、9月2日)各日,敌分数纵队向我八十四军及刘军团正面昼夜猛攻,并以优势之空、炮轰击。我军在破山口、塔儿寨、恶云寨、双城驿、排子山、英山嘴各地与敌血战,各阵地失而复得反复攻击者数次。”(《国民政府国防部战史会档案》)

《大战双城驿》记述了双城驿失而复得的经过，全文五千余字。作者亲历战斗，整篇通讯以三个“好一个”句式为标志，分为三个部分。

通讯起首部分，即“好一个丰年的景象”，描述双城驿这个即将成为血肉横飞的战场秋收在望的田园风光，以及秋收在即，而辛苦一年的农民被迫“忍痛抛别了家乡，走向冷冻与饥饿的悲苦中去”（见《大战双城驿》）的悲愤情状，为稍后爆发的大战撕破恬静的家园做足铺垫。其次，是“好一个古道的驿站”，描述双城驿独特的地理和军事地位，特别是战场上我敌双方态势，以及双城驿陷落敌寇手中对整个江北战局的威胁，引出战区长官部收复双城驿的命令。最后，是“好一个秋夜的战场”，描述战役经过，从战术部署到战前动员，从战斗行军到前线厮杀。特别是在胜利夺回双城驿之后，作者与主力团长“并马进到双城驿”，再次采访前线指挥作战的师、团长，与战前相呼应，总结了此役胜利的原因。饶有趣味的是，团长对此役总结集中在战术上，所谓两面夹攻与晚间作战；而师长的总结则集中在奖惩公允与士气提振上，并以刚因临战后退放弃阵地被枪决的团长黄伯铭为例，前者重战术，后者重人心。通讯中对师团两级指挥官刻画栩栩如生，使人读来如闻其声如见其人。

通讯中的师团番号被以×××替代，或系战争时期保密要求所致。对照哈庸凡自述，通讯中的×××师即哈庸凡当时所在的陆军第一八九师，××××团即为一一〇六团。一八九师中将师长凌剑南即凌压西，字剑南。一一〇六团中校团长王佐民，后改名王佐文。

此役胜利后四天，哈庸凡写就此篇战地通讯《大战双城驿》。一个月后，便在桂林出版的《克敌周刊》上连载。他曾主编过《克敌周刊》，深知刊物需要前方稿件。他虽然去了战场，而许多同人仍在桂林后方坚守。这也显示出哈庸凡与《克敌周刊》难以割舍的深厚关系。

或许双城驿之战只是惨烈血腥的武汉会战外围战役中的一幕，而且最终广济还是被日军占领，直至武汉失守，因此关于武汉会战的著述史料中未见提及收复双城驿战斗，即使提到双城驿也只一笔带过，语焉不详。而这篇战地通讯为此役及八十四军一八九师战史留下弥足珍贵的史料。

此役胜利后，哈庸凡采访凌压西师长时在一八九师师部看到两则与此役有关的电文，出于记者的敏感，哈庸凡特地抄下这两则电文，作为《大战双城驿》的结束语。

之后，我在师部，又看见如下两个电文：

案奉××漕参一篠酉电节开：据覃军长电话称，本月六日上午，我师克服双城驿,切断黄梅、广济公路联络等语,查该×××师能乘敌攻击广济之际,拊背侧击,占领要地,予敌后方以重大之打击,影响战局前途甚大。应即传令嘉奖,以激士气。(下略)

案奉×××电开:刻奉X转X电话谕,×××师克服双城驿,特赏洋一万元。(下略)。

其一为蒋介石传令嘉奖,电文提及的覃军长即八十四军军长覃连芳,其二为奖赏电文。由传令嘉奖电文看,一八九师克复双城驿之意义在于,"乘敌攻击广济之际,拊背侧击,占领要地,予敌后方以重大之打击,影响战局前途甚大"。足见双城驿之役在江北战局中的重要性,也是此役获蒋介石嘉奖的缘由。

白崇禧9月7日致蒋介石密电中报称"当即照发川军奖金二万元,凌师一万元",应是遵照统帅部命令所行,这里的凌师即凌压西之一八九师。电报全文为:"即到。武昌委员长蒋、总长何:最密。……又据鱼申廖总司令报告,川军及一八九师进占大河铺、双城驿、龚岩、塔儿岩,敌以混合联队反攻甚烈,暂退守大河铺北端荷叶山、五桂山,并拟即晚仍行反攻,截断其公路。当即照发川军奖金两万元,凌师一万元。并饬四十八军继续攻击敌之后方,并以一部对黄梅方向掩护。此次广济作战,初以川军行动迟缓,致令正面损失过重,继以何军正面脆弱,自行撤退,致有广济之失。除俟详细作战经过报到再行报告外,谨先电闻。职白崇禧。虞未。印。"(《国民政府国防部战史会档案》)

关于双城驿之战与蒋介石对此役的嘉奖,《八十四军编成及参战经过概要》也有记载:"(1938年)8月3日,奉命接替六十八军广济附之李家湾、塔儿寨、叶家大屋、后山铺、苦竹口之线,拒止西犯之敌。12日敌开始以炮轰击我军阵地,我不断向敌出击,屡挫敌锋。敌不断增补猛扑,与敌浴血战斗五十余日,并克服双城驿,获委座嘉奖。"

1942年4月,时任第八十四军军长莫树杰率部转战河南商城期间,在当地购地建造"陆军第八十四军忠烈祠"。莫氏所撰碑记中亦曾追述这一彪炳战绩:"武汉外围战,本军前一八八师及一八九师复由粤南海疆防次,北上参加黄梅、广济各役,与敌周旋者几阅月。而一八九师出击黄梅,尤建奇勋,克服双城驿之役,且奉委座嘉奖,并颁赏金壹万元。"

哈庸凡在《大战双城驿》中抄录的两则电文,为上述记载保留了第一手史料。

三、随枣会战战场纪事——撰写一八九师战史

日寇侵占武汉后，为巩固和扩大外围，扫除平汉路及武汉威胁，遂遣重兵西进，企图掠侵随县、枣阳，进窥鄂北门户襄樊，一举围歼第五战区主力部队。1939 年 5 月，中方统帅部以第五战区为主，组织指挥随枣会战，集合数十万兵力阻击日军。随枣会战成为继台儿庄战役后，中国军队正面阻击日军的又一场重大战役。

武汉失守前夕，一八九师经武胜关转进随县马坪港、浙河一带，哈庸凡随师政治部留守后方，由广水南下至花园，向安陆、应城、京山一带转进，最后在钟祥渡过汉水，经荆门、宜城、襄阳，辗转回到前线。这时马坪港、浙河已经失守，一八九师撤至随县城郊设防。

1939 年 2 月，哈庸凡奉派任一八九师一一〇七团（团长王佐民）代理政训员。3 月，第五战区长官部政治部任命哈庸凡为一一〇七团少校政训员，后转任一八九师司令部少校秘书，随一八九师参加第一、第二两次随枣会战（按：第二次随枣会战亦称枣宜会战）。

（一）一八九师战史文稿《半年来浙河西岸之战壕生活》之考证

哈庸凡撰写的一八九师战史文稿收入《随枣会战纪要》中，该书系随枣会战中第五战区左翼集团军（第五战区副司令长官李品仙兼总司令）的作战经历汇编，李品仙编著。准确地说，只包括担负正面阻击日寇西进的第十一集团军（辖三十九军和八十四军，李品仙兼总司令）的战斗状况。关于会战之初态势，李品仙在《编后》中写道："这次随枣会战，敌人处心积虑，集中力量，很毒辣的想将他所认为的当前劲敌——第五战区左翼集团军（歼灭），还配上了其他部队骑兵旅团、飞机毒气等等，应有尽有，大举包围，三路并进。"

书中分别收录了三十九军和八十四军辖一七三师、一七四师、一八九师的四篇战史文稿，并有《第五战区左翼集团军随枣会战简略说明》、两位军事专家对随枣会战战略战术运用与重要性的品评以及李品仙的《编后》等。尽管随枣会战爆发时间为 1939 年 4 月末，而此前由于我军依托大洪山桐柏山脉沿浙河蒋家河西岸构筑了坚固的战壕，不断袭扰日军，双方对峙逾半年之久。这也是日军不堪其扰，遣其重兵欲对第五战区主力部队予以歼灭，以解除武汉和平汉路威胁之动因。故《随枣会战纪要》一书中不仅记载随枣会战战况，同时也记叙随枣会战前阶段敌我对峙中我军艰苦顽强的斗争经历。

这四篇战史文稿包括：三十九军记叙大洪山游击战斗的《大洪山游击粉碎敌西进企图》；八十四军一七三师记叙随枣会战开始后蒋家河沿岸战斗（此役一八九师一团参与）；八十四军一七四师记叙1939年三四月间突袭郝家店关帝庙战斗的《郝家店关帝庙之歼灭战》；八十四军一八九师记叙淅河对峙半载的《半年来淅河西岸之战壕生活》。据哈庸凡《自述》内容分析，署名"一八九师"的这篇战史文稿应为哈庸凡所撰，是他采写的又一篇战地通讯。

首先，自1938年7月于鄂东进入一八九师政治部任职，至1941年1月于皖西军次离职，哈庸凡随一八九师在鄂东、鄂北、豫南、皖西等地转战两年半时间，其间由上尉科员到少校团政训员，再到师部少校秘书。其《自传》手稿中述及随一八九师抗战经历时写道，在一八九师期间，他"编写了一本《一八九师战史》"。由于八十四军和一八九师均系1938年春夏间由广西民团部队新组建而成，因此他所编写的《一八九师战史》，只能是1938年武汉外围战之广济、黄梅战役开始，直到1941年1月他离开时这一段战史。《一八九师战史》目前尚未发现，而随枣会战这一段，无疑应是其中重要部分。或许他所回忆的《一八九师战史》即是此篇与记述广济战役的《大战双城驿》两篇文稿的合集。

其次，哈庸凡战前系《广西日报》外勤记者、采访主任，此时仍兼《广西日报》特派战地记者，而四篇战史文稿唯独一八九师这篇《半年来淅河西岸之战壕生活》与众不同，似出自专业记者之手。从文稿篇幅看，一八九师《半年来淅河西岸之战壕生活》在本书四篇战史文稿中篇幅最长，计17页万余字；其他各篇如三十九军4页，一七三师7页，一七四师5页。从内容与表现形式上看，其他各篇均记叙战斗经过，穿插若干官兵作战实例。而一八九师这篇则为一篇战地通讯，有描写，有抒情，有故事，有情节。文稿分成七个章节，各章自有标题。既是七个主题，也是七个故事。

再次，此篇文稿描述的"六个月零四天"（即1938年11月5日至1939年5月8日）期间，哈庸凡先后任一八九师政治部上尉科员与一一〇七团少校政训员，系师、团两级政工人员（在团里则系政工主官）。而此篇文稿描述的重点，恰恰是作者最熟悉、感触也最深刻的部队政工方面的故事。例如，第一章"挖战壕的一群"中，描写连队士兵挖战壕时，政工队员们过来帮忙，与士兵们齐唱自编的"战壕歌"，文稿中并全文记录下士兵们唱的这首"挖战壕"歌词；又如，文稿第六章"炮火中长成的新力量"是全篇文稿重点，记述半年来依照"且战且教"的目标，一八九师在各团建立军士教导队，集中培训一线指挥员各班班长，这批人被称为“炮火中长成的新力量”。文稿全部七章中，唯独这一章特地分为一二两个部分，前一部分写军士教导队的组织，训练场地以及战场上政治与军事训练课程的特色；后一部分则写学员们的课余集体讨论及文娱生活。前一部分中特别描述了一一〇七团课堂里的军事挂图：“最值得提起的，就是一一〇七团军士教导队的课堂：还有各种军事挂图，譬如：‘一线疏开之一例’、‘成散兵半群之一例’、‘成散兵行之一例’等。图上的士兵，跪下的跪下，卧倒的卧倒，立定的立定。机枪、步枪，色色俱全。”

如此纤细的描述，显然与作者其时任职一一〇七团政训员有关。甚至还有对指导员（即团政训员）具体工作的描述：“你别瞧他们都是兵大哥，他们写起稿来可真踊跃。不会写的，自己讲，让别人代写。不然，便是三五个人来集体创作。指导员向他们提出的口号是：‘有意见都要发表。’”

而后一部分有一段话，更是直接标明作者的身份：“在空闲的时候，时常可以见到一两个学兵围着老百姓很高兴的在谈话，亲切得就像家人父子一般的。有一次，我曾经询问一个学兵为什么跟老百姓这样要好，他毫不迟疑地回答我：‘指导员不是告诉我们，向生活学习，向一切的人学习吗？’”

这一经历，哈庸凡在《自传》中也有述及：“这时，一八九师在随县的任务是一面防御，一面整训。一一〇七团办了一个学兵队，轮训全团班干。我和政治部派来的一个科员，就在学兵队里负责政治训练——上政治课和参加小组讨论。”

(二)外有深沟固垒，内有铁血儿郎——《半年来浙河西岸之战壕生活》内容剖析

《半年来浙河西岸之战壕生活》以“外有深沟固垒，内有铁血儿郎”为主题，描绘出随枣会战前夕将士们浴血奋战，一面防御，一面整训，创造出“五十米距离的对峙”[①]、阻滞日寇六个月零四天的辉煌战绩，以及随枣会战爆发后，顽强抵御日寇重兵围攻，终因引敌深入、实施反包围的战略目标而放弃阵地时的留恋与不舍。

全文逾万言，分为七章，即（一）挖战壕的一群；（二）一面工作，一面抵抗；（三）雪夜偷营；（四）夜袭浙河；（五）毒气吓不退的一群；（六）炮火中长成的新力量（两节）；（七）新“八阵图”。

浙河战壕成为我军抵御日军西进的坚强堡垒，在抗日战争刚进入第三个

① 见《鄂北会战》，桂林前线出版社，1939 年 9 月出版。

年头，中日两国军队在随县隔河对峙长逾半载，这是绝无仅有的，堪称中国人民反法西斯战场上一个卓越战例，当时前线记者们对此均有报道①。1939 年 2 月，襄樊各界劳军团到随县前线慰劳将士，曾对淅河战壕生活有过一段描述："自武汉转进四个月来，前线士兵掘洞而卧，冷饭果腹，水深过膝，狂风暴雨中，犹执枪防守，不稍松懈，忠勇奋发之精神，令人泣下。"②

然而，这些描写远不如作者置身其间写得那么壮观和动容："(我们)构筑了如铁一般的强固阵地——以随县为核心，南北延长百余里，纵深三十里，外有深沟固垒，内有铁血儿郎。""那真是美丽呵！三道工事蜿蜒地躺在阵地上，内中一丛丛的就好像鱼鳞的排列，梅花的重叠一样。厨房寝室厕所，都在战壕里建筑起来，多么美术。我们就是这样地在壕里生活起来，精神的舒适，胜过上海的洋房。"

与敌军隔河对峙，战斗一日数起，我军将士临危不惧，作者写得轻松愉快，形象生动。写战地三月："战地里的春天，是美丽而且安详的。一切都是静悄悄地躺着，偶而由敌方送过来几点稀疏的枪声，立刻就惊起了林中的黄莺。不一会，枪声消失了，黄莺儿仍然在枝头上歌唱着。"写士兵挖战壕："无数的粗壮的手，举着十字镐，在挖掘着第二线阵地的交通壕。春天的泥土，是非常松软的；手落到地面上，一块黄土，便跟着十字镐浮上地面来。另外一排一排粗壮的手，举着圆锹，把泥堆在壕外的地面上，构成了掩护上体的护墙。似这样一次又一次的劳动着，交通壕渐渐地像一条蜿蜒的长蛇似的横盘在碧油油的草地上。"写政工队员参加挖战壕："这群年轻的政工队员不由分说，就从士兵们手里抢下圆锹，卷起衣袖，马上动手挖起来。那些没有抢到圆锹的队员，也就不甘示弱地用两手捧着泥块堆起来。一位性急的小姑娘，想横跨过交通壕，哪晓得脚恰落在对面的松土上，不提防，一个翻身跌进壕里，全场腾起了一阵哄笑。'好了，你们还是教他们弟兄唱歌吧！'连长笑着说。"写团军士教导队的日常生活："每天在吃饭之前，他们须把头天指导员所规定应该认识的字，一个个认识清楚。饭后，大家拿着自备木笔在沙盘里学写。有一部分不识字的学兵，都常热心地在学习。……上课时候，他们真有几分大学生的风味。大多数人都用笔记簿来记录教官的讲解。他们对于他们自己的笔记，是看得非常金贵

① 1939 年 2 月 4 日重庆大公报刊出战地通讯《在淅河战壕里》，臧克家 1939 年 4 月写的《在随县前方》等均有淅河战壕生活的描述。

② 《广西日报》1939 年 3 月 14 日第二版《襄樊劳军团谈前方将士忠勇精神》。

的。闲暇的时候，便打开了阅看，看完了，又藏到袋里。”

随枣会战爆发后，八十四军各师最先遭遇日军正面攻击，伤亡惨重。1939年5月8日黄昏，获知日军已进入枣阳附近，一八九师奉令由守卫半年之久的淅河战壕撤离。作者浓墨重彩地描述了士兵们对阵地的依依不舍，令人动容：“如果不是命令的话，我想，那是没有一个人愿意由沈家湾前线撤下来的。六个月的前线生活，对于这些士兵们应该是多么亲切、多么依恋的一个记忆：这里有敌尸横陈的沙滩；有血汗构筑成的阵地；有曾经为他们挡住炮弹破片的掩蔽部；有曾经为他们用来避寒的草盖；更有在火线上售卖食物的老乡，洗衣的妇女。所有阵地里的一木一草，他们都是非常熟悉的。然而，到如今，他们是要离别了。人类到底是富于情感的动物，最后一分钟，有些老百姓简直要淌下泪来。黑暗中，指导员用温语安慰他们：‘赶走了日本鬼子，我们再来。’懒洋洋的脚步，在黄昏的月色下移动着。”

文稿在描述士兵挖战壕与政工队员互动及合唱这一场景中，完整地保留了当年战地歌曲《挖战壕》歌词，如同作者在战地通讯《大战双城驿》中抄录中方统帅部对一八九师传令嘉奖的两封电文一样，弥足珍贵：

挖战壕，挖战壕，
大家都来挖战壕，
挖好战壕打敌人，
别让鬼子活着跑！
你一锹呀哼哟，
我一锄呀嗨哟，
打退了敌人，
大家有功劳。

随枣会战取得继台儿庄大捷之后正面战场抗击日本侵略者的辉煌胜利，极大地鼓舞了全国人民抗战必胜的勇气，狠狠打击了日本军部战争狂人的嚣张气焰。据当时军事专家分析，淅河对峙事件，包含着随枣会战四大成功战术的两个，即“强韧的拖”和“弹性的守”，而会战爆发后的撤离，引敌深入，以及运用运动战、游击战实施反包围，则是“灵活的转”和“机动的攻”[①]。从而使敌进

① 四大成功战术引自《随枣会战纪要》中辰光《谈谈随枣会战》一文。

退维谷,不断消耗。关于这场会战的史料,尤其是作为随枣会战重要起因及组成部分的浙河对峙事件相关史料,尚待进一步发掘。而一八九师的这篇战史文稿,无疑为真实再现这一历史事件保留了珍贵史料。

四、哈庸凡战地政治工作片断

哈庸凡战地政治工作情况在《广西日报》1939 年 9 月 4 日刊出的吴全君[①]撰写的战地通讯《再上鄂中战场》中有所反映。哈庸凡时任一八九师一一〇七团政训员(指导员)。

《再上鄂中战场》记述的事件发生在 1939 年 8 月初,这时,随枣会战中敌我大的阵地争夺战已告结束,日寇仓皇退守战前位置,但小规模的作战始终未停歇。

这篇战地通讯分为四个部分。首先,简略说明一八九师随枣会战中作战转进路线与任务:“我们这一团——一一〇七团,在五六七三个月内,便由鄂东的随县,随师转进豫南的方城、镇平、邓县,再到鄂北的老河口。又由老河口开拔到枣阳,至随阳店唐王店一带警戒。最近才调回枣阳整编。”

哈庸凡 20 世纪 50 年代在《自传》手稿中述及随枣会战时写道:“(1939 年)五月,日寇突破七姑庙一七四师阵地,我跟着部队由随枣公路突围北进,经河南邓县绕回湖北老河口,然后开赴枣阳整训。”这里回忆的一八九师作战转进路线与《再上鄂中战场》一致,只是没有当时的记载那么清晰。

《再上鄂中战场》接着记述哈政训员(哈庸凡)在与团长王佐民商定本团转进任务后,向作者转述一八九师刚刚接到的紧急作战任务。

正和政训员哈君[②]商量今后本团新工作计划的时候,一个勤务兵进来报告:“团长请政训员讲话。”二十分钟之后,哈便回来,他头一句就说,我们这一团又开去前方作战了。说着用铅笔在一张纸上画图,将从王团长(佐民)[③]那里带来的消息,详细告我:“敌人现在以三四千的兵力,步骑炮联合,由淮河店万家店猛攻高城。在那里被我们的友军强烈抗战之后,现在又将主力移到江家河以西地区,和我们某友军激战当中。同时,七姑庙凉水沟各处,均发现敌步骑兵坦克车及便衣队活动。连带随县浙河、马坪,敌人在这方面大约有一万兵

① 吴全君,广西龙州人,战前曾任《龙州日报》助理编辑,时任一一〇七团政训室尉级干事。
② 即哈庸凡,时任一一〇七团少校政训员。
③ 即王佐民,时任一八九师一一〇七团中校团长。

力左右。照现在的判断，这一路的敌人，是想沿随枣公路西犯枣阳。现在公路正面，有××师全部完备，本师就奉命开到公路以北协助那友军侧击敌人，并且暂归××集团军指挥，限明日五时饭罢开拔。”

这是一八九师在随枣会战整训后首次作战任务，这里的××集团军系指二十二集团军，总司令孙震上将。据文中记述，一八九师所属四团中除野战补充团留原防地训练外，其余三团均参加此次转进作战任务。一一〇七团为师的右纵队，一一〇六团为左纵队，一一〇八团为师预备队。

其次，作者从团政训室干事的视野，描写了行军的艰险。一则团政训室公物尤其是书籍较多，按规定只配一名运输兵，如雇佣民夫，得政训室自己花钱；二则时值酷暑，江汉流域天气太热，太阳高照，全团行军掉队达二十人；三则整编后团的医务人员减少，担架床每连配置一副，十分紧张。行军中本团一名士兵在担架床上半路死去，据说因为喝冷水引发“蚂蟥痧”。

第三，是这篇战地通讯的重点，描写一一〇七团战前各项政治工作情形。当天一八九师急行军九十余里，晚六时抵达目的地随县唐王店。十分蹊跷的是，当地的老乡都跑光了。作者描述唐王店镇上的情景：“我跟哈政训员及另外一位同志到了唐王店的镇上。唐王镇在上回鄂中会战日本鬼经过烧了很多房子，老百姓至今惊魂未定。这两天都搬到山上，只剩下几个小店老板留恋这萧条的市场，街上清冷得很。”

军队作战需要给养，需要民力帮助运输担架，而民力如此空虚，将直接影响前线作战。刚住下，哈政训员就与政训室人员商讨对策，决定次日政训室全体出动：“一方面找民众谈话，一方面切实访问联络当地负责政事的联保主任保长甲长们，以及附近游击队各部分。”同时拟定先后两个目标：第一步，先恢复市面商贸交易，解决军队急需的粮食供应难题；第一步解决之后，第二步则是组织民众运输队和担架队。

紧接着，作者描述了次日随哈政训员到唐王店镇上工作的情形。先联络了游击部队的一支政治工作队，了解当地敌情等情况，建立联系。随后，拜访唐王店镇联保主任蔡孟平，探询民众逃亡的原因。原来，昨日友军移防，民众凭过去经验，以为军队撤退后，敌人必来，故纷纷逃往山上。同时镇上游击队长也率众进入山里，更是直接影响人心。经过沟通，联保主任表示，一八九师原先驻扎过这里，老乡们都熟悉，只要这个消息传到山上，明天的“热集”（即墟日）保管八成老乡会回来。临了，蔡主任还答应两件事：派人带政训室人员去山上宣传;明日代办部队军粮。

下午三点,在回团部的路上,哈政训员与大伙商议,配合当前军民情况出宣传壁报,拟定标语,同时计划请回中心学校校长和教员,让战地的孩子们复课,努力使战时民众人心稳定。

最后,写战时瞬息万变,部队当晚开拔,向前推进的情形。作者随哈政训员回到团部,方得知本师当晚行动计划,由北向南对西进之敌侧击,与公路南侧友军配合行动。一一〇七团与一一〇六团作为一八九师主力战队要以机动的战术寻找敌人打击,务必把敌人压回随县城里。

接近敌人的战备行军与之前不同,先派出便衣侦察找老乡打听消息,以此作为行军路线的依据和参考。当部队推进至林家河又到樊家西湾时,随团的无线电台传来消息,厉山已经克复,敌人主力已向南经环潭、安居退守随县县城,明净铺、尚市店已无敌踪。

文末,作者还写了一个小插曲。据侦察员探报,日寇退出厉山时,在镇东南九里墩扎结许多草人和伪装大炮,企图借疑兵迷惑我军民耳目,害怕我军追击。此时距抗战爆发刚届两年,日寇长驱直入、咄咄逼人的凶焰已不复存在。

这是现在能看到的哈庸凡在随枣会战中政治工作的唯一记载。由此可见他工作的缜密细致及机智灵活,在保证军事行动(组织民工担架队)和后勤保障(军粮)的前提下,出宣传壁报、让战地学校复课等措施,起到稳定人心、支援作战的作用。

对于此后部队在随县的工作情形,哈庸凡在《自述》中写道:"在枣阳整训结束,我随部队开赴随县,接防唐王店一带阵地。这时,当地有些商人经常到武汉沦陷区去贩卖货物,团长王佐民认为可以通过他们了解日寇的情况,于是便叫我从这些商人当中挑选几个精干的充当谍报员,利用到沦陷区贩卖货物的机会,搜集日寇的情报。此外,由于当时战地物价高涨,我和团政训室的工作人员也在部队驻地附近的集镇上做些平抑物价的工作。"

一八九师在随县的驻防,随着1940年5月第二次随枣会战爆发而结束,此时哈庸凡已转任一八九师司令部少校秘书。1941年1月,一八九师转战皖西六安时,经第五战区总政治部主任、时任安徽省民政厅长韦永成介绍,哈庸凡离开一八九师前往安徽立煌县。不久,主编《干训月刊》。1943年转赴老河口,曾兼任第五战区《阵中日报》"台儿庄"副刊主任,后任《阵中日报》总编辑、社长,直至抗战胜利。

五、结语

从桂林到老河口，抗战八年中哈庸凡作为新闻和文化工作者留下一行清晰可见的足迹，完成了以后方新闻工作者身份从军参战，接受血与火的洗礼，再回归战地新闻工作者的转变。抗日文化活动始终是其八年中的一根主线。在桂林后方，哈庸凡被列入《抗战时期桂林文化人名单》[①]；在老河口前线，哈庸凡亦列名“老河口抗战文化名人”[②]。有关他的研究，还有待于进一步深入。

作者简介：

哈晓斯，系哈庸凡先生四子，人力资源和社会保障部劳动科学研究所研究员，中国农民工博物馆总策划。研究方向为劳动就业、劳动权益保障、劳动关系等。近年有多篇哈庸凡抗战史迹考证文稿见诸报刊。

① 见广西社会科学院、广西师范大学主编《桂林文化城概况》，广西人民出版社，1986 年。

② 见《抗战文化名人在老河口》，《老河口文史资料》第 50 辑。

庄寿慈在桂林抗战文化城的翻译实践研究

袁斌业

[摘　要]庄寿慈是活跃于桂林抗战文化城抗日救亡文化活动的文学家、出版人、编辑、翻译家,他的这些活动在鼓舞我国军民投身抗战方面发挥过积极的作用,其积极影响甚至持续到新中国成立后。文章以庄寿慈在桂林抗战文化城的翻译实践活动作为考察对象,比较全面地研究他这个实践活动所取得的成就、活动的特点和价值。

[关键词]庄寿慈;桂林抗战文化城;翻译实践;特点;价值

[基金项目]广西哲学社会科学"十二五"规划 2011 年度项目《桂林抗战文化城翻译家研究》,项目批准号:11BXW004(项目负责人:袁斌业)

一、前言

庄寿慈(1913—1971)是江苏扬州市人,笔名吕洁。1930 年在扬州中学初中毕业后就读于镇江中学师范科,毕业后任教于镇江县立实验小学。全民抗战爆发后,投身于抗日文化救亡运动,1938 年 5 月山西民族革命大学毕业后,受中共长江局委派,在国民党军队广西部队 138 师政治部工作。1940 年到达桂林,先后在桂林私立道慈中学、文山中学教英文,同时从事文学翻译工作,加入中华全国文艺界抗敌协会桂林分会,在秦似主编的《野草》,司马文森主编的《文艺生活》,邵荃麟主编的《文化杂志》,胡危舟、阳太阳、陈迩冬等人主编的《诗创作》等刊物上发表了大量的译文。1942 年与秦似、孟昌合作创办《文学译报》。1945 年至 1948 年在重庆和南京任苏联塔斯社驻华总社的英文翻译。解放战争期间在上海积极参加争取民主运动,新中国成立后在北京中国作家协会《译文》社任编辑,"文革"期间被下放到河南信阳,期间突发脑溢血病逝。

对从事桂林抗战文化研究或全国抗战文化研究的学者来说,庄寿慈这个名字并不陌生,既然他能加入中华全国文艺界抗敌协会桂林分会,就说明他在当时桂林的文艺界是一个有一定名望的人,但现有的桂林抗战文化研究成果似乎对他有所忽略。桂林抗战文化研究专家魏华龄、李建平等学者曾经对当年聚集在桂林开展文化救亡活动的200多名“历史文化名人”进行研究，但可能是由于能获取到的相关信息不多，庄寿慈没有被收入①，李建平的《抗战时期桂林文学活动》也曾提到过他②，但比较简略，关于他的翻译活动没有提及。在中国翻译界，《中国翻译词典》提到他在桂林抗战文化的翻译活动，但语焉不详③。本文拟讨论他在桂林抗战文化城时期的翻译实践，包括翻译成就、翻译的特点、翻译的价值。

二、庄寿慈在桂林文化城的翻译成就

（一）出版的译作

1.《饥民们的橡树》（与秦似合译，桂林文献出版社，1942年1月初版、5月第2版）

这是苏联短篇小说集，共有21个短篇故事，其中的14个由庄寿慈翻译。在秦似1941年8月9日写的“后记”中，未见交代这些故事译自何处。译本封面上题有“翻译名著”字样。庄寿慈翻译的14个短篇故事是：《圣尼古拉被捕了》（乌克兰·契伦希拉著）、《二个被诱骗的姑娘》（乌克兰·契伦希拉著）、《新闻》（乌克兰·斯台凡涅克作）、《孩子的忧虑》（乌克兰·斯台凡涅克著）、《一张传单》（乌克兰·夏扬著）、《大逮捕》（拉脱维亚·莱曼尼斯作）、《长者们的审判》（阿狄盖·凯拉希著）、《一个不识字的女人》（左琴科著）、《柠檬和人的故事》（卡尔玛著）、《洗衣妇病了》（高尔巴托夫著）、《肖像》（里定著）、《最后的一封信》（尼库林著）、《游击队员谢希加》（狄柯夫斯基著）。从译本末尾的“附作者事略”有关说明看，这些小说转译自英语译本。

国内2000年以前的一些出版物在谈到秦似的翻译成就时都说，《饥民们的橡树》是罗马尼亚小说集④，实际上不是。以上作家都来自当时被并入苏联的乌克兰、立陶宛、拉脱维亚加盟共和国、俄罗斯等。

2.《沉默的彭琪》（苏联短篇小说集，桂林春草书店，1944年1月出版）

这是苏联短篇小说集，包括犹太作家勃莱兹 Itskhok Leibush Perets

---

① 魏华龄、李建平主编：《抗战时期文化名人在桂林》，漓江出版社，2000年；魏华龄主编：《抗战时期文化名人在桂林（续集）》，内部出版发行，2004年。

② 李建平：《抗战时期桂林文学活动》，漓江出版社，1996年，第266页。

③ 林煌天等：《中国翻译词典》，湖北教育出版社，1997年，第990页。

④ 丁国成等：《中国作家笔名探源》第1册，时代文艺出版社，1986年，第337页；丁国成等：《中国作家笔名探源》（三），时代文艺出版社，2010年，第383页；赵润峰：《中外文学知识大博览》，时代文艺出版社，1989年，第316页；林煌天等：《中国翻译词典》，湖北教育出版社，1997年，第990页。

(1851—1915)的《母亲》和《沉默的彭琪》(译自当时在莫斯科出版的英文版《国际文学》1940 年 10 月号)、阿美尼亚(今天通译"亚美尼亚")阿哈洛琳的《守夜人》(译自美国 Review & Review Corporation 出版的 *Famous Stories* 1937 年 7 月号、乔治亚(现通译"格鲁吉亚")涅洛希维里的《戈嘉·魏希维里》(译自英文版《国际文学》1939 年 12 月号)、乌克兰戈乔宾斯基的《马是没有罪过的》(译自英文版《国际文学》1939 年 12 月号)、犹太作家柏盖尔逊的《电话机》、白俄罗斯林科夫的《一杯牛乳》(译自英文版《国际文学》1940 年 11、12 月号)。

3.《普式庚论》

这是一本研究普式庚(现通译"普希金")的论文集,桂林白虹书店和桂林远方书店 1943 年 3 月出版。内有 11 篇论文:《普式庚的伟大》(L.卢波尔著)、《孤独的普式庚》(A.卜拉果夷著)、《现代俄国文学之父》(I. 莱兹捏夫著)、《高尔基论普式庚》(S. 巴卢哈第著)、《论〈欧根·奥尼金〉》(A. 吉尔斯坦著)、《普式庚的抒情诗》(L. 铁摩非叶夫著)、《普式庚的叙事诗》(M·克拉甫钦珂著)、《普式庚的散文》(V. 希克劳夫斯基著)、《作为剧作家的普式庚》(G. 唯诺古尔著)、《普式庚与民间文学》(M. 阿查朵夫斯基著)、《普式庚与西欧文学》(V. 查尔蒙斯基著),这些论文据苏联对外文化协会的英文本译出。

4.《在中国上空》

《在中国上空》的原作者是斯各脱(R.L. Scott),桂林上海杂志公司 1944 年出版。译者署名"唐达",这是胡仲持、庄寿慈、汤宏正三人的联合笔名。斯各脱是抗战时期在中国参战的美国空军上校,本书记述了他当时的作战经历。卷首有胡仲持的前记。

以上部分单篇译作在出版前后曾经在当时桂林出版的刊物上发表,这些译作在以下的期刊发表成果中不再列出。

(二)在桂林出版的报刊上发表的译作

庄寿慈在桂林报刊发表的译作共 29 篇:(1)《静静的顿河(第四部的一个插曲)》,萧洛珂夫作,《自由中国》(复刊)1941 年第 1 卷第 3 期;(2)《荣誉勋章(小说)》,法国·莫泊桑作,《文学译报》1942 年第 1 卷第 4 期;(3)《再会吧,孩子》,波兰· R. 塞姆勃作,《文学译报》1943 年第 2 卷第 1 期;(4)《论马耶可夫斯基》,S.卡丹阳作,《诗》1940 年 2 卷 2 期;(5)《巴夫罗·泰奇纳》,原作者不详,《诗》,1942 年第 3 卷第 2 期;(6)《马耶可夫斯基的被捕》, V. 勃尔特梭夫作,《诗》1942 年 3 卷 5、6 期合刊;(7)《关于 A. 柴芮泰里》,M. 罗斯托夫作,《诗创作》,第 2 期(1941 年 7 月 15 日出版);(8)《好和不好》,马耶可夫斯基作,《诗创作》1942年第7期;(9)《再会吧,孩子》,波兰·B.塞姆勃林斯加作,《文学译报》1943年2卷1期;(10)《一切珍视自由的人们》,I.爱仑堡作,《野草》第4卷3期(1942年6月15日出版);(11)《论艺术》,L.托尔斯泰作,《文化杂志》第1卷第4号(1941年11月15日出版);(12)《安西尼亚奶奶》,波兰·W.瓦雪扬斯卡作,《翻译杂志》1943年创刊号;(13)《库兹纳特斯克建设底故事》,玛耶可夫斯基作,《诗创作》第5期(1941年11月5日出版);(14)《银幕上的苏夫洛夫元帅》,苏联·罗果托夫著,《艺丛》1943年创刊号;(15)《生病的和医病的——立陶宛民间故事》,佚名著,《野草》第2卷第1、2期合刊(1941年4月1日出版);(16)《苏联学生生活一斑》,苏联·G·Ruze著,《中学生战时半月刊》第31期(1940年9月20日出版);(17)《论艺术——给〈艺术新闻〉的发行者阿历山德罗夫的信》,L·托尔斯泰作,《文化杂志》第4号;(18)《芝加哥》,马雅可夫斯基作,《野草》第2卷第1、2期合刊(1941年4月出版);(19)《忆马耶可夫斯基》,尼库林作,《野草》第1卷第2期(1940年8月20日出版);(20)《普式庚》,苏联·莱兹涅夫作,《野草》第2卷第3期(1941年5月1日出版);(21)《裸体行列法》,法国·A.法朗士作,《野草》第5卷第3期(1943年3月1日出版);(22)《法西斯主义——文化的毁灭者》,苏联·L·柯拜莱夫作,《野草》第5卷第5期(1943年6月1日出版);(23)《春》(原作者不详,《青年生活》第4卷第4期(1943年出版);(24)《力·才能·真理——纪念巴比塞》苏联·B.派塞斯作,《野草》第1卷第5期);(25)《肖像》苏联·V.理定作,《野草》第3卷第1期;(26)《守夜人》,A.阿哈洛琳作,《野草》第5卷第1期;(27)《一滴牛乳》(白俄罗斯·M.林科夫作,《文学译报》第1卷第4期;(28)《月光》法国·莫泊桑作,《文艺生活(副刊)》第2集译文号;(29)《〈战争与和平〉是怎样写成的》,G.A.伏尔柯夫作,《广西日报"漓水"(副刊)》(1940年10月30日出版)。

三、庄寿慈翻译的特点

从以上的叙述看,庄寿慈的翻译成果非常丰硕,在当时的抗战文化城译者队伍中,他是翻译成果丰硕的译者之一。以上翻译成果有这样的特色。一是选译作品的思想倾向性非常明显,都是苏联、法国、东欧各国文坛进步作家的作品。其大部分译作的主题都是关于底层民众的艰辛生活、被压迫人民的反抗。这从他以上部分译作的题名特别是他所负责翻译《饥民们的橡树》中的14个故事的题名即可看出;二是译作的文体丰富。有诗歌、小说、散文、寓言、政论文、文学评论、报告文学,如此多的翻译文体,在当时桂林文化城译者个人的翻译作品中极其罕见。三是注释多。在《饥民们的橡树》中,庄寿慈负责的14篇译文共有18个注释,《普式庚论》有注释23个,《沉默的彭琪》共有注释6个。四是来源国广泛。前文的有关信息表明,庄寿慈译文译自苏联最多,其次是东欧国家,还有美国、法国、犹太民族等。五是译笔非常简洁流畅。庄寿慈译文中大多数句子都不会超过20个字,很像汉语中的流水小句。如该小说集中《母亲》开头一段:"两个女人在城外田野里走着,一个是个子高高的 ,长得蛮结实,生着副发亮的眼睛,步态很沉重,另外一个则是很瘦的 ,脸色惨淡,短身裁[①],而且她的头佝偻着。"还有《沉默的彭琪》的开头段:"这儿,在世间沉默的彭琪的死并没有给人任何的印象。没有人可以告诉你彭琪是个什么样儿的人,他是怎样生活的,他死的原因是什么:是因为他心脏衰弱了呢,是他的气力亏损了呢,还是他的脊骨因为驮重而折断了呢……谁知道——也许他是饿死的吧……"

以上一段虽然没有汉语中流水小句的特征,但其流畅性也是比较明显的。

四、庄寿慈在桂翻译的价值

庄寿慈在桂林的翻译具有多方面的价值。

首先,庄寿慈在桂林的翻译为东欧文学在我国的传播做出了贡献。有学者的研究指出,从1935年到1949年的15年间,我国期刊发表翻译、介绍东欧文学作品282篇[②]。庄寿慈在桂林出版的刊物上发表的波兰文学作品3篇,立陶宛作品1篇,如果再加上同属东欧的乌克兰文学作品6篇和拉脱维亚的1篇,庄寿慈在桂林时期为我国读者贡献了11篇东欧文学作品。就个人对东欧文学作品的译介成就而言,这个贡献在当时的我国翻译界,可能不是首屈一指,但很有可能是名列前茅的。

其次,庄寿慈桂林时期的翻译为普希金在我国的传播做出了贡献。我国普希金研究专家在对普希金及其作品新中国成立前在我国传播的研究中提到很多名家所做出的贡献,如孟十环、甦夫、戈宝权、吕荧等,唯独没有提到庄寿慈[③]。笔者从张铁夫等学者的研究中发现,就20世纪上半叶对普式庚作品的中译及与作者作品本人有关的翻译而言,吕荧(1915—1969)以翻译《普式庚

① 原文如此,"裁"应该是"材"之误。

② 宋炳辉:《政治东欧与文学东欧:论东欧文学与中国文学现代性的内在关联》,《中国比较文学》2010年第4期,第59—73页。

③ 张铁夫:《普希金与中国》,岳麓书社,2000年,第1—281页。

论》[①](1943 年 4 月重庆、桂林远方书店出版)和《叶甫盖尼·奥涅金》(重庆云围书屋,1944 年)[②]而成为普希金作品中译贡献最大的翻译家,而庄寿慈以以上译绩紧随其后,从前文述及庄先生的翻译成就可以看到,庄先生除了出版译文集《普式庚论》外,期刊上还有评论普式庚的翻译论文《普式庚》,如果对比抗战时期我国普希金作品的翻译成果[③],这个翻译成就在抗战时期的中国相当了不起,把他排除在 20 世纪上半叶普希金著名中国译者行列之外,有失公允。

第三,庄寿慈桂林时期对马雅可夫斯基作品及相关评论的翻译为马雅可夫斯基在 20 世纪上半叶中国的传播做出了贡献。据北京大学俄罗斯文学专家岳凤麟(1929—)的研究,瞿秋白等我国俄罗斯文学翻译前辈在 20 世纪 20 年代就开始在我国的报刊上介绍马雅可夫斯基,但对其作品的翻译直到 30 年代才开始,抗战时期才逐渐增多起来,这个时期对马雅可夫斯基作品的翻译主要是在重庆、桂林、延安和上海进行[④]。有一份研究辑录了 20 世纪上半叶马雅可夫斯基作品中译的情况[⑤],笔者发现,庄寿慈在桂林翻译马雅可夫斯基的作品要远多于这个时期的其他任何一个译者的翻译,这也可以说明,庄寿慈为马雅可夫斯基作品在我国 20 世纪上半叶的传播做出了非常大的贡献。

第四,庄寿慈桂林时期的翻译产生了积极的影响。根据《饥民们的橡树》版权页的信息,该译本 1942 年 1 月初版,同年 5 月第二次印刷。重庆图书馆收藏的《饥民们的橡树》版权页的空隙处,一位读者写有这样的文字:“弟:愿你能好好地看一遍,因为这里面的意思是多么的深刻啊”。这两点告诉我们两个事实。一是当时这个译本深受读者欢迎,所以才在 4 个月内两次印刷;二是这个译本曾经引起读者的深入思考。当下凡是提到庄寿慈,都会提到他与秦似合作翻译的这个译本。20 世纪 80 年代,有学者编辑《世界文学佳作八十篇》,庄寿慈翻译的《大逮捕》被收入其中[⑥],几年后,另一家出版社出版的《世界文学佳作百篇》[⑦]也把《大逮捕》收入其中。

庄先生的翻译对中国文人的创作也有影响。一位台湾诗人创作了一首叙事诗,题名也是《沉默的彭琪》,全诗的 148 行如下:

---

① 与庄寿慈的《普式庚论》译自同一原文。
② 张铁夫:《普希金与中国》,第 138 页。
③ 张铁夫:《普希金与中国》,第 363—364 页。
④ 岳凤麟:《马雅可夫斯基》,四川人民出版社,2005 年,第 258—274 页。
⑤ 武汉大学图书馆编印:《〈马雅可夫斯基在中国〉资料索引》,武汉大学图书馆印,1980 年。
⑥ 雷加:《世界文学佳作八十篇》,山西人民出版社,1983 年,第 413—418 页。
⑦ 雷加:《世界文学佳作百篇》,北岳文艺出版社,1988 年,第 467—474 页。

昨夜 / 晚风吹拂着晶莹的沙粒 / 小溪默默无言地,郁郁流去 / 除了闪耀着的星星 / 四野沉静得—— / 如此死寂 / 当月光泻射着我的时候 / 我想起 / 不为人世所注意的—— / 沉默的彭琪

一个没有伙伴,也没有亲人 / 像砂(原文如此)岸上一颗细小的灰色的沙粒 / 像千千万万同样沙粒的命运 / 让风雨残酷地吹打 / 即使被风吹过海那边去 / 也不会使人注意 / 没有任何一个人 / 会在心坎上留下一点痕迹的彭琪 / 孤独的死去了——

在他活着的时候 / 泥泞的土地没有留下过他的足迹 / 当他死了的时候 / 也没有人感到叹息 / 风儿吹来了 /还扫去了坟墓上唯一的纪念碑 / 再过几天 / 即使连那葬坟的工人 / 也说不出,他究竟是安埋在哪里 / 倘使 / 人类不是生活得熙熙攘攘的话 / 也许会有人听见他的脊骨 / ——(因为负重的缘故) / 嚓嚓作响吧 / 倘使 / 人类像牛马一样少的话 / 或许会有人怀念 / ——(即使是偶尔罢) / "为什么不再见到彭琪呢……"/ 的问题吧 / 没有伙伴,也没有亲人 / 孤独地生活着 / 又孤独地死去

当他安眠了 / 当他被埋葬了 / 谁晓得他躺在安稳的坟墓里 / 会有多久呢 / 谁晓得还有多多少人(原文如此) / 要等待这几尺见方的泥土呢 / 在他的一生中 / 没有诉过一次苦 / 没有求过一丝怜悯 / 没有闪降过憎恨的眼光 / 没有埋怨上苍 / 他默默地生下来 / 他默默地生活着 / 更其默默地被埋葬埋葬 / 在默默的荒郊里……

他十三岁的时候 / 唯一怜爱的母亲死了 / ——娶过来发恨的晚娘 / 他给他发霉的面包 / 给他树皮当果酱 / 而他自己决吃着乳酪和咖啡 / 冬天 / 当浓霜满地的时候 / □□□□殴打取乐 / □□□□的血滴下来 / 还□□赤足踏在冰雪上 / 他终于被扭伤了脖子 / 冻坏了手脚 / ……他只是沉默着 / 没有怨尤

一个春天 / 潮湿阴沉的黄昏 / 他被遗弃来到一个都市 / 饥饿的大□燃烧他无法忍受的时候 / 他只用眼角,贪婪地去求乞一屑面包 / 这天晚上,他被抓进牢里去了 / 他只是沉默着

绝不问是为了什么缘故 / ——(虽然他们希望他说些什么) / 当他出狱的时候 / ——(为了填满他常常饥饿的肚子) / 他只好寻找最艰辛的工作 / ——淌着被压榨出来的汗水 / 蜷曲在载负的重压之下 / 他的肚子愈其扁了 / 他仍然一直沉默

他从未计算过 / 一个小钱,要付几多"普特" / 在每一次的呵斥中 /要摔交几次 / 当他等待他难得的铜钱的时候 / 他终于晕厥过去 / ——(是那么刻薄和菲少)/ 他从来没有把自己的命运 / 和小钱比较过 / ——他只是沉默着 /

一次 / 一辆橡皮轮的马车 / 被溜了缰的马狂奔拖去 / 赶车的人被抛出来 / 淌着大块的雪倒在路上 / 而彭琪却勒住了那些马 /

——(他所挽救的人 / 是一个大慈善家 / 他为了报答彭琪的恩惠) / 他就这样地做了赶马车的人 / 慈善家给他娶一个女人 / 她也给他生了一个娃娃 / ——而彭琪依然沉默着 / 当慈善家逐渐地克扣了他的工钿 / 甚至当他的女人遗弃了他 / 而且留下一个东西在他手里 / ——他仍是沉默着 / 十八年以后,这个娃娃长得又大又壮 / 却将他赶出了屋子 / 他被流落在大街上 / 过着从垃圾里求取食物的生活 / 当慈善的马车重又掠过他身边的时候 / 他被折断了腰肢和手臂 / 他没有想起了可以报告警察的念头 / ——(他晓得那是怎么一回事)/ 他没有痛苦 / 他忍受着沙漠里的冷酷和灾难 /

他流尽了血 / 他倒在豪华壮丽的医院里 / ——(这医院是为了权富的人们而设的)/ 当医生拒绝照料他 / ——除非先给他钱 / 当看护拒绝为他换布 / ——除非给他一些小费 /

他只有沉默着……

在他忍受仅有的时日 / 痉挛痛苦的时候 / 他还是沉默着 / 没有表示一点怨尤和怀恨 /

于是 / 静悄悄的死去了/没有伙伴也没有亲人 / 像砂(原文如此)岸上一颗细小的灰色的沙粒 / 像千千万万同样沙粒的命运 / 让风雨残酷地吹打 / 即使被风吹过海那边去 / 也没有一个人 / 会在心头上留下一丝微薄的忧伤[①]

这首叙事诗的故事与勃莱兹所描写的故事完全一致,甚至刘牧羊的有些句子与庄寿慈译本的语言完全一致,都是表现生活在社会底层小人物含辛茹苦,对一切都默默忍受的:少年失怙,生活艰辛,中年妻离,尝尽了苦难,年老体衰之际被不孝的儿子被赶出家门,面对一个又一个袭来的厄运,他没有做出任何反应,最后悄无声息地离开尘世。所不同的是,勃莱兹的故事描写的是19世纪末期俄国社会底层犹太人的悲惨生活,他们为生存而作的挣扎,深刻地表现了俄国沙皇时代当权者和富人漠视民瘼,穷苦民众对来自上层社会压迫的麻木和犹太人身处异乡的漂泊感,而刘牧羊所描写的是摆脱日本殖民统治后台湾底层小人物的艰难困苦,深刻地表现了台湾人民所遭受的日本殖民压迫及麻木冷漠行为及深埋他们内心深处的“孤儿意识”及对国家民族的认同。勃莱兹的故事采用写实的手法与宗教寓言的技巧相结合,而刘牧羊纯粹是使用

① 刘牧羊:《沉默的彭琪》,《台湾月刊》第5期(1947年2月10日出版),第76—84页。

写实的手法。勃莱兹为刘牧羊搭建了一个框架,借助这个框架,刘牧羊得以抒发他与故国家园长久分离的思念之情,借助译文中的部分语言,如"他像海岸上一颗细小的灰色的沙粒""人类不是生活得熙熙攘攘的话"等等,这个台湾诗人得以创作出另一个命运相同的"彭琪"。如果刘牧羊没有反复阅读庄寿慈的译文,估计他不会创作出情节和语言如此相像的台湾版彭琪故事。

我国现代作家、文艺理论家杨晦(1899—1983)抗战中后期在重庆中央大学的一次国文授课时"用富有表情的声调朗读小说(即《沉默的彭琪》——笔者注)的全文。一个含辛茹苦,对一切都默默忍受着的贫苦农民的形象,栩栩如生地呈现在同学们的面前。当他终于摆脱尘世上的苦难,按照宗教所应许的,升入一切愿望都可以实现的天堂,这时他的唯一愿望竟是得到一小块面包。在天堂里的一片哄笑声中,沉默的彭琪的故事突然结束了。用不着再作任何解释,每一个人都懂得了这篇小说的中心思想"①。

重庆《新华日报》发表了一位读者读了《沉默的彭琪》的评论。在综述了故事内容后,这位读者说:"我们固然不是傻子,不知道要珍惜的东西,可是珍宝之外另有珍宝。而这珍宝是'正义的憎恨'!是对敌人不妥协的反抗!"②

五、结语

从笔者掌握的文献看,从抗战胜利到"文革"开始的20年间,庄寿慈在国内刊物上发表的译文极少,出版的译作是3部(其中的两部是与他人合译),这个实绩远远低于他在桂林抗战文化城的翻译成就。庄寿慈的生前友好在他们的有关回忆文章中称他为文学翻译家或优秀的翻译家③,奠定他翻译家历史地位的正是他在桂林抗战文化城时期的翻译。

作者简介:

袁斌业,广西师范大学外国语学院教授、翻译学博士、翻译系主任、翻译硕士教育中心负责人、硕士生导师,研究方向为翻译理论与实践。

① 非琴:《忆杨晦先生》,载张宏生编《南大,南大》,南京大学出版社,2002年,第262—266页。

② 长伙:《容忍与憎恨——读"沉默的彭琪"与 "樵夫的故事"后》,《新华日报》,1943年1月2日。

③ 北京语言学院《中国文学家辞典》编委会:《中国文学家辞典 现代第3分册》,四川人民出版社,1985年,第165页;李文俊:《纵浪大化集》,九州出版社,1997年,第9—10页。

台湾义勇队创始人李友邦爱国抗日功绩略论

杨益群

[摘　要]台湾义勇队的创始人李友邦，毕生从事爱国抗日斗争事业，自小热爱祖国，反抗日本统治台湾。抗战前后，返回祖国积极投身抗日救国活动，殚精竭虑组建台湾义勇队，为祖国抗战事业做出了巨大贡献。但其忠诚、正直、追求真理的精神却为台湾当局所不容，惨遭杀害。李友邦不仅是位坚贞不屈的爱国者，也是位胸有韬略的革命家，杰出的政治理论家。本文试图从这三方面论述李友邦爱国抗战功绩，以示对其无比敬仰和深情缅怀。

[关键词]李友邦；台湾义勇队；爱国抗日；理论家；革命家

李友邦先生1938年在浙江金华

在我国伟大的抗战浪潮中，始终活跃着一支多姿多彩的抗日队伍，他们创建多所医院，为军民救死扶伤，组建医疗队，冒着隆隆炮火上前线抢救伤员；组织宣慰队，向群众宣传演出，鼓动爱国抗日，上前线慰问抗日战士，向敌军喊话，瓦解敌人；建立生产基地，生产樟脑等药品。足迹遍布浙、赣、闽、苏、皖、沪等地，取得了巨大成就，蜚声国内外。1943年6、7月间，他们经过周密的计划，对敌占区厦门市发动了武装突袭。随着国际反法西斯战争和中国抗日战争的节节胜利，他们的工作重点也逐渐转移到为收复台湾而做好进军准备的工作上去。这支队伍便是著名的台湾义勇队。值举国共庆伟大抗日战争胜利七十周年之际，我们忘不了当年与我们共同浴血奋战的台湾同胞，更忘不了台湾义勇队创始人李友邦先生。

一、坚贞不屈的爱国者

李友邦(1906.4.10—1952.4.22),字肇基,台湾省台北县和尚州(今芦洲市)人。祖籍福建,父李万来,从事教育。李友邦出生于台湾,自小便具有强烈的民族意识,深感当亡国奴之痛。对日本统治台湾,残暴压制台湾人民、掠夺台湾资源心怀不满。1918年就读台北师范学校时,便参加校内学生秘密反日组织。1924年4月,与林木顺等八位同学突袭台北新起派出所轰动台湾。后因事态严重,遭学校开除并招警逮捕,遂连夜同林木顺、谢雪红等逃离台湾潜赴上海。因崇敬孙中山的革命精神,是年8月转广州攻读黄埔军校第二期。就读期间,语言不通,孙中山先生特安排其到国民党左派廖仲恺家学习国语,并探讨台湾革命问题。在孙中山的关怀支持下,成立台湾独立革命党,任党主席。在该党党章的《宗旨》中,开宗明义地指出:"本党宗旨为团结台湾民族,驱除日本帝国主义至台湾一切势力,在国家关系上,脱离其统治,而返归祖国,以建立三民主义之新中国。"1925年9月毕业后被派回台主持"台湾地区工作委员会",这是我国最早的对台工作机构。翌年,经台湾潜入日本,以在早稻田大学求学名义秘密从事反日活动,后被发现险遭逮捕,旋即逃离至沪、杭等处,继续进行爱国反日工作。1929年10月10日,在沪被日本侦探逮捕,关押在日本驻沪领事馆,后因证据不足被释放,离沪至杭州国立专科学校,开展"抗日反蒋"活动。1932年,被国民党当局逮捕关入杭州陆军监狱,备受严刑拷打,致脑部重伤、左腿断裂。当局企图以此迫供破获杭州共产党地下组织,然李友邦宁死不屈,决不出卖朋友。五年的监狱历练,他在与骆耕漠[①]等共产党员的朝夕相处中,进一步接受了马列主义的理论教育,增强了为台湾革命和中国革命而奋斗终生的决心与意志。并更积极参与了党领导的反抗斗争。如此不同寻常的经历,使作为一个爱国者的他,更趋成熟。就在其于监狱中备受摧残之时,其胞弟李友先、李友烈并不知情,他们先后离台欲潜往大陆投奔兄长继续反日斗争,被日警发现惨遭杀害,真可谓一门忠烈。

1937年全面抗战爆发,李友邦获"赦"出狱,满腔激情投身伟大的抗日救国运动中。他切实感到,面对日本侵略者的嚣张气焰,光靠文化宣传和思想启蒙

---

① 骆耕漠系著名经济学家,抗战期间为中共东南文委负责人。

运动，是不能打败日本强盗的。必须组建由台湾人参加的抗日武装队伍，才能有效打击敌人，收复台湾。翌年十月，当他获悉在华朝鲜流亡抗日志士组织了“朝鲜义勇队”的消息，并考虑到此时已有数百名台胞被国民党政府集中在福建崇安县内从事垦荒劳动后，他决定仿照他们也组织了“台湾义勇队”。此时，共产党也很重视，特派张毕来（化名张一之）前来金华协助李友邦，担任其秘书。此时，李友邦迫不及待，他打算先由他以台湾独立革命党主席身份，在金华向报界和社会知名人士发表谈话，宣布台湾义勇队的筹建消息。骆耕漠获悉后请示了中共金衢特委，对此给予全力支持、协助。1938 年“双十节”前后，李友邦召开记者招待会，宣布台湾义勇队即将成立。会后即于 1939 年 2 月 22 日宣告台湾义勇队成立，李友邦为队长，张毕来任秘书。周恩来路过金华时，还特地听取张毕来有关汇报。张在《台湾义勇队》①文中写道：“汇报以后，周恩来先扼要地讲了一下抗日民族统一政策，最后说：关于台湾义勇队的事，要充分利用和国民党的关系开展工作。并叫我通知李友邦，让李友邦去找黄绍竑②，请黄绍竑帮助他解决政治部批准成立的问题。”根据周恩来的指示精神，李友邦、张毕来做了大量的工作，克服了诸多难题，尽管直至 1941 年 6、7 月间才获国民党当局正式承认，隶属国民党第三战区管辖，但台湾义勇队早已活跃于浙、赣、闽、苏、皖等地，为抗日救国运动做出了巨大贡献，声名鹊起。

台湾义勇队被正式承认时，李友邦官阶为陆军少将。他继续以“保卫祖国，解放台湾”两大口号，号召广大台胞参加台湾义勇队，踊跃投身祖国抗战斗争中。队伍迅速扩大，至 1944 年时，人数已达 381 人，成立了总队，李友邦为总队长，晋升为陆军中将。抗战胜利前夕，李友邦审时度势，提出“保卫祖国，建设新台湾”的口号作为建设三民主义新台湾的目标与蓝图。但与此同时，社会上也刮起主张“台独”的思潮，认为“台湾在日本统治了五十年，根据国际民族自决论与当时局势发展而言，复以李友邦个人在国内外的声誉与政治资源，一致公认，台湾光复后，李友邦是唯一人选，因此主张台湾是有足够的条件可以独立。但是最有分量讲话的李友邦，他坚决反对独立，台湾应返归祖国”，“李友邦坚决深信，抗战胜利后的中国，一定会强大，强大后的中国，对于亚洲

① 张毕来：《台湾义勇队》，载文史资料出版社《革命史资料》1982 年第 8 期。

② 黄绍竑时任国民政府浙江省主席。

国际秩序的重建及促进世界和平,有举足轻重的分量与巨大的影响"①。1945年8月15日,日本战败投降,李友邦并非急功争利先行,而是派遣副总队长张克敏,携带一面国旗随美太平洋舰队司令柯克上将飞赴宝岛执行收复任务,表现其忠心爱国,高风亮节。直到12月8日,才结束义勇队在国内的工作,率部及家属凯旋故里,深受大家欢迎。然而好景不长,翌年2月20日,这支曾经为国家民族出生入死的台湾义勇队,却被国民党无端解散,顿失生活依据,成为一支无业游民。李友邦也只被委以一些无权闲职,但他还是尽力为众袍泽奔走解困。1947年2月28日,台湾民众不满国民党当局的腐败与暴政,发起规模空前的反暴政求民主的群众运动,群情激昂,秩序大乱,主政的陈仪一时无法掌控,便特邀李友邦向全省台胞广播讲话,意欲借重其深为台胞拥戴崇敬之影响力,平息事态,但遭李友邦严词拒绝,致陈仪忌恨在心,蓄意报复,于3月10日谎称召开紧急会议将李友邦诱捕,罪名是"窝藏共党分子和'二二八'幕后策划人",押送南京。怀着身孕的李妻严秀峰万里迢迢到南京,向时任三青团第一处处长蒋经国陈情,并慷慨陈词为"二二八"事件正名。蒋随后亲自到台调查核实情况,李友邦遂于是年六月上旬获释。

1948年,李友邦任国民党台湾省党部副主委后,为"二二八"受害者仗义执言,甘冒风险释放因"二二八"事件被囚的台湾政治犯37名。1950年2月18日,严秀峰以"参加中共组织"的罪名被捕入狱,并判处十五年徒刑。1951年11月18日李友邦也随之被捕,国民党当局以莫须有的"匪谍叛乱罪",于翌年4月22日凌晨从三军总医院抬出押赴刑场枪决。李友邦这位毕生尽忠报国的抗日民族英雄,不是战死沙场上,而是惨死于其寄望造福台胞的国民党当局的屠刀下,真是令人扼腕叹息!无比愤慨!对于丈夫之死,此时严秀峰还蒙在鼓里,这个出身于杭州颇孚众望的实业家之独生女,17岁便弃学从戎,参加抗日

李友邦夫妇1945年合影

① 严秀峰:《李友邦先生简史》,载《李友邦文粹》,台北海峡学术出版社,2004年。

部队，而后又成为台湾义勇队队员兼少年团指导员，与李友邦并驾齐驱驰骋于抗战救国沙场上，入狱时遗下五子女，大者仅八九岁，最小则刚出生，只能伴母入狱，一家悲惨遭遇可想而知。但严秀峰凛然以对，铮铮铁骨。她继承李友邦遗志，勇敢抗争，直到1965年才刑满出狱。好一双战地鸳鸯，好一对坚贞不屈的爱国者！

二、胸有韬略的政治家

台湾自古便是中国不可分割的一部分，尤其是台湾与福建地缘、人缘极为密切，人员往来迁徙正常而频繁。但自1895年台湾被日本侵占后，台湾便成为日本窥视、干扰、侵占我国的跳板，常挑动、利用少数台湾“流氓”到福建沿海无理取闹或刺探情报，多次发生“台探事件”，造成两岸同胞的隔膜。1937年全面抗战爆发后，福建当局鉴于金门、厦门相继失陷，为防止沿海台民充当日寇密探，透露消息，遂下令把晋江、福州等地的台胞统一强制遣送到闽北崇安，搞了个“台民垦植所”，有四五百人，从事垦荒劳动，处境艰难。李友邦身为台湾人，深信他们绝大多数与自己一样是爱国的，只要引导得当，是完全可以把他们组建成台湾义勇队抗日救国。他立即和秘书张一之动身前往考察，发现其中不少是原在台受排挤而来福建行医谋生的医务人员及其家属，他们都愿意尽快结束不愉快局面，以己之长参加台湾义勇队抗日救国。事实证明李友邦的判断是完全正确的。但怎样才能取得国民党当局的谅解确认？怎样才能带领台湾义勇队实现“保卫祖国，解放台湾”的奋斗目标？为此他绞尽脑汁，千方百计做了大量卓有成效的努力。

（一）志存高远，精诚团结

李友邦早年在致力于谋求台湾摆脱日本统治，独立自主的斗争过程中，越来越感到台湾与大陆两岸血浓于水的密切关系。特别是1937年我国抗战全面爆发后，他衡量国际与国内的形势后，深刻认识到，欲救台湾，须先救祖国，欲求台湾民族革命运动成功，必须要先争取中国抗战胜利，而要实现这一伟大目标，首先必须团结一致，因此，他在1938年制定的《台湾独立革命党党章》第一条便明文规定：“本党宗旨团结台湾各民族”，“共同建立三民主义的新中国”。[1] 在《关于台湾复省运动》一文中，他更进一步指出：“台湾复省运动，到今

---

① 《台湾独立革命党党章》，载《台湾先锋》1940年创刊号。

日已跟着国际反侵略与祖国大决战的将临而加重了负担，我们要克服时代所课予的任务，只有在台湾革命者的精诚团结与推诚与共的分工作下可达成的。”[①]李友邦不仅强调台湾义勇队和台湾各族民众精诚团结是抗战胜利、台湾解放的保证，而且还放眼世界，强调国际团结的重要性。1942 年 1 月 2 日作于桂林的《收复台湾与远东和平》[②]明确指出：“我们台湾的革命，它不但与抗战了五个年头的祖国不可分割，而且与太平洋上反侵略行动也是密切联合的”，“也是保障远东和平的战略上主要之措施”。把争取抗战胜利、“解放台湾”提高到保卫远东和平的高度上。

李友邦言行一致，说到做到，他紧密团结台湾义勇队的战友们，还注意与台湾在大陆的其他抗日团体搞好团结。如 1940 年他到重庆与谢南光、宋斐如等人合作把在大陆的五个台湾革命团体整合成立“台湾革命团体联合会”，翌年易名“台湾革命同盟”。在制定的《会章》第二条中标明其组织宗旨是“本会在中国国民党领导之下，以集中台湾一切革命力量，打倒日本帝国主义，光复台湾，与祖国协力建设三民主义新中国为宗旨”[③]。1945 年与丘念台率领的台胞抗日组织“东区服务队”进行合作。还联合日本、朝鲜在华反日团体，如 1938 年底在桂林与日本作家鹿地亘为首的日本在华反战同盟、朝鲜义勇队陈关斌等成立“日韩台反法西斯大同盟”，并承担闽、浙、苏办事处工作。金华的《东南日报》和桂林的报刊都做了专题报道。

在与各国在华抗日组织的联合中，与朝鲜义勇队的联系尤为密切。相对而言，在抗战期间，从朝鲜流亡到中国的抗日志士人数最多，团队活动起步较早。1938 年 10 月 10 日，朝鲜义勇队于汉口成立，直属国民党军委政治部，在第五、九战区做瓦解敌军的政治工作，是年 12 月随国民党军队转移驻扎桂林。李友邦想团结朝鲜义勇队，并借助他们的力量争取尽早成立台湾义勇队，自 1938 年 12 月中旬起，多次往返桂林会晤朝鲜义勇队。鉴于彼此在抗击日寇上的目标一致，李友邦一行抵达桂林后，深受朝鲜义勇队的欢迎，并接受李友邦的委托，将申请筹组台湾义勇队的函件转送国民党有关当局，于 1939 年 1 月，“经朝鲜义勇队指导委员会决议并呈准桂林行营政府部后，即著由台湾独立革命党主席李友邦负责筹备”，并由朝鲜义勇队经费项下每月给李友邦津贴筹备

---

① 李友邦：《关于台湾复省运动》，载《李友邦文粹》，第 100 页；本书已收入《李友邦文粹》，以下引文均载此书。

② 李友邦：《收复台湾与远东和平》，载《李友邦文粹》，第 89—91 页。

③ 李云汉：《国民革命与台湾光复的历史渊源》，台北幼狮文化事业公司，1980 年第三版。

费三百元，后因经费不足，从四月份起每月增至五百元[①]。充分表现了与朝鲜义勇队的同舟共济精神和携手抗击日寇的决心。

朝鲜义勇队不仅在经费上解囊相助，而且还无私地提供舆论阵地。当时，朝鲜义勇队在桂林创办了《东方战友》[②]和《朝鲜义勇队通讯》[③]，发表了台湾义勇队不少文章。如《东方战友》第十期便发表了李友邦的《台湾义勇队是怎样来帮助祖国抗战》。《朝鲜义勇队通讯》第十七期还特地开辟《台湾革命运动专页》，其中就有：《台湾独立革命党为纪念第四十五周年“六一七”运动宣言》、《台湾义勇队致本队同志书》、华云游《台湾青年伟大的反日斗争》等文。而朝鲜义勇队也常在台湾义勇队的刊物《台湾先锋》上发表文章，如该刊 1941 年 1 月 15 日出版的第六期上，就发表了朝鲜义勇队队长金若山《一切反日力量团结起来——纪念朝鲜义勇队两周年》。两队在中国抗战斗争中，相濡以沫，互助互励，情同手足。诚如李达《我们是两姐妹》[④]所云：两个义勇队“在处境上，是对共患难弟兄，在民族革命大道上，则是最可靠最忠实的同盟者。同时对于中国抗战，所仰给的，所能献出的，也是完全一样”。

朝鮮義勇隊
通訊
旬刊
第十七期
台灣革命運動專頁
台灣獨立革命黨
為紀念第四十五週年「六一七」運動宣言
本期要目

《朝鲜义勇队通讯》封面

---

① 林真：《台湾义勇队的筹组及在福建的活动》，载陈正平《李友邦与台胞抗日》，台北世界综合出版社，2000 年，第 99 页。

② 《东方战友》1939 年 1 月 15 日创刊，社长李斗山。

③ 《朝鲜义勇队通讯》1939 年初在桂林创刊，1939 年 11 月 15 日出第 29 期后移重庆出版。

④ 李达：《我们是两姐妹》，载《台湾先锋》第 4 期。

为了抗日,应当尽可能联络团结更多的抗日力量,不分党派,一致对敌。这是李友邦始终坚持的一大原则。因此,在其领导下的台湾义勇队里,做到真正的"开放党禁",而对于当时最敏感的国共关系,其策略也是"兼容并包",抗日救国为重。既遵从国民党的领导,也与共产党人和新四军保持良好关系。李友邦以一个革命家、政治家的大度,尽可能团结一切力量壮大抗日队伍,这对中国的抗战事业而言,无疑起到了积极的推动作用。

(二)殚精竭虑搞好舆论工作,为组队抗日救国摇旗呐喊

李友邦组建台湾义勇队,努力实践"保卫祖国,解放台湾"的既定目标过程中,还深刻体会到,在大陆的台胞毕竟是极少数,组建的台湾义勇队更是一支小规模队伍,如何在中国广袤的抗日战线上独树一帜,如何为被压迫、被奴役和被误解的台湾民众争得应有的一席之地,这就得扩大宣传工作,要利用一切可以利用的形式和机会,把台湾义勇队的抗战决心 、主张和工作实况让全国乃至全世界都知道,这样才能扩大台湾义勇队的声誉与影响力。为此,李友邦呕心沥血,奔忙不息加强舆论工作。

发表演讲,这是一种最直接最富感染力的宣传手段,李友邦的国语虽然夹杂着较浓重的台闽口音,难以尽意表达,但他大胆利用招待会、集会、电台,以其声情并茂的演讲,深深打动听众的心。如为了向社会传递台湾义勇队成立讯息及其主张,1938 年"双十节"前后,李友邦特举行招待会,向前来采访的记者和知名人士二十多人发表慷慨激昂的讲话,报告台湾革命形势和宣布台湾义勇队即将成立,希望互助互励,共同努力。李友邦还给与会者散发《台湾独立革命党告台湾同胞书》,书中重申台湾是中国不可分割的一部分,支援祖国抗战,才能解放台湾。还旗帜鲜明号召台胞要努力做到:"抗拒缴纳赋税,不替日寇当间谍";"反对抽征壮丁来华作战或作挑夫";"参加并扩大阿里山的反日游击队";"立即组织台湾义勇队,来华参加抗战"①。《东南战线》第二期对此招待会特作了专题报道,并配上照片,题为《李友邦氏招待金华文化界留影》。一石激起千层浪,李友邦的宣讲,在我国抗日战线和台胞中引起了强烈的反应,福建的台胞踊跃报名参加台湾义勇队。1939 年 1 月又在桂林中国新闻记者协会交谊会上讲述台湾革命问题。二月在桂林与朝鲜义勇队联合招待外国记者李蒙夫妇、窦顿、卡尔曼等,陈述参加中国抗战之宗旨。翌年朝鲜义勇队迁往

① 《台湾独立革命党告台湾同胞书》,载《福建民报》福州版 1938 年 11 月 9 日第三版。

重庆，李友邦从金华出发，赴重庆拜访他们并探询国民党政治部批准台湾义勇队成立事宜，途经桂林、贵阳，先后又不失时机地为以范长江为首的国际新闻社与国际宣传委员会讲演台湾问题，为贵阳广播电台演讲台湾义勇队的组织及工作情况，并在重庆国际广播电台发表《台湾同胞！起来》的讲话稿，号召在祖国的台胞们，“希望都来浙江金华台湾义勇队报告参加义勇队工作”，并指出：“日寇是我们最大的敌人，不驱日寇，我们就不能得到独立自由，就不能达到雪耻复仇重归祖国怀抱的志愿”，“起来！不愿做奴隶的人们，赶快团结一致努力啊！”①

李友邦不仅重视口头的宣讲，而且根据工作的需要与斗争的要求，及时撰写发表了一批充满激情，富有说服力的文章。如他为了响应身为当时中国抗战统帅蒋介石关于肃清汉奸、坚持抗战的《“八一三”文告》，及时发表《恭读委座“八一三”文告后告本党本队同志》②。文中首先回顾台湾沦为日本殖民地四十六年来，五百万台胞惨遭蹂躏，“其痛苦实非笔墨所能表其万一”，然“少数不良分子，被敌胁迫，蒙其引诱，竟为虎作伥”。在痛斥这帮民族败类的无耻行径之后，强烈呼吁“本党本队各同志，应以打击‘台奸’为重要工作，虽赴汤蹈火亦必从而为之”。又如 1943 年底，开罗国际会议召开，美、英、中三国首脑发表《开罗宣言》，恢复我国甲午战争后所有失地的权益，极大地震奋了国人的斗志。李友邦看到了抗战胜利的曙光，欣喜若狂，与时俱进，于 1944 年 6 月在国民党台湾党部主办的《台湾研究季刊》创刊号上发表了《开罗会议后的台湾问题》，提出历史转变的政治构想。文中明确指出：“随着国际局势与祖国抗战急剧的转变，将由‘保卫祖国、收复台湾’而进入‘建设台湾、保卫祖国’的阶段。”表现其敏锐的政治眼光。

李友邦还很重视建立自己的舆论阵地，他认为与其借助别人的报刊发表文章，不如像朝鲜义勇队那样，创建自己的刊物。于是在 1940 年 4 月 15 日，出版了《台湾先锋》，该刊其宗旨是：“我们办这个刊物的主要目的，是适应当时的需要，把台湾义勇队关于当时台湾革命问题的主张讲清楚。一方面对外宣传，一方面是借以统一队伍内部同志们的思想。”③李友邦等的革命理论、政治主张的文章和有关台湾义勇队的介绍、构想、经验总结及指示文告，大都在此发表，如《台湾独立革命党党章》（修正稿）、《台湾独立革命党告台湾同胞书》

① 李友邦：《台湾同胞！起来》，载《台湾先锋》第 3 期。

② 李友邦：《恭读委座“八一三”文告后告本党本队同志》，载《台湾先锋》第 5 期。

③ 张毕来：《台湾义勇队》，载文史资料出版社《革命史资料》1982 年第 8 期。

《台湾义勇队队歌》等。而今都是弥足珍贵的史料。该刊还刊载国共乃至新四军重要人物的文章。闽、桂、渝等地报刊都有报道。至1942年年底，共出了十期，达到了预期的目的，产生了巨大的效用。之后，李友邦又以三青团台湾义勇队分团名义，于1943年1月创办了《台湾青年》。并策划出版了《台湾革命丛书》。这些刊物、书籍，如实地反映了台湾义勇队的政治主张、革命理论、行动策略与战绩，在对外宣传、统一队伍内部思想认识及团结台胞共同抗日诸方面，发挥了重要作用。三、知己知彼，脚踏实地。在组建台湾义勇队的过程中，为了消除国民党当局对台胞的偏见和参加中国抗战的需要，设法争取国民党当局的了解、认可，李友邦经过深思熟虑，认为必需根据队伍自身成分特长，制定务实方针，尽快拿出成绩让当局刮目相看。为此，他决策制定了"以技术抗日报国"的队政方针。其拟定的《台湾义勇队组织计划草案》中，在准备展开的六项工作中，便以基本技能为主。1939年在申请成立台湾义勇队的函件中，更明确写上"队员之工作计分医务、救护、对敌宣传及贡献特殊技能，协助国防生产等方面"①。事后国民党军委会政治部也派员核实，在一则内部密电中称"查该队队员大半系医疗、生产、建设等各种专门人才，值此二期抗战时期，诚属急需，且彼等均能抛弃待遇较丰之工作，踊跃参加祖国抗战，殊属难得，恳请钧座从速准予成立，以利抗战"②。由此可见，李友邦的"以技术抗日救国"方针是赢得国民党当局认可的重要因素，其决策是具有何等远见卓识！

三、杰出的革命理论家

李友邦不仅是一位脚踏实地，善于运用革命斗争策略的政治家，而且还是一个肯于钻研，具有睿智的革命理论家。他虽然并非潜身科研的专家，但他却能紧密联系革命斗争实践，认真思考，大胆探索，深入浅出地阐明观点，见解独到，论据有力，以理服人。其论及的问题较为广泛，但概括起来，主要是有关台湾革命运动和日本在台湾的殖民政策研究。

关于台湾革命运动，这是李友邦毕生研究的课题。为此他耗费了不少精力时间，其中工程巨大、影响深远的是1943年策划出版了《台湾革命丛书》。"丛书"包括:《台湾现状摘要》《台湾复员对策纲要》《日本军政人物评论》及李友邦的《台湾革命运动》《日本在台湾之殖民政策》等书 。为什么出版这套丛书？他在该丛书《发刊旨趣》写道:"我们感觉到一个客观的要求，即须把台湾

---

① 载《闽台关系档案资料》，鹭江出版社，1992年，第236页。

② 载《闽台关系档案资料》，第248页。

的一切向大家介绍，因有《台湾革命丛书》的出版。其目的在于：一、对台湾社会结构，作深入的研究；二、对台湾革命理论，作系统的论述；三、对台湾革命史实，作翔实的记录；四、对台湾风俗习惯，作简明的介绍。”[①]这些著作，对于人们了解台湾社会历史，宣传台湾革命运动，大有裨益。

《台湾革命运动》一书，[②]共收录李友邦十五篇文章。就内容而言，可分为三部分：

第一，中国抗战与台湾革命的关系，有《台胞未忘祖国》《福建与台湾革命》《中国抗战与台湾革命》《肃清台奸》等文章。在《台胞未忘祖国》文中，作者先论述台湾虽遭受日本的殖民统治，却丝毫改变不了台湾与祖国的血浓于水的关联，最后呼吁：广大台胞“尽可能协助祖国抗战，谋取最后胜利。而对于祖国同胞，则望其乘此时机，以最大的努力援助台湾革命。”《福建与台湾革命》则进一步阐明福建与台湾彼此唇齿相依的关系，作者从政治、历史、经济等方面论述台湾与福建两省的紧密联系。《中国抗战与台湾革命》则先回顾台湾民众1927年前掀起的反日斗争高潮，进行一系列激烈的抗日行动，都“是先后追随中国的‘五卅’运动等，以及国民革命军的誓师北伐因素展幕。而一九三七的台湾革命高潮的到来，即在中国第一期大革命洪流掀开后”。继而论及：在斗争中，台湾土著和一般民众进一步明确日寇是共同的敌人，“台湾革命就在此时作了一个大转变，……从此不仅台人反日，就是番人也不胜压迫、榨取、和屠杀，自觉地起来反日，而且与台人相互联络了”。接着，作者又列举中国抗战爆发一年来台胞与祖国互相支持，联手抗日的具体事例，证明中国抗战与台湾革命密不可分。最后郑重呼吁：希望台胞要做好三件事：一、“在共同的目标下，与祖国同胞共同打击日寇”；二、“应尽快组织台湾革命机构……动员民众参加反日斗争；并号召被压迫而为寇服兵役的台湾同胞，掉转枪头去打侵略军阀强盗们”；三、“台湾同胞应起而拒缴纳赋税……发展为反对奸细和民族败类而斗争”。

第二，关于台湾革命运动的任务及其世界影响。计有《台湾革命现阶段之任务》《关于台湾复省运动》《收复台湾与远东和平》《台湾复省在同盟战略上的意义》等。作者在《台湾革命现阶段之任务》文中，分析了当前国际形势已发生巨变，指出“今天台湾的敌人已不复是台湾与祖国的敌人，而是全世界爱好正义、维护和平诸民族国家的公敌。打倒日寇，已是东方被压迫民族与欧美诸民

---

① 李友邦：《台湾革命丛书发刊旨趣》，载《日本在台湾之殖民政策》，人间出版社，1991年。

② 李友邦：《台湾革命运动》，收入《李友邦文粹》，台北海峡学术出版社，2004年，第73—128页。

主国家共同的革命目标。基此,我们台湾现阶段革命的口号,除了'保卫祖国,收复台湾'",更应"'帮助友邦,消灭轴心'来配合反侵略国家之正义行为"。为此,李友邦向台胞提出了台湾革命现阶段三大任务:"首先,我们要统一机构,集中力量";"其次,我们要扩大敌后和台湾本部的工作";"其三,我们要在这次与祖国友邦并肩作战中建立自己的武装"。李友邦在另一文中还论述了当前国际反法西斯斗争发展形势,进一步指出台湾的革命运动在国际反侵略战线上的重要意义:"在今天不是其本身自由的问题,而是关系着同盟国的胜利。"因此"今天'收复台湾'的要求,不单单为祖国与台湾同胞的要求,也已是反侵略上正确的战略之所要求!"(载《台湾复省在同盟战略上的意义》)

第三,关于台湾义勇队的目的要求、任务和经验总结。如《台湾义勇队的任务与训练要求》《为什么组织台湾少年团》《怎样克服工作的弱点》《今后的努力方向》等篇。这些文章对于了解台湾义勇队和指导台湾义勇队的建设都发挥了应有的作用。于今更是研究台湾义勇队难能可贵的资料。此外,还有《轴心强盗的丧钟》《满布战争细菌的'太平洋公路'》等杂感,言简意赅,尖刻犀利。除了《台湾革命运动》一书外,李友邦还在报刊、电台、集会上发表了大量有关"台湾革命运动"的文章与演讲。限于篇幅关系,不再赘述。

《日本在台湾之殖民政策》是李友邦颇具深度的又一理论著作,自 1941 年初版后,台湾人间出版社 1991 年 9 月再版,台湾海峡学术出版社 2004 年 5 月又收入《李友邦文粹》。全书共分十章:一、殖民地政策之军国主义的性质;二、资本主义前夜的台湾;三、资本角逐与土地收夺;四、残酷立法种种;五、土地之集中与农民生活;六、"国家"独占之专卖制度;七、帝国主义之保护政策;八、日本资本生产各部门之统治;九、金融资本之独占;十、社会之分化与民族运动之形成。鉴于篇幅限制,本文无法对《日本在台湾之殖民政策》一书作全面论述,只能就其局部作扼要探讨。在本书头章《殖民地政策之军国主义的性质》中,开篇先以无可辩驳的事实,分析日本侵略者的军国主义本质和占领台湾的殖民地政策。接着便一针见血地指出:他们在台湾所鼓吹的《同化政策》,实际上只是恍子而已,"日本帝国主义之于台湾,征服、奴役、盗劫、杀戮,无所不为,要而言之,暴力……这种拥有生杀予夺之权的专利统治,日本政府竭全力以巩固,……操纵民族间之互相的反感,甚至于为达此目的而捏造事实以成就此种沟渠"。结论是:"总而言之,顺应于新的生产关系的要求的国家权力,为了使新兴起来之产业资本之能永久地确保台湾之隶属,乃不得不采用带有军国主义性质的帝国主义政策。"

第四，作者在第二章《资本主义前夜的台湾》和第三章《资本角逐与土地收夺》里，仔细分析日寇占领台湾前后台湾社会变化过程。他特别指出，在日寇占领台湾之前，外国资本对农民的剥削榨取无论在性质上和形式上，都和“土著资本”的剥削榨取，毫无二致。“土著资本，离不了外国资本，外国资本，也大大乐于与土著资本苟合而生产其理想的婴儿。”换言之，“日本帝国主义占领台湾之前，台湾犹在资本主义之前夜”。而日寇占领台湾之后，首先是“藉国家权力努力于资本之统一，驱逐外国资本于孤岛之外”，日本资本主义倚仗着军国主义的国家权力，垄断了台湾各种重要产业经济命脉，并残酷剥削被“台湾之原始资本之畜积”而遗弃的劳动者，尤其是被收夺土地的农民。

李友邦在最后一章《社会之分化与民族运动之形成》中，通过大量的无懈可击的例证，确切的数字，揭露日本军国主义者在政治、经济上，对台湾的残酷控制、疯狂掠夺的罪恶行径。并运用马克思主义理论，对在日本军国主义统治下的台湾社会分化和民族运动的形成，作了科学的分析。最后的结论是：“日本帝国主义，在其国家权力之直接的压迫之下，成就了一切产业……之独占。而这种种独占的资本，又是在台湾银行的银行资本之统治之下之活动着。由这一结论，引导到另一结论，即台湾社会即依照经济上的情形而分化了。”李友邦认为，正是由于这种社会分化，日益激化日本统治者与台湾民众的矛盾，从而爆发台湾的民族运动，指出：“在台湾之日本军国主义之发展，是这样建筑于对广泛的被支配群众之榨取上面”，因此，“无论在政治上玩的是哪一套花样”，“归根到底，还是以维持其经济利益为目的的”，“这种政治，无疑地引起了台湾之民族运动”。值得指出的是，李友邦还运用阶级分析方法，剖析台湾各阶级之现状和对待民族运动的态度，认为日本帝国主义者统治下的台湾，虽然存在着阶级矛盾，但民族矛盾才是最重要和不可调和的矛盾。

综上所述，李友邦不仅是位坚贞不屈的爱国者，也是位胸有韬略的革命家，杰出的政治理论家。他的爱国抗战功绩，值得后人铭记。

作者简介：

杨益群，深圳市社会科学院研究员，研究方向为中国近现代文化。

孙陵与《突围记》

张中良

[摘　要]孙陵是九一八事变之后走上文坛的东北作家，抗战时期相当活跃，但由于抗战胜利后、尤其是1948年赴台后政治倾向方面的缘故，中国现代文学史将其“遗忘”三十余年，20世纪80年代中期才“打捞”回来，已有的关注主要集中在两个方面：一是其文学生涯的综述；二是对其抗日小说意涵与审美特征的分析。其实，其散文创作也可圈可点，1940年出版的散文集《突围记》即是其代表作。这部散文集篇幅不多，但内容丰富，且富于艺术个性，尤其是被借用为书名的报告文学《突围记》，写出了随枣会战中国军队突围历程的艰险、将士的英勇、机智，也展示出部队宣传工作人员的情怀与叙事者的心路历程。景物描写亦是《突围记》的一大亮点。

[关键词]孙陵；散文；突围记；随枣会战

一、孙陵概况

孙陵(1914—1983)，原名孙钟琦，生于山东黄县，1925年到哈尔滨市，1930年入读哈尔滨法政大学，1932年肄业后，进哈尔滨市邮政系统工作。孙陵少年时代即显露出文学才华，据说13岁时在《青岛时报》连载过长篇章回体小说《虚生一年漂流记》[①]。1933年起，以“梅陵”“虚生”等笔名发表作品，进长春《大同报》任副刊主编，使之成为东北作家群最初集合、耕耘的园地之一。1936年6月1日在上海《文学》月刊第6卷第6号发表短篇小说《宝祥哥的胜利》(署名梅陵)，1936年10月辗转抵达上海，同年11月25日起在《光明》半月刊

① 参照邱丹《孙陵：不在的“存在”》，《鸭绿江》(上半月版)2014年12月。

(第1卷第11—12期,第2卷第3—9、11期,第3卷第2、4、5期)连载长篇通讯《边声》,迅疾闻名于上海乃至全国文坛。全面抗战爆发之后,孙陵十分活跃,与杨朔、孟十还等友人发起"投笔从军"运动,先后赴淞沪战场、北线战场,继而从西安徒步到延安。稍后,受陕北公学校长成仿吾之托,返回上海,筹集书刊、衣物、捐款,托杨朔带往延安。1938年1月12日,在汉口《大公报》发表诗歌《红巾·白马》,讴歌1936年8月2日英勇就义的抗日英雄赵一曼。1938年3月,参与发起中华全国文艺界抗敌协会,到国民政府军事委员会政治部第三厅任职,不久升任少校衔厅长室机要秘书。4月,与臧云远编辑《自由中国》。武汉撤守后,到第五战区任文化工作委员会委员兼主任秘书。1938年12月,与臧克家、姚雪垠等人组织中华全国文艺界抗敌协会襄樊分会[①],担任出版股股长。1939年4月,以第五战区司令长官部秘书身份赴正面战场随县前线,参加了5月的随枣会战。同年秋,到桂林,奉司令长官李宗仁之命创办前线出版社,任总编辑,并主编《笔部队》《文学杂志》《文学报》,1940年11月,复刊《自由中国》,开始连载长篇小说《大风雪》第一部。[②] 孙陵性格热情而执着,创作、编辑、出版,多有收获,抗战时期问世的作品有《从东北来》(报告文学,原名《边声》,桂林前线出版社,1940年)、《突围记》(散文集,桂林创作出版社,1940年)、《襄樊颂》(诗集,桂林前线出版社,1940年)、《红豆的故事》(散文集,重庆烽火社,1940年)、《大风雪》(长篇小说,第一部,《自由中国》1940—1941年连载,上海万叶书店,1947年)等。

但是,孙陵对抗战胜利后中国走向的认识同社会发展的趋势相悖,1948年12月离沪赴台,20世纪50年代又扮演了鼓吹反共文艺的角色,因而,在三十几年间,中华人民共和国的现代文学史叙述中,孙陵失去了应有的位置。由于孙陵性情有执拗而偏激的一面,与台湾文坛多生龃龉,甚至官方也不买账,一度查禁扣压过他的得意之作《大风雪》[③]。

改革开放以来,随着实事求是的历史主义精神的逐渐恢复,学术界重新审视孙陵,其文学建树及文学史地位得到关注。杨义《中国现代小说史》第3卷

① 据段从学《"文协"的分会》考证,"文协"曾设想在湖北的宜昌襄樊两地成立一个"宜昌襄樊分会",但因两地相距较远等原因,最终分别成立了宜昌、襄樊两个分会,襄樊分会于1938年12月23日在均县宣告成立,孙陵任出版股股长。参照段从学《"文协"与抗战时期文艺运动》,北京大学出版社,2012年7月,第296—300页。

② 参照《杨义文存》第2卷《中国现代小说史》(下),人民出版社,1997年,第338—343页;丘立才《抗日时期的孙陵》,《中国现代文学研究丛刊》1987年第1期。

③ 古远清:《孙陵的后半生》,《鲁迅研究月刊》2007年第12期。

(人民文学出版社,1991 年)在第五章“东北流亡者作家群”第三节“其他流亡者作家”里把孙陵与罗烽、白朗同等对待。俞元桂主编,俞元桂、姚春树、王耀辉、汪文顶执笔的《中国现代散文史》修订本(山东文艺出版社,1997 年)在第五章“硝烟烽火驰轻骑”第四节“报告文学的空前繁荣”里,认为姚雪垠的《随枣行》“与当时孙陵的长篇报告《笔部队随枣会战记》(《笔部队》创刊号)和《鄂北突围记》(《现代文艺》第 1 卷第 2 期)等是武汉弃守后随枣会战和鄂北会战的真实纪录”。已有的孙陵研究主要从两个方面展开:一是其文学生涯的综述,尤其是对其抗战文学活动的肯定;二是对其抗日小说意涵与审美特征的分析①。比较而言,对其抗战散文的关注则明显不够。下面对《突围记》予以解读,借以呈现孙陵的文化姿态与文学风貌。

二、《突围记》解读

《突围记》,收入孙陵主编的“创作小丛刊”,桂林创作出版社 1940 年 9 月初版。内容分:第一部:《突围记》;第二部:《自由主义者》《战地记者》《光荣的勋章》《春祭》;第三部:《伙伴》《船》;第四部:《纪念 M·高尔基》《怀钟天任君》;跋。两年之后,又以同一书名、同样的内容收入孙陵主编的“北雁文丛”,大地图书公司发行(社址在桂林中北路四一里二号),1942 年 12 月初版。丛书取名“北雁文丛”,大概是为了纪念 1937 年春孙陵与杨朔等人在上海创办的北雁出版社,1937 年 6 月北雁出版社出版了创作丛书之一——郭沫若的《北伐》、翻译丛书之一——孟十还译《五月的夜》、报告文学丛书之一——李兰译《在西班牙火线上》,日本全面侵华战争打断了他们的出版计划,北雁出版社只出版了三本书。这次由大地图书公司发行的“北雁文丛”,除孙陵的《突围记》外,还有骆宾基的散文《独孤》、姚雪垠的短篇小说《白龙港》、田涛的短篇小说《恐怖的笑》、碧野的散文《母亲的梦》等。饶有意味的是《突围记》的体裁,封面注明短篇小说集,版权页背面的广告则写的是“散文”。贾植芳俞元桂主编的《中国现代文学总书目》(福建教育出版社,1993 年 12 月版)将这部书分别列入散文卷与小说卷。杨义的《中国现代小说史》与俞元桂主编的《中国现代散文史》等均以散文视之。纪实性小说与通讯、报告文学等散文本来边缘就有模糊之处,根据《突围记》的文本实际,参照抗战时期相类作品,譬如与孙陵同为第五战区

① 孙陵:《换一副笔墨写东北——孙陵〈大风雪〉解读》,《世界华文文学论坛》2011 年第 4 期;李双艳:《“无耻与严肃”并存与对立下的人性之思——孙陵长篇小说〈大风雪〉研究》,四川师范大学硕士论文;等等。

“笔部队”成员的臧克家、姚雪垠书写随枣会战散文类作品的一般认知，这里也把《突围记》作为散文来看待。

如前所述，这部集子分四个部分。第二部四篇是一组速写，《自由主义者》刻画了一个拿“自由”当作自己散漫、懒惰、邋遢之遮羞布的丑角；《战地记者》讽刺了四个冠以“某社特派员”“特约记者”“随军记者”与摄影记者头衔，只会摆架子、尚空谈、码“长城”，战事爆发却找不到其身影的所谓“战地记者”；《光荣勋章》的主人公虽然的确是在台儿庄战役中英勇负伤的英雄，但他的参军是受哥哥的鼓励，负伤后的讲述也需要哥哥来“拔高”，这倒折射出许多抗日军人思想质朴的实情；《春祭》描写师长、旅长等官兵参加的随县七千人规模的“春祭”，实际是军民联欢，作品的开篇与结尾均为：“十里以外是敌人。火线上底炮声，正在隆隆地响着。”愈加显示出民俗力量的强盛与中国军民的信心。

第三部，《伙伴》写于 1936 年秋刚从东北流亡到上海时，以半隐半现的笔触描写一个东北人先前总是被“鬼”——寓指日伪——追蹑的恐惧不安，后来为了生计不得已也穿上了“鬼”制服，但内心处于一种良心的不安之中。《船》，1940 年春写于昆明，抒发漂泊中的孤独感伤、受挫后的郁闷与振作。

第三部是两篇纪念文章。《纪念 M·高尔基》表达出作者对这位从底层走上文坛的平民作家的由衷敬仰。《怀钟天任君》怀念 1940 年 5 月 9 日在枣宜会战中壮烈殉国的钟毅师长，文章以不多的笔墨写出了将军平时对待朋友的和蔼亲切，战场上最后关头宁死不当俘虏自戕殉国的慷慨悲壮。

用作书名的《突围记》，是第一部的唯一篇目，也是全书的首篇，无论从篇幅来看，还是从内容的丰富性与表现的别致性来看，这一篇都堪称整部集子的重头戏。

随枣会战，是 1939 年 5 月李宗仁为司令长官的第五战区在第一战区等的协同下，与冈村宁次为司令官的日军第 11 军展开的一场大型战役，日军虽然来势汹汹，且武器装备占有明显优势，但中国军队顽强作战，予敌重创，至少伤毙敌军 2450 人[①]。孙陵当时以第五战区司令长官部秘书身份随第八十四军第一八九师部及五六七旅旅部行动，因属非战斗员，且为长官部长官，处于被保护的位置，配属一名勤务员、一名服务员，所以，对突围中的战斗只有侧写。但是，以突围的经历为脉络展开叙事，表现出战事的紧迫与突围的艰险。穿过敌军空地配合、交叉火力封锁的山口时，马夫逃走，旅部损失八匹驮马。在写到

① 参照郭汝瑰、黄玉章主编《中国抗日战争正面战场作战记》下册，江苏人民出版社，2002 年，第 942 页。

参谋报告这一情况时,无论是作品述及的旅长与参谋,还是叙事者,都没有对逃散的马夫给予道德评判,而是意在凸显战斗的激烈。枪炮猛烈,驮马受惊,疯狂奔跑,恐怕非人力所能控制。危急关头,师长、旅长指挥得当,愈见其刚毅、机智、勇敢的英雄本色。转进途中,师部与旅部所部万余人意外与兄弟集团军万余人相遇,短暂的混乱之后,很快协商确定了行军的序列位置。行军急迫,负重过多,以至于两匹驮马活活累死。急行军二十四小时未休息,又经过紧张的战斗,官兵极度疲惫,过了封锁线之后,旅长寻机安排部队休息。

突围之艰险,不止于敌军的围追堵截,而且还在于路况复杂。为了穿过敌军的封锁线,部队选择了一条也许百年也不曾有人走过的山路。"山峰越来越高,山路越走越峭,一下子像要爬上青天,一下子又像钻进地里,上上下下,弯弯曲曲,转过一匹山,又是一匹山,渡过一条水,又是一条水。我们都不注意这条山路是如何的弯曲,我们只觉到近午的太阳忽然在我们胸前,忽然却又落在我们的背后,我们总是顺着这条山路一直向前,谁也不知道转了多少回头路,太阳却失去了定向似的在我们身边乱转起来了。"接着写到山路上行军的艰难:"太阳将它炽热的光芒照射到我们底身体上,也照射在山路两侧的那些光滑生硬的岩石上;岩石真是一些没有感觉的东西,它们不愿接受太阳底光热,便将那热度反射了出来,在这中间前进着的我们,简直像走在壁炉中间一样了。汗水像小河一样,在我们底身上脸上到处不停地泛滥着。牲口争着探头去饮那山涧的流水,人们也争着去饮那山涧的流水。有牙缸的用牙缸去舀着吃,没牙缸的便只好用手捧了。当我将山水捧在手中的时候,仿佛见到了有一些会动的小东西们在手中的水里游泳着,但我并不会去研究那究竟是些尚未孵化的孑孓,或是初生的蝌蚪;涧水蒙住了我底眼睛,舌头上生满了又苦又辣的刺,喉咙里像是发了火;那些会动的小东西们,随着一捧一捧的山水,全都被我吞下了肚里去,我一点也未想到它会在肚里发生什么作用。有些带了茶叶的,便在牙缸里放了茶,说是吃了免得肚皮痛。我却没有水缸也没茶,只好用手捧着吃。"部队一面行军,一面战斗,一面忍渴受饥,终于走出荒山,来到开阔的河南平原,脱离了敌人的迂回线。叙事者周边的战友,有人走烂了脚,有人走烂了眼,有人走烂了嘴,也有些完全落伍的。在方城休息了两天之后,又奉命赶赴下一个目的地——均县。

在叙述突围历险的间隙,叙事者也关注在部队从事宣传工作的知识青年。一批热血青年为了打败日本侵略者,大胆脱离了家庭,投身军队,奔向战场,生死置之度外。师政治部宣传工作队伍有一位姑娘,"高高的身材,大大的眼睛,谈话时还常有一点救亡青年中不常有的那种羞涩的神情。”“她父亲在郑州××司令部做事，家境是很好的。”“她自己已经结过婚，丈夫也在一个后方的军事机关里做事情，感情是很好的。她要出来工作的时候，丈夫把手枪对准自己底胸口要死要活地留住她，但是她终于跑到战场上来了。”如果说五四新文化运动把中国女性解放推到了一个新阶段，主宰自身命运的女性变得多了起来的话，那么，抗日战争则使更多的女性把自身的命运与国家的命运联系在一起，这不仅是女性的进步，而且是中华民族精神的一次凤凰涅槃。

在叙写耳闻目睹亲历的战争场面与人物、事件的同时，叙事者也展示出自身的心路历程。还是在战役打响之前，预料到战场形势瞬息万变，叙事者就已经把自己视为“生命之花”的东西——手稿、照片、友人信件等——放在后方一个朋友处保存。待到突围中要飞行军追赶部队时，又果断地扔掉行李——棉被，用不到的衣服，枕头，毛衣，刮脸刀，最后只剩下两个小皮包，一个装着这次在火线上搜集的各种可贵的战利品，一个装着地图和许多篇尚未写完的文章，还有一把“中国的夏伯阳”朱旅长赠予的手枪与七粒子弹。他想象着倘若遇到敌人，可以打出六粒，最后关头要把最后一粒子弹留给自己。此时，他瞬间生出一种凄冷苍凉的感觉。然而，马上又想到“为了争取一个民族底生存，千百万可贵的生命供作它的牺牲了，这些生命像一条坚强的链索，依靠着他们才得延续了整个民族底生存，追循着这条链索发展下去，中华民族一定不会被消灭，而且定会走上繁荣的道路的。那么我一个人底生命又算得甚么？何况早先曾经有过多次交出生命的热望，事实上又有多次应死而未死地幸免了。这次却应当是我交出生命的机会，我死了，便是给那民族生存的链索上多加了一环，我有甚么权利吝惜这渺小的生存，而使这一环中断？”“想到这些，我底心境又忽然由忧郁变成兴奋，由沉重变成轻松，一切都成为活泼而健康的了。山峡上的瀑布喧闹着青春的歌曲，辉煌的阳光在山谷上笑着，微风里流着花草底芬香。”正所谓境由心生，叙事者振作起来，招呼沉默着的服务员与勤务兵快些赶路，三个人“踏着阳光，听着瀑布，闻着花香，一蹦一跳地往前走去”。在死神不知何时突兀而至的险境中勇敢前进，叙事者的心灵获得了一次难得的战地洗礼。20 世纪 20 年代，受俄苏民粹派与革命文艺的影响，中国文坛就已有“到兵间去”“到民间去”①的呼声，但大批作家真正到“兵间”“民间”去，还要说是全面抗战爆发以后的事情。大批作家奔向陕甘宁边区与各个抗日民主根据地，也

① 郭沫若于 1926 年 5 月发表《革命与文学》(《创造月刊》第 1 卷第 3 期)等文，号召文艺青年“到兵间去，民间去，工厂间去，革命的漩涡中去”。

有大批作家分赴正面战场,仅第五战区就有数十名作家,1939年随枣会战期间孙陵与臧克家、姚雪垠分别深入到第八十四军的三个师随军行动。作家在战火中拓展了自己的艺术个性,为抗战文学乃至中国现代文学奉献出带有生命体验与艺术灵性的战地文学作品。

与其他作家的战地通讯相比,孙陵《突围记》的自然景物描写显得十分突出。当部队又走进乱山嵯峨的溪谷间,更为严峻的考验到来之前,作家以散文诗一样的笔调描写这野山特有的景致:“这小路有时拖到顶天的山顶,有时又陷进流水潺潺的涧底,溪水流过的地方,这小路便被淹没了。有时在路面上长满了红绿相间的野草,车前子,马兰花,蝴蝶兰,掺杂综错地,给这条千古无人的山路织上一条灿烂耀目的花边。野玫瑰一丛丛地从路旁的山岩上拖下来,挂着一串串粉红绮丽的花朵。由茉莉散播着醉人的清香。野栀子开残了,在翠绿的山谷中飘着一地洁白的花瓣。”在行军的叙述中插入这样美轮美奂的景物描写,恐怕不能归之于文人情调。杳无人迹,才保留着野山的自然生态,这一描写一则突出荒山之野——若非杳无人迹的野山,何来如此生命葳蕤的美景,与行军之难形成映衬;二则显示我军并非丢盔卸甲的溃退,而是本来意义上的“转进”,有必胜信念、有周密计划、有明确目标、有良好秩序的突围。描写新的一天开始,官兵要迎接新的挑战时,斗志昂扬,“早晨的山谷,显得格外寂静,格外平和。一丛丛矮矮的松林,被微风吹得飒飒有声,同时还散播出来一阵阵油脂的香气。野丁香已经开残了,蒲公英在阳光下铺成一片金黄的发亮的斑点。山水悠然自得地歌唱着,远空卷着一条条轻纱似的白云”。而写到途中雨夜宿营的苦境时,笔触则变得沉重起来:“熄灯号吹过了,一盏古老的油灯还在发射着它昏晕的微光,茕茕地照亮了这室内一点小小的面积。突然从门外吹进一阵凉风,随着又带来几滴大大的雨点,雨点落到灯芯上,于是这古老昏晕的灯光便熄灭了,一切都沉入了这荒山丛中风雨怒嚎着的深夜里。”风雨过后,心情也豁然开朗。“雨止了,山原上是一面清朗的蓝天,蔚蓝得像春日的远山,像深秋的湖水。雨后的白云如一团团初绽的棉絮,谧静地,悠闲地,一朵一朵地开放在蔚蓝的天幕下,在葱翠的山顶上,在滃郁的松林间。”正如王国维所说,一切景语皆情语,景物描写,在这里绝非可有可无的闲笔,而是与行军部队的境遇、心境、命运密切相关的必要写生与别样写意。色调的变化,是大自然的本色呈现,也是叙事者与突围部队战友心情的折射。就叙事艺术而言,既可丰富叙述内涵——战争并非只有社会场景,也有自然景观,不仅有血火交迸的肉搏,也有人间对美景的欣赏,又可调节叙事的紧张节奏,给读者带来多重审美愉悦。有人认为抗战文学硝烟味十足而文学韵味匮乏，总体来看，抗战文学硝烟味十足的确是实情，但说文学韵味匮乏则未免以偏概全，即以《突围记》来看，就并非如此。

孙陵曾经在东北咀嚼过国土沦陷的苦涩，所以，当全面抗战——“中华儿女用热血和生命争取自由解放底战争”爆发时，感到异常的振奋。他像“无数可爱的青年跑向战场”一样，从淞沪战场到北线战场，又从西北到武汉再到鄂豫火线上，在随枣前线亲身经历战争。他在1940年9月所作的《突围记·跋》说到自己写给一位团长的信里的话：“由于你底信，使我记起了那些瑰丽珍贵的回忆；像一道光华耀目底电光，它照亮了我这渺小的生命上底一段风狂雨暴之中的途程。在我这平凡而发锈的生活里，那两个月便是它在铿石上发着光辉的日子了。虽然这光辉是那么微弱而暗淡，若和你以及更多的别人比较起来，还不如圆月旁边一颗珠贝大小的星粒。然而我实爱着它，因为由于它我才认识了你们那坚忍困苦的战斗，和你们那么活跃明朗的心情……”正是在这样一种怀着感激心情的回忆中，作者写出了《突围记》等作品。他以此献给仍然在前线浴血奋战的爱国将士，献给壮烈殉国的钟天任将军和没有墓碑的无名战士，也用来警诫那些丈夫在前方拼命、自己却在后方家里每周开一次跳舞大会的军官太太，抨击那些“抗战兴家，越打越肥”的贪官污吏。76年后的今天，我们也才能借此了解随枣会战的战场细节与流血牺牲的民族英烈，并且认识从东北走出的抗战作家孙陵的爱国情怀与文学才华。

作者简介：

张中良，上海交通大学人文学院教授，博士生导师，研究方向为中国现代文学、抗战文学。

“四塞山河护国魂”①
——抗战文学中的“衡阳书写”

吕彦霖

[摘　要]囿于复杂历史因素的限制,以正面战场为书写对象的抗战文学作为抗战文学整体架构中的重要部分,长期得不到应有的重视。这种忽视又妨碍了我们穿过历史长河去构建抗战文学的整体样貌,进而感知抗战的血与火所熔铸出的历史真谛。因此,正面战场的抗战文学作品的搜集与梳理,对完善中华民族的共同历史记忆具有特殊的价值。本文试图以抗战重镇衡阳为地理坐标,以震惊世界的衡阳保卫战为重点,分别从中美空军形象,衡阳守军群像,富于悲剧性的抗战名将方先觉,衡阳抗战展现出的“孤城奋战”精神四个向度勾勒抗战文学的“衡阳书写”的样态,以期还原衡阳抗战所展现出的动人心魄的精神力量。

[关键词]抗战文学;衡阳保卫战;“孤城奋战”精神

一、“衡阳抗战铸名城”:作为抗战前沿重镇的衡阳

在抗战后期,日渐陷于颓势的日军希望通过“豫湘桂战役”的发动,打通大陆交通线。借此挽回自己的败局,摧垮中国政府的抗战意志。豫中会战控制平汉铁路之后,日军继续展开长衡会战,长沙陷落后,衡阳即暴露在日军的兵锋之下。衡阳虽不是省府,但在当时的战略地位却远高于长沙。“它是粤汉、湘桂两条铁路的联结点,又是西南公路网的中心,它的失守就意味着东南与西南的隔断,和西南大后方受到直接的军事威胁。它的失守就使辛苦经营的东南空军基地归于无用。衡阳位于湘江和耒水的合流处,依靠这两条河,可以集中湘省每年输出的稻谷三千万石,还有极其丰富的矿产于此集中。这些对大后方的军食民食和军事工业是极端重要的,它的失守会加深大后方的经济危

① 该句选自刊于1948年3月29日南京《中央日报》的《衡阳抗战纪念城工程纪念堂国民党党政军要员暨社会贤达题辞摘录》,作者王宠惠,原文两句为:“九霄日月销兵气,四塞山河护国魂。”

机，反过来却给敌人‘以战养战’的可能性。”[①]

由于衡阳的重要战略意义，使得衡阳的得失牵动全国的战局，并将深刻地影响太平洋战场乃至整个反法西斯战争的局势。不仅如此，衡阳的得失还可能影响时为最高统帅的蒋介石的军事指挥权。[②] 为了攻下衡阳，日军调集了“全面侵华战争以来对一个地区进攻所使用之最多的兵力”[③]。而守卫衡阳的却只有第十军一支“孤军”，该军虽是极擅守御的“泰山军”，然而较之人数众多装备精良的日军，仍然处于绝对的劣势。并且该军还面临着其后援乏力的问题，除去中美志航大队的空中支援外，极少其他形式的援助。[④] 然而遭逢如此绝境，第十军却在军长方先觉的率领之下，据守孤城，泣血奋战，以巨大的牺牲坚守衡阳城四十八日之久，给予敌军以重大打击，使其迅速打通大陆交通线的计划破产。这场防御战之悲壮“直堪与苏联的斯大林格勒媲美”[⑤]，深受重创的日军也为中国军队的勇猛所折服，将这场苦战视为另一次“华南的旅顺要塞之战”，感叹“当时衡阳城阵地远远不如日俄战争时期旅顺要塞构筑的那样巩固，仅仅是土壕围起来的野战阵地而已。然而贵军竟能坚守 48 日之久使日军做出重大牺牲，为 80 年来战争史上所罕见的创业。”[⑥]

衡阳一役关系抗战结局走向，因之也凝聚了全国乃至全世界的眼光，人们都密切地注视着这座“孤城”中所发生的一切。自衡阳之战开始到结束，再到方先觉回归重庆，衡阳始终是舆论关注的焦点。因此也产生了形式众多，数量可观的文学作品。就笔者所能接触到的材料而言，以衡阳保卫战为书写对象的各类作品共有 84 篇。在这些作品之中：有富于艺术色彩的战地报告文学 23 篇，主要发表于《抗战文艺》《中国的空军》《防空军人》等刊物之上；回忆性文字

---

① 毛泽东：《衡阳失守后国民党将如何》，刊于 1944 年 8 月 12 日《解放日报》。

② 据《总统蒋公大事长编初稿》，当时罗斯福不满于中国战场的一再溃败，在发给蒋介石的电报中：“建议从缅甸召回史迪威，授以统帅全部华军及美军之权责。”蒋介石自然不能同意，他在当天日记中记道：“余于此不外拒绝、接受与缓和之三种方针，以为应付之道，后来决心以缓和处之。”然而这种缓和不是仅仅玩弄文字游戏即可以获得的，必须依靠现实说话，即战局的好转，而当时中日战局的中心即在衡阳，因此衡阳一役之结果，于蒋介石之处境关系甚大。因此湖南开战第二天，蒋介石致电方先觉称：“此次会战关系国家民族存亡，衡阳得失尤为此次会战胜败关键，希弟安心死战，余必督促陆空军助弟完成空前大业。”

③ 曾景忠：《方先觉与惨烈的衡阳保卫战》，刊于 2007 年 9 月 10 日《北京日报》。

④ 有学者指出：“美国执行的重欧轻亚战略，美国在当时对中国没有提供足够的军援，在日军对湖南发起进攻的时候，云南的远征军调往缅北作战，以至国军精锐尽用于印缅战场，东战场兵力薄弱。”参见彭厚文《衡阳保卫战述论》，《湖北大学学报》1994 年第 2 期。

⑤ 《致敬衡阳》，1944 年 7 月 18 日《扫荡报》社论。

⑥ 《故方先觉将军阁下灵前追悼之词》，刊于 1986 年 3 月 3 日台湾《青年日报》。

24 篇,长短兼备,以白天霖的《抗日圣战中的衡阳保卫战》,黄铿的《衡阳抗战四十八天》以及蔡汝霖的《四十七天衡阳保卫战》三部长篇作品的记述最为详尽;还有 35 篇实时报道衡阳保卫战的报章文字,这些饱含激情的新闻与社论主要刊登在重庆《大公报》、《扫荡报》以及《救国日报》之上。就以上作品而言,其中以亲历视角写就的战地报告文学与衡阳之战的回忆文字最值得重视。综观这些关涉衡阳抗战的文字作品,我们可以发现,在中国抗战危局日甚的情况之下,衡阳抗战能有效挫败日军企图,关键在于四大要素:其一,中美空军的有力支援;其二,刚毅卓坚的衡阳守军的泣血奋战;其三,军长方先觉的指挥有方,雄才大略;其四,在艰难困苦中所迸发出的"孤城奋战"精神的支撑。因此,在考校抗战文学中的"衡阳书写"之时,也不妨从此四个向度入手,以期尽可能全面地展现衡阳抗战所展现出的震撼人心的历史内涵与精神力量。

二、"但使龙城飞将在":衡阳抗战中的中美空军形象

较之数量庞大,历史悠久的陆军,中国的空军无疑是以"新生儿"的形象出现在历史舞台的。但这个"新生儿"却在抗战之中展现出他坚韧的生命力,在装备的质与量都逊于敌人的状况下,屡屡创造以少胜多的经典战例。在惨烈的衡阳抗战中,翱翔天空的中美"飞将军"们,无疑是艰苦卓绝的守军最可宝贵的伙伴。他们抵御敌人,掩护同袍,运送物资,没有他们对衡阳领空的控制,也就没有抵抗优势敌军四十八日的壮举。正因为如此,关涉衡阳保卫战的文字中有相当一部分是以中美空军为书写对象的纪实文学作品。这些文字大多出于参战人员与战地记者之手,他们的特殊身份赋予作品丰富的细节和鲜活的情感,造就了独特的阅读体验。如今观之,他们航空报国的壮志和不畏牺牲的情怀仍然极为动人。这些饱蘸烽烟的文字仍显示出惊心动魄的魅力。不同于虚构性作品那种根植于想象的刺激感,这些脱胎于现实战斗的文字极具感染力与代入感,能给读者带来发自肺腑的心灵震撼。同时,这些文字也首次对中美空军的形象进行了比较集中的呈现。在《衡阳天空大捷——空军新健儿初试身手》中,字里行间洋溢着中国空军神圣的使命感与勇武精神:"说起空战,我们这一伙儿虽说都是后进,但谁没有过百战余生的经验?要是拿古典的小说所描摹的情节来比,我们简直就是挂满了死人头的鲁智深。"[①]这种勇武精神显然不是老兵所专有的,那些让身为大队长的"我"感到"有些儿戏"的新人,也

① 《衡阳天空大捷——空军新健儿初试身手》,《防空军人》1938 年第 1 卷第 6 期。

迸发出巨大的能量,一举击毁敌人九架飞机。衡阳的暮空下,崭新的“霍克”飞机以战斗的方式完成了中国空军勇武精神的传递。夕阳下是中国空军的群像——他们不分年齿,全部以“航空报国”为最高理想,愿为国家战斗到最后一滴血。相比之下,《衡阳上空的战斗——空军第四大队的空中歼灭战》则更具报告文学色彩,作品记述了负责掩护衡阳守军的空军第四大队的战斗场景,详尽还原了空战老手司徒大队长和赵襄国副队长的空战经历。他们面对敌情时的镇定自若,思维缜密。在云层中等候敌人时,一眼即做出判断:“后面八架即显得队形凌乱,这些敌军大概都还是新手。”[1]又写了他们如何因地制宜地选择进攻策略,作者对这两位空战老手如何指挥僚机躲避掩护,又频频依靠高难度动作进击得手,最后击落八架敌机,自身毫发无损地全胜而归进行了还原。着力于细节还原的还有《衡阳陆空鏖战记》,本文再现了空军与陆军如何协同作战,面对19架敌机的五次攻击,最终以高射炮重创敌军。值得指出的是,该文是以上书文字,下配解说图的方式进行编排的,可谓极具现场感。如果说以上文字都是以空军战士为对象的“直写”,那么《衡阳上空夜战》则是以观者视角给予空军战士的一次“侧写”,从未感受过夜袭“滋味”的作者,以自身的陌生感放大了敌军袭击的恐怖,也更托举出我空军作战的勇悍。作者夜间观战,视角的受限使他更多通过声音和模糊的图像表现战况的激烈,并加入了大量的心理细节,反而更激发了读者的想象力。夜袭来临时:“衡阳全城已经没有灯火,黑黝黝地藏在大地里,像一座死城。”轰炸开始时:“无数的各式各样的响声密集在一时。中间夹杂着震地的空隆空隆声。连墙角也在动抖。”陆空协同战斗时:“最近山头的那条白布死死跟踪机群移动。月色下黑黝黝的衡阳城,正在敌机的肚下。无数处的红绿弹球像肥皂泡似的飞向天空去了。”[2]极尽紧张后,文章的结尾转入平缓,只是转述别人在车站看到了被击落的飞机。

以上几篇文字,是从不同侧面勾勒了中国空军的群像。作为苦难的中华民族战时意志力量的集中体现者,民族尊严的承载者。我们看到了他们是如何以钢铁的意志,伟大的精神以及超人的胆量与技术,在显见的劣势之中维系领空的自由,护佑人民的平安。与此同时,中国空军的伟岸形象也与其更为“现代”的身份有关,时人视他们为军人之中的“清流”,作者们因此也将“抗战建国”的理想更多地负载在他们的身上。

---

① 阳鉴民:《衡阳上空的战斗—空军第四大队的空中歼灭战》,《中国的空军》1944年第6卷第4期。

② 巴夫:《衡阳上空夜战》,《抗战文艺》1938年第2卷第10期。

对以身许国的军人而言,胜利的喜悦往往与牺牲的悲痛相互交织。在衡阳发生的诸多战斗中,捐躯衡阳的英烈飞行员汤卜生的悲壮经历影响最大,也生发出了诸多怀人文字。在丁布夫的《血战衡阳上空》中,作者以生前好友身份谈及诸多交往细节,指出汤卜生的加入空军,就是为了实现"锻造衡阳铁空"的理想。其后,作者还原了他在衡阳上空悲壮的最后一战:"第三次攻击展开了,英勇无比的汤卜生,在这一瞬间,他已俯冲,急升,跃进'荒鹫'的V字形队里。这少有的战斗姿态,惊震了每一个侵略者的心,赶快地集中七架飞机上的数十条火流,乱射。这是一机与七机的战斗呵!这是一条火与数十条火的战斗呵!这是中华民族的精神与日本物质的战斗呵!汤卜生队长就在这数十条火流的焦点上,殉了他的祖国!"[①]作者激情的言语直指"汤卜生之死"背后所负载的意义——面对实力远超自身的对手,中华民族的生存唯有依靠不屈的精神力量和随时牺牲的觉悟。汤卜生正是以自身之死延续民族的运命,这种个体与民族的命运轮回,正是抗战这场"民族圣战"的残酷与伟大之处。在作者眼中,牺牲了的汤卜生,无疑是民族不屈精神的象征。《中国的空军》杂志中对汤卜生的纪念文字里,值得注意还有陈禅心的《汤卜生衡阳空战殉国歌》和署名"汤卜生队长遗作"的《悼刘粹刚》两篇文字。陈禅心的诗歌以"勉集李白句成歌"的形式串联了汤卜生一生行藏,诗歌前半部分"金陵昔时何壮哉?输肝剖胆效英才,鲸鲵唐突流余迹,忽有一鸟从天来,衣冠陷锋镝,城阙闭黄埃"[②],是以汤卜生1938年受命飞抵沦陷的南京空中谒灵起兴[③],描写神州陆沉之后的萧索景象。正是此番际遇更加激发了他的报国之志。然而天不假年与英雄,奋起杀敌的汤卜生不幸陨难,作者唯有感叹:"哮起白云飞七泽,人今战死不复回!"昔时壮志凌云,而今忠骨长眠,满纸悲怆惋惜之情。再看《悼刘粹刚》,该文系汤卜生遗作,回忆自己与另一位威名赫赫的空军英烈刘粹刚的往事,袒露了自己在刘粹刚牺牲之后的心路历程:"他最后告诉我说,他纵不幸被敌人击落,他的灵魂得归故乡,也就甘心了!可是敌人永远没有击中他!永远再不能击中他的!这也许是战神满意了他的工作,在这神圣抗战的过程中,把他唤下去,让他永久地安眠?可是中国无限的生灵仍在仰望他保护,万里长空

① 丁布夫:《血战衡阳上空》,《中国的空军》1939年第1卷第15期。

② 陈禅心:《汤卜生衡阳空战殉国歌》,《中国的空军》1939年第1卷第16期。

③ 1938年5月7日,蒋介石命令空军第5大队第25队飞行员汤卜生驾机飞往沦陷的南京拜谒中山陵。午后汤卜生借云层掩护到达南京,驾机绕南京城飞了三圈,之后又飞至中山陵上空,拉开机窗,抛下一个花圈,之后摇摆机翼,表示对总理的崇敬之情。参见经盛鸿《南京沦陷八年史》,社会科学文献出版社,2005年,第1072页。

仍在要求他扫荡！粹刚，你的死举国悲悼，你的死万众痛苦！粹刚！你可以在九泉之下瞑目了！”[①]当汤卜生的“旧作”终成“遗作”，其人也随刘粹刚一起魂归大地，真使人有不胜唏嘘之感。这种颇具宿命味道的结局，无疑指向抗战军人命运的悲壮与职责的伟大。汤卜生之死给中国空军的刚毅雄伟群像之中添加了一丝源于生命本体的脆弱的柔性，同时也以自身的悲壮牺牲，再次点亮了中国空军坚强不屈的精神内核，完成了对中国空军形象从外到内的全面丰富。

相比于纪实性作品对中国空军充满正剧色彩的书写。对美国志航大队的描写则更多透露出亲切与幽默。在《美国空军在衡阳》一文中，作者以“飞将军从天而降”来比喻美国志航大队的到来，展现了领空沦陷已久的衡阳对盟友支援的渴望。其后美国空军初试锋芒，日军损失惨重，衡阳民众收获了久违的安全感：“他们听到空袭警报没有恐惧，倒反是欢喜，因为美国空军在此‘百无禁忌’，而且还可以看到空战，看到敌机的毁灭。”[②]英勇的战斗人员之外，幕后英雄后勤人员也得作者垂注，他们虽没有临阵应敌，却时刻在充满危险的工作中展现自身勇气：“一位机械师在大队零式飞机大吼之下，在机场上从容改装一架驱逐机上烧坏了的发电器，很幸运，他的工作在敌机投弹前很快结束，使飞机在机场中弹几秒钟以前安然地飞离了地面。”[③]繁重的工作中，他们无时无刻不是在与死神赛跑。在文章最后，作者又细致描绘了他们的日常生活，展现他们在战士身份之外，作为一个普通人的精神面貌：他们简陋的寝室生活，墙上挂着爱人或妻子的照片；唯一娱乐——玩纸牌；对潮湿天气的意见和对缺乏社交生活的遗憾；对湖南人民送来的上书“捍卫天空”的大锦旗好奇与喜悦。生动风趣的细节使得飞虎队员们的开朗、乐观、坚毅与勇敢跃然于纸面。这样的盟友自然是深受民众欢迎的，正如作者所言：“飞虎到那里，那里就聚集了观众，观众的情绪是敬佩、羡慕、好奇、亲爱的综合体。”[④]

三、“泰山军在应难撼”：刚毅卓坚的衡阳守军群像

从惨烈的衡阳保卫战的开始到其结束，衡阳始终是全国舆论的焦点。从《大公报》在战事初期连续以《衡阳东北外围激战，敌强渡耒河在堵击中》《衡阳我军坚强奋斗，敌尸盈积名城无恙》等饱含感情的新闻对战事进行实时报道，

① 汤卜生：《悼刘粹刚》，《中国的空军》1939 年第 1 卷第 16 期。

② 小鱼：《美国空军在衡阳》，《半月文萃》1942 年第 1 卷第 7 期。

③ 小鱼：《美国空军在衡阳》，《半月文萃》1942 年第 1 卷第 7 期。

④ 小鱼：《美国空军在衡阳》，《半月文萃》1942 年第 1 卷第 7 期。

到希望“每日皆以你们的胜利捷音,报道国人”[①],将社论化作为衡阳守军助威的“纸弹”的《扫荡报》,衡阳城内的一草一木都牵动着全国民众的目光。当孤立无援的衡阳城最终陷落,民众对它的关注不仅没有消散,反而更见炽烈——刚毅卓坚的衡阳守军是以怎样的牺牲力拒强敌 48 日,城市陷落之后他们将何去何从,都牵动着大后方民众的神经。

战地记者刘毅夫采访衡阳逃出的“孤军”陈祥荣的文字,为急切的大后方民众提供了答案。衡阳守军的惨烈战斗与悲壮牺牲,无疑深深触动了人们的灵魂:“衡阳孤军打了 47 天,这是一个世界共知的事实。但这 47 天怎样打的?以及情况怎样?大家俱能想象其艰苦悲壮,英勇牺牲;而不能逼真的知道衡阳守军是如何的战斗,牺牲。现在读了陈分队长祥荣的报告,我们真是百感交集,悲愤,感激,惭愧,难过,热泪夺眶而出!”[②]这篇震撼人心的纪实作品,以个体视角还原惨烈异常的衡阳保卫战,基于讲述者与事件的紧密联系,他的叙述还原了这段历史记忆的众多动人细节,而这些细节也构成了读者悲壮的现场感的来源。叙述者陈祥荣系空军飞行员,坠机跳伞逃生至衡阳城,被军长方先觉延揽为空军顾问。他的工作是指引空中力量打击敌军,忘我工作的他,“忘记了自己是一个伤兵”。[③] 敌军一开始即猛攻衡阳三天,赖方先觉指挥与战士英勇,敌人未能前进一步。面对强敌,勇猛乐观的守军居然开起了敌人的玩笑:“我们的士兵们领教了敌人的毒气、炮轰,‘也不过如此’。上下都有了自信,墙上布满了士兵们用粉笔、石灰写下的得意标语:‘勇兵精将守衡阳。’”[④]然而守军毕竟寡难敌众,损失惨重的守军将士不得不目睹阵地陷于敌手。奉命坚守的他们,面对自己急转直下的命运,选择了秉持军人的天职——与阵地共存亡:“一个士兵受伤,打坏了左臂,再上前线,又断了腿,头也伤了。他又到军部去。‘报告军长,我还能动,请您信任我,派一个人背我到阵地去,只要一挺机关枪,在我未咽气时,决不让敌人上来。’他惨白的脸上挂着两行热泪,脸绷得紧紧的。”略去了煽情质素,普通一兵为国献身的勇敢与悲壮在白描中愈发夺目。这位被背走的士兵,无疑是上万衡阳守军的写照,他们是以自身的陨灭守卫民族的最后尊严。不仅如此,作者还勾勒了阵地上震撼人心的士兵群像:“青天白日的国旗突然竖起了,带伤赤臂的中华男儿都由炮弹坑里跳起来,谁

① 《致敬衡阳》,1944 年 7 月 18 日《扫荡报》社论。

② 《读〈衡阳四十七天〉》,1944 年 9 月 14 日《大公报》社评。

③ 刘毅夫:《衡阳四十七天——空军一孤军陈祥荣的经历》,《大公报》1944 年 9 月 13 日。

④ 刘毅夫:《衡阳四十七天——空军一孤军陈祥荣的经历》,《大公报》1944 年 9 月 13 日。

也不喊杀，谁也不放枪，一阵手榴弹，解决了第一批敌人。接着第二批又上来了，又这样地被解决。”[①]在逼近的敌军面前，沉默的衡阳守军是以自己的身躯浇筑起血肉干城，此刻的他们，俨然就是整个中华民族的象征。而他们如雕塑般的身躯，正象征着民族不屈的灵魂。不幸的是，巨大的牺牲并没有等来援军。“亲爱的援军，你们来啊！给我们知道衡阳解围了，我们再死吧！”[②]这样的呼喊何其无奈，又何其刺耳，只使闻者锥心刺血。陷于孤立的衡阳守军，所恃者唯有孤城而已，然而仍能以牺牲为天职，作最绝望之抗战，这种“知其不可为而为之”，乃是一种逆天改命的无畏，而这种无畏因其失败的结局而愈见悲壮与动人。

在衡阳保卫战中，如此“竖其血肉干城，曾不少却”[③]的忠勇义士不胜枚举。

臧肖侠的《浴血奋战守衡阳》与李罗先的《衡阳名城血战记》就记录了众多这样的事例：以刺刀力战敌军三人，被手榴弹炸成重伤仍手指敌方阵地的杜有才排长；持机枪一挺抱“与堡垒共存亡”之心掩护撤退的士兵姜某；阵前培训后即投入杀敌最终全数战死的新兵多人；一夫当关万夫莫开的190师机枪排排长；为了摘南瓜给战士们果腹而不幸牺牲的预10师某连炊事兵。他们的牺牲当得起“我们衡阳的健儿，没有一个人贪生怕死，也没有一个人肯轻易弃土”[④]这样的评价。

在这些记录衡阳保卫战烈士的文字中，还有一段出自第十军师长葛先才的文字，读来引人深思：“现在回想那一段搜寻忠骸的日子，我们差不多每天都是一边流泪，一边工作。这‘古战场’并不‘古’，不过一年半之前，这些‘古人’都还是我们生龙活虎般的战斗伙伴。如今嘛！这‘古’战场已经荒草没径，锈损的枪支、弹壳、炮弹与炸弹破片……遍地皆是；惨白色的骸骨东一堆西一堆，横七竖八，零乱地、随意地，似乎被人不屑一顾地弃置在那里；而草长得最高最茂盛的地方，也必然是骸骨最多的地方！不过一年半以前，这些骸骨都还是国家的好男儿，父亲的爱子，春闺的梦里人，孩子们最最崇拜的英雄啊！这那里是文明人类生活的地方？这简直是一座露天的大屠场！啊，人间何世！人间何世！啊，弟兄们！弟兄们！我敬爱的弟兄们！若非我亲历其境，又怎能体会

① 刘毅夫：《衡阳四十七天——空军一孤军陈祥荣的经历》，《大公报》1944年9月13日。

② 刘毅夫：《衡阳四十七天——空军一孤军陈祥荣的经历》，《大公报》1944年9月13日。

③ 《致敬衡阳》，1944年7月18日《扫荡报》社论。

④ 《把眼光射在衡阳》，1944年8月7日《扫荡报》社论。

到这‘求仁得仁’的背后,竟隐藏了这么深重的悲怆!”[①]在众多书写衡阳保卫战战士的文字中,这篇文字无疑是特别的。这篇因替袍泽收敛骸骨而起的文字,未写他们生之壮烈,反而落笔于死之悲凉。时间不长,却已经“举目成今古”,阴阳两隔。无论对往昔战友的回忆如何美好,生命的破碎都会将其摧毁。时间荡涤了战时的豪气,作为幸存者的作者,更多地发现的是“逝去的军人,摧毁的家庭生活,面前的累累白骨”三者之间的痛苦联系。而今,作者笔底更倾向于凸显个体的脆弱,透射战争本体的冷酷与荒谬。这种感悟无疑将对“衡阳守军之死”的思考引入一个更深的层次,是对侵略者更深刻的谴责,更是对死难烈士的深沉缅怀。与此同时,这种体悟也极大地开拓了战争文学的现实主义深度,使得衡阳守军的整体形象更为丰满。

四、“名城名将铸简篇”:富于悲剧色彩的抗战名将方先觉

谈及衡阳保卫战,守将方先觉自然是不可忽视的。就方先觉本人而言,衡阳一役堪称其人生最重要的“节点”,这场战役使他登上人生荣誉的巅峰,被大后方尊为“抗战的灵魂”。他也因为这场战役坠入人生的低谷[②],衡阳城破后他是“自杀未成,力竭被俘”,还是“通敌投降”,始终争论不休,方先觉终其一生亦未能摆脱这一事件带来的精神压力。以至于晚年还“不无伤感地对人说起,自己一生最大的遗憾就是当年没有死在衡阳”[③]。就作战能力而言,方先觉在抗战后期将领之中堪称翘楚,论及生涯之跌宕,恐怕亦属罕见。作为抗战后期最为舆论所关注的将领,梳理纪录方先觉的各类文字,呈现在我们眼前的是一个命运富于悲剧性的抗战名将的面影。第三次长沙会战“孤军独守,力克进犯敌

① 葛先才:《衡阳蒐瘗忠骸记》,《衡阳抗战铸名城》,中国文史出版社,2005年,第43—44页。

② 方先觉回归重庆之后,即承受了相当压力,虽然重庆方面欢迎热烈,然而方先觉却始终应之郁郁,在1944年12月面对《扫荡报》记者采访时,记者提到:“关心方先生的千万同胞,都为方先生的脱险归来而喜悦”时,方本人表示:“我虽回来了,但惭愧却难免:因为我既未成功,又未成仁!”可见其心理压力。同时,重庆方面的以何应钦为首的军界高层对集英雄与降将一身的方先觉亦多有微词。其后方先觉再次履职,先授37集团军副总司令兼青年军第27师师长,但不久后师长就转委他人。此事实际上预示着方先觉的政治生命在衡阳之战后,即基本结束。其子方略口述的《坚守衡阳四十七天——爱士兵恨战争的父亲方先觉》中所说的:“蒋介石还念方先觉的功劳,说正职的差事你不合适当,就当副职吧。”亦佐证了这一事实。对方先觉的评价,两岸亦颇有差异,大陆方面主要依据的饶少伟的文章《方先觉衡阳投敌经过》,而台湾主要依据白天霖所编著的《抗日圣战中的衡阳保卫战》,两种观点各执一词,但未正面交锋。

③ 沈旻、沈岚:《衡阳保卫战的悲剧英雄方先觉》,《中国档案》2015年第10期。

军，歼倭万余，因获得‘泰山军’荣誉”①，方先觉开始走入人们的视线。启迪的《在衡阳孤城浴血奋战的方先觉军长印象记》，勾勒的则是常德之战与衡阳之战前的方先觉形象。文章开头，作者即以自己观察及方先觉部属介绍，塑造了一个鞠躬尽瘁的爱国将领形象：“方军长在常德会战前线的一个多月期间，没有好好睡过一夜觉，时常一手握住电话机，一手按着地图，一面听取前方的情况，一面要参谋长下命令调动部队，遇到情况紧急时，还要亲身带部队冲杀上去，又要巡视阵地和检查哨兵，抚慰伤亡，筹划补充给养等，真实成日成夜地忙着，那有休息的时间。”除了罕见的工作态度，方先觉“高大魁梧和钢筋铁骨般的身材”，“刚毅、沉着、勇敢、果决”的性格②，均给人一种“国之干城”的印象。作者还记录了他在衡阳各界欢迎会上的慷慨陈词：“我决心在敌人没有完全消灭之前，我是始终不离开第一线的，惟有拿我的血和肉，同敌人拼到最后，以报答各位欢迎我的盛情！”他不仅事必躬亲，而且爱兵如子：“方军长对待他们也和以为贤明的家长所做的一样，公平、厚道、慈爱、体贴等美德都是他人格构成的一部分，也就是他怎样使这团体强固，干部融洽无间的精神要素。”③质实而言，衡阳城能守 48 天，与他爱惜士卒和以身垂范关系甚大。然而由于敌众我寡，孤立无援，衡阳城终于陷落。绝境中的方先觉等发出震撼中外的《衡阳守军最后一电》，其中的“生等只有一死为国，来生再见”的语句，简短字句中透露出的牺牲一切的大勇，读来令人感佩。如果方先觉就此战死，那么他定然成为一代民族英雄。然而最终他却在自杀未遂后，“为保护 9000 名伤病员的生命安全”④而选择与敌军议和，并向日方提出三项要求⑤。这次投降议和，也是方先觉命运急转直下的开始，从此之后“投敌失节”成为他一生的梦魇。

降后被日军关押在天主教堂的方先觉，最终被成功救出。这段虎穴逃生的“奇遇”，被杜惜冰以戏说传奇的方式写成了《方先觉衡阳脱险》。杜文中对于方先觉所经历之事及其抉择，处处报以“同情之理解”，认为方先觉最终历经艰险回归重庆，正是他“人在曹营心在汉”的象征。需要指出的是，向来为舍生

① 杜惜冰：《方先觉衡阳脱险》，《茶话》1946 年第 4 期。

② 启迪：《在衡阳孤城浴血奋战的方先觉军长印象记》，《衡阳抗战铸名城》，中国文史出版社，2005 年，第 475 页。

③ 启迪：《在衡阳孤城浴血奋战的方先觉军长印象记》，《衡阳抗战铸名城》，第 476 页。

④ 秦弓：《抗战文学与衡阳保卫战》，《抗战文化研究》第 6 辑，第 121 页。

⑤ 又称“方三条”：1.保证（第 10 军）生存官兵安全，并让他们休息；2.收容伤患，予以治疗，并郑重埋葬死亡官兵；3.守城官兵绝不离开衡阳城。

取义思想所浸染的中国民众,也没有因此失却对方先觉的敬意,大后方的舆论对于他的回归均反响热烈。在《向方先觉军长欢呼》中,他们认为"方军长打了抗战以来最艰苦的硬仗,他最后也没有失掉中华军人的节操"①;在《欢迎衡阳守将归来》中,他们并不将衡阳之败视为方先觉政治生命的终结:"方将军等此次脱险,是其余生,是其再生。以此忠贞英勇之余生再生之躯,再赴沙场,必更能发扬守衡阳的精神!"②《方先觉不愧张睢阳》更是将方先觉比作中唐力抗安史叛将的睢阳守将张巡,认为其已完成自身职责:"不论对于国家,对于长官,对于国民,均无愧色。"③遗憾的是,方先觉自此之后,再无"发扬衡阳抗战精神的机会"。衡阳战后的方先觉再未得到重用,最终于台北郁郁而终。

虽然这种来自大后方民众和舆论的理解,并不能改变方先觉的命运轨迹。在依旧以"舍生取义,杀身成仁"作为道德准则的社会中,方先觉命运的悲剧性几乎是注定的,等待他的必然是无穷的道德拷问和现实挤压。然而在他归来时的这种"同情之理解",毕竟透射出了人性的某种光芒。随着方先觉的逝世,他的功与过,荣与辱,已经成为历史。我们相信,最富筛汰能力的时间,当会给予他个人一个经得起推敲的定评。

五、"孤城缨据战玄黄":衡阳抗战的"孤城奋战"精神

1947 年 8 月 10 日,惨烈的衡阳保卫战结束的三周年纪念日,衡阳民众举行"抗战纪念城"的奠基仪式。时隔三载,衡阳保卫战的记忆依旧浓烈,不仅是由于这场战役的非凡战略意义和巨大牺牲,更因为这场战役在民众眼中的精神价值和锻造于此的伟大精神。

艰难的国运与苦痛的生存体验所交织而成的历史语境,使得衡阳保卫战被赋予了诸多象征意味,也具备了更深远的历史价值。正如时人所言:"衡阳就是中国,中国就是衡阳。"④侵略战争的长期伤痛,此战对战局的重要意义,让人们几乎本能地将这座城市的命运与整个民族国家的未来联系在一起。陷于惨烈战斗的衡阳,此时即是"苦难的祖国"的隐喻。这座城市虽然最终沦陷,这场苦战也以失败告终。但是"用坚毅的信念作拼死的支持"⑤的英勇无畏,"大

① 《向方军长欢呼》,《大公报》社论 1944 年 12 月 13 日。
② 《欢迎衡阳守将归来》,1944 年 12 月 20 日《扫荡报》社论。
③ 《方先觉不愧张睢阳》,1944 年 12 月 20 日《救国日报》社论。
④ 《致敬衡阳》,1944 年 7 月 18 日《扫荡报》社论。
⑤ 流沙:《衡阳——你等候着》,《文学》1944 年第 2 卷第 4 期。

战四十八，战士心攸同"[1]的众志成城，使得人们于现实的无尽绝望中重获希望，衡阳从一个普通的地理名词，成为"东方的史达林格勒/中华民族抗敌复兴的圣地"[2]。将衡阳视为"民族抗敌复兴的圣地"。是因为衡阳以"四十七天的孤军坚守，衡阳在兵尽矢穷，血肉交搏中，不屈不降"[3]的泣血奋战，日渐陷于绝望的民族找回了胜利的信心。衡阳之战所展现出的"孤城奋战"精神，昭示着中华民族的血性仍在，这样的民族的所蕴含的潜在力量仍不可忽视，他们不会为侵略战争所击垮。而这种"孤城奋战"精神的根底，被认为是"中华固有道德精神之表见与发扬"[4]，从某种程度上是一种"文化的胜利"。这种文化显然不是从故纸堆里寻得的古文要义，而是经历了"五四"精神洗礼与战争锻造后的民族文化。这种根植于民族传统，又经历现代精神改造和战争荡涤的文化，也许是抗战中最重要的精神收获，也可以被视为是抗战后文化思想界追求"古今融合"的思想根基。

衡阳雁去不绝响，从抗战文学的"衡阳书写"中，我们仍然能感觉到这段历史所承载的历史价值和精神力量。抗战文学的"衡阳书写"不仅以第十军的惨烈战斗场面的还原，为丰满抗战文学和民族历史记忆提供了可能。同时也以亲历者的深刻体验切入战争，揭示了战争给个人带来的肉体与精神创伤，展现了战争语境下个体命运的悲剧性，拓展了战争文学的现实深度，于思索中呈现出人类意识与终极关怀。这些质素无疑都是应当为未来的战争文学研究与创作所吸收与发展的。

作者简介：

吕彦霖，南开大学文学院中国现当代文学博士研究生，研究方向为中国现代文学与文化。

---

① 伍善耀：《衡阳抗战纪念城奠基日率赋》，《粤汉半月刊》1947 年第 2 卷第 16 期。

② 流沙：《衡阳——你等候着》，《文学》1944 年第 2 卷第 4 期。

③ 《衡阳战役的教训》，《妇女新运》1944 年第 6 卷第 8 期。

④ 蒋介石：《"衡阳抗战纪念城"命名典礼国民政府蒋主席训词》，《大华晚报》1947 年 8 月 10 日。

论严杰人诗中的英雄形象

蒋婧琳

[摘　要]严杰人是抗日战争时期崭露头角的广西青年诗人,他留有诗篇不下80首,他的诗作多是自由诗,内容丰富,题材多样,而在中国现代文学史中严杰人却鲜少被提及。本文试图对严杰人的诗作进行分析,将从叛逆式英雄、立体的战场英雄、有英雄特质的意象以及拥有英雄特征的诗人本人四个方面来展开,从而探究严诗中塑造的不同类型的英雄形象的特质和表现,进一步挖掘严杰人诗作的审美价值与现实意义,使这位早逝的青年诗人及其作品价值能被更多人了解和承认。

[关键词]严杰人;诗歌;英雄形象

严杰人(1922—1946),广西宾阳人,原名严爱邦,自小爱好文学,是一位有理想抱负的青年诗人,也许因为早逝,这样一位才华横溢的诗人不仅诸多诗篇未被收集成册,他在文学史上也鲜少出现,而今已鲜为人知,然而我们却不能忽视严杰人及其作品的文学意义和现实价值。

一、严杰人的创作和对其的研究

桂林在1938年至1944年这段时间可以说是中国抗战大后方的文化中心,文人荟萃,新作迭出,先后在桂林停留的作家、学者有1000多人,其中不乏艾青等大诗人。严杰人生于新文化运动时期,又在桂林文化城这样浓郁的文化环境熏陶中成长起来,与全国有名的文人夏衍、田汉等有交往。严杰人作为我国抗战时期广西青年诗人,在他短暂的人生中创作出许多在今天看来都十分优秀的诗篇。

严杰人在1941年和1942年先后出版了《今之普罗蜜修士》和《伊甸园外》两个诗集,前者内收《今之普罗蜜修士》《红水河》《夜桂林》等14首诗,后者内收《被逐的亚当夏娃》《山民》等6首诗,同年出版散文诗集《南方》,除了三个诗集外还在桂林发表了很多诗作,如《夜袭》《别离歌》等,严杰人在桂林可谓是迎来了他诗歌创作的成熟期，创作了不下 50 首诗歌[①]，题材丰富，诗歌以自由诗的形式为主，又不乏古典诗歌的对偶、对比手法，既有个人理想的抒发，又有社会现实的写照，更有《夜袭》《播音部队》等直接对战场正面描写的优秀诗篇。他的诗歌《无题》和《鼠的画像》还被选入《中国新文学大系》[②]，加上入选的另外两首散文诗《别离歌》《家》，严杰人是入选最多的广西籍作家。

严杰人如此年轻就能写出这些优秀的作品说明他是一位有才华和天赋的诗人，且作为桂林文化城时期的广西本土作家，他在与全国同期来桂的异地文人的交流中，他的诗歌也在不同思想的碰撞中成熟，同时严杰人战地记者的特殊身份让他能够直接接触战场，因而他诗歌中有关战场的题材写实并富有感染力，还有如反战联盟这样十分少见的题材。严杰人的诗歌不仅有文学审美价值，也有历史方面的参考价值，由此可见严杰人的作品是有研究价值的，但现有的对于严杰人的研究主要是如彭燕郊《那代人——彭燕郊回忆录》、莫洛《陨落的星辰》等人物传记的资料整理，还有就是以黄泽佩为主对于严杰人作品的研究，如《论抗战时期的爱情诗创作》《论严杰人抗战题材的诗创作》《当今仍颇具启示价值的抗战诗作：评严杰人的〈这世纪的风〉等三首诗》[③]等，主要集中于爱情诗、散文诗等一类诗的分析，单首诗作的评论，以及以严杰人生平为基础对其诗歌的研究。对于严杰人诗歌整体的意象内容、艺术特色及其意义价值的研究是比较少的。

笔者认为严杰人的诗歌对人物意象的塑造是很有特色的，他的诗歌中塑造了不同类型的英雄形象，既有对英雄的赞美，也有对历史的纪录，更有对自身抗战坚定信念的表达，而对诗歌中英雄形象的分析研究让我们进一步挖掘严杰人这位桂林文化城时期的青年诗人诗歌的内涵，有助于了解严杰人当时的思想情感与创作状态，同时英雄形象中蕴含的思想文化精神不仅对抗战时期军民有鼓舞作用，也对现今的人们进一步提高自身思想修养，影响民众人生价值取向把握，营造良好的社会氛围有积极的引导作用。

二、英雄形象的类型

在严杰人已经出版的《今之普罗蜜修士》《伊甸园外》两个诗集以及一些散发于刊物上的诗篇中，笔者发现许多诗对英雄形象的塑造，从不同的角度来塑

① 蔡定国、杨益群、李建平：《桂林杭战文学史》，广西教育出版社，1994 年，第 531 页。

② 此为 1990 年上海文艺出版社出版的《中国新文学大系(1937—1949)》。

③ 《那代人——彭燕郊回忆录》，花城出版社，2010 年；《陨落的星辰》，上海人间书屋，1949 年；黄泽佩的三篇论文分别发表在《抗战文化研究》第四辑(2010 年)、第二辑(2008 年)、第三辑(2009 年)。

造了不同类型的英雄,严杰人诗中塑造了不同类型的英雄形象,既有叛逆式英雄,也有战场上的英雄,具有英雄气质的意象,诗歌中抒情主人公也具有英雄气质。下面将就英雄形象的类型特点和意义进行分析:

第一,严杰人的诗塑造了叛逆式的英雄形象。叛逆式英雄反对高高在上的主宰者权威,引导或帮助人获得自由和独立,这类英雄具有身先士卒,引导人们反抗强权的特点。严杰人《今之普罗蜜修士》《亚当夏娃的被逐》等诗歌中塑造的撒旦、亚当、夏娃是叛逆式英雄的典型,他们都出自《希腊神话》和《新旧约全书》,因为严杰人认为"里面有着许多为了爱人类而受难的圣人的故事"①,因而严杰人选择西方神话的题材来进行创作,而这也是人类诞生以来深刻在骨子里的对自由,独立,向上的追求和向往,延续至今作为母题存在于文学作品中。

普罗米修斯是希腊神话中为了人类盗取火种的神,并因此触怒了至高权威的代表——宙斯,被吊在高加索山的悬崖上永生永世受尽折磨,他的身份不是人而是神,本可以尽享权利与富贵,但是却为了人类的幸福与延续,背叛了身处的神明阵营,普罗米修斯确实是神明中的叛逆者,但是他也是人类的英雄,他胆敢与无上的权威者挑战,忍耐痛苦,不改变也不动摇信念,更不后悔他叛逆的行为,普罗米修斯无疑是伟大的,他给予人可贵的礼物——自由与独立,带来的是人类种族的延续,就像诗中所写:"唯有这才是生命,快乐,胜利和称帝"。同时取材于希伯来神话的《亚当夏娃的被逐》,同样也是一个叛逆式英雄的故事,亚当与夏娃因为吃掉了智慧树上的果实而被上帝赶出永远和平的伊甸园,我们在严杰人的诗中看到伊甸园的美丽富饶,但是亚当与夏娃却没有被这些阻碍脚步,他们追求成为一个完全的人,上帝的权威在他们看来比不上对自由独立的渴望,他们最终忤逆了上帝,做出"大逆不道"的行为,却也勇敢地走出了如同囚牢般禁锢他们身心自由和独立的伊甸园。亚当和夏娃是勇做叛逆者的英雄,但是在他们之前撒旦才是第一个叛逆者,诗中这样描写他:

他是一个先知
他是一个圣者
并且有着一个倔强的
叛逆的灵魂
为了不愿做耶和华的涂膏者

① 严杰人:《伊甸园外》题记,《诗》1942 年第 4 期。

为了不愿做耶和华的奴仆
他会第一个起来
反抗者主宰的权威[①]

撒旦在西方文化史中一直是以邪恶的形象出现，但是在严杰人的诗中恰恰相反。严杰人借神话的外衣，却早已赋予了故事与人物不同的内涵，对撒旦描写的篇幅虽小，却已还原出一个典型的叛逆式英雄形象，诗中他看破了上帝权威下的欺骗，吃下果子固然反抗了权威，却得到了获取平等地位的机会，撒旦就是第一个叛逆者，这与弥尔顿的《失乐园》中的撒旦形象有异曲同工之妙，有着宁在地狱为王，不在天堂为奴的魄力与勇气，做自己的主人，在心的国度里称王，反抗高高在上的主宰者，不再愚昧地听信权威，应该就是《今之普罗蜜修士》中“称帝”的含义。

五四时期，大量西方经典被翻译入中国，其中波德莱尔对中国文学界乃至思想界也产生一定的冲击，田汉更说其是“舍基督而拜沙丹(撒旦)”[②]。严杰人自幼喜欢读书，在当时这样的文化背景下，严杰人自然受到影响，从而他诗中的“撒旦”不由地从邪恶的代表转变为叛逆式的英雄形象。因为叛逆英雄们看到了民众的苦难，看到了来自权威者的压迫，从而走上了追求自由平等的道路。严杰人的诗中将西方神话中的人物塑造成为“叛逆式英雄”，歌颂那些为人民受难的英雄们，用他们为人类受难、追求自由平等的故事，激励那些处于战争中的民众们共同奋起反抗。叛逆英雄的内心必定经过一番思想转变，依靠坚定的信念对自身身份的重新定位，为了更伟大的理想，为了更多人的利益，他们是自身阶级的“背叛者”，也是人民大众的英雄，这种身份与内心的对抗冲突形成了一种张力，叛逆者的结局多是悲壮的，充满着痛苦与血泪，但是他们为伟大理想而奋斗牺牲的精神却是永存的，严杰人的诗正是将这可贵的反抗精神延续性表现了出来。

第二，严杰人的诗塑造了战场上的英雄。这类英雄多是军人，勇往直前，浴血杀敌，保卫和平是他们的特点，诗中的战场英雄不是高大全的扁形人物，而是多面的圆形人物，突出表现在这些英雄情感的多面展现，不仅在战场上奋勇杀敌，拥有钢铁般的意志，也有儿女情长的一面，而内心柔软情感的展现让他们的形象更加立体。

---

① 严杰人：《亚当夏娃的被逐》，《现代文艺(永安)》1942 年第 5 卷第 5 期。

② 田汉：《恶魔诗人波陀雷尔的百年祭》，《少年中国》1921 年第 3 卷第 4—5 期。

同时代的抗战题材诗歌大多侧面表现战场,而严杰人通过战地记者的身份亲历战场,他的诗歌多是直接正面塑造战场的抗日英雄,如《夜袭》《播音部队》《指挥所里的参谋长》等诗,或是参谋长,指挥作战;或是将军,如《夜袭》中"大地跳动了,好一个狂飙夜啊","阵线崩溃了,像决堤的水,阵线巩固了"[①],这首诗其实就是抗战时期戴安澜将军在昆仑关指挥的一次奇袭;甚至还有极其少见的日本反战同盟的题材,用一缕乡音引发日本侵略军的乡愁,击垮他们的意志。他们都是战场上冒着枪林弹雨奔走在前线的英雄,不畏牺牲,战斗不息,用坚强的信念和血肉铸造成保卫大后方和平的钢铁长城。在严杰人的这几首诗是现代诗歌中非常少见的对战场直接进行描写的诗篇,尤其是对于反战联盟的描写很难找到相似题材的诗。这些诗歌不仅仅歌颂了英雄的行为,也将这些英雄事迹用诗歌记录下来,激励更多人投身于抗战中。

严杰人的诗不仅仅只是描写了这些抗日英雄的铁血坚强,也表现了他们儿女情长的一面,立体地塑造了英雄形象,使他们变得有血有肉,在残酷的战争中,诗人挖掘出诗情画意,即回应了时代的需要,又坚守了诗情。《烽火情曲》是其中将英雄们保家卫国和内心柔情糅合的相当和谐的佳作,诗中以一池浅浅的月光寄托情丝,希望恋人平安喜乐,生活幸福:

纵然孤独如寒夜的残星
也该永远闪着快乐的眼睛
……
愿你把一条条朗丽的笑纹
在你的脸上缀成一幅青春的图画[②]

谁说英雄无爱,这首《烽火情曲》中英雄气壮却也不乏柔情,一个有情有义的铁血英雄形象跃然纸上。中国20世纪三四十年代正是抗战时期,文坛出现将文学和政治简单画等号的倾向,一些诗人将诗作为政治宣传工具,严杰人当然也在用诗来歌颂赞美这些浴血奋战的英雄,但他的诗却将英雄的爱国情怀和个人情感很好地结合,这也是严杰人诗中抗战英雄和其他有政治宣传倾向诗歌的区别,他笔下的英雄是写实的,是一个完全的人,而非一个供人膜拜的神像,英勇,坚定,也有柔情,甚至有恐惧,正是这些人之常情让这些英雄更加

① 严杰人:《夜袭》,载于《中学生半月刊》1940年第21期。
② 严杰人:《烽火情曲》,载于《中学生》1941年第44期,第16—17页。

鲜活，绝不是否定这些流血牺牲的革命英雄，而是通过塑造真实的英雄形象，我们知道他们就存在于我们身边，和普通人一样，只要克服恐惧，将柔情化为保家卫国的一股动力，为人们的幸福生活而奋斗，普通人也可以成为英雄，这对人们有着鼓舞与推动的作用。

第三，严杰人诗中的一些意象同样具有英雄气质。如《向日葵》《地球》《英雄树》等诗篇中的向日葵、地球、树，严杰人用象征手法将英雄气质赋予这些意象，使它们拥有永不屈服，勇于承担责任，为理想奋斗的精神特质。

严杰人在《向日葵》中写向日葵的坚定信仰：

永远把脸向着太阳
他永远追随着太阳
而转变他的方向①

在此之前向日葵忍受痛苦，不断向上生长，只为了沐浴到太阳的荣光，永远向着太阳的向日葵，就是具有坚定的信仰的革命者，那些日夜的煎熬并没有打倒革命者们，反而让他们信念更加坚定，这首诗歌塑造了立场坚定，富有理想的英雄形象。笔者最为喜欢的还是《地球》中塑造的粗犷强壮，爱憎分明，明辨是非，胸怀大爱的英雄形象，地球是拥有博大胸怀和责任担当的英雄的象征，用一颗爱人之心使得保护广大民众：

啊
我就是地球的全体
我负载着你们众多的人们
但我并不感到担当不起的困顿

我不息地转动着
但是我用一颗爱你们的心
吸引住立脚在我身体上的你们
使你们不致因我的转动而跌倒②

① 严杰人：《向日葵》，载于《救亡日报·文化岗位》1940年8月21日。
② 严杰人：《地球》，载于《现代文艺》1942年第1期。

笔者看来“地球”这位英雄更为超脱，他不愿意用自身的意志来干扰影响其他普通人，他只是默默的奉献，他的付出是众人难以想象的，却又是不求回报的，他身上有一种大爱，不是神像的怜悯，而是一种责任的担当，这种伟岸的英雄形象让笔者想起拉伯雷的《巨人传》，这里的地球就是人中英雄的象征，永远向上，承担责任，奉献自己，激烈的情感下是奔涌的滚滚热血，是对英雄的高歌。《英雄树》中最后一段将英雄的倔强和坚韧表达的淋漓尽致：“她虽然已遍体鳞伤/而她仍倔强地/矗立在朗丽的高岗上。”①

英雄树是以树的形象矗立于天地的英雄，实质上是对所有女性的讴歌，尤其是伟大的母亲，同时也可以延伸对我们母国的敬仰，英雄树养育了万物，她可以被凌辱，被伤害，却永远不会倒下，这也是整个中华民族的坚强意念，倔强而傲然的独立于天地，所有的不愿意屈服的中国人都是英雄。

五四时期，我国引入了以法国为主的象征主义，到了40年代，以穆旦为代表的中国新诗派有了比较好的运用，他们追求“现实，象征，玄学”，严杰人的诗虽然相比穆旦诗的雄浑深沉显得比较稚嫩，但是在意象中也蕴含着丰厚的情感——爱国情怀和坚定信念，我想在这方面严诗是有可以称道的地方的。

第四，严杰人的诗歌中体现出诗人身上的英雄气质。严杰人诗歌中的抒情主人公被赋予英雄的特质，即诗人拥有的顶天立地的气魄，那种震撼人心的力量鼓舞众人在艰难的抗战时期坚持战斗。严杰人不是一个书斋诗人，在烽火连天的国难之时，他作为战地记者奔走于前线，在危险中穿梭，诗人的勇气非一般人所有，他并不强壮的身体里蕴含着巨大的力量，那是理想主义的光芒，他追求完美，希望成为一个完全的人，面对着脸上的疤痕，他喃喃自语，恨不得立刻就好，他希望自己是完整无缺的无论是生理上还是心理上，严杰人憎恶着自己哪怕一点的缺点，因为他追求着真善美。他是一个作诗的战士，又是一个战斗的诗人。严杰人在昆仑关的经历让他写出《夜袭》《指挥所里的参谋长》等诗篇，他诗人的敏锐又让他能捕捉到血腥战场的诗情画意——一席月光，一缕乡愁；作为诗人，他有着丰富的感情，有如孩子般的天真，拥有惊人的天赋，却也早早地被召回天堂，不得不说是诗歌界的一大损失，即使是在短暂的创作生涯中，他的诗作据不完全统计也有不下80首。罗曼·罗兰说，英雄，单指那些凭心灵的力量获得胜利的人。严杰人对这句话深以为然，也是这样做的，就像《冬天》中严杰人引用雪莱的诗来安慰和指引大众——“冬天来了，春天还会远吗?”他的诗作中无不透露出对自由、新生、胜利的向往和笃定，一

① 严杰人:《英雄树》,载于《现代文艺》1940年第6期。

首《无题》更是严杰人最好的个人写照：

额非尔士峰日哟
你不要骄傲地
自夸你高于一切
我有比你更高的理想呢

海啊
你不要以为你最深
我的仇恨
比你深又深

山野呀
你不要欺侮我无路可走
我要踏破你的崎岖
用脚印去铺出一条坦道①

这首《无题》发表于 1941 年，当时正是抗战的转折点，因为同年美国参战，僵持的局势开始迎来胜利的曙光，在这首诗中诗人对胜利到来的坚定信念，与历史奇妙的重合。诗中严杰人说他的理想比珠穆朗玛峰更高，仇恨比海深，要用双脚踏平山野的崎岖，走出一条道路来。短短的三段诗却将一个敢与天公试比高的伟岸英雄形象勾勒出来，鲁迅先生说，世界上本没有路，走的人多了，便成了路，严杰人踏平崎岖走出一条路的理想，不正是鲁迅先生理想的延续吗？严杰人有着诗人的眼光和战士的精神，因而能够处于现在，视线却能见过去，并且穿透残酷现实的迷雾看到光明的未来，严杰人一直在用自己的诗来战斗，来鼓舞，来展望。

三、严诗塑造"英雄形象"的意义和价值

严杰人的诗歌中塑造了不同类型的英雄形象，有神话中的英雄，有现实战场中的英雄，也有具有英雄特质的意象，更是塑造了诗人自身的英雄形象。这些英雄形象类型不同，但有相同的特质，尼采在《悲剧的诞生》中如此描写英雄

① 严杰人：《无题》，载于《文艺阵地》1941 年第 3 期。

的特质:“人与神之间的距离遥不可测,因此,合宜的态度是彻底顺从,听天由命。真正的美德是节制,原本就是一种消极的美德,英雄人性是缺乏此种美德的最高贵人性。”①正因为英雄拥有最高贵的人性,不顺从命运,首先起来反抗权利主宰者,就如撒旦首先反抗上帝的权威,英雄树面对凌辱倔强地矗立在高岗,以蔑视的姿态俯视敌人。

严杰人笔下的英雄区别于一般人,这些英雄拥有坚守尊严,长久忍耐痛苦,勇于反抗强权,为人类的幸福而奋斗的特质。严杰人和他诗中的英雄无疑是伟大的,英雄的伟大就在于他们坚定的意志,以及具有指引性的行为方式,严杰人的诗即使是现在来看也是让人充满共鸣的,因为诗中塑造的英雄身上具有不懈奋斗的精神,对光明理想的追求,对爱情的期待,对自我的坚守等等丰富的内涵,都是人类对真善美永恒的追求。

诗人在创作时或许没有刻意在诗歌中塑造英雄,但是诗人内心对信念坚定,反抗权威,追求自由的英雄有着憧憬与赞美,严杰人渴望有这样的英雄来带领“伊甸园外”的民众走出战火的困境,他更追求自己是一个“完全的人”,能够用作品为民众歌唱,在无形中诗人的愿望融入他的诗歌中,诗人用他对光明理想的向往,对真善美的执着追求,塑造出如此鲜活的英雄形象,诗人的天真与坚定浸透在他的诗中,因而他笔下的英雄永远向前,永远充满活力与力量。严诗中的英雄是充满生命力,富有人性,为理想而奋斗的人的化身,英雄就在我们的身边,是诗人自己,是你,也是我,每一个为理想忍耐追求的普通人都是自己的英雄。

严杰人笔下塑造的英雄形象给了我们心灵的指引,明确了自己奋斗的方向,引发人们的情感共鸣,诗的美不仅是措辞的优美,格律的齐整,更是这种蕴含人文精神的审美价值。当然,比起穆旦等诗人笔下英雄的悲壮深沉,灰暗的基调,严杰人诗中的英雄形象有着理想化的特点,也没有进一步深入挖掘英雄所处的悲剧处境,显得有些青涩和稚嫩。严杰人诗中的英雄,更多的是一种榜样和先驱者的形象出现,带来的是对光明未来的无限期盼,充满了希望,也是年轻诗人内心坚定信念的表现。这种明朗的基调在当时是具有一定积极意义的,因为这些英雄给困境中人们带来了希望,给予他们继续战斗的力量。

同时英雄形象不仅仅只是出现在严杰人的几首诗中,更多是将这种精神贯穿他的整个创作,英雄将人们带出伊甸园,也将作为一种精神象征带领伊甸园外的人们创造更好的生活,与其说严诗中的英雄是具体的人物,诗中传达的

① 弗里德里希·尼采著:《悲剧的诞生》,周国平译,译林出版社,2014年,第112页。

更是一种精神的传递，英雄可能会逝去，但是英雄的精神是永存的，作为一种希望的象征带领一代代人奋勇向前，永不放弃，这种英雄精神正是严杰人诗歌的基调，因而他的诗歌永远不会让读者感到颓败无力，而是生气勃勃，我想这严诗现在读来依旧让人感动的原因。

1938 年 2 月 20 日，黎嘉在《新华日报》上发表的题为《诗人，你们往哪里去？》一文中写道，在民族解放战争中，“诗人们的诗篇，也必须是帮助这种神圣的战争的”。诗歌的形式短小精悍，因而抗战时期胡风、老舍等人都提倡用它作为武器，揭露敌人的丑恶侵略行为，展现中国民众在日军侵略下的苦难生活，并借此表现出了中国人民不屈的民族意志。在严杰人创作高峰期的1941—1942 年正是第二次世界大战的胜利转折点，同时中国抗战也迎来胜利的曙光，这也许正是诗人眼光的前瞻性表现。严杰人诗歌中澎湃的情感极具感染力，能够很好地激发民众的抗战热情，坚定他们的抗战意志，这是严诗对于抗战的现实意义之一。严杰人承担了他作为诗人的社会责任和民族担当，用诗歌将英雄的事迹记录下来，吹响民族战争的号角。这些英雄们的行为是真实的，这些浴血奋战的军人们是所有人的榜样，诗中同胞的牛马生活激起中国人的怒火，严诗就像一颗火星，点燃了读过、听过他诗歌的中国人心中的热血，让前线军人坚定战斗的意志，也成为处于抗战烽火中民众的指引，鼓舞大后方民众们加入抗战的大潮中，军民一家，共赴国难，汇聚全中国的力量抗击侵略者，保家卫国，同时让全世界人看到中华民族反抗强权的不屈精神。诗中英雄精神是如此的具有活力，是不会随着时光的流逝而凋零的不败之花，因为这种保家卫国的爱国精神同样也对当今社会人们价值取向具有积极的影响，顽强不屈，保家卫国的英雄们无论在抗战时期还是在当今社会都是一种精神指引，营造保家卫国、顽强拼搏、积极向上的社会风气，增加社会凝聚力，展现中国精神，从这个方面来说严杰人诗歌中英雄形象的塑造是有借鉴价值的。

严杰人的诗歌在抗战诗坛上或许不像其他大诗人的诗歌有巨大的影响，但是他却用自己的亲身经历将战场英雄们的英勇记录下来，将血腥厮杀中的一缕柔情保存下来，在他眼中无论是人还是其他事物，都有成为英雄的特质，他用诗歌来歌颂传播，在抗战时期这位年轻诗人用自己的方式在诗坛上传播勇气与力量，在自己成长的过程中，也借笔下的塑造的英雄形象让他们在战火中得到心灵的安慰，引导民众投身战斗中，严杰人这些在和平岁月“也许不再来”的诗歌最终成为那个血与火的时代最好的见证。

四、结语

严杰人确实是一位优秀的诗人。他的诗歌既有自由体诗歌的特点,又有古典诗歌的艺术特色,题材多样,语言平实却又含有深意。诗中塑造了不同类型的英雄形象,英雄有实有虚,但是英雄形象身上展现出来的精神使真实而富有感染力的,那种坚定的信念,为自由平等而战的勇气即使严杰人对英雄的赞美也是对我们的激励和引导,诗人用自己的方式追求成为"完全的人",也引导其他人成为"完全的人"。

严杰人虽然只是一位早逝的青年诗人,但是他的诗歌是有研究价值的。严杰人生活和创作的时间,在新文化运动与抗战胜利之间,作为广西本土作家,在桂林文化城时期也正是他创作的高峰期和成熟期,通过对严杰人的生平经历和创作的深入研究,或许能够进一步明确诗人与时代、文化环境之间的联系,以其切入点,研究桂林文化城时期广西本土作家受到的影响和创作情况,挖掘城市文化背景和作家之间的关系。

斯人已逝,芳香仍在,他的作品,他作品传递出的精神不该被忘记,严杰人诗歌中塑造的英雄是先驱者和榜样,他们的奋斗与牺牲,给予人类以鞭策,让我们时刻努力,为人类的幸福而奋斗!

作者简介:

蒋婧琳,广西师范大学 2015 级硕士研究生,研究方向为中国现当代文学。

中日军民心理特点书写异同
——《南京血祭》与《活着的士兵》比较研究

高 磊

[摘 要]中国作家阿垅写于抗战期间的作品《南京血祭》,与日本"笔部队"作家之一的石川达三描写侵华战争的作品《活着的士兵》,都关注战场上个体生命的体验,展现了战时各自国家军民的心理特点。阿垅着重展现的是民族仇恨情绪,相反石川达三侧重描绘的是厌战恐惧情绪;阿垅不忘对中国军民的一些消极心态与问题进行如实揭露,与之相对的是石川达三对日本士兵极端崇尚集体主义的描写,其中体现了两位作家共同的反映问题的意识与两国民族性格差异;而他们在创作中又体现了对本民族或亲近或疏远的写作立场。

[关键词]《南京血祭》;《活着的士兵》;心理特点;民族性格

抗日战争时期,许多中国作家走出了象牙塔,主动奔赴战场,积极投身于抗日救亡大潮当中。他们以战场上的所见所闻为题材,创作了一部部表现正面战场的抗战文学。其中的代表作之一,就是阿垅于1939年写成的《南京血祭》(原名《南京》,1987年出版时改为《南京血祭》)。这部作品真实地记录了南京保卫战中,中国军人英勇顽强地抗击日本侵略者的历史事件,兼具了严谨的纪实性与壮美的诗性,并在中华全国文艺界抗敌协会举办的长篇小说征文竞赛中获奖。然而,这部作品却因一丝不苟地反映真实而触及了敏感的政治问题,没能通过当局检查,至1987年才由人民文学出版社出版。

而在同一时期,日本方面也有不少投身侵略战争的日本作家。日本政府曾动员日本文坛,组建了一只由作家组成的"笔部队"前往中国战场。这些作家创作了不少反映侵华战争的战争文学。其中的代表作家有石川达三、火野苇平、上田广等人。受到军国主义国策的影响,这些作家的作品大多呈现出支持侵略战争、美化侵略行为的一面。不过,石川达三的《活着的士兵》是其中的一个例外。小说描写了一支日军部队"高岛部队"(历史原型为日军第十六师团)的作战历程。其中既有对士兵杀害平民等残忍行径的暴露,也有对他们的厌战情绪与杀人心态的表现。由于这部作品将日军在战场上的暴行如实揭露了出来,是当时唯一没有顺从军国主义政府国策宣传需要的作品,因此石川达三闯下了“笔祸”,小说被禁止发行,本人也被追究刑事责任。

由于这两部小说都以反映战场真实为写作目的,故小说中对中国军民与日本士兵的战争心理特点书写是比较真实可信的,具有进行对比的价值。通过系统的对比,中日两国作家笔下的士兵在战场的具体表现、对国家的观念、作战时的心态等方面的差异将得以揭示。在此基础上,两位作家对各自民族寄予的态度有哪些异同也将得到分析。这样的对比将帮助今天的读者从两国的战争文学当中正确地认识那段历史以及各自的民族特点。

一、个体生命战场体验的共同关注

首先,从写作方式上来看,《南京血祭》与《活着的士兵》都呈现出对普通士兵这一个体生命的战场体验的关注,这成为两部小说能够细致展现军民心理的基础。

阿垅在《南京血祭》后记中写道:“在战争里,将军所看见的是森林,而不是树。士兵所看见的恰好是树,而不是森林。”[①]而阿垅所选择的,正是“士兵的写法”。他说:“写南京一战,得从每一个角落来写,得从每一个方面来写,争取写出一个全豹来。”《南京血祭》中并不像传统小说那样设有一个固定的主人公,而是先后以若干名不同的战士为主视角,描绘他们各自作为个体所观察到的战争局部面貌。这些零碎的局部,以阿垅所独创的“情感贯穿”的方式汇合起来,就构成了南京会战的全局。之所以选择这样的写法,是因为阿垅觉得:“抗战并不是某一个英雄的业绩,也不是少数人的壮烈行为,而是属于全民族、属于全体中国人民,每一个将士都是血肉在内的。”

李永东学者在评价这两种写法时指出:“将军的写法只能提供虐杀事件的框架,士兵的写法则以丰富的细节刻画个体生命遭受虐杀的具体情形和独特体验。”[②]这说明在写作过程中,个体生命的真切感受,是难以通过宏观的叙述恰如其分地表现出来的。比起只见“森林”的“将军的写法”,具体到一棵棵“树木”的“士兵的写法”也许更能历历在目地还原战场上的每一个细节。

而石川达三在写作过程中,同样认识到了战场的真实植根于士兵们的切身感受当中。他认为:“我觉得,和士兵们交流,听他们交谈,比起和将校接触,更能把握战争的真实的情况。所以我在那里和将校几乎没有接触,而是注意

① 阿垅:《南京血祭》,宁夏人民出版社,2005 年, 第 203—205 页。

② 李永东:《小说中的南京大屠杀与民族国家观念表达》,《中国社会科学》2015 年第 6 期。

士兵们的谈话。而且我亲眼看到了战地上的人们的真实情绪。”[①]阿垅摒弃“将军的写法”是由于他意识到只聚焦于少数人则无法展现具体的细节与全民族的功绩，而石川达三排斥“将军的言谈”的原因则在于信息的不可靠。他“尽可能不见将校与军事首脑”，因为“将校们对外界净说谎，冠冕堂皇，文过饰非。为了了解战场上的真实，我才深入到士兵当中”。从《活着的士兵》的内容来看，石川达三着重描写的，的确是高岛部队中几位普通士兵的战场经历。他们在行动之前焦虑不安，行军途中莫名地思念遥远的家乡。到了战场之上，对死亡的恐惧折磨着他们脆弱的神经。为了克服这种情绪，其中有人选择了自我折磨式的逞强，有人选择麻木以自我保护，有人在心里一边质疑战争的合理性，一边又不得不同战争作了妥协。对于他们个人的心理描写占据了小说很大的篇幅，因此《活着的士兵》同样也可以被视作是采用了“士兵的写法”的作品。

正是由于阿垅与石川达三在写作过程中重视的都是战场上个体生命的情绪，而非从将校的角度对整个战役进行宏观的描写，因此他们才能对军民心理的真实面貌进行展现。这一点是两位作家在方式选择上的共同之处。

二、中日两国军民心理特点比较

（一）战场情绪：民族仇恨与厌战恐惧情绪

首先，由于中国在战争中处于被侵略国的立场上，故中国军人一定是对侵略者怀着深深的民族仇恨进行作战的。阿垅在《南京血祭》对中国军人誓死保卫南京、与侵略者抗争到底的英雄事迹进行了如实展现。他不吝笔墨描写了一系列英勇的抗日战士形象，他们的心中满怀对敌人的憎恨，利用一切可以利用的手段作战，甚至不惜牺牲自己的性命。

如当敌人的坦克残忍地碾过中国士兵之时，排长段龙飞抑制不住心中的愤怒，“他的麻脸青白。他不能让敌人这样便宜地消灭自己的一排人，更不能让敌人在自己防守的阵地上突破。”[②]在仇恨的驱使下，他甚至主动迎上去，攀上敌坦克进行正面交战，只为替战友报仇。

阿垅还写了一个原本三十三人的排在敌人的进攻之下只活下了四个人。身为生者一员的王煜英在心中对敌人满怀愤懑地质问道：“世界上为什么要有

① 转引自王向远《“笔部队”和侵华战争：对日本侵华文学的研究与批判》，昆仑出版社，2005年，第173页。

② 阿垅：《南京血祭》，第106页。

战争？人类为什么要彼此相杀？世界上的那些法西斯蒂把地球抢到自己手里以后，到底有什么快乐？有什么光荣？”[①]接着，他便与其他三人继续投入作战当中，甚至子弹耗尽之后，坚持用枪管与圆锹也要与端着刺刀的敌人进行殊死搏斗。

此外，还有引爆身上捆缚的十几颗手榴弹、与敌人的坦克同归于尽的章复光、副班长等人。就连一群初入战场的新兵在仇敌面前也无所畏惧，他们将拉下火绳的手榴弹拿在手里，不惜以这样笨拙的方式也要逼退包围过来的敌人。小说中这些奋勇杀敌的中国军人不胜枚举，对于前来进犯的敌人的民族仇恨感是他们共同的心理特点。

而同样是写士兵作战，由于日本是站在侵略者的立场上的，故石川达三并没有重点描写日本士兵对中国军队的仇恨感，他侧重描绘的是士兵们真切的厌战与恐惧的情绪。如在进行登陆作战之际，少尉仓田“突然产生了一种强烈的恐怖感”，当他听见敌人的子弹声时，石川达三这么描绘他的心里：“好像一下下都打在心上。他想，快要完了。这种想法使他焦躁不安。他此刻的心情，与其说是准备去牺牲，不如说是想早点死去，不管怎么死都行。”[②]

而到了作战过程中，石川达三对士兵直面死亡的瞬间的心理做了极为细致的描写。当平尾一等兵以为自己就要被子弹打中时，“他全身立即冒起一层鸡皮疙瘩，浑身的血液呼地一下涌到了头顶”。即使后来发现其实子弹并没有打中他，他也后怕不已，“额头和腋下都渗出冷汗，全身也瘫软了，他感到连抬抬头的力气都没有了”[③]。这种恐惧感自他踏上战场便一直笼罩在他的心头，甚至将他折磨至精神分裂。

可见，在刻画士兵形象时，阿垅注重的是对中国军人对敌人满腔的民族仇恨书写以及抗战到底的英雄精神的歌颂与弘扬，而石川达三侧重的是对日本士兵厌战情绪的描绘。

(二)战争理解：战争态度动摇与“一切让位于战争”

英勇抗战固然是《南京血祭》小说的主体，不过阿垅也对抗战期间中国军民表现出的某些缺陷进行了揭露。上一节提到的中国军人英雄精神是在救亡图存的紧迫时局之下才开始形成的，与日本由来已久的武士道精神也许并不具备同一层面上的可比性。因此，下文将侧重于从那些占据了小说一定篇幅

① 阿垅：《南京血祭》，第 112 页。

② 石川达三著：《活着的士兵》，钟庆安、欧希林译，昆仑出版社，1987 年，第 17 页。

③ 石川达三著：《活着的士兵》，钟庆安、欧希林译，第 64—65 页。

的军民内部问题与弊端入手，与日本士兵受武士道精神影响而呈现出的某些心理特征加以对比，挖掘出中日两国更为渊源的民族性格的比较。

身处战场之人对于战争又有着怎样的理解，将会间接影响他们作战的状态，进而影响战局的走势。从《南京血祭》中的内容来看，战斗意志的不坚定与失败主义情绪是中国军人心中的两大问题。

小说的一个重要人物严龙是一位国民党军官。在一次视察灾区途中，他来到了日军轰炸之后的大华戏院。望着原本优雅舒适的戏院化作废墟，他的内心充满了愤怒，然后不由自主地追忆起过去这里美好的一切。有神话般的宫殿、春草般柔软的地毯、高贵的织物、神秘如梦的灯光，甚至不久前他还冒着被轰炸的危险来这里看了米高梅的《蝴蝶乱飞》。这段对于美好往昔的描写与硝烟弥漫的战场显然是格格不入的，在必须直面战争的严肃时刻，身为军官的严龙却沉浸于这样追忆当中也是不合时宜的。明明身处于你死我活的战场上，但他却“不能够让内心空虚着，让情感像种子在空虚的大地上焦渴而死……在根底里他始终需要温存，不能寂寞地忍耐战争的血的刺激”①。可以看出虽然严龙心存与侵略者战斗到底的愤怒之情，但他的心里始终有一块难以割舍的柔软一面。那种眷恋与软弱令他无法彻底成为一个坚定的战士，而他也检讨自己为“一个你们所说的小资产阶级”。

此外，小说还写了扫清射界之时，几位军官面对着垂死之光一样的烈火就抗战的未来问题进行的激烈争论。一位淡白色脸的无名军官认为除去牺牲，中国无路可走，“牺牲正是目的。最后的、也是最高的目的”②。而少尉排长关小陶则坚称：“牺牲始终不是目的，只是一种必要的手段。”今日的牺牲是为了明日的胜利所做的准备。同样的牺牲，两人的分歧点在于，前者是“没有明天的牺牲”，而后者是“有明天的牺牲”。就在双方争执不下之时，士官袁唐发话道：“绝对牺牲论，它从失败主义出发，又必然回到失败主义……它可以变作亡国论，不过不是屈辱卑污的亡国，而是英勇壮烈的亡国……”，并指出这样的英勇壮烈是不可取的，以此反驳了前者“没有明天的牺牲”。由这段描述可知，这种绝对牺牲论当时在士兵当中是有一定的影响力的，失败主义的情绪正在战士之中蔓延。作战还未正式开始，就已经有人在心里鸣起亡国的丧钟，这种悲观的心理预期是必须被刻不容缓地加以遏制的。

心底对于温存的渴望以及失败主义情绪，这两者成为影响中国士兵无法

① 阿垅：《南京血祭》，第 37 页。

② 阿垅：《南京血祭》，第 63—65 页。

全心投入作战的心病。而石川达三笔下的日本士兵,当他们来到战场之时,就已做好了将一切让位于战争的觉悟。小说中的近藤一等兵原是医学专业的学生,他本肩负拯救生命的天职,而到了战场上却不得不去夺走他人的生命。这样的矛盾令他思绪混乱,于是感慨道:"在战场上,生命这个东西受到了何等的轻视与忽略……自己身为医学工作者,却玷污了这门科学。"[①]但是与中国士兵不同的是,他很快便说服自己克服了这种心理矛盾。"他想通了,战场上对一切知识都是不需要的。他感到这种解释,虽然不一定能清楚地解决自己的问题,然而处在现在这种境地,涉及这种问题是很不合时宜的。"就这样,他抛下了自己的医学知识与医学工作者的尊严,将这些全部都让位于战争,向战场作了妥协。

此外,石川达三还着力描写了片山玄澄这位随军僧的心态。片山随军僧虽不是士兵,但在战场上却比士兵还要勇猛。他毫无慈悲地一边喊着"狗东西",一边连斩数名中国士兵,"良心上非但没有感到丝毫痛苦,反而心花怒放"[②]。随军僧曾被日军军官西泽上校寄予厚望,希望他能同时超度敌我双方死者的亡魂,以超越国界的宗教力量来抚慰自己杀敌之时道德上的苦闷。但片山的所作所为令西泽上校对宗教也感到失望,一旦到了战场上,片山就已经将宗教信仰抛诸脑后。石川达三对此评价道:"战场,似乎有一股强大的魔力。它使一切战斗人员神差鬼使地变成同一种性格、同一种思维、提出同一个要求。正如医学学士近藤一等兵失去了他知识分子的身份那样,片山玄澄似乎也失去了他的宗教。"而与片山形成耐人寻味的反差的是《南京血祭》中的钟玉龙。同为战场上的僧人,钟玉龙他温柔、脆弱、从不喜欢血。他认为战争是"是佛所昭示的'刀兵劫',将有十万八千人在世上遇难。假使向善的人每天清晨虔诵《心经》一卷可免。"[③]他对社友的减少感到不解,认为他们"轻蔑了佛的保佑"、让"战争篡夺了神的宝座"。可见在钟玉龙的心里,宗教的首要地位是不可动摇的。而可悲的是,在目睹了战争的惨状之后,钟玉龙受到了极大的刺激。他痛苦地叫喊着:"这个世界上没有佛了! 罪过,罪过啊!"接着便疯了。片山与钟玉龙两个僧人,前者毫无留恋地放弃了信仰,后者因坚守信仰以致最后疯癫。而片山之所以能将宗教抛诸脑后的原因恐怕正如石川达三所言:"与

① 石川达三著:《活着的士兵》,钟庆安、欧希林译,第28—29页。
② 石川达三著:《活着的士兵》,钟庆安、欧希林译,第34—36页。
③ 阿垅:《南京血祭》,第28—34页。

其说宗教变得软弱无力，不如说有一种高于宗教的东西使它无法超越国界。”[①]他心中那个“高于宗教的东西”，无疑就是战争。

面对战争，中日两国士兵有着不同的态度与理解。中国军人即使在战时也难以割舍对过往美好的追忆，同时有人对战争抱着失败主义的绝对牺牲论。而日本士兵却将战争视作至高使命，倘若是为了战争胜利的话，一切知识基础与个人信仰都能抛诸脑后。

（三）国家观念：家国意识淡薄与国家至上主义

国与国之间发生战争，两国人民对敌国的仇视以及对本国的归属感将得到前所未有的强化，国家观念在这一特殊时期体现得尤为显著。在《南京血祭》当中，不乏许多为祖国浴血奋战的将士们。但同时，阿垅也描写了一些国难当头之际仍以个人为重、缺乏国家观念的国人们。老兵何兴常总是将“中国就是没办法”“中国人多，中国死人多”挂在嘴边，深受上文提到的失败主义情绪的影响。一次与战友藏匿在瓦砾堆中时，极度饥饿的他产生了向接近中的日本人投降的想法。他“幻想着日本人对他客客气气，不会杀他，也不会打他，还给他吃饭呢。他一样还能当兵，衣服穿得比中国兵好，钱比中国兵多，以后做了军官，穿着马靴走路，讨一个漂亮的、年轻的老婆”[②]。而之后当他与敌人撞了个正着时，他竟“打招呼地高叫起来：‘老乡！缴枪啊！’”做了战友眼中“太丢中国人的脸”的事情，直到即将被敌人处死之际才幡然悔悟。

此外，南京会战前国民党军队为了扫清射界，需要迫使城外平民全部撤走，并且烧毁民房防止被敌人利用。而由于对故土植物般的眷恋，不少平民不愿及时撤走以配合政府工作，其中就有一个老私塾先生。当曾广荣少尉劝说他撤走时，他全然没有家国为重的观念，搬出了曾广荣认为“完全是汉奸的说法”的一套言辞：“国必自毁，而后人毁之。”老先生还说“小不忍而乱大谋”，将遭受侵略的国家、民族视作“小”，而坚决不离开自己的屋子，认为那才是“大”。而曾广荣对他的驳斥可谓一针见血：“你这房屋，你不能够忍，你的国家，你的民族，你怎么倒说‘忍’了呢？”[③]

而《活着的士兵》中的人物们，却时刻都在警醒自己要将国家置于个人以上的位置。小说中的平尾一等兵是一个神经纤细的罗曼蒂克式的青年，每一次作战都令他歇斯底里般地痛苦。尤其是在杀人以后，他的神经几乎就要崩

① 石川达三著：《活着的士兵》，钟庆安、欧希林译，第36页。

② 阿垅：《南京血祭》，第177页。

③ 阿垅：《南京血祭》，第76页。

坏。他深感“从个人的角度出发,战争给人造成的痛苦太深了”[①]。但他却始终挣扎地恪守着一个大前提,那就是“从国家的角度出发,对战争是不能说三道四的”。于是,他也只能选择让对国家义务的履行,凌驾于自己脆弱的个人情感之上。这便揭示出了日本士兵为何一味盲从国家与政府的命令,而不去思考侵略战争的正当性的原因,因为他们觉得作为个人,没有对战争说三道四的资格。

而另一个一等兵近藤曾在一场战役结束后,一边喝着酒,一边思考战场上的死者。他为自己能继续活着喝酒而感到庆幸,而同时他又想到:死者“他们为了国家抛弃了这种属于个人的生活,因此,国家和国民将以最高的礼仪来祭奠他们泯灭的生命。”[②]可见,在大多数日本国民的价值观里,为国家抛弃个人生活这种行为,是配得上以“最高的礼仪”来祭奠的,国家理应处在至高无上的地位之上。

在书写各自国家军民心理时,两位作家呈现出了共同的社会责任感与反映问题的意识。同样是作战情绪的描写,阿垅强调的是中国军队的民族仇恨感,而石川达三侧重的则是日本军队的厌战恐惧,这样的差异无疑是被侵略国与侵略国立场不同所决定的。接着,中国方面的战斗意志不坚定、国家观念淡薄,与日本方面的一切让位于战争、国家至上,这几点心理上的对比便可以引申出两个国家民族性格的差异,其中既有地理因素、也有历史因素。简单来说,大陆国家幅员辽阔,即使有中央集权亦不能保证对地方足够的控制力,这使得中国民众养成了各行其是的生活方式。而弹丸岛国集体观念强烈,又封闭排外,再加上武士道精神的熏陶,使得日本国民的集体主义意识浓厚。可见两位作家对这些心理的描写也寄予了对各自民族性格的反思。

三、写作立场比较:民族情感立场与个人立场

阿垅与石川达三在写作中体现出共同的反映问题的意识,不过两人的写作立场是不同的,阿垅的写作是站在与本民族同仇敌忾的民族情感上的,而石川达三则站在了集体的对立面为捍卫个体自由而写作。

阿垅创作《南京血祭》的直接动因源于他听闻了一位日本“笔部队”作家火野苇平的写作事迹以后,心中涌起极大的激愤:“我不相信,伟大的作品不产生

① 石川达三著:《活着的士兵》,钟庆安、欧希林译,第51页。
② 石川达三著:《活着的士兵》,钟庆安、欧希林译,第102页。

于中国,而产生于日本;不产生于抗战,而产生于侵略!”①“笔部队”作家美化侵略战争的作品势必会混淆世人的视听,故而将历史的真相传达出去是必要的。于是,阿垅怀着爱国热情对中国军队仇视侵略者、誓死抗争的英雄事迹进行歌颂与弘扬,向世界传达了祖国人民保卫家国的历史真相,从而拆穿“笔部队”作家在小说中对中国人进行丑化与歪曲的谎言。他的写作正是“愤怒出诗人”的最好体现,与民族仇恨同在。同时,这么做也是为了鼓舞人心,唤起国人将抗战进行到底的决心与信心。

而阿垅对中国军队以及民众在战争时期的种种动摇与缺乏国家观念的心理进行如实展现,也是怀着“怒其不争”的激愤的产物。在民族危亡之际,中国国民、士兵却没能做到万众一心全力支持抗击侵略者的事业,实在令人痛心疾首。阿垅不惧来自政府高层的高压文化政策,将这一切揭露,旨在为后人提供经验与教训。正如他在《南京血祭》序言中说的那样:“目的是什么呢?是暴露吗?——只有在这样的条件下,就作为暴露吧。假使这暴露的侧面给我们的是经验、是教训……让我们勇敢地承认这失败的原因和事实吧!因为这等于勇敢地把经验与教训接过手来。过去是已经过去了,我们只有把握现在和未来,用经验和教训帮助我们把握现在和未来。”可见,阿垅的写作目的是为了吸取教训加以改正,以更好地支持抗战。

总之,阿垅的写作,始终是与民族立场同在的,他贯彻了自己在诗论中的要求:“人和诗和社会,必须在一起轰然地燃烧,组成一个铿然的旋律。”

而石川达三在描写本国士兵在战场上心理特点之时,集中展现了日本崇尚集体主义的特点。士兵在充满着杀戮与血腥的战场上流露出厌战与恐惧的情绪是十分自然的,但在日本传统忠君爱国的武士道精神与集体主义精神的影响之下,他们不得不逼迫自己克服这种个人情感,以适应集体对自己的要求。这种极致的集体主义放在战时的后果,将导致人失去作为个人的知识基础、宗教信仰乃至理性判断能力,最终被同化成为一味盲从军队、被战争驱使的杀戮机器。对于这种集体过分裹挟个人的行为,石川达三是持批判态度的。

这种对集体主义的怀疑在小说的结尾中有所体现。在小说的结尾,掉队了的近藤一等兵为了赶上部队的步伐一路猛跑,整个人狼狈不堪。“部队在开进,有他没他无足轻重。而他一旦离开部队就变得毫无价值、毫无力量。他完全失去了自信,失去了矜持。他像一个落水者,只是急于追赶自己的部队。他

① 阿垅:《南京血祭》,第198—202页。

所想的,只是同部队一起走,即使跟它去天涯海角也心甘情愿。”[①]此处石川达三似乎寓意着,受到日本民族性格加之战场极端环境的影响,个体对集体的无力抵抗注定是微不足道的,甚至一旦离开集体,个体都不知该如何生存下去。他仿佛是在控诉,整个国家对个人的裹挟竟到了如此深刻的程度。

从中可以发现,石川达三在写作时从立场上对自己民族是存在疏离的。他看到了战争对个人造成了如此之深的痛苦,试图从个人的角度出发反思本民族的集体主义传统与战时政策。他在《经验的小说论》中针对个人与国家的关系就指出过:国家政权常常迫使个人为国效力,而作家则为了保护个人的自由与尊严而战,因此不得不对国家进行批判。他将此视作作家的“良心”所在。

当时的日本军国主义政府利用了本国崇尚集体行动的民族性格,将一个个身不由己的个体推向战争的浪潮当中,同时把这种建立在个体牺牲上的国策美化宣传为所谓的大义。石川达三曾这样谈道:“来自中国内地的新闻报道是虚假的,日本大本营方面的公告更是胡扯,说什么‘日本发动的战争是圣战,日本军队是神兵,占领地充满了祥和的气氛’等等,我认为战争并不是那么难得而值得庆贺的事情,战争应该是充满凄惨、悲壮而狼藉一片的世界。”[②]因此,石川达三想要向民众传达战场的真相:士兵在精神上承受着如此深刻的痛苦,最后舍弃自我成为适应战场需要的杀手,以此破除政府所宣传的神兵神话,给予后方沉浸于当局虚假宣传当中的民众们一个警醒。

阿垅与石川达三两人在写作立场上的不同正是各自的艺术理念结合国情所决定的。在亡国危机迫近的中国,民众却依然缺乏对外抗敌的自觉,政府又在战略战术上频频失误,故时代呼唤着作家进行同仇敌忾、激发民族觉醒的创作。而当时的日本对外进行侵略战争,对内又高度集权,深远的集体主义传统滋生了非理性与盲从。持有“良心”的作家肩负着从集体的裹挟之中捍卫个体自由的使命。

从阿垅与石川达三两位作家对战争中军民心理特点的描写中,可以窥见缺乏民族凝聚力的中国与极端崇尚集体的日本这两种民族性格之间的对照。在对此有所认识的基础上,便可以理解自19世纪以来的中国为何在很长一段时间都饱受外来侵略奴役之苦而难以独立,除了政治经济科技等方面的原因,国民思想当中存在的某些致命缺陷不该被忽视。而在日本,为什么法西斯势

---

① 石川达三著:《活着的士兵》,钟庆安、欧希林译,第122—123页。

② 转引自何建军《战时没有敲响的警钟——评析石川达三〈活着的士兵〉》,《山东外语教学》2007年第6期。

力能如鱼得水般发展壮大，而民众不自觉地成为支持对外战争的一分子，这与日本民族的特点也不无关系。以上这些启示与反思直至今日都没有失去价值。

作者简介：

高磊，上海交通大学中文系硕士研究生，研究方向为中国现代文学。

新四军战地舞蹈活动述论

何立波

[摘 要]新四军自建军之初就十分重视文艺宣传工作,各部队普遍成立了文艺团体,用文艺武器动员群众,鼓舞士气。新四军战地服务团拥有吴晓邦等著名舞蹈艺术家,在战地演出中发挥了重要作用,极大地鼓舞了军民士气。拂晓剧团等新四军文艺团体也积极开展舞蹈活动,取得了很大的成绩。新安旅行团在皖南事变后来到盐阜区,对于新秧歌运动在新四军和盐阜区的普及发挥了重大作用,大大丰富活跃了新四军的部队文化生活。

[关键词]新四军;舞蹈;吴晓邦;战地服务团;新安旅行团

一、新四军战地服务团的舞蹈活动

在中国共产党领导的军事文艺中,舞蹈艺术在其中占有重要地位。抗日战争期间,舞蹈艺术作为文艺和宣传的重要形式之一,活跃在部队和各抗日根据地。抗战期间,新四军舞蹈艺术具有以下特点:一是舞蹈演员和舞蹈作品创作人员比红军时期多了,舞蹈队伍有了发展;二是舞蹈与民间艺术进一步结合,并产生了宣传抗日的舞蹈活报形式。在众多部队文艺团体中,实力最强的是新四军军部直属的战地服务团;舞蹈作品情节简单、节奏明快、通俗易懂;密切配合战斗任务,编创反映重大的政治事件的舞蹈,出现了一批反映我军建设和斗争生活的舞蹈,在表演外国舞蹈的过程中吸收着有利于我军舞蹈发展的营养。

1938 年 1 月 21 日,新四军战地服务团在南昌成立,直属军部,战地服务团下设戏剧组、歌咏组、绘画组、舞蹈组和民运组。著名舞蹈家吴晓邦和舞蹈演员杜宣、李增援等是最早的成员。2 月,延安抗大、中央党校的潘田、胡明和赣南红小兵舞蹈队以及八路军临汾办事处的李玉昆、杨瑞年等人相继加入。4月，新四军一、二、三支队的宣传队又与之合并，加上上海、南京，浙江、福建和东南亚等地的归国华侨、知识青年，战地服务团迅速发展到200余人。1938年3月，来自赣南游击区的20余名红军小演员加入了该团。他们大多是十三四岁的少年，穿着宽大的军装，在演出中表演一些红军舞蹈[①]。

在南昌三个月期间，吴晓邦的独舞《义勇军进行曲》总是新四军战地服务团必演的节目。吴晓邦在1927年东渡日本到早稻田大学专攻舞蹈艺术，受到美国现代舞蹈家邓肯的极大影响。1932年，吴晓邦在上海四川北路开设了晓邦舞蹈学校，这是中国现代舞蹈史上第一所教授舞蹈艺术创作和表演的学校。1935年，吴晓邦建立晓邦舞蹈研究所，这也是中国艺术史第一个专业舞蹈研究机构。1937年9月，吴晓邦加入上海救亡演剧四队，奔向抗日行列。1937年9月，吴晓邦随演剧四队到达江苏无锡。一次，在抗日宣传演出过程中，吴晓邦被《义勇军进行曲》激情燃烧的歌曲和歌词激发出灵感，现场根据这首歌编排了舞蹈动作，深深感染每一位观众，大家随着吴晓邦的舞蹈动作而高唱起来。《义勇军进行曲》极大地鼓舞了军民的抗战斗志。1937年12月，在大学同学杜宣的介绍下，吴晓邦参加新四军战地服务团，成为一名文艺战士。为扩大影响，新四军政治部要求服务团准备一次正式公演。服务团最终选择了由词作家李增援、音乐家何士德与戏剧家邵唯等创作编导的《一家人》等三个独幕剧，以及吴晓邦的两个舞蹈。当吴晓邦在大家熟悉的旋律中跳起《义勇军进行曲》时，全场气氛热烈，观众起立击掌、同声和着旋律高唱。吴晓邦被这样浓烈的氛围感染着，连续跳了五遍。演出现场沸腾了，舞台上下互动，掌声热烈。台下观众齐声伴唱，台上台下汇成一片“冒着敌人的炮火前进前进……”的热烈气氛，产生了很好的鼓动效果[②]。观众称赞“新四军中真有人才”。新四军战地服务团在南昌第一次正式公演，取得了巨大的成功！街头巷尾都有人问：“你去看战地服务团演出了吗？你看舞蹈《义勇军进行曲》了吗？”更有一些看了演出的青年知识分子热血沸腾，成群结队跑到新四军军部，强烈要求参加战地服务团。1938年4月，新四军战地服务团跟随军部离开南昌前往安徽歙县岩寺。这时，全团已发展到近200名团员，担负前线鼓动、敌后宣传和发动群众等任务。1938年10月，吴晓邦为战地服务团的舞蹈组创作了男子三人舞《游击队之歌》，反映游击队战士深入敌后，在密林、山冈、青纱帐机智灵活打击

① 刘敏：《中国人民解放军舞蹈史》，解放军文艺出版社，2011年，第81页。

② 高椿生：《解放军舞蹈史》，解放军出版社，1997年，第74页。

侵略者[①]。三名演员在表演中俯身跳跃,既像策马行军,又像在山间小路行进,舞蹈动作简练有力,人物性格鲜明,歌颂了中国人民顽强抗争的精神。1994年,《游击队员之歌》被确认为中华民族20世纪舞蹈经典。

在新四军开辟的抗日根据地,战地服务团多次派出先遣队前往铜陵、繁昌、南陵等正面战场进行战地宣传。在艰苦的反"扫荡"斗争中,先后有朱克靖、丘东平等15人牺牲。1940年,服务团在通过京沪路封锁线时遭到日军袭击,女演员李明中弹负伤,服务团的团员们前往战地医院看望她,看到她因伤势过重奄奄一息,有人不禁流下了眼泪,李明却平静地说:"不要哭,革命流血不流泪。"陈毅闻听李明遗言后赋诗一首:"革命流血不流泪,生死寻常无怨尤。碧水长江流不尽,一言九鼎重千秋。"[②]1941年1月皖南事变后,25日,新四军新军部成立,原新四军战地服务团撤销,部分团员调到新四军第一师,加入了第一师的战地服务团。新四军战地服务团还设"少先队"的编制,类似于八路军剧社的儿童演剧队。"少先队"的小演员主要从事舞蹈演出,如新四军第五支队战地服务团的"少先队"曾经演出《跃舞》《大头舞》《八仙过海》和《红旗舞》等作品[③]。

二、拂晓剧团等文艺团体积极开展舞蹈活动

新四军文艺活动不断地有所发展、提高,但各项文艺活动的开展是不平衡的。皖南新四军军部开展了一些文艺活动,但只侧重于戏剧、歌咏方面,对舞蹈、美术活动很不重视。根据江南敌后的特点,新四军的文艺工作以戏剧、文学、音乐活动为主,舞蹈活动有较大局限,但有条件的单位仍然开展舞蹈活动。如新四军五支队服务团(后为二师五旅前锋剧团)就演出过《大头舞》《红旗舞》和歌舞《八仙过海》,剧团的少年队演出过《跃舞》《叮铃舞》等[④]。

拂晓剧团最初是彭雪枫领导的新四军游击支队的剧团,成立于1938年11月。剧团创演的第一个作品是活报剧《打鬼子》,表现日军枪杀无辜村民引起愤慨,村民配合游击队消灭了日军的一个小队。1940年,开封孩子剧团撤退到豫皖苏根据地后并入拂晓剧团,合并后的剧团编为三个分队。"孩子分队"(三分队)团员基本上都是年龄从10岁至15岁的少年,主要从事舞蹈表演,演出

① 刘敏:《中国人民解放军舞蹈史》,第82页。
② 刘敏:《中国人民解放军舞蹈史》,第83页。
③ 刘敏:《中国人民解放军舞蹈史》,第79页。
④ 刘敏:《中国人民解放军舞蹈史》,第83页。

的大多是红军舞蹈，如《空军舞》《海军舞》等，也演出过宣传抗日民族统一战线的《国共合作舞》。游击支队后于 1941 年 2 月改编为新四军第四师，拂晓剧团成为师部直属剧团。在“新秧歌运动”中，拂晓剧团还创演了一些秧歌剧，还对流行于淮北地区的民间歌舞如跑旱船、琵挑子、打花棍等进行改造，和民间艺人一同组成秧歌队，演出的新秧歌舞受到了根据地军民的欢迎和称赞。

除拂晓剧团外，新四军第四师所辖部队也都编有剧团并演出过舞蹈作品。四师所属的九旅奋斗剧团、十一旅创造剧团和抗大四分校生活剧团演出过秧歌剧、舞蹈活报，并在豫皖苏驻地开展群众性文娱活动，教部队和群众跳秧歌舞，逢年过节的拥军爱民活动中，剧团和群众一起舞龙灯、耍狮子、踩高跷、跑旱船、打花棍、挑花挑子等。这些活动不仅密切了军民关系，极大鼓舞了军民的抗日热情和革命乐观主义精神。活跃在淮南、苏北的二师抗敌剧团和盐阜地区的鲁迅文工团，积极参与了群众的秧歌舞普及活动，尤其是 1943 年前后，秧歌、荡湖船、打莲湘、打花鼓的活动在根据地更是异常活跃。

1942 年新年，新四军三师二十四团举行全团大公演，盛况空前。一营演出了歌舞剧，二营演出了京剧，三营演出了山东梆子，几乎每个连队都演出了由官兵创作的节目，其中有一些舞蹈作品，还有一些是歌舞表演。两三个月内，二十四团编写了 40 多个剧本，一年内演出剧本 100 多部，内容大多配合当时的政治任务。演员大多是战士，也有炊事员、战马饲养员、卫生员、理发员，也有干部、文化教员。二十二团每个营都有战士的剧社，有的连能演 10 多个作品，一年之中就创作了 39 个作品[①]。在军分区拥政爱民宣誓大会上，各团和各县宣传队准备的节目，连演了三天两夜还没有演完。

三、卓有成效的新安旅行团及其舞蹈活动

抗日战争期间，在新四军苏北抗日根据地活跃着一支特别的少年文艺团体——新安旅行团。该团不仅演出了一些有影响的舞蹈作品，还是一支政治工作队，曾在盐阜一带广泛开展建立儿童团的工作，发展儿童团员近 18 万人，促进了根据地的政权建设[②]。

1929 年 6 月，教育家陶行知在江苏淮安创办新安小学。1935 年，学校部分师生为宣传抗日救亡组成了新安旅行团，团员年龄最小的 12 岁，最大的 21 岁。1935 年 10 月，14 名团员在顾问汪达之的带领下从淮安出发走向全国。每到一地，他们会放映电影、教唱抗日歌曲、演出歌舞节目、组织青少年读书

---

① 《解放军文艺史料选编》第 4 册，解放军出版社，1997 年，第 315 页。

② 刘敏：《中国人民解放军舞蹈史》，第 81 页。

会,用各种形式进行抗日宣传。1940 年,吴晓邦到桂林后,亲自为该团上舞蹈基本训练课,为该团编导了舞剧《虎爷》和歌舞剧《春的消息》。1941 年 1 月皖南事变后,新安旅行团遵照周恩来的指示,从桂林分批经香港、上海向苏北抗日根据地转移。新安旅行团用将近一年的时间,分批转移到了新四军苏北抗日根据地。这个时期,新安旅行团多次给军队地方演出从大后方带来的节目,如舞蹈《春的消息》,歌舞《快乐的人们》《春天里来百花香》,话剧《菊子姑娘》等,十分受欢迎①。

新安旅行团一至盐阜区,就得到新四军及三师领导的亲切接见。第一、二批团员刚到盐城,陈毅、曾山等立即接见了该团负责人张杰和张拓,跟他们亲切交谈,欢迎他们到盐阜区来,勉励他们"学会跟群众打成一片,上好到根据地'第一课'。"陈毅鼓励新安旅行团做好儿童工作,组织苏北根据地 10 万儿童,还要做好对军队和人民的文艺宣传工作,这次谈话给新安旅行团团员们极大的鼓舞,明确了新旅在抗日根据地工作的指导方针②。此后,刘少奇、陈毅等多次接见新安旅行团成员,帮助他们解决困难。新安旅行团由新四军军部和华中局领导,他们深入盐城、建阳、阜宁、如皋、泰东等县开展组织儿童团的工作。1942 年 1 月起,新安旅行团转由盐阜区党委领导。八路军一一五师政治部战士剧社从山东南下苏北慰问新四军,新安旅行团观摩学习了战士剧社的演出。1942 年春节,在当时盐阜区党委、行署和军分区所在地在陈家集,新安旅行团各分队全部在敌后会合,他们准备了一台歌舞晚会,向正在召开的华中局扩大干部会议献礼。他们排演了新创作的舞剧《反法西斯进行曲》和表现新安旅行团从国统区到根据地历程的皮影戏《四万五千里》,还有他们从国统区带来的舞蹈《春的消息》、歌舞《快乐的人们》《春天里来百花香》等。他们在儿童中教唱歌、跳舞、识字、办儿童刊物《儿童生活》,创作演出有儿童特色的歌舞,开展农村秧歌活动。演出结束后,刘少奇和陈毅亲自接见了新安旅行团全体同志。刘少奇用非常通俗的语言,向大家深入浅出地讲了当时的政治形势和敌后根据地的任务。陈毅则明确把全华中组织少年儿童的任务交给新安旅行团,要求他们一面搞好文艺宣传,一面发动儿童参加抗战,并提出新四军要同新安旅行团竞赛。

在苏北抗日根据地的"新秧歌运动"中,新安旅行团非常活跃,许多村镇的新秧歌活动都是他们引领的。新安旅行团在群众中开始传播新秧歌,并演出秧歌剧及《腰鼓》《花棍》等。在新安旅行团的帮助下,阜宁、阜东等县的小学教

① 《解放军文艺史料选编》第 4 册,第 387 页。

② 《解放军文艺史料选编》第 4 册,第 389 页。

师，首先学会了扭秧歌，继而在儿童中逐步推广。1944 年暑假，阜宁县政府召开了 300 名教师参加的秧歌舞研究会。从 1945 年到 1946 年初，盐阜区的秧歌舞运动得到进一步的发展。全区先后成立了 823 个秧歌队。

1943 年 3 月 30 日，新四军三师粉碎敌人第二次“扫荡”的八滩之战打响了，新安旅行团奉命赶到战场，用文艺武器动员群众，鼓舞士气。为了创作反映敌后军民斗争生活的好作品，新安旅行团决定先从开展秧歌运动和组织农村剧团着手，把全团分散到苏北各县农村，发动群众搞文艺运动，同时在深入工农兵的过程中，积累创作素材，进行秧歌剧创作的探索。通过普遍举办秧歌训练班和农村剧团会演等办法，苏北农村的群众文艺运动很快就开展起来。新安旅行团在这个时期创作演出了秧歌剧《保卫陕甘宁》，在阜宁新四军烈士墓落成典礼的大会上演出。接着又创作演出了反映三师副师长兼八旅旅长张爱萍指挥的陈家港战斗的大型秧歌剧《雨过天晴》，在益林附近召开的三师庆祝反“扫荡”祝捷大会上隆重演出，受到广大军民的热烈欢迎①。由于新秧歌来源于生活、曲谱简单、节奏感强、舞蹈动作也不复杂，群众容易学会，表演也不受场地限制，不需要复杂的道具和器材，在农村很容易普及，在抗日战争和解放战争中对动员教育人民参军支前、斗地主、分田地、参加各项建设、学习文化等都发挥了很大作用。

抗战胜利后，新安旅行团回到发祥地。1946 年初，新安旅行团为表达对党的深厚感情，写了一封信向毛主席汇报了从国统区到解放区五年来的工作学习生活情况，托去延安党中央开会的张鼎丞、邓子恢等负责同志亲手交给毛主席。毛泽东利用开会休息的空隙，当场挥毫复信：“新安旅行团的同志们：来信收到，极为感谢。祝你们努力工作，继续前进，争取民主中国的胜利。毛泽东，1946 年 5 月 10 日。”邓子恢亲自将这封信带回交给新安旅行团，全团特地召集了大会，大家怀着感激的热泪听读来信②。新中国成立后，“新旅”由中共中央华东局宣布改名为“华东新旅歌舞剧团”，后与其他团体合并成为后来的上海歌剧院。1979 年 5 月，宋庆龄为该团历史展览馆题词：“新安旅行团旅行全国，宣传民众，组织儿童，为抗日战争和争取民主中国的胜利做出一定的贡献。它的革命精神以历史展览形式展出，愿青少年学习这种精神、使它世代相传。”③

① 《解放军文艺史料选编》第 4 册，第 400 页。

② 《解放军文艺史料选编》第 4 册，第 402 页。

③ 高椿生：《解放军舞蹈史》，第 77 页。

四、新四军舞蹈活动广泛开展的原因

(一)抗战时期抗日民主政权的建立

抗日民主根据地是人民的天下,广大贫下中农走上了政治舞台,掌握了武装和政权,在政治上翻了身。他们组织起来进行减租、减息、增加工资和大搞生产来求得生活的改善,在经济上得到初步的翻身,在这种情况下,广大工农群众也要求得到文化上的翻身。盐阜根据地的戏剧运动,不单单是依靠外来的和本地知识分子去做,同时依靠广大的工农群众自己来参加,并成了这个运动的主人。这是工农在文化上翻身的具体表现,也是整个大众文化运动的一个重要组成部分。

(二)毛泽东《在延安文艺座谈会上的讲话》的指引

1941 年 1 月,总政治部、中央文委发出《关于部队文艺工作的指示》,充分肯定了部队文艺工作的重大意义:"部队文艺工作,是部队政治工作的一个重要部门,因其不仅在于能够帮助部队的政治教育与宣传鼓动,调节部队生活,提高部队战斗情绪,而且是密切部队与群众联系及扩大我军影响的有力工具。"①从这一认识出发,中共中央一再强调,军队党组织也应重视文化工作,应很好地掌握并利用这一武器,这对于军队战斗力的提高有重要意义。1942 年 5 月,毛泽东在延安文艺座谈会指出:"在我们为中国人民解放的斗争中,有各种的战线,就中也可以说有文武两个战线,这就是文化战线和军事战线。我们要战胜敌人,首先要依靠手里拿枪的军队。但是仅仅有这种军队是不够的,我们还要有文化的军队,这是团结自己、战胜敌人必不可少的一支军队。"②1943 年夏,新华社播发了毛泽东《在延安文艺座谈会上的讲话》,给新四军戏剧舞蹈工作者指明了为工农兵服务的方向,戏剧舞蹈成了教育人民、团结人民、打击敌人的有力武器。戏剧舞剧运动和政治运动相结合,戏剧舞剧活动往往成为政治运动进行宣传的先导,而政治运动的开展又促进了戏剧舞剧运动的开展。新安旅行团抓紧学习毛泽东的《讲话》和整风文件,进一步明确了为人民服务的文艺创作思想。为创作反映敌后军民斗争生活的好作品,新安旅行团决定先从开展秧歌运动和组织农村剧团着手,把全团分散到苏北各县农村,发动群众搞文艺运动,同时在深入工农兵的过程中,积累创作素材,进行秧歌剧创作的探索。通过普遍举办秧歌训练班和农村剧团会演等办法,苏北农村的群众

① 《解放军文艺史料选编》第 1 册,解放军出版社,1988 年,第 5 页。

② 《毛泽东选集》第三卷,人民出版社,1991 年,第 847 页。

文艺运动很快就热火朝天闹起来了[1]。在新四军烈士纪念碑落成时，演出大型秧歌剧《保卫陕甘宁》。张爱萍指挥三师部队打下陈家港，全歼伪军400多人。新旅很快创作出表现这次战斗的大型秧歌剧《雨过天晴》，在益林举行的反"扫荡"胜利祝捷大会上演出，受到欢迎。以后，新旅还创作演出过《参军路上》《小放羊》《儿童解放舞》，演出过苏联话剧《前线》[2]。新安旅行团在华中抗日根据地撒下了秧歌舞的种子。而大量妇女秧歌队的成立，则是与反封建斗争相结合的产物，成为妇女解放的象征。如阜宁县马集区周门镇的妇女秧歌队，就曾批判过虐待童养媳的婆婆，还斗争想杀害自己的老婆的丈夫。这样的妇女秧歌队保护了妇女应有的权利，不仅得到广大妇女的拥护和支持，而且也参加进去，从而扩大了妇女秧歌舞的队伍。

（三）新四军注重吸收知识分子和文化青年参与文艺活动

1939年2月，毛泽东起草了《大量吸收知识分子》的决定，正确分析了知识分子在抗战中的作用和地位，并明确提出"没有革命知识分子革命不能胜利"的观点[3]。1940年10月，中央宣传部和中央文委共同发出《关于各抗日根据地文化人与文化团体的指示》，提出："为了发展各抗日根据地的文化运动，正确的处理文化人与文化团体的问题，实为当前的关键。"知识分子广泛到部队、学校和政府工作，为抗日培养了一批高级军事干部和各种建设人才，提高了党的整体文化素质和军队作战能力。许多进步人士和爱国青年纷纷来到抗日根据地，把抗日文化、革命文化带入解放区，进一步壮大了根据地的文艺力量，推动了新四军文艺活动的发展。与此同时，我党我军采取了正确的知识分子政策。盐阜区新四军文艺活动之所以形成规模，逐渐发展、壮大，就是因为我军有一条正确的知识分子政策。总政治部于1939年6月和1942年9月分别发出了《关于吸收革命知识分子参加军队工作问题的训令》《总政治部关于部队中知识分子干部问题的指示》，明确指出，要广泛地吸收革命知识分子参加军队工作，对知识分子要容纳他们，要加强思想教育，改造知识分子小资产阶级思想作风，在革命的实践中培养他们，充分发挥知识分子的作用，使他们成为优秀的军队干部。新四军不仅严格执行我党知识分子政策，还想方设法提高知识分子待遇，充分信任知识分子。新四军军政领导在工作、生活中非常重视知识分子。在艰苦的条件下，知识分子的津贴高于军部其他人员。项英每月

---

① 《解放军文艺史料选编》第4册，第400页。

② 《解放军文艺史料选编》第4册，第392页。

③ 《毛泽东选集》第二卷，人民出版社，1991年，第618页。

只有四元,而专家学者有几十元,少数高达100多元。重建新四军军部后,为了使专家学者、艺术家们有一个良好的生活环境、工作环境,特地在军部附近阜宁设立了"文化村",扬帆任村长,充分体现了新四军对知识分子的重视和关心。不仅如此,还大量使用知识分子。1941年10月新四军第一师统计,营职以下干部60%是知识分子,连队政治指导员80%—90%是青年学生出身①。新四军战地服务团由进步文化工作者和青年学生组成,通过开展进步文化工作直接为抗日前线部队和战地群众服务,在海内外产生过颇大的影响。三年里为新四军各部队输送了大量干部,也为地方党组织输送了一批生力军。经过服务团培养、教育、锻炼、输送的干部共约400余人。

作者简介:

何立波,装甲兵工程学院军政教研部人文教研室主任、副教授,历史学博士,研究方向为抗日战争史和文化史。

① 朱强娣:《新四军中的知识分子》,《安徽史学》2000年第2期,第58页。

救亡下的“趋新”：抗战时期的江西音乐戏曲界

邱　泉

[摘　要]近代以来，“新乐”逐渐兴起，各种近现代意义的音乐戏曲组织纷纷成立。九一八事变后，音乐戏曲界将音乐戏曲运动推向高潮，使音乐戏曲的改造融入进了抗战救亡的潮流之中。抗战时期江西省成立了推行音乐教育委员会及江西省会民众娱乐指导委员会等地方音乐机关，主导了这一时期江西音乐戏曲事业的发展。在处理民众音乐方面，江西省地方音乐机关对民间音乐戏曲同业公会、各娱乐场所及行业从业者进行管理，两者之间不断博弈，在加强乐政管理的同时，也推进了民间音乐组织机构的近现代化。

[关键词]抗战时期；音乐戏曲界；江西省推进音乐教育委员会；江西省会民众娱乐指导委员会

[基金项目]江西省教育科学“十二五”规划2015年度重点课题“抗战时期江西社会教育发展研究”(编号：15ZD3L044，项目负责人：邱泉)；江西省2014年艺术科学规划项目“音乐运动与社会改造——以20世纪30年代江西为例”(编号：YG2014028，项目负责人：邱泉)的部分成果。

在近现代中国，音乐戏曲仍然是社会影响最大的文化表现形式。由于各阶层呈现出不同的需求，音乐戏曲在向近现代化转型中不断探索。由留学生带回的西方音乐戏剧形式极大地震动了国内，进而带动了传统音乐戏曲形式的革新。然而新乐新剧更多的是在音乐与戏曲知识分子中产生影响，而贴近民间现实的旧乐旧剧则“拥有大量观众”①，有着巨大的市场。九一八事变后，抗战初兴，国内外形势风云突变，音乐戏曲界面对此种形势，不断推动音乐运动与戏剧运动发展。一方面，针对“管理机构不明、管理方式粗暴、管理标准随意”②的音乐戏曲市场，在各级国民政府的领导下成立了各种专门音乐机关，力

① 田汉等：《抗战与戏剧》，独立出版社，1939年，第2页。

② 任荣：《抗战时期国民政府的戏剧改革》，《温州大学学报(社会科学版)》第27卷第3期，2013年5月，第105页。

图掌握音乐戏曲变革的主导权,服务于其“抗战建国”;另一方面,传统的音乐戏曲同业公会、民间娱乐场所及音乐戏曲行业从业者也主动融入抗战救亡潮流之中,对传统音乐戏曲行业进行革新。由此,音乐戏曲界的转型成为抗战时期各级国民政府关注的乐政事务,也成为音乐戏曲学人群体致力于改造旧乐的着重点,更成为传统民间音乐组织机构及民间音乐戏曲从业者生存与发展的焦点。江西省推行音乐教育委员会(下文简称“音教会”)是抗战时期全国率先成立的音乐机关,音教会的发展贯穿整个抗战,以音教会的发展为主线,以抗战时期的江西音乐戏曲界的重要转型为对象进行研究有利于认清这一时期音乐界在抗战救亡下不断自我调适,推陈出新,成为抗战文化运动的重要标志。

一、“新”“旧”并立:抗战时期江西音乐戏曲界的组织变化

新文化运动后,中国出现了以萧友梅、黄自、王光祈、程懋筠等为代表的一批专业音乐学人群体,他们兴办音乐专科学校,组织新音乐戏曲组织,推动了近现代专业音乐的发展。同时,20 世纪 30 年代前后以京剧为代表的传统艺术又攀上顶峰,造成了“以京剧艺术为代表的传统戏曲和近代专业音乐创作各显其能,传统与现代文化交相辉映”①的盛况。在此背景下,抗战时期的江西音乐戏曲界一方面成立了新的音乐戏曲组织,另一方面传统音乐戏曲组织经历深刻变化,在全国极具代表性。

(一)积极建立和发展新音乐戏曲组织

国民政府建立后,面对“内忧外患”的局势,加强了对文化的统制与建设。各地建立政府兴办的剧场和音乐学校,强化政治力量对音乐戏曲的控制,形成了以萧友梅等为代表的与政府关系密切的所谓“学院派”。九一八事变后,上海、江西、湖北等省市的教育主管部门纷纷将音乐戏曲纳入社会教育范畴,组织音乐机关,推行音乐教育运动。江西省于 1933 年 3 月 7 日率先成立江西省推行音乐教育委员会,1933 年 4 月 19 日,在音教会努力下在教育厅内成立了由在南昌的各党政机关参与的江西省会民众娱乐指导委员会。而湖北等省也相继成立武汉戏剧审查委员会等音乐机关。这些地方音乐机关致力于“组建和管理戏剧团体”,“管理剧团的行政部门更迭变换”②等,极大地促进了音乐戏

① 刘再生:《中国近代音乐史简述》,人民音乐出版社,2009 年,第 160 页。

② 傅学敏:《政府规范与国家意志的强化——论抗战时期国民政府对戏剧团体的组建与管理》,《西华师范大学学报(哲学社会科学版)》总第 176 期,2011 年 11 月,第 48 页。

曲组织机构的发展。

音教会及民众娱乐指导委员会一方面完善发展民间音乐戏曲行会组织机构，另一方面积极健全自身组织，建立起一系列下属的新音乐戏曲组织机构。音教会成立伊始，计划“组织歌剧社”“设立音乐传习所”“开唱歌班”“开乐器班”“设立公共剧场，音乐堂，公园音乐亭”①，积极筹建新组织与新娱乐场所。1933 年 6 月，音教会第四次委员会通过了《国乐改进组简则》及《西乐研究组简则》②，正式建立起国乐改进组及西乐研究组，反映了音教会组织建设上推陈出新的理念。1934 年，“为谋提高民众欣赏戏剧之程度以期达到艺术教育之目的”③，音教会增设戏剧组，分话剧团及改良平剧班等，话剧团“研究及公演近代剧与歌剧”，改良平剧班则“研究及公演改良新旧平剧”④。音教会还要求剧园电影业同业公会给改良平剧班毕业生发听讲证，且派毕业生赴各平剧团观剧见习，通过这种互动，音教会一方面培养了改良平剧人才，另一方面在充实平剧行业的光环下实现了对平剧行业的改造。1934 年 9 月，一件颇具社会意义的事件出现在南昌，那就是湖滨音乐堂的落成，湖滨音乐堂是“由政府主持的”以改变社会风气的新型娱乐场所，当时被称为“创举”⑤。

全面抗战爆发，音教会“为谋藉音乐力量，团结精神，发扬民气，并鼓舞抗敌救国情绪起见”⑥，组织机构了抗敌歌咏团，另“为谋在最短期内，造成歌剧及话剧人才，轮赴外县公演抗敌宣传戏剧，藉以救亡起见”，组织了抗敌剧团。

（二）引导传统民间音乐戏曲组织的发展

进入抗战时期，传统的音乐戏曲同业公会及娱乐场所仍然在坚持与发展，且依然呈现“行帮观念太深”⑦的特点。说书业、口技业、吹鼓业、歌曲业、戏曲业等传统艺术均有各自的行会组织机构，同时戏园、电影院、游艺场等娱乐场所也纷纷抱团，成立同业公会。这些民间音乐组织机构面对近现代社会的转型，一方面受传统音乐戏曲艺术形式局限，另一方面为了切身的利益，产生了

---

① 程懋筠:《江西省推行音乐教育委员会之使命及计划》,《音乐教育》第 1 卷第 1 期,1933 年 4 月,第 12—13 页。

② 《江西省推行音乐教育委员会西乐改进组简则》,《音乐教育》第 1 卷第 3 期,1933 年 6 月,第 100 页。

③ 《本会添设戏剧组》,《音乐教育》第 2 卷第 5 期,1934 年 5 月,第 74 页。

④ 《江西省推行音乐教育委员会戏剧组组织大纲》,《音乐教育》第 3 卷第 2 期,1935 年 2 月,第 75 页。

⑤ 《为湖滨音乐堂落成纪念告市民诸君书》,《音乐教育》第 2 卷第 10 期,1934 年 10 月,第 8 页。

⑥ 《本会工作报告——九月份》《音乐教育》第 5 卷第 9—10 期,第 52 页。

⑦ 周寒梅:《抗战与游艺》,商务印书馆,1938 年,第 16 页。

排斥音乐教育运动的保守态度。但是随着新乐的不断传播,各级音乐机关的干预,这些民间音乐组织机构也逐渐呈现出适应新乐发展的一面。

音教会一经成立即派员出席各行会公会,要求同业公馆,呈送乐谱,以备审查,对于传统戏曲的唱本修订其内容及词句,出版的木刻版则要求修正内容后再重印发行。音教会利用办培训班,颁发证书和考核营歌曲业者等方式对行会组织机构加以控制与引导。而省会民众娱乐指导委员会成立之初就"召集了戏园,电影院,游艺场经理开会","召集了说书者及营歌曲业者开会","召集营口技者业者开会","召集营吹鼓业者开会"①,凸显其音乐戏曲行业主导地位。

同时,音教会肯定了同业公会,并力图将其纳入有效的管理之中。照理音教会是新乐机关,而同业公会则为封建时代产物,二者如何统一?按照全汉升的观点,民国以后的行会仍旧苟延残喘有一个重要原因是"政府号称统一,但封建残余的势力仍旧保持着"②,这时的音乐戏曲界也如是,因此,音教会对同业公会的认同及管理在此环境之中也可理解了。在此精神下,省会民众娱乐指导委员会第二次会议时修正组织机构大纲,添加"有同业公会者,由该公会转呈本会"③,肯定了行会地位。音教会还积极参与戏园电影业同业公会的改选大会,积极参加清音曲业同业公会并训话④,使同业公会发挥"上传下达的作用"⑤。

音教会还对音乐戏曲行会加以疏导,南昌一民间娱乐场所天乐窝茶社请求雇用女子演唱,剧园电影业同业公会予以支持,但是公安局则不予批准,行会向音教会寻求支持,音教会与公安局磋商未果,只能向行会回函"本会亦碍难通融办理由"⑥,反映了音教会一定程度上也考虑行业利益,并对行会进行疏导。

在音教会及省会民众娱乐指导委员会建立后,民间新娱乐机构建立须经

---

① 《组织民众娱乐指导委员会——江西省会民众娱乐指导委员会成立大会纪录》,《音乐教育》第1卷第2期,1933年5月,第69页。

② 全汉升:《中国行会制度史》,食货出版社,1986年,第211页。

③ 《江西省会民众娱乐指导委员会第二次会议录》,《音乐教育》第1卷第2期,1933年5月,第70页。

④ 《江西省推行音乐教育委员会六月份工作报告表》,《音乐教育》第1卷第4—5期,1933年10月,第93页。

⑤ 林媛:《解读"江西省推行音乐教育委员会"组织机构(下)》,《乐器》总第242期,2009年9月,第39页。

⑥ 《本会工作报告——24年2月份》,《音乐教育》第3卷第3期,1935年3月,第98页。

过其准许才可开办,如不合乎其要求,则会要求其改善,甚至于娱乐机构的名称也要考核。如 1934 年一新成立的茶社取名“西施茶社”,音教会觉其名称不妥,令其改善。

音教会等音乐戏曲组织的建立与发展为江西音乐戏曲事业的发展注入了新的血液,同时也有效地刺激了传统音乐戏曲组织的革新,“群众音乐活动与专业音乐表演之间的竞争”①,也提升了传统与现代两方面音乐戏曲组织的活力,并以这些音乐戏曲组织为阵地,积极宣传抗日救亡。

二、“新制”:音乐机关的制度设计

抗战时期的音乐机关是由各级政府主导,且多由教育当局直接建立起来的,因此,音乐机关实际上也是行政机构,具有一定的行政权力。然而国民政府时期,相当一部分官员是学者官僚,且有一部分具有留学背景,这些官员有一定的专业技术与素养,促进了政治、教育与音乐的结合。江西省推行音乐教育委员会即是政治、教育与音乐戏曲“谋合”下的产物。音乐机关由其行政职能延伸,对音乐戏曲事业进行了制度设计,力图改变政府对于音乐戏剧“没有一定的方策”②的现象,进而规范音乐戏曲事业以为抗战救亡服务。

20 世纪 30 年代初,国共两党在江西对峙,加之日本侵入东北,“内忧外患”之下,熊式辉出任国民党江西省府主席。他任用了一批学术官僚,竖起“赣人治赣”的旗帜,拟在江西干出一番事业。熊式辉认为音乐有移风易俗的社会功能,提振江西民气需要在教育上充分发挥音乐的功能。江西省推行音乐教育委员会即是在此种背景下建立起来的。

此时的江西尤其是省会南昌,主要的音乐戏曲形式为小调与平剧等传统音乐戏曲形式,而现代音乐发展缓慢。相应音乐团体主要是清唱业、戏曲业等同业公会,以及戏园、说书场、电影院等民间娱乐场所。

音教会成立后,被定位为重要的地方社会教育机关,在《江西省推行音乐教育委员会之使命及计划》指出通过“修订固有戏曲之内容”“利用固有戏曲之形式”“取缔恶劣之戏曲音乐”“创作新谱,编演歌剧,以代替恶劣音乐”“设立音乐传习所,使民众有补习机会”“设立公共剧场,音乐堂,公园音乐亭,以便公开

① 冯明洋:《“浩歌声里请长缨”——桂林抗战音乐运动述论》,《中国音乐学》2002 年第 2 期,第 57 页。

② 谷剑尘:《戏剧教育之理论与实际》,商务印书馆,1944 年,第 183 页。

演奏""督促电影院施行音乐设备""广播音乐及常识讲话"[①]八个方面有计划地指导指导民众音乐。在方向明确后,音教会相应地制定了针对民间音乐组织机构的相关制度。

(一)组织登记

传统民间音乐组织较为繁杂,行业自我认同突出,基于此特点,反而造成音乐戏曲界的离心倾向,使得政府对其管理困难。音教会成立后,立即制定并实施了登记制度,规定"各剧场、游艺场、说书场、影戏院及一切音乐团体,或个人营业,必须登记,未经登记者,不准营业"[②],江西省民众娱乐指导委员会成立后,也规定"凡营业者,于请求党政机关登记时,应先经本会审查,再将本会审查意见书,迳行分别呈缴党政机关察核,(有同业公会者,由该公会转呈本会)"[③]。原则确定后,音教会制定了《江西省推行音乐教育委员会关于民众娱乐场所登记办法》,规定了登记对象为民众娱乐场所及音乐从业者,"如戏园,游艺场,说书场,电影院以及营歌曲口技业者";规定了登记程序,"依照本会制定之登记表,逐项填写,签名盖章";并对登记主体进行了严格规定,属于民众娱乐场所的,"戏园,游艺场等登记时,以该经理人为限",属于音乐从业者个人的,"则用本人名义均不得化名或冒替";同时建立了民间音乐组织机构向音教会报告节目制度,规定"登记之戏园,游艺场,应于演唱前,逐日将戏曲节目,依然本会制定之戏曲报告表填报";登记变更适用情形和程序也做出了规定,一种情形是"改组或经理易人",变更实行"重新登记",一种是"停止营业",变更则须报告"以资查核"[④]。除组织登记外,音教会还调查民间娱乐场所,包括"各剧场之表演方式","营歌曲业者及伶人之种类,人数,住址,营业方式,收入等"[⑤],通过调查,音教会可以较好地掌握民间乐人群体及掌控民间娱乐场所的发展方向。

(二)审查

音教会首先对于各类音乐戏曲进行审查,"对于现行之平剧,采茶戏,坐

---

① 程懋筠:《江西省推行音乐教育委员会之使命及计划》,《音乐教育》第1卷第1期,1933年4月,第10—13页。

② 程懋筠:《江西省推行音乐教育委员会之使命及计划》,《音乐教育》第1卷第1期,1933年4月,第11页。

③ 《江西省会民众娱乐指导委员会组织大纲》,《音乐教育》第1卷第2期,1933年5月,第81页。

④ 《江西省推行音乐教育委员会关于民众娱乐场所登记办法》,《音乐教育》第1卷第2期,1933年5月,第80页。

⑤ 《江西省推行音乐教育委员会工作纲要》,《音乐教育》第1卷第1期,1933年4月,第18页。

堂,清音小曲,南词,道情,说书,河南戏,游街曲,莲花落,大鼓书等一切流行戏曲,先收买其唱本,修订其内容,词句",并对戏曲之载体书籍,木刻版等进行规范,"令出版书店,将木刻版呈缴,善者存之,不善者削去,然后发还,务使依照修正,重印发行"①。依据此内容,音教会提出了审核标准:提倡部分的标准为"(一)发皇民族意识者,(二)提倡民权者,(三)裨益民生者,(四)合于忠,孝,仁,爱,信,义,和平之旨趣者,(五)侠义可风者,(六)合群互助者,(七)具勇敢有为之精神者,(八)提倡勤俭廉洁者,(九)令人发生反省者,(十)涵养美的情操者";取缔部分的标准为"(一)提倡迷信者,(二)提倡君权者,(三)有封建思想者,(四)穷奢极欲者,(五)诲淫诲盗者,(六)表现残酷者,(七)提倡极端个人主义者,(八)提倡畸形道德者,(九)萎靡怯懦者,(十)不合时代潮流者";修正部分的标准为"(一)文字欠通者,(二)主旨颇佳而枝节有瑕疵者"。在此标准之上,音教会对于民间音乐组织机构及个人所涉及的唱本,通过审查,进而"恶劣者禁止之,未善者修改之"②,并推广其所谓"新乐"。

(三)视察指导

音教会管理民间音乐组织最重要的一项为视察指导,并"形成了视察员监管城市公众娱乐的制度"③,提出"派员携带证章及特定调查表格,至各处巡视,将演时情形及内容,依照规定之方法填写"④的视察原则,视察的最终目的则是为了"指导营歌曲业者及伶人如何选择唱本及改良表演法"⑤。后音教会特别制定了《江西省推行音乐教育委员会视察员服务办法》,明确视察员的性质,即"担任本委员会之一切视察及调查任务"⑥;规定了视察程序,即"视察员每日或每夜佩带证章及视察纪载表,按时往戏园,游艺场,电影院及一切音乐团体视察,详细填表;视察员填表以后,即书明日月,签名盖章,送会存查"⑦;还对视察员提出了纪律要求,"绝对不得以证章借给他人;有放弃职务,屡戒不悛者,撤

① 程懋筠:《江西省推行音乐教育委员会之使命及计划》,《音乐教育》第1卷第1期,1933年4月,第10页。

② 《江西省推行音乐教育委员会工作纲要》,《音乐教育》第1卷第1期,1933年4月,第16—17页。

③ 林媛:《"江西省推行音乐教育委员会"研究(1933—1946)》,首都师范大学博士学位论文,2009年,第44页。

④ 程懋筠:《江西省推行音乐教育委员会之使命及计划》,《音乐教育》第1卷第1期,1933年4月,第11页。

⑤ 《江西省推行音乐教育委员会工作纲要》,《音乐教育》第1卷第1期,1933年4月,第18页。

⑥ 《江西省推行音乐教育委员会视察员服务办法》,《音乐教育》第1卷第1期,1933年4月,第83页。

⑦ 《江西省推行音乐教育委员会视察员服务办法》,《音乐教育》第1卷第1期,1933年4月,第83页。

职;有徇情舞弊等情,一经证实,立即撤职,其情节较重者,并依法严办"[①]。同时,音教会还拟订了视察戏曲纪载表。后经音教会及省会民众娱乐指导委员会历次会议补充了相关视察规定,如省会民众娱乐指导委员会要求"视察员由本会发给附有相片之视察证"[②],视察地点则是"每处每次至多以二人为限"[③],周期则是"每人每星期至少视察二次"[④]等,视察指导制度不断完善。

(四)训练

音教会开办民众音乐训练班,对部分营歌曲业者加以训练,发给教育厅证书,进而在行业中推广,并起"代为宣传"[⑤]之作用。教育厅暑期为营歌曲业者特开训练班,起初民间营歌曲业者反应不强烈,音教会只得"函公安局请再令促本市营歌曲及清唱业者前来暑校报名听讲"[⑥],同时还致函清音小曲业同业公会,"转令同业前来暑期学校报名"[⑦]。后暑期民众音乐训练班以《抗日救国》为课本,教授了《四季歎洋烟》《嫖客十歎》等歌,较好地起到教育营歌曲业者的作用,并通过邀请"熊詠扬等十人参加教育行政会议闭幕式唱奏新曲"[⑧],提升了培训的地位。音教会组织机构测验,给通过者核发证书,并组织机构补考,亦有考生及格通过。1935年,音教会委派裘德煌兼任改良歌曲推行员,并要求清音曲业公会派学员受课,时间规定为"每星期二星期五两日,下午二时"[⑨],内容为音教会编制的新曲。而通过这些学员,再向同行业乐人传授,这是推行新音乐的一个可行途径。

---

① 《江西省推行音乐教育委员会视察员服务办法》,《音乐教育》第1卷第1期,1933年4月,第83页。

② 《组织民众娱乐指导委员会——江西省会民众娱乐指导委员会成立大会纪录》,《音乐教育》第1卷第2期,1933年6月,第69页。

③ 《江西省会民众娱乐指导委员会第二次会议录》,《音乐教育》第1卷第2期,1933年5月,第71页。

④ 此处"每星"应指"每星期",《江西省会民众娱乐指导委员会第三次会议录》,《音乐教育》第1卷第2期,1933年6月,第71页。

⑤ 《江西省推行音乐教育委员会工作纲要》,《音乐教育》第1卷第1期,1933年4月,第17页。

⑥ 《江西省推行音乐教育委员会七月份工作报告表》,《音乐教育》第1卷第4—5期,1933年10月,第106页。

⑦ 《江西省推行音乐教育委员会七月份工作报告表》,《音乐教育》第1卷第4—5期,1933年10月,第106页。

⑧ 《江西省推行音乐教育委员会八月份工作报告表》,《音乐教育》第1卷第6—7期,1933年11月,第138页。

⑨ 《本会工作报告——24年3月份》,《音乐教育》第3卷第4期,1935年5月,第90页。

(五)惩罚

音教会对于娱乐场所“有视察取缔之权”①,因而音教会及民众娱乐指导委员会对于民间音乐组织机构违反规定的即予以惩罚,具体惩罚事项有:(1)实际演出内容与预先报告音教会内容不相符;(2)公共场所“唱有害风化之歌曲者”;(3)“在私人住宅营业而有违禁令者”;(4)“印行有害之唱词脚本”的书店;(5)民间的戏曲、歌舞、民歌童谣有违禁令者。惩罚的形式则规定为禁演戏曲等,音教会及民众娱乐指导委员会将大量低俗淫秽等剧目列入禁演名单,“有违犯取缔各条之一者,得由本会函请公安局斟酌情形处罚,其同一戏曲重犯者,并得函请公安局,勒令停业,但均须呈报教育厅备核”②,反映出对初犯或是轻犯和重犯的区别处罚。惩罚的程序是“本会对于民众娱乐,有认为取缔或处罚者,经会议议决后,由主席委员以推行音乐教育委员会名义函请公安局执行”③,由此可知音教会是有行政处罚决定权力的,但是没有处罚的执行权。而现实当中执行处罚,也需要考虑民间音乐组织机构及音乐戏曲等事业从业者的利益,从音教会处理西乐社取缔其奏不良曲谱④,也可反映出音教会对取缔也有相关程序:首先,召集营业者谈话;其次责成相关同业公会呈送乐谱来会审查;最后,会同公安局军乐队共同指导以决定是否取缔。

三、“新气象”:新乐政具体实践下的江西音乐戏曲界

(一)新乐政的具体实践

新乐政的实践不单单是音乐机关依据制度施政的过程,同时也是民间音乐组织主动调适的过程。在此过程中,音乐机关与民间音乐组织机构之间既有矛盾的凸显,也有相互的妥协合作。音教会与各民间音乐组织机构之间互动频繁,下面着重阐述几个重要表现:

1.取消开场锣鼓

针对开场锣鼓“音调喧噪,刺激听觉过甚”,音教会主导下的民众娱乐指导

---

① 《本会的任务和工作》,《音乐与戏剧》第1期,1940年2月,第28页。

② 《江西省推行音乐教育委员会关于民众娱乐场所登记办法》,《音乐教育》第1卷第2期,1933年5月,第80页。

③ 《江西省会民众娱乐指导委员会组织大纲》,《音乐教育》第1卷第2期,1933年5月,第82页。

④ 《江西省会民众娱乐指导委员会第四次会议纪录》,《音乐教育》第1卷第3期,1933年6月,第85页。

委员会决议废除开场锣鼓,“以幽雅之细乐代替之”①。本来所谓俗乐、雅乐只是相对而言,民众娱乐有其自身特点,剧园电影业公会迅即“请求”闹场锣鼓不予取消,遭到民众娱乐指导委员会决议驳斥并决议闹场锣鼓必须取消,剧园电影业公会虽然表面遵办,却在一段时间内拖延不执行,“亦云遵办,但至今仍未实行”②,这使得民众娱乐指导委员会再次通过会议确定开场锣鼓必须严厉取缔,只是不要求必须代替雅乐。音教会虽有妥协,但是剧园电影业同业公会仍向公安局等其他机关申诉,音教会被迫向公安局发函,“驳斥剧园电影业同业公会所呈各节,并请对于取消闹场锣鼓及禁演各剧,严厉执行”③,但是至1934年12月份,新新游嬉分场等民间娱乐场所仍有开场锣鼓。

2.处理娱乐场所收场太迟问题

音教会认为收场太迟会妨碍“地方治安及观众之时间精力”,同时考虑到缩短演剧时间也可使开锣戏减少,决议收场时间“至迟不得过十一时”④,剧团电影业同业公会则提出每晚收场延长时间,部分剧园则收场延至十二时以后,民众娱乐指导委员会根据实际情况实行妥协,决议“暂许延至十一时半收场”⑤,后确定为“平日至迟不得过十一时三十分”⑥,最终通过函请公安局及市政委员会转令执行。

3.排演新剧

抗战时期,宣传抗战救亡社会改良的音乐戏剧作品不断涌现,然而封建旧题材的旧乐旧剧在民间音乐组织机构及娱乐场所的庇护下依然演出不断,排演新剧成为这一时期音乐运动的主题。音教会对于民间音乐组织机构有指导之责,民间音乐组织机构及娱乐场所排演节目按规定必须经过音教会之审查,而民间剧团欲采用音教会的剧本排演,也必须由音教会或民众娱乐指导委员会派员指导,否则不准排演。然而,在音乐机关成立之初,各剧院排演新剧,并

① 《第六次民众娱乐指导委员会纪录》,《音乐教育》第1卷第6—7期,1937年10月,第133页。

② 《江西省民众娱乐指导委员会第八次会议纪录》,《音乐教育》第2卷第1期,1934年1月,第137页。

③ 《本委员会工作报告——十一月份》,《音乐教育》第1卷第8—9期,1933年12月,第135页。

④ 《第六次民众娱乐指导委员会纪录》,《音乐教育》第1卷第6—7期,1933年11月,第133页。

⑤ 《江西省会民众娱乐指导委员会第七次会议纪录》,《音乐教育》第1卷第8—9期,1933年12月,第125页。

⑥ 《江西省会民众娱乐指导委员会第八次会议纪录》,《音乐教育》第2卷第1期,1934年1月,第136页。

不会通知音教会派员指导，音教会之规定如同虚设，而对此音教会也无可奈何，只能“暂缓议”[①]，这表现出音教会一定的妥协。民间音乐组织机构趁机瞒天过海，企图架空音乐机关，德胜舞台排演新剧，请民众娱乐指导委员会按规定派员指导，但却“不详告排演之地点及时期”，即便是民众娱乐指导委员会主席裘德煌向其询问，“亦无答复”[②]，呈现“漠然”之势。民间音乐组织机构的态度逐渐激化了其与上级音乐机关之间的矛盾，音教会在取得其他政治力量支持后采用奖惩并用手段，“已遵办者，由本会奖励之，对于藐视法令之剧团，即请公安局严厉惩罚”[③]，逐渐掌握主动，甚至到了极致，音教会也采取取缔娱乐场所的办法。各剧场则是“阳奉阴违”[④]，至 1934 年 11 月，音教会“函剧园电影业同业公会，为本市各剧园排演新剧，往往不依规定手续办理，改头换面，弊实丛生，应请转知各剧园切实遵行由”[⑤]，这反映出来自民间音乐组织方面的阻力仍然很大，注定施行排演新剧规定是一个漫长的过程。

4.视察戏院舞台等娱乐场所

音教会设视察员，定期视察各大舞台剧场，民众娱乐指导委员会初期由委员兼任视察员，后专门指定视察员。由于音教会主任程懋筠、教育厅长程时煃都有留日的背景，音教会的视察就向日本学习，派视察员至省市公共场所会同警士巡查。但是音教会与省会民众娱乐指导委员会派员视察的同时，其他机关也派员另行视察，招致一些行会产生意见，戏园电影业同业公会即向音教会去函，“请求党政各机关勿另派视察密查等员”[⑥]，这使得音教会不得不与其他政治机关协商让其他机关派代表参加民众娱乐指导委员会共同指导。然而其他职能部门因不懂音乐，对此项工作热情不高，出现了“党政各机关自派视员与否，各听其便”[⑦]的情况，甚至由于其他机关派出的视察员多无暇实地视察，后公推民众教育馆饶铁民，音教会裘德煌二人担任视察员。这反映出其他机

① 《江西省会民众娱乐指导委员会第四次会议记录》，《音乐教育》第 1 卷第 3 期，1933 年 6 月，第 86 页。

② 《江西省会民众娱乐指导委员会第三次会议录》，《音乐教育》第 1 卷第 2 期，1933 年 5 月，第 71 页。

③ 《本委员会第五次会议记录》，《音乐教育》第 1 卷第 4—5 期，1933 年 10 月，第 90 页。

④ 《播音报告》，《音乐教育》第 2 卷第 1 期，1934 年 1 月，第 131 页。

⑤ 《本会工作报告——十一月份》，《音乐教育》第 2 卷第 12 期，1934 年 12 月，第 75 页。

⑥ 《江西省会民众娱乐指导委员会第三次会议录》，《音乐教育》第 1 卷第 2 期，1933 年 5 月，第 71 页。

⑦ 《江西省会民众娱乐指导委员会第四次会议记录》，《音乐教育》第 1 卷第 3 期，1933 年 6 月，第 86 页。

关有心参与,无力实践,最终还是依靠社会教育机关来实践,但由于其他机关的掣肘却又使得音教会视察工作施行很难按照自己的设计起到实际主导作用,效果大为削弱。

在音教会成立不久后的视察中,出现明星、光明、昌新等戏院舞台拒绝视察的现象,音教会只得函请公安局"查办拒绝本会视察员视察事并请令各戏园以后不得再有同样情事发生"①,但不久又出现明星大戏院留难民众娱乐指导委员会视察员的情况②。为了应付视察,各娱乐场所指定视察员席次,干扰音教会及民众娱乐指导委员会视察员的视察工作,音教会被迫致函剧园电影业同业公会,要求不得对视察员入场"限制座位事",同时也规定视察员"不得坐中排特座"③。《江西省推行音乐教育委员会视察员服务办法》规定"每人每星期至少视察二次",但是当民众娱乐指导委员会主导民间音乐组织机构视察工作时,从现实出发,对视察员规定"每周每人至少应视察一次"④,这一变化也反映了音乐机关的主动调整。但是至 1933 年 10 月份,哪怕是省政府及公安局附近商店仍然有营西乐者"演奏小曲俗调"⑤,音教会不得不通知西乐社同业公会设法制止。而各平剧团往往将音教会已禁之戏改头换面表演,如将西游记改名唐僧取经。这都反映出虽有较为密集的视察,但是民间音乐组织机构及娱乐场所仍有逆其道之做法,所谓上有政策,下有对策。但是随着视察工作的不断深入,如民众娱乐指导委员会第二十七次会议议决"举行总视察"⑥,民众音乐工作效果不断提升。

(二)江西音乐戏曲界的发展趋势

音教会成立初期,其对于民间音乐组织机构的管理可谓举步维艰,一方面民间音乐组织机构及从业者对音教会及民众娱乐指导委员会不了解,另一方面,作为政权下属的行政机关,音教会很容易被民间音乐组织机构及从业者放在对立面的位置而受到质疑。登记、审查、视察指导等工作执行困难,出现了

---

① 《江西省推行音乐教育委员会五月份工作报告表》,《音乐教育》第 1 卷第 3 期,1933 年 6 月,第 91 页。

② 《江西省推行音乐教育委员会七月份工作报告表》,《音乐教育》第 1 卷第 4—5 期,1933 年 10 月,第 106 页。

③ 《江西省推行音乐教育委员会六月份工作报告表》,《音乐教育》第 1 卷第 4—5 期,1933 年 10 月,第 99 页。

④ 《第六次民众娱乐指导委员会纪录》,《音乐教育》第 1 卷第 6—7 期,1933 年 11 月,第 133 页。

⑤ 《本委员会工作报告——十月份》,《音乐教育》第 1 卷第 8—9 期,1933 年 12 月,第 131 页。

⑥ 《本会工作报告——25 年 8 月份》,《音乐教育》第 4 卷第 8 期,1936 年 8 月,第 93 页。

“各娱乐场所对于本会指定之事项，多不遵行”[①]的现象。但是随着政治力量的介入，尤其是在省府主席熊式辉及教育厅厅长程时煃的直接指导下，音教会不断强化自身地位。至1936年，音教会已经在音乐戏曲界建立起了威望，“各剧园现已不敢演唱淫秽剧曲，开场锣鼓，亦已完全取消。凡各剧园间有表演不良戏剧者，先后函请公安局处罚，计有数十次”[②]，较好地贯彻了其音乐主张。

在此过程中，江西音乐戏曲界还呈现出了其他现象：

1.音教会等音乐机关对民间音乐组织机构的交流由“谈话”发展为“训话”

音教会成立之初即“召集戏园电影业同业公会理监事，及各娱乐场所经理开谈话会”[③]。但是在音教会及民众娱乐指导委员会视察工作开展遭遇民间音乐组织机构挑战，音乐机关决定厉行新乐政时，音乐机关对民间音乐组织机构的态度逐渐发生变化，在民众娱乐指导委员会1933年5月10日召开第三次会议时，在讨论如何“召集本市营歌曲业者谈话”一案时，决议“由音乐教育委员会，函请公安局令知该同业公会，自行召集，先期请本会派员训话”[④]，这次会上，由“谈话”的议案演进成了“训话”的决议，体现了音乐机关对民间音乐组织机构态度日趋强硬。

2.音乐机关对于民间音乐组织机构的训话及视察由“不定期”发展为“定期”

民众娱乐指导委员会成立之初，本提议“定期召集营歌曲业之负责人开会”[⑤]，但决议只是确定于1933年4月26日召集戏园、电影院及娱乐场所经理及戏园电影业同业公会理监事开会，并没有成为定制。1934年初，熊式辉面谕音教会主任程懋筠，提出三点意见[⑥]：一是各剧园伶人须受音教会及民众娱乐指导委员会之训练；二是伶人受训后，各剧园有义务推行新编戏剧；三是要求

---

① 《江西省推行音乐教育委员会第三次委员会会议纪录》，《音乐教育》第1卷第2期，1933年5月，第66页。

② 程懋筠：《本会过去现在及将来之设施》，《音乐教育》第4卷第12期，1936年12月，第35页。

③ 《江西省推行音乐教育委员会第三次委员会会议纪录》，《音乐教育》第1卷第2期，1933年5月，第65页。

④ 《江西省会民众娱乐指导委员会第三次会议录》，《音乐教育》第1卷第2期，1933年5月，第72页。

⑤ 《组织民众娱乐指导委员会——江西省会民众娱乐指导委员会成立大会纪录》，《音乐教育》第1卷第2期，1933年5月，第70页。

⑥ 《江西省会民众娱乐指导委员会第九次会议纪录会》，《音乐教育》第2卷第2期，1934年2月，第70页。

音教会及公安局令剧院电影业同业公会及各剧园经理不得开演禁演之戏剧。在熊式辉指示下,民众娱乐指导委员会迅速决议“定期召集各剧园后台经理与编剧员及导演员谈话会”①。至1936年8月,民众娱乐指导委员会第二十七次会议议决“定期”举行剧园训话,“定期”举行总视察②。

从上可以反映出新乐政的施行需要一个过程,在初期或出现地方音乐机关与民间音乐组织机构的对立“争锋”,但随着时间的推移,尤其是国民政府各级政权权力的日益凸显,及其对音乐戏曲事业的强烈干预,新乐政的施行又呈现出一个逐渐深入的过程,民间音乐组织机构转而自我调适,逐渐适应政治与社会形势的发展,进而表现出与音乐机关“契合”之情势。各同业公会表现为“既协助音教会工作又为行业内部争取权益,扮演着既合作又斗争的角色”③,充分反映了民间音乐组织机构的两面性。

四、结语

音教会及民众娱乐指导委员会只是九一八事变后抗战背景下涌现出的众多音乐机关的缩影,这些地方音乐机关是音乐、教育与政治结合的产物,它们在“音乐救国”“教育救国”观念影响下,希冀实施新乐政以改造旧乐,振发民族精神。然而新乐政的对象民间音乐组织机构颇受传统音乐戏曲观念影响,再者,其为营利组织机构,甚至有“卖座主义”的倾向,这就导致地方音乐机关与民间音乐组织机构在戏曲内容与形式以及音乐理念方面有相当的差距,造成了两者之间的“争锋”之势。

但是,抗日战争时期是急剧变化的时代,音乐戏曲界也须不断变革,田汉等人在抗战时即指出抗战音乐戏剧运动发展的一个缺陷是“还没有和政治的以及军事的动员配合起来,产生一种更实际的力量”④。在瞬息变化的政局当中,民间音乐组织机构的发展也依赖政治力量的支持与社会的发展。新乐政包含了推动民众音乐发展的积极因素,又提供了地方音乐机关与民间音乐组织机构相互适应共同发展的条件,进而也造成了两者之间的“契合”之势。

---

① 《江西省会民众娱乐指导委员会第九次会议纪录会》,《音乐教育》第2卷第2期,1934年2月,第71页。

② 《本会工作报告——25年8月份》,《音乐教育》第4卷第8期,1936年8月,第93页。

③ 林媛:《解读“江西省推行音乐教育委员会”组织机构(下)》,《乐器》总第242期,2009年9月,第39页。

④ 田汉等:《抗战与戏剧》,独立出版社,1939年,第13页。

正是在这种“争锋”与“契合”当中，政权有力地掌控了近现代音乐发展的趋势，而民间音乐组织则在官方设计下加快了近现代化的历程。“时代需要戏剧，戏剧认识了时代”①，抗战时期地方音乐机关与民间音乐组织机构的不断互动，共同推动了民众音乐事业的发展，成为音乐组织演进最重要的特点，也为抗战这一中华民族走向复兴的重要节点发挥了重要的支撑作用。

作者简介：

邱泉，赣南师范大学科技学院讲师，中国近现代史硕士，研究方向为中国近现代史。

---

① 田汉等：《抗战与戏剧》，第1页。

无言的前卫：抗战时期的“现代绘画联展”

漆　麟

[摘　要]本文以抗战后期的1945年1月于陪都重庆举行的“现代绘画联展”为切入点，探讨中国的现代主义绘画在战争时期的处境和存在方式，尝试对抗战美术史叙事进行适当的修正。研究中，主要考察参展艺术家林风眠、倪贻德、庞薰琹和关良在战时的创作和艺术活动，在可能范围内对此次展览进行图像性还原再现。在此基础上，探讨“现代绘画联展”的性格以及由此反映出的中国现代主义绘画的内在转变，并对现代主义在中国的范畴和意义做出分析。

[关键词]现代绘画联展；抗战时期美术；现代主义绘画；重庆

[基金项目]重庆市社会科学规划一般项目《抗战时期重庆的现代派美术研究》，项目号2013YBYS095。

在抗战结束前夕的1945年1月18日，“现代绘画联展”(以下简称“联展”)举行于重庆的“中苏文化协会”。此次展览汇集了13位艺术家的83件作品，其中既包括林风眠、倪贻德、庞薰琹、关良、丁衍镛等战前即开始提倡现代绘画的重要艺术家，亦有战后活跃于台湾的抽象艺术家李仲生、成为巴黎画派代表人物的赵无极等人。从参展艺术家阵容看来，“联展”是中国现代艺术史中一个值得关注的事件，也是抗战时期最具规模的一次有关“现代主义绘画”的展览。然而，从现有的研究看来，“联展”或许被“忘却”，或许仅提及其“是一次重要的现代艺术展览”，除参展艺术家名录之外没有任何对其具体情况的考察。

一、抗战美术史叙事中的现代主义

作为研究“联展”的视点，其一可以从民国时期的早期现代主义美术入手，其二则是从非常时期的战时美术的角度切入。有关前者的既往研究，往往将对现代主义美术的考察限定在抗战全面爆发的1937年之前，而将战时看作是其停滞乃至退出美术界的时期[①]。而有关后者的研究则将重点放在宣传美术中，包括以延安为中心的解放区和以重庆为中心的国统区（大后方）的木刻版画以及漫画的情况。在全面论述抗战时期美术的《抗日战争美术图史》[②]一书中，尽管涉及了不同政治区域的较为多样的美术状况，却仍然提出了现代主义美术由于战争而落下帷幕、以及"五四"以来由新美术运动所引起的不同流派和表现形式的论争由于战争而收束为"抗战现实主义"的结论。这实际上代表了抗战美术史叙事的主流观点，甚至在专门论述国统区情况的《战火硝烟中的画坛》[③]一书中亦只论述了木刻版画、漫画以及美术教育的情况，有关现代主义绘画的艺术家群体及其作品成为被忽视的存在。不过，近年来也出现了一些对现代主义志向的艺术家在战时情况的个案研究，主要集中于林风眠、倪贻德以及庞薰琹，尽管仍有诸多问题值得商榷，却比之宏观叙事具有更为客观的史实把握[④]。这些研究的出现也反映出 20 世纪 80 年代以来围绕这些艺术家的重新评价而对艺术史叙事进行再编的结果和影响。

从这些既往研究看来，对中国的现代主义美术的叙事，是将其本质作为受容西方现代主义和中国艺术家在此基础上的二次创作来考虑，即设定了中国社会现代化推进的时空背景前提。由此，在空间上，以西方现代化都市为蓝本而持续建设的上海以及广州地区成为考察的中心，在时间上主要关注至 1937 年为止的社会环境相对稳定、现代化进程持续推进的国民政府"南京十年"。另一方面，在战时抬头的宣传美术取代其他风格流派成为主流的叙事更应该

---

① 较为典型的比如，刘瑞宽：《中国美术的现代化：美术期刊与美展活动的分析（1911－1937）》，生活·读书·新知三联书店，2008 年。在日本方面的研究中，比如"民国期美術へのまなざし：辛亥革命百年の眺望"（瀧本弘之编著，勉诚出版，2011 年）中"新興藝術の動向"一节，只论述了有关木刻版画以及在 1935 年即实质上停止活动的现代主义美术团体"中华独立美术协会"的情况。在英语圈研究中甚至提出了更为决断的观点，认为现代主义在中国美术中仅明确存在于 1929—1937 年和 1985－1989 年的两个时期，而 1937—1985 年则是长时间的对现代主义的"中断（Hiatus）"。参见：Ralph Croizier: "When was Modern Chinese Art?: A Short History of Chinese Modernism," in *Writing Modern Chinese Art: Historiographic Explorations*, University of Washington Press, 2009，第 24—34 页。

② 黄宗贤编著：《抗日战争美术图史》，湖南美术出版社，2005 年。

③ 凌承伟编著：《战火硝烟中的画坛》，重庆出版社，2013 年。

④ 以下研究可供参考：Zhijian Qian: *Toward a Sinicized Modernism: The Artistic Practice of Lin Fengmian in Wartime China*, 1937—1949, Thesis (Ph.D.), Institute of Fine Arts, New York University, 2014; Xiaoqing Zhu: *Pang xunqin* (1906—1985) - *A Chinese Avant—garde's Metamorphosis*, 1925—1946, *and questions of* "*authenticity*", Thesis (Ph. D.), University of Maryland, College Park, 2009；吴孟晋：《前衛絵画の"代理戦争"——日中戦争におけるモダニズム絵画とプロパガンダ》、《近代中国美術の胎動》，勉诚出版，2013 年，第 132－146 页；蔡涛：《"新写实主义"的流变：折衷的理论策略与"孤岛"时期倪贻德的洋画创作》，《文艺研究》2014 年 2 月号，第 141—152 页。

被认为是形成于1949年以后,也是将美术史编入整体近现代史叙事框架后的产物。这实际上也体现出历史学中“革命叙事”和“现代化叙事”的互动以及此消彼长的关系①,而具有预设前提的叙事方式决定了论者在对待现代主义美术时所遭遇的问题,即在战时环境下无论是哪种叙事方式都只能倾向于将其描述为“空白期”。

本论通过“联展”这一具体案例尝试对既往战时美术史叙事做出调整,将其作为战时现代主义美术的一种集约,再现其面貌,并发现抗战时期现代主义美术的转变情况,探讨由此反映出的在中国美术中“现代主义”的范畴及其意义。

二、对“现代绘画联展”的再现

(一)相关文字资料

由于迄今为止未能发现“联展”相关的第一手图像资料,在此首先尝试通过相关文字资料对其进行再现。利用当时重庆发行的报纸可以找到广告、报道和评论三类文字线索(文中无特别说明则为重庆发行的报纸)。1945年1月18日及19日的《中央日报》、20日的《大公报》以及《新民报晚刊》都登有“联展”广告,包括13位参展艺术家名录、中苏文化协会的地点以及1月18日至22日的展览时间。1月19日的《中央日报》在“陪都动态”一栏中登有简讯,内容为“现代绘画联展昨日起在中苏文协举行,观众甚多”。同日的《扫荡报》和《新蜀报》发表了几乎同文的新闻报道。内容如下:

> 现代绘画联合展览会,系国内著名西洋画家丁衍镛、方干民、汪日章、李仲生、周多、林风眠、林镛、郁风、倪贻德、叶浅予、赵无极、关良、庞薰琹等所组成,十八日在中苏文化协会举行,陈列计有国画,油画,水彩,素描,约百余帧,各作品均能表现作者之个性,而富有现代艺术之新精神,象征民族复兴之希望。

另外,《益世报》也在1月19日的“本市风光”栏目中有简讯登出,内容应是以上文为蓝本,简化为“现代绘画联合展览会,系国内著名西洋画家丁衍镛,方干民,汪日章等所组成,十八日在中苏文化协会举行,陈列计有国画,油画,水彩,素描约百余帧”。

---

① 有关中国近现代史观的整体性研究,参阅[美]李怀印著《重构近代中国》,岁有生、王传奇译,中华书局,2013年。

在既往研究中普遍片段式的引用了被记载为 1945 年 4 月 10 日《新民报》的评论《画与画家》，作者为傅爆北，此出处较早见于《中国西画五十年：1898—1949》中的叙述①。而实际上，此文刊登于 1945 年 1 月 22 日《新民报晚刊》，即"联展"的最后一天，标题为《画与画家：现代绘画展观后》（以下简称《画展观后》）。作为一篇评论，发表于展览结束数月之后的 4 月本不合常理，而这些提及此文的叙述大都没有注明文献出处，引用本身亦与原文有所出入，应该是对误记的转载流用。在此文中，作者认为展览大都是以"所谓'巴黎画派'与所谓'纯粹绘画'为依据，而注入了中华民族底血液的作品"，并分别简评了 13 位艺术家的画作，对丁衍镛、李仲生、林风眠、倪贻德、关良和叶浅予的作品着墨较多，相关内容将在后述中具体征引。

实际上，在当时重庆发行的周报《文化新闻》中有另一篇关于"联展"的评论，这是既往研究中所没有注意到的。在展览结束后的 1945 年 1 月 27 日，梁思光发表了《现代绘画联展》（以下简称《联展》）一文。文中，作者指出此次展览"给人最深刻的印象的是技巧的进步，几已达登峰造极的境界"；"第二点印象是风格的特殊"，即"并不是依样葫芦的西洋画，也不是仅得了西洋美术毛皮的折中画，是东西洋美术接触后所孕育而成的一种新的艺术。说是'现代中国画'或者较为适当"。随后，作者单独介绍了艺术家作品，引用如下（括号内为笔者注记）：

丁氏（丁衍镛）的作品近似后期表现派，线条优美而有力，融合了中国美术的精髓，比马蒂斯更觉流动。林风眠氏的作品也接近后期表现派，而又具有独特的风格，给观众以不能磨灭的印象。林镛的作品以人像为最精彩，技巧老鍊（练），汇合着理想主义和表现主义的精神。郁风的作品特具女性纤巧细腻格调，有东洋画的神韵。倪贻德的作品气魄浩瀚，笔触豪迈，题材经主观的巧妙地改造而重现出来，堪称杰构。叶浅予新从印度回来，作品富于异国情调，技巧亦无疑地受印度的影响很深。（中略）。

关良、赵无极、汪日章、李仲生、周多、庞薰琴（琹）的作品水准都很高，色光绚烂，线条优美，气韵流动，中西画法巧妙的融合着，是东西美术传统的合流，是中国近代画坛的伟大成就。

---

① 朱伯雄、陈瑞林编著：《中国西画五十年：1898—1949》，人民美术出版社，1989 年，第 504—505 页。

更为确切的文字资料来自国立台湾美术馆所藏参展人李仲生所留存的“现代绘画联展出品目录”[①]。目录分中英文两部,计有13位艺术家的83件作品名称,并附记“外埠出品人作品因时间关系未及列入”,具体内容将结合图像还原来进行论述(下文均使用目录原文的中英文表记)。

以下,结合文字资料和参展人在战时的创作以及出品其他展览的情况,尝试对“联展”进行图像上的还原。这种还原虽然并不能完全断定“联展”的作品,但能合理而有效的把握艺术家在抗战时期的创作风格以及艺术活动。同时,这里将主要关注林风眠、倪贻德、庞薰琹以及关良,因为时至今日,他们被认为是中国早期现代主义美术的代表人物,并对20世纪80年代以后的中国现代艺术产生了持续性的影响。

(二)参展画家作品情况——来自图像资料的再现

1.林风眠

在战前以革新派西画家登场的林风眠,抗战期间离开了经合并又内迁重庆的国立艺术专科学校(以下简称国立艺专),在1939—1946年的重庆时期获得了更多创作时间。他在实践中反复练习线描的技巧[②],进行了大量的水墨制作,并且不断实验新的题材和表现,而大部分的习作又为他本人所烧毁[③]。林风眠出展“联展”的8件作品标题皆为《习作(Study)》,应该正是这些探索结合水墨媒材的小品式作品。

被认为是林风眠作于20世纪40年代的作品中,一部分以奔放的笔致表现了四川等内陆地区的风景,另一部分则是通过流利的线条和大胆的彩墨所表现的各种女性人物。在《林风眠之路:林风眠百岁诞辰纪念》中有关重庆时代的记述即配有代表前者的《渔家》和《嘉陵江》两幅图版[④]。在一些林风眠年谱中记述他以《少女》《百合花》等作品参加“联展”[⑤]。《百合花》的所在缺少线索,而《少女》一作则有表现类似的同名作品存在,即《林风眠之路》所载推定为20世纪40年代创作的一幅和《荣宝斋画谱35人物山水静物部分》[⑥]中并无年

① 此资料经由日本京都国立博物馆吴孟晋先生提供。

② 杨明义:《近日楼散记》,江苏美术出版社,1998年,第175页。

③ 《改革中国画的先驱:林风眠》(席德进编著,台湾雄狮图书公司,1979年,第58—59页)中谈到林风眠一天画上一百张水墨是常事,大量堆积的习作大部分被他一把火烧成了灰。

④ 林风眠百岁诞辰纪念画册文集编辑委员会编著:《林风眠之路:林风眠百岁诞辰纪念》,中国美术学院出版社,1999年,第56页。

⑤ 郑朝、金尚义编:《林风眠论》,浙江美术学院出版社,1990年,第165页;林风眠著,朱朴编:《林风眠谈艺录》,中国青年出版社,2014年,第230页。

⑥ 林风眠:《荣宝斋画谱35人物山水静物部分》,荣宝斋,1989年。

代表记的一幅。另外，根据苏天赐的回忆，林风眠是展出了几幅油画，其中一幅白色调的《白衣女像》线条轻盈、印象深刻[①]。实际上，出品为油画的可能性并不大。一方面，这与大多数对林风眠重庆时期绘画实践以融合水墨为主的叙述不符；另一方面，战时油画材料短缺的客观情况使得包括林风眠在内的许多画家转向了包括素描、水彩以及水墨的媒材，也促成了艺术家们重新认识传统艺术的重要契机。

林风眠《渔家》，水墨，34×42cm，20 世纪 40 年代

由于"联展"目录的发现，这些记述和回忆都只是编著者根据印象在事后为作品附会之标题，对于当年参展的林风眠而言，"习作"的使用表达了尝试绘画创新的确切心境。不过，通过这些并不确定的回忆，可以推断"习作"的具体面貌，即上述融合了水墨的笔致以及西画色彩、构图等元素的作品。它们是林风眠融合中西理想的早期成果，在《画展观后》中被认为是"一种以西洋画为基础而又能够表现中华民族特色的作风"，而林风眠本人则被评价为"是一位非常值得注意的作家"，因其实现了"绘画最难而又最重要的"，即"作家自己的面目"。这些作品在当时被看作崭新的风格亦是理所当然，也印证了《联展》中的"接近后期表现派，而又具有独特的风格"。

2.倪贻德

倪贻德在抗战时期辗转武汉、香港、上海、浙江、福建等地，于 1944 年春离开浙江英士大学，一路写生并举行画展，经广西、贵州进入重庆。他于 1944 年秋到达重庆，并任教于国立艺专。

---

① 苏天赐：《苏天赐文集》，东南大学出版社，2009 年，第 123 页。

倪贻德《篮球比赛》,水彩,28.5×23.5cm,20世纪40年代

倪贻德在抵渝数月后的"联展"中出品了《水电工程(Waterpower)》《夏之河滨(Summer riverside)》《人像(Portrait)》《篮球比赛(Basket ball match)》以及四幅《嘉陵江风景(The Chialing River)》。现存作品中可以确认的仅水彩《篮球比赛》,而此画在《二十世纪中国西画文献:倪贻德》①中被标注为1948年作。这大概是受到1981年出版的《倪贻德画集》②中似乎有意将一系列水彩写生画定为1948年的影响。矛盾在于,谢海燕在此画集的序中谈到了抗战时期沿途写生到达重庆的情况,包括《瓯江之滨》《春帆》《球赛》《嘉陵江轮渡》等都是此时期的水彩作品。从画题所体现的地域以及即兴的表现手法看来,这些画作只能判断为战时沿途写生,而不太可能为战后二次创作。同时,根据有关1944年8月倪贻德贵阳画展的文献③看来,《瓯江之滨》和《篮球比赛》已经展出,亦可佐证其为战时创作的事实。"联展"中的《嘉陵江风景》虽然不能断定是否包括《嘉陵江轮渡》一作,但在表现风格上应为类似作品。《人像》一作很可能属于倪贻德在20世纪40年代所创作的素描写生肖像的系列。在贵阳展的记述中,他展出了百余幅素描和水彩作品,包括《自画像》在内的人物画多为素描。现存1942年的素描《自画像》虽不能断定为出展贵阳的作品,但这与刊登于贵阳《中央日报》的人物画作无疑代表了他战时的素描风格。"联展"在报道中包括了素描作品,从出品目录以及其他艺术家的战时创作看来,倪贻德是最有可能展出素描的,这也是他战时创作的一个重要组成部分。

在《画展观后》中特别谈到《水电工程》一作,称其"工程富有造型性,又□④能象征我国的物质建设",体现倪贻德"酝酿着造型的象征主义"。《联展》中认

① 王骁主编:《二十世纪中国西画文献:倪贻德》,文化艺术出版社,2009年。
② 倪贻德:《倪贻德画集》,上海人民美术出版社,1981年。
③ 《倪贻德教授画展专页》,贵阳《中央日报》1944年8月13日。
④ 此字破损,无法辨认。

为其作品“气魄浩瀚”，这很可能是指向《水电工程》一作，因为其他即兴写生画作在尺寸和表现上都很难符合这一描述。遗憾的是，从现存资料中没有该作品的确切线索。可以推测的是，这有可能是倪贻德在开始任教于国立艺专后的新作，是在结束旅行写生后在相对稳定的条件下的油画作品。追溯他在1941年于上海所作《大漠》一类具有超现实主义风格的油画，或许可以想象《水电工程》这一被称为“联展中的问题作(?)”(《画展观后》)的面貌。

3.庞薰琹

庞薰琹在抗战爆发后，随北平艺专迁湖南沅陵，在与国立艺专的合校风波后离校并前往昆明，并由梁思成介绍进入中央博物院工作，开始研究中国传统装饰纹样。1939年，庞薰琹被博物院派往贵州苗区考察，获得了前所未有的体验和资料。1940年回到昆明后，他开始创作以苗族为主题的系列绘画，并着手装饰纹样的整理研究。随博物院迁往四川后，他受到成都技艺专科学校的聘用而重回教职，1942年因赴任中央大学艺术系而来到重庆。此后，庞薰琹基本以成都和重庆为基点往返来进行创作和展览，比之教职更依靠卖画收入维持生活[①]。

庞薰琹个展的相关文献提供了他战时创作的具体情况。1943年9月12日的成都《中央日报》登载了他为成都个展所写《自剖：为自己的展览会写自我的介绍》。文中，他表明了致力于东西方文化交流的愿望及其努力尝试，并具体介绍展览的作品分为两部分，“一是描写贵州的同胞；一是描写唐代的舞装”，并且“全部作品是毛笔画”。1944年10月7日的《扫荡报》发表了针对庞薰琹在重庆中印学会个展的文章《庞薰琹及其画》，作者是克维。文中言及的作品亦包括贵州苗人和唐代仕女两类，以及象征主义的《路》和《地之子》(现存为水彩初稿)；并认为他是在体会中西两种文化后进行着创作。庞薰琹在“联展”中所出品《苗舞(Miao dance)》和《舞(Dance)》应该可以分别对应贵州苗人和唐代舞装的绘画。前者的有力候选为现存1944年作品《花溪青苗跳花》，此作在20世纪40年代展出时引起人们的好奇与兴趣[②]。后者则应是现存白描《带舞》(系列)中的一幅。

---

① 庞薰琹：《就是这样走过来的》，生活·读书·新知三联书店，2009年，第200页。

② 庞薰琹：《庞薰琹》，江苏教育出版社，2006年，第158页。

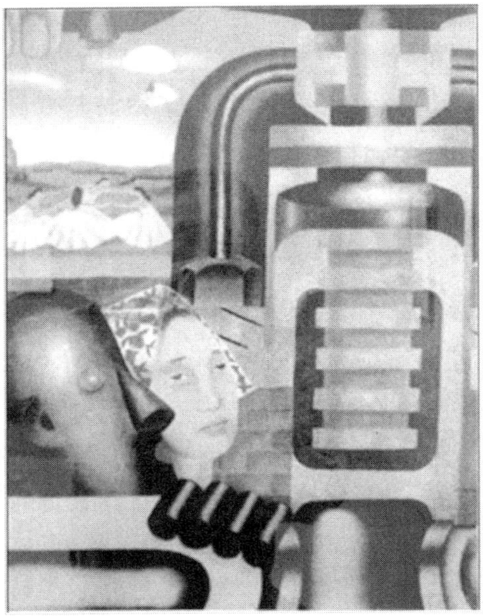

庞薰琹《无题》,油画,92×73cm,1934 年

从现有图像资料中可以确定的作于 1945 年前的《无题》有三幅,而其中两幅失于 1937 年,在“联展”中可能出现的只有剩下的一幅(亦作《构图》),这也是出现在 1935 年第 111 期《良友》介绍决澜社第三届画展页面上的作品。这三幅作品、以及在 20 世纪 40 年代展出过的《路》和《地之子》都呈现超现实主义以及构成的风格,代表了庞薰琹当时创作的另一面貌。由于苗人和唐舞系列从未以《无题》在其他展览中出现,“联展”中还展出了四幅《无题(Titleless)》。

因此,“联展”中的《无题》在很大程度上可以认为即是这些更具有显著现代主义风格的绘画,甚至不排除有可能是《路》为避免麻烦而以《无题》进行展出。《画展观后》中认为“他是在努力以洋画素描为基础,来创作中国画”,这一点在苗人和唐舞系列中易于理解,题材和材料技巧都借用了中国元素。对于《无题》这样的作品而言,情况较为复杂。在画题中无疑加入了中国本土的形象,而融入写实技巧的虚构空间表现具有超现实主义的面貌,却在本质上与根源于无意识理论的超现实主义大相径庭。相反,其中可以看到中国艺术所强调的叙情性和以绘画来承载的人文关怀,以及中国传统绘画中线描和平面装饰性表现的运用。

4.关良

关良在 1940 年夏随国立艺专迁入重庆,次年春受聘来到成都技艺专科学校,之后辞去教职,开始了两年左右的旅行卖画生活,游历四川、山西、甘肃、贵州,1944 年回到重庆继续任教于国立艺专。从他在战时的展览看来,其创作一部分是在战后成为主流的水墨戏曲人物画,另一部分则是旅行写生作品。根据关良自身的回忆,1942 年秋在成都的个展是他首次在内地展示戏曲画的机会,作为他的支持者,郭沫若在成都《中央日报》发表了《关良艺术论》①。实际上,郭沫若此文发表于 1941 年 12 月 27 日,这一出处在不少编纂的郭沫若文

① 关良:《关良回忆录》,上海书画出版社,1984 年,第 77 页。

集以及论述中都未准确。1943 年 1 月,关良在重庆夫子池新运会礼堂举行个展,《时事新报》在 1 月 19 日发表了《关良画展特刊》,包括张道藩、李仲生、徐绍增和郭沫若的文章。这些文章主要谈到关良的戏曲画,并共通的认为这是一种创造,而非传统水墨,是将西洋画的技巧和表现融汇到中国画中,兼具中西特长以及中国的民族特色。

关良在"联展"中的出品同样是这两类创作,《全武行(Combat)》应是戏曲画无疑,现存可考的同时代表现武剧的作品《武剧图》可做参照。有意思的是,和将卖画作为重要目的的个展不同,关良在"联展"中仅拿出一幅戏曲画,而具有表现主义风格的风景画占了大部分,即《泉(Spring)》《华山图(Hua Shan)》《石门洞(Stone Gate Cave)》《峨眉烟云(Cloudy O—mai)》《溪流(Creek)》以及《山景(Mountain)》。现存作于 20 世纪 40 年代的《陕西石门》很可能即为当年展出作品《石门洞》。在 1982 年出版的《关良画册》[①]中,收录了被认为"反不为人所道"的油画 50 幅,"为关良五十年来的写生作品之部分"。尽管其中没有注明创作年代,但从编排顺序以及画题看来,与可以断定为战时作品的《重庆南岸渡头》前后排列的多幅风景画应为同时代作品,其中包括一幅《陕西石门》。这些画作与关良在战前的油画风格一脉相承,在色彩和笔触的运用中显示野兽派等表现主义风格,又出现了中国画写意笔法的尝试痕迹。这也可以印证李仲生对其油画的评价,即"风景接近佛拉蒙克","虽则以西洋的理论做基础,但其整个的绘画效果,可以说是纯中国化的"[②]。有意思的是,尽管在构图和笔触表现上两幅《陕西石门》非常相似,但一图为传统国画媒材,而另一图则是油画,前者可以说是关良在戏曲画之外对融合中西的又一种探索。

关良《陕西石门》,水墨,26.6×34.7cm,20 世纪 40 年代

除此之外,关良还展出了《构图(Pose)》一作,

① 关良:《关良画册》,四川人民出版社,1982 年。

② 李仲生:《关良的艺术》,《时事新报》1943 年 1 月 19 日。

在《画展观后》中被认为是立体派的作品。这或许体现了他对待"联展"的特殊态度,即对现代主义的明确诉求,与仅出展一幅为其他个展主角的戏曲画的做法相通。这幅立体派的作品在《画展观后》中被特别强调(且仅评论了此作品),并总体上认为他"和林风眠同样,也是一个创作力极强的作家"。由此看来,这三类作品构成了关良战时创作的立体面相,即对现代主义内在的坚持、对中国艺术现代化的努力和对技法表现的多样化尝试。

5.其他

此处简要论述"联展"其他艺术家的作品情况。丁衍镛的作品应是强调了线条表现的野兽主义风格,这也是他长期贯穿的尝试方向。方干民、林镛、汪日章、周多、郁风的作品大多是风景,结合他们的整体创作倾向以及"联展"评论可以推断应为表现主义画作。李仲生的作品也以风景为主,除此之外的《玛丽之过去(Marie's Past)》和《魔术之创造(Fantasie)》从画题上推断可能是超现实主义风格,这与他当时的艺术主张及其数月之后的6月1日至5日参加《第一届独立美展》的作品相呼应①。作于1936年的《船·海》可作风格的参照。赵无极的作品在《画展观后》中被认为可以看到毕加索、夏加尔和保罗·克利的影响。从现存其20世纪40年代的作品《婚礼》以及《少女的肖像》,"联展"中有一幅《肖像(Portrait)》出展看来确如评论所说,尤其是夏加尔风格的接近。叶浅予的作品在画题和表现上都被认为具有鲜明的印度色彩,这来源于他1943年访问印度之行②。与"联展"作品目录完全对应的战时作品虽然无法确认,但可考的《印度街头》应是同一批作品,并体现相同风格。

---

① 1945年6月9日的《益世报》发表了《独立美展巡礼》,其中评价"李东平和李仲生的作品是超现实主义的,但亦与一般超现实主义有不同的地方"。李仲生在1937年即发表《超现实主义与法兰西新兴绘画》(《美术杂志》1937年第1卷第1期,1—4页),虽然其中对超现实主义的认识与今天有所出入,但仍然反映了李仲生对这一新艺术潮流的认识和推崇。

② 具体情况可参考叶浅予《叶浅予自叙》,团结出版社,1997年,第183—190页。

赵无极《婚礼》,油画,
22×19cm,1941 年

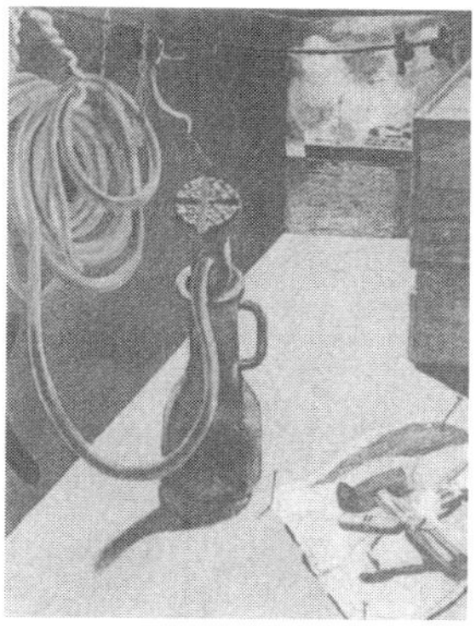

李仲生《船·海》,油画,
尺寸不详,1936 年

叶浅予《印度街头》,水墨,
57×43cm,1944 年

三、转换期的“现代主义绘画”

(一)“现代绘画联展”的性格

被认为是中国早期现代主义艺术勃兴期的 20 世纪 20—30 年代,以上海地区为代表的各色艺术团体相继成立,包括明确提出现代主义宣言的“决澜社”。而再现出的“联展”,尽管囊括了不少共同的艺术家,其展出作品却似乎显示出稀薄的现代主义性格。与这些艺术家战前的展览相较,“联展”不再是对西方诸美术新流派的移植,尽管其中一些作品仍然被《画展观后》《联展》认为是受到特定西方艺术家的影响,然而更重要的是强调了作品的融合中西和民族特色。

从画题看来,这些艺术家在战前的创作大多是体现近代化的都市生活,贯穿了对上海这样的“摩登城市”的想象;而“联展”作品则多为内陆乡村和少数民族地区的描写,以及中国传统文化的题材。对画题的选择,诚然受到艺术家自身体验的影响,但以题材契合表现技法亦是常有的现象。采用移植而来的西方现代主义绘画的手法,则需要相应现代化的画题,这一点在倪贻德的《艺术之都会化》①一文中有明确的诉求。然而,战争所导致的艺术家内迁给予了他们前所未有的生活和视觉体验,直接而强烈的实感似乎破除了创作上的先入为主观念,不再束缚于特定的风格表现。这也正是庞薰琹所说“为什么我采用毛笔画?理由非常简单。我认为什么题材该用什么技巧来描写,我就采用

① 倪贻德:《艺术之都会化》,《新艺术全集》,上海大光书局,1935 年,第 115—134 页。

那种技巧"[①];倪贻德则转而批评上海的艺术是"陶醉的,软性的,颓废的,享乐主义的",而内地方面则是"力强的,硬性的,建设的,民族主义的"[②]。从创作的技法和材料看来,在战前的所谓"现代美术展"中几乎是清一色的油画,而"联展"包括了"国画,油画,水彩,素描"。同时,与现代主义相背离的写实性手法和中国画的传统技法都进入了表现。

在当时对新美术的评论中,作品受到西方特定流派以及艺术家的影响是常套手法,《画展观后》《联展》中同样认为"联展"作品具有"巴黎画派""纯粹绘画""后期表现派"的面貌。确切地说,这应该是对赵无极、李仲生这样年轻一代艺术家作品的印象,他们率直的显示出对西方现代主义艺术的向往和追求。然而,在林风眠、倪贻德、庞薰琹、关良以及本文未作详细论述的丁衍镛的作品中应该说更体现了"风格的特殊",是融汇中西的"现代中国画"(《联展》)。历史主义的说,从参展艺术家的出身以及艺术经历看来"联展"无疑应该放在现代主义美术的文脉上进行解读,而实际上其作品却出现了多样而与现代主义相矛盾的部分。那么,"联展"还是否是现代主义志向的艺术事件?理解和评价"联展"所具有的矛盾性格需要挖掘作品背后的艺术思考,并对中国的"现代主义绘画"范畴进行分析。

(二)贯穿始终的"现代主义"与复数的"现代"

在战后的美术史叙事中,融合中西的彩墨画成为林风眠的代表性风格,关良被认为是水墨戏曲画画家,庞薰琹成为重要的工艺美术家,叶浅予和丁衍镛也主要从事水墨画创作。似乎除了倪贻德以外,"联展"报道中的"国内著名西洋画家"都成了与洋画无关的人物。然而,这些艺术家并非简单的回归于传统,而是在抗战时期真正开始确立个人的风格。我们可以举出这样一些评价,比如"林风眠的艺术真正由孕育而诞生是在重庆时期"[③],"纵观他(关良)的一生,40年代初在重庆举办第一次水墨戏曲人物画展前后,是他的第一个艺术创作丰收期"[④]。他们在战时的艺术思考和实践是一个将西方现代主义的影响内在化、同时又将中国传统艺术的影响表象化的过程,在其具有传统艺术面貌的表现背后可以看到对艺术自律性这一现代主义核心理念的一贯坚持。

---

① 庞薰琹:《自剖:为自己的展览会写的自我介绍》,成都《中央日报》1943年9月12日。

② 倪贻德:《从战时绘画说到新写实主义》,《美术界》1939年第1卷第2期,第2页。

③ 席德进:《林风眠的艺术》,《林风眠论》,浙江美术学院出版社,1990年,第78页。

④ 谷苇:《记关良》,《艺苑寻踪·上海文史资料选辑71》,上海市政协文史资料编辑部出版,1992年,第234页。

这些艺术家在战时所发表的言论不仅显示出基于艺术自律的对绘画表现本体的重视，并且强调创造性这一现代艺术发展的价值观。在倪贻德的《谈当前艺术运动诸问题》[①]、李仲生的《抗战与美术》[②]、林风眠的《抗战四年来之美术工作》[③]中都可以看到对战时宣传美术的泛滥与质量低下的批评，强调绘画技巧与质量提高的必要性。林风眠在《艺术与抗战》[④]中从长远的视野出发强调了艺术在国家建设和民族发展中持久而普遍的作用，这与他在战前的思想是一以贯之的。抗战的局势与艺术创作并非简单的对应从属关系，对作品的价值判断也不是仅依据是否契合时局的题材，对于坚持艺术自律的艺术家而言，表现本身才是艺术的本质属性。当时，曾经受教于林风眠的吴冠中仍然是国立艺专的学生，在他的回忆中写道，"画过抗日宣传画，但思想深处并不以为那些也是艺术"[⑤]。在表现创新的价值观上，这些大都具有留学经历的艺术家从20世纪20年代以来即希望革新传统艺术，创造出新的中国艺术。进入20世纪40年代，他们从对传统的批判转向了对其进行重新认识和发现，并在实践上有所突破。林风眠、庞薰琹在技法上即兼用水墨、水彩、水粉等综合媒材，关良的戏曲画也并不被认为是传统水墨画，这些创新的价值在《画展观后》《联展》中都有充分的肯定。

可以说，这些艺术家在战时的创作仍然在战前现代主义志向的延长线上，保持了对艺术自律性的追求，与实用主义的写实性宣传美术和保守的传统美术泾渭分明。以林风眠为代表的体系在战后被认为是对立于以徐悲鸿为代表的写实性学院体系：在对待传统艺术的方式上，不是对其彻底否定，而是重新发现其价值从而实现中西融合；在艺术观念上，不以题材先行，重视表现形式本身，显示出以绘画本体塑造中国艺术现代性的姿态。这些中国近现代美术史中不同的价值取向体现了"现代"的多样性。中国早期现代主义艺术的提倡者们与西方的文脉不同，并不是针对写实性的学院主义，而是针对中国传统艺术的革新问题。由此，他们在一方面选取了西方现代主义和中国传统艺术的

---

① 倪贻德：《谈当前艺术运动诸问题》，贵阳《中央日报》1944年8月13日。

② 李仲生：《抗战与美术》，《中山月刊》1940年第3卷第2期，第22—23、34—35页。

③ 林风眠：《抗战四年来之美术工作》，《抗战四年来的文化运动(下)》，中央宣传部文化运动委员会刊行，1941年，第44—50页。

④ 林风眠：《艺术与抗战》，《广播周报》1941年第193期，第10—11页。

⑤ 吴冠中：《出了象牙之塔》，《艺术摇篮：浙江美术学院六十年》，浙江美术学院出版社，1988年，第171页。

一些相通表现,另一方面并不绝对排斥写实性表现。这些无法收纳于西方艺术特定概念的"现代主义"范畴的创作,正显示出单一的现代性的局限,并作为在欧美之外地区所体验的复数的"现代"之一而成立。同时,与之并列的徐悲鸿的学院体系以及比如作为折中的"岭南派"等实践都是中国美术中复数"现代"的表现,都是针对固有的中国传统艺术而采取的解决方案。

综上所述,"现代绘画联展"汇集中国早期现代主义的代表性画家,展示了他们战时创作的结晶,其中不少作品显示出艺术家个人风格的确立。这些艺术家在艰苦的战时岁月,并不简单跟随政治正确或者商业潮流,以无言的前卫姿态潜心创作出具有革新意义的作品。因此,抗战时期不仅不应被看作现代主义艺术实践的"空白期",更应该评价为中国现代主义艺术的一个收获期,这也可以理解《联展》中赞赏它们是真正的"现代中国画","中国近代画坛的伟大成就"。

作者简介:

漆麟,北京大学艺术学系本科毕业,日本筑波大学艺术学博士,现任教于西南大学美术学院,研究方向为中国近现代美术以及东亚现代美术。

赵景深及其《战时大鼓词》

万华英

[摘　要]介绍赵景深先生在全面抗战初期结集出版的鼓词作品集——《战时大鼓词》的成书背景、内容特色，以及其影响和局限性。

[关键词]赵景深；《战时大鼓词》；抗战时期

赵景深先生(1902—1985)，曾名旭初，笔名邹啸，出生于浙江丽水。著名民间文艺学家、戏曲学家、出版家、教育家，中国俗文学学会的主要发起人之一。生前为复旦大学教授，历任上海市戏曲评介联谊会主席、中国俗文学学会名誉会长、中国古代戏曲学会会长等职。赵先生笔耕甚勤，一生著述及译著近百种，计约千万字，主要著作有《大鼓研究》《曲艺丛谈》《民间文学丛谈》《童话学ABC》《弹词考证》等。自少年时期起，赵先生就对民间曲艺充满了浓烈的兴趣。"我从十三岁(1924年)在安徽芜湖圣雅各小学读书，就喜爱大鼓这种曲艺，常独自沿着长街，过陡门巷，直奔大马路，穿过大花园和大舞台，一直到河旁一个芦席棚，听唱京音大鼓。芜湖虽属皖南，语言与京音大鼓相近，容易听得懂。有时看大鼓演员串戏，演《打灶分家》，尤其感兴趣，我就爱上了大鼓。"① 在全面抗战爆发前，赵景深对鼓词这种形式进行了深入的研究和探讨，并于1937年1月出版了《大鼓研究》，对大鼓的起源、体制、分类和演唱做了系统的探讨，为后来者深入研究大鼓奠定了坚实的理论基础。

《战时大鼓词》就是赵景深在大鼓和鼓词研究的理论基础上的创作实践，收录了全面抗战初期赵景深创作的11篇大鼓词，依次为《黄梅兴》《阎海文》《八字桥》《战浦东》《姚子青》《三勇士》《断桥却敌》《八百英雄》《居庸关》《战南口》及《平型关》。该书长17厘米、宽11厘米，共41页，为战时小丛书之一。据笔者视野所及，《战时大鼓词》与穆木天的《抗战大鼓词》都是全面抗战初期影响较大的鼓词作品集，但不知什么原因，后人对之关注甚少，鲜见提及。

---

① 赵景深：《曲艺丛谈》，中国曲艺出版社，1982年，第291页。

一、《战时大鼓词》之成书背景

1937年7月,日本侵略者悍然发动卢沟桥事变,叫嚣三个月内灭我中华。华夏儿女,万众一心,同仇敌忾,血战御侮。无数的文人学者,紧握手中的笔,借用各种老百姓喜闻乐见的艺术形式,全方位、多角度地谱写了那恢宏壮阔的八年抗战史诗。鼓词这种长久以来流传于民间的文学形式,因其雅俗共赏、表演便利等原因,早在九一八事变后就成为众多文人学者选择的宣传利器。如著名学者顾颉刚就是其中的代表,他认为:“在旧社会,群众中读书识字的人少,文化程度低,大本子的书看不懂也买不起。针对这种情况,为适应大众文化生活的需要,采用民间流行的鼓词、剧本、画册等能说能唱,稍识文字的人一看就懂的办法编印新内容的小册子,以达到广泛宣传抗日救亡的目的。这样的书,很受群众的欢迎,如《绥远抗战》《百灵庙》《二十九军大战喜峰口》《打汉奸》等不少品种,都曾印发了几万册。”①老舍先生在谈到大鼓时曾说:“一人一鼓一弦,开销较省,学徒——多是十几岁的小姑娘——上场,本是借地练习,车钱甚微,亦好赚钱,大鼓之盛,是为经济的条件,由通俗文艺的价值上看呢,它既不太文,也不太俗,有雅俗共赏之妙。唱多激亢,亦能委婉,刚柔相济,不至于过于单调,五场大鼓相继,因刚柔互异,不至于像五场‘快书’之使人喘不过气来也。唱之外,加以形容,手挥目送,绘声绘形,复无呆板之病,台下固喜玩意儿活泼。有此数因,大鼓逐渐成为杂耍班之主干,别的节目只是陪衬。南京定都,北人南下,闻故乡歌声,当然欣快;大鼓在京沪也略见抬头。讲普遍,诸般玩意,俱须让它一头。故写大鼓书词较写别的歌曲,更为上算。”②赵景深自己也认为:“新文学提倡了十几年,始终只在知识分子的圈子里转,与一般民众不相干涉。在此抗战期间,许多作品仍不能传播到民间去,所以我便试作大鼓,想使得看章回小说或弹词的人也能够知道我军抗敌的英勇,藉以激励民气。”③基于这些原因,在全面抗战爆发后,赵景深就开始在上海《救亡日报》《立报》等报纸上创作发表了多篇大鼓词,颂扬我中华儿女的英雄事迹,成为全面抗战初期利用鼓词这种通俗文艺形式来宣传抗战的代表人物之一。

---

① 顾颉刚:《回忆三十年代的北平通俗读物编刊社》,《古都艺海撷英》,燕山出版社,1996年,第464页。

② 老舍:《关于大鼓书词》,《文艺战线》1938年2月第1卷第8期。

③ 赵景深:《战时大鼓词》序,战时出版社,1938年。

二、《战时大鼓词》之内容特色

(一)紧跟战事热点,时效性强

《战时大鼓词》所描述的人物和事件,无论是为国捐躯的首位国民党高级将领少将旅长黄梅兴、被俘后自杀殉国的空军烈士阎海文、血战宝山壮烈殉国的姚子青所部营,还是只身炸桥的左崐之、重伤杀敌的周汉陈、坚守四行仓库的八百孤军,都相距作者写作之期很近,有着很强的时效性。作者紧跟战事热点,选取当时淞沪会战、南口战役和太原会战中的重大战事与轰动一时的英雄人物为题材,热情讴歌了我中华儿女在与日寇作殊死战斗中表现出的英勇壮烈,不但让广大民众能够及时知晓战争近况,还增强了民众坚持抗战的信心和决心。

(二)纪实风格浓烈

与这种反映英雄人物和重大事件的时效性相关,赵景深的鼓词作品显示了浓烈的纪实风格。描写人物时则将人物的生平、经历一一交代清楚,如《阎海文》:"中日战争卷风云,一鸣惊人我空军。众多将士都不表,单表一位阎海文。若问他祖贯本是辽宁产,刚直寡笑众所钦。今年才只二十二岁,满腔的热血滚沸腾。自从敌人铁蹄踏破了沈阳地,接着是东北失陷,他只得抛家弃产负笈赴北平。他咬牙切齿要报那家国仇恨,时时刻刻挂在心。眼看着一二八我军失败了,感觉到没有领空,想守领土万不能。新式战已从平面变为立体,要杀敌必须咱们飞将军。因此上壮士去考航空校,万人之中榜上夺魁名。从此得遂平生志,一心一意学飞行。睡梦之中还念着长官训:横滚转,加油门,推机头,速度增,按机舵,慢慢行,再用反动作回复不暂停。光阴迅速来得快,几月之内技术精。恰遇到上海大战日军进犯,我空军凌云作战显威能。十七日我机三架往轰日军司令部,这其中就有咱们阎将军。三架飞机腾空起,直飞到千尺以上入层云。风驰电掣来得快,早来到海军陆战大本营。日军得信惊惶甚,高射炮声响不停。阎将军想起了东北山河被蹂躏,想起了自己背井离乡好凄清。这一回一定要报仇雪耻,接连的炸弹向下扔。四周围铜墙铁壁难毁坏,里面一起着火像火盆。到这时壮士才扬眉吐气,不提防高射炮弹中机身。阎将军慌忙架起降落伞,谁料到竟落在敌军营。日本军中传一令,上前包围要生擒。壮士浑身都是胆,忙将手枪手中擎。扳动机钮连几响,砰!砰!砰!大发神威打敌兵。敌兵一个一个应声而倒。最后仅存,一粒子弹,太阳穴上,木村毅说起中国已非昔日比,阎将军壮烈牺牲。一场大战,惊天动地泣鬼神。正气浩浩垂宇宙，壮士英名振乾坤。”①

描述事件则按照时间顺序进行，脉络分明，有头有尾。以《断桥却敌》为例：“季秋时节月儿弯，蕴藻浜前芦荻寒。大队日军在北岸，我军据守在浜南。敌军死守陈法永不变，大炮猛轰响连天。飞机数架如鬼叫，掩护敌兵攻向前。怕只怕我军窥破它诡计，忙放烟幕在浜旁。只在一个时辰内，敌军偷渡已数千。我军窥破诡计后，誓杀倭奴不回还。展开一场大血战，只杀得日兵人马残。且不言这边酣战无休止，再表一表中军把令宣。万急命令传给左勇士，要他炸断浮桥到北端。左岷之奉令来得快，耸身入水浪花翻。携带许多手榴弹，猛勇泅进不畏难。负重游泳常气喘，鼓足勇气向前攒，愈游愈觉气力软，鼓一鼓劲，大英雄紧紧咬牙关：‘我不炸浮桥不算好汉，拼死命也要把此任一身担！’他依旧卖勇向前进，游到浜北留神看。疾如风扫落叶，轰的一声把桥炸断，迅如鹰隼高飞，倏地一下就往水里钻。敌军知晓，浜北枪炮齐向水内放，左勇士早已远远泅回南川。身冒万险心不乱，在南岸又掷弹好几番。勇士安然上了岸，精疲力尽把任务完。浜北敌军来路断，多亏了老左智勇一身兼。”②

赵景深的这种纪实手法，有助于人们了解人物和事件的真实性和完整性，但由于过分拘泥于此，整个篇幅平均用力，却束缚了作者的想象力和创造力，妨碍了典型形象的塑造和艺术氛围的渲染。

(三)爱憎分明，热情讴歌我抗日军人的英勇，无情嘲弄日寇的诸般丑态

抗战初起，敌强我弱，日寇的野蛮、狂妄及装备精良的飞机、大炮、坦克，在一些中国人心中投下了挥之不散的阴影，“恐日病”和抗日“亡国论”甚嚣尘上。在这样的情形下，赵景深利用大鼓词这种艺术形式，尽情讴歌我抗日军人的英勇无畏，嘲讽日寇的畏首畏尾、惊惶失措，有着积极的现实意义。

在他的一系列鼓词作品中，主人公往往身处敌众我寡的绝境，但他们却不畏强敌，宁为玉碎，不为瓦全，于艰难困窘中与暴敌血战到底，哪怕与敌人同归于尽，也要保持中国军人的骄傲与气节。如在《姚子青》一文中，赵景深写道：“姚将军整整守了两日又两夜，他要想带领残余人马杀出重围请救援。谁知道城门已被敌兵占，他只得退守城内地洞间。指挥着机关枪队齐扫射，只杀得数百敌人把命捐。我军作战虽神勇，寡不敌众也枉然。个个都是英雄汉，宁为玉碎不瓦全。只杀得最后子弹用完了，全营含笑归九泉。”③又如《八字桥》中身

① 赵景深：《战时大鼓词》，第 4—7 页。

② 赵景深：《战时大鼓词》，第 21—23 页。

③ 赵景深：《战时大鼓词》，第 16 页。

受重伤的周汉陈,"有一士兵倒在石碑地,受伤过重人已昏。醒来遥闻枪声响,方知他自己已在敌人后方存。想了想:'此番一定要送命,可是要打死敌人方归阴!打死一个刚刚够本,打死两个赚一文。'两腿已经难移动,只得双手地上撑。慢慢爬到石坟后,把枪架在小树根。在此便把敌人等,等了三天敌人影无形。三天没有水下肚,三天粒米不沾唇。饥饿逼人支不住,他还一心希望打敌人。第四天清晨闻听冲锋号,微风吹醒他脑筋。看看敌兵走得近,一枪打去,敌兵顿时丧残生。愈是高兴愈有劲,再一枪弹,又一敌兵把命殒。此时我军乘胜搜索向前进,忽听他本钱赚足笑连声,连忙把他救回去,同胞个个把他钦。要问此兵名和姓:顶天立地周汉陈,民族勇士永扬名。"①

与此相反,对于日本侵略者,作者却极尽嘲讽之能事,毫不留情地鞭挞侵略者之丑态,如《黄梅兴》一文,我们处处可见这样的描述。"那日兵听说是我国人马来到了,只嚇得昏头昏脑,缩做一团,乱放机枪数不清。""日兵当是我军退了兵。乱慌慌打开校门要想逃走,急匆匆只恨两条腿无能。茫茫然有如丧家之犬,危危乎好似釜鱼待烹。""这情景早被梅兴瞥见,说到迟,那时快,一声呼啸,众兵士一个一个爬起身来,机关枪手榴弹噼噼啪啪声乱鸣。只杀得尸横遍野丧残生,只杀得一个个跪在地上叫饶命,口口声声说,你是大中华,我是小日本。但求饶命,万世都感恩。"②

三、《战时大鼓词》之影响及局限

(一)《战时大鼓词》之影响

自卢沟桥事变爆发以来,日寇来势汹汹,挟飞机、坦克、大炮之威在我神州大地肆意践踏。若要御侮图存,我中华儿女,舍团结一心、众志成城外,别无它途。蒋介石发表《对于卢沟桥事件之严正表示》讲话,指出:"我们希望和平,而不求苟安;准备应战,而决不求战。我们知道全国应战以后之局势,就只有牺牲到底,无丝毫侥幸求免之理。如果战端一开,就是地无分南北,年无分老幼,无论何人,皆有守土抗战之责任,皆应抱定牺牲一切之决心。"③在民族危亡之际,宣传、动员民众,成为爱国的文人学者们义不容辞的责任和担当。民间通俗文艺,也因其雅俗共赏,深受广大民众欢迎,以"旧瓶装新酒"的形式成为文人学者们手中的宣传利器。八一三战役打响后,上海成为抗日前线战场,许许

① 赵景深:《战时大鼓词》,第9—10页。
② 赵景深:《战时大鼓词》,第1—2页。
③ 蒋介石:《蒋委员长抗战书告辑要》,正中书局,1939年,第5页。

多多文学艺术家和各行各业的文学爱好都,都拿起手中的笔投入了火热的抗日救亡工作。“在抗战初期上海的通俗曲艺创作中,最活跃、最引人注目的作家,是赵景深。”①

赵景深创作的鼓词乃属京音大鼓,形式雅俗共赏,风格刚柔并济,表演说唱结合,是最适合反映金戈铁马战争题材的一种曲艺形式,因此一问世,就受到了民众的欢迎,产生了较大的社会影响。京音大鼓的当红艺人戴岚霞曾经演唱过《八百英雄》,唱得“悲壮激昂”,十分激动人心;1938 年 10 月 10 日,“中华全国戏剧界抗敌协会”在陪都重庆举行了“第一届戏剧节”,梨花大鼓名角董莲枝曾在戏剧节中演唱过这篇鼓词。田汉听过后,曾赋诗一首《听董莲枝唱鼓词〈八百壮士〉》:“文人珠玉女儿喉,写出东南百尺楼。忍对金樽聆旧曲,秦淮呜咽不能流。”②这里的《八百壮士》,就是赵景深创作的《八百英雄》,据赵先生在《我是怎样研究曲艺的》一文中说道:“后来我还重写了《八百壮士》坚守仓库的大鼓,略加修饰,稍有文采,曾在武汉由大鼓艺人董莲枝演唱。”③

此外,《战时大鼓词》中的作品,还被当时众多图书编选收入。1937 年,上海战时读物编译社将《八百英雄》收入了《闸北孤军记》;1938 年时任《救亡日报》编委的汪馥泉将《八百英雄》及《姚子青》《阎海文》《平型关》等四篇鼓词收入了《战时初中国文》。据赵景深回忆:“抗日战争时期,一九三八年我写了《抗战大鼓词》,与冯玉祥等的诗被王季深编入《抗战颂》。其中有一篇《平型关》,曾被当时的地下党人油印散发。”④周扬在《抗战时期的文学》中也对赵景深的鼓词创作提出了表扬:“在上海抗战发动后两个月中间……从革命的作家诗人,都产出了不少的通俗故事、歌曲以至小调鼓词。包天笑、赵景深等先生也都努力于进步性的通俗读物的提倡和制作。赵景深先生作了好几首大鼓词,其中的一首《平型关》,就是歌颂第八路军的胜利的。”⑤

(二)《战时大鼓词》之局限

赵景深抗战初期的鼓词创作大多是即兴之作,偏重于对鼓词形式的模仿、套用,往往是将报纸上的新闻依照鼓词的形式翻译过来,押上韵脚就算完成,这就使得作品的内容大都流于肤浅空泛,艺术技巧也相对简单粗糙。以《平型

① 陈青生:《抗战时期的上海文学》,上海人民出版社,1995 年,第 47 页。

② 田汉:《田汉文集(十二)》,中国戏剧出版社,1984 年,第 206 页。

③ 赵景深:《曲艺丛谈》,第 293 页。

④ 《中国现代作家传略》第 3 辑,徐州师范学院《中国现代作家传略》编辑组编辑出版,1979 年,第 171 页。

⑤ 周扬:《抗战时期的文学》,《自由中国》1938 年 4 月创刊号。

关》一文为例，由于作者当时远在上海，对平型关大捷的了解，主要来自于新闻报道和社会传闻，因此对平型关战役的描述，十分笼统空泛，甚至失之真实。全篇鼓词如下："日军板垣称将才，带领万人杀进来。取道浑源向前走，来到蔚县把阵摆开。我军八路指挥名朱德，副将名叫彭德怀。他二人本是红军勇猛将，自从国共合作，就把军队改编排。从三原开拔到晋地，每日疾行百八十里赶军差。一路行程来得快，朱德将军把计裁：一营假装正面去攻打，另遣大军左右隘口埋。板垣军队听说我军到，只吓得心惊肉跳叫：'乖乖。久闻红军游击战术声名大，咱们一定要惹飞灾！'且不言日军心惊恐，再表一表红军众英才。一营军队逢到遭遇战，诈败佯输引敌进层崖。敌军一见我军败，大队涌进喜满腮。看看引到伏兵地，两旁伏兵，一声呐喊，左右夹击，昼夜围剿，敌军大败，死伤三千，俘虏二千又五百。山谷之中，敌军坦克车队全无用，两军相接，飞机炸弹也不敢下尘埃。我军大刀队伍真英武，敌军怯弱似婴孩。只杀得敌军个个横地倒，只杀得人人中弹向后栽，只杀得滚滚人头齐落地，只杀得满坑满谷死尸骸。这就是平型关大胜一小段，鼙鼓声中说与列公台。"①

一场惊天动地的浴血奋战，写来本应精彩迭出，高潮起伏，扣人心弦，却因缺少生动的细节和典型的事例，令人读来平淡无奇，干瘪无味。这篇作品之所以在当时有着广泛影响，是因为它是抗战初期歌颂共产党人民军队抗战功绩的少数文艺作品之一。赵景深在后来的回忆中曾坦诚说道："至于我写的《抗战大鼓词》，由于幼年就有爱好，一些衬字怎样用，我都很熟悉，写出来还像大鼓。不过我太拘谨，自己没有深入战地采访，没有在战地体验过生活，当然无法驰骋幻想，浮想联翩，只好逐句翻译新闻，篇幅又短，只能在《救亡日报》起宣传作用，不能发生效果。"②

艺术来源于生活，没有亲身经历与体验战地生活，加之时间有限，导致了赵景深在抗战初期的鼓词创作中无可避免地存在或多或少的缺陷。但通俗文艺作品成功的衡量标准并非以艺术性为唯一指标，在抗战这个特殊时期，我们更看重的是它的宣传、鼓舞作用，在这一点上，赵景深的鼓词创作无疑是成功的。谢晋元率孤军八百坚守四行仓库，是八一三上海战役中一场著名的战斗。与《平型关》等作品不同，赵景深对四行仓库的战况十分了解，对上海的局势有着切身体验，因此，《八百英雄》成为他在抗战初期鼓词创作的收官之作。全文叙事准确，内容充实，形象鲜明生动，结构紧凑完整，读来琅琅上口，有着较好

① 赵景深：《战时大鼓词》，第 39—41 页。

② 赵景深：《曲艺丛谈》，第 293 页。

的艺术技巧。全文以“黑烟滚滚冲云霄,闸北四处大火烧。火鸦乱舞飞天际,一片大地尽枯焦。我军虽已退出闸北地,烈焰之中还留有守土众英豪。这就是谢晋元一团八百个,宁死不退要与日寇见低高”,①最后以“我孤军连守四日又四夜,全世界都称赞他们气势凌云高。八百英雄临退高呼民国万万岁,宁守孤堡不屈挠,青史永把英名标”②结束,详细描述了八百英雄从1937年10月27日到30日的孤军奋战过程,节奏起伏连贯,人物形象突出,读来振奋人心。

“赵景深先生是30年代最有成就的文人之一,他的文学才能几乎是全方位、多角度发展的。他是作家、翻译家、教育家,更是中国古代戏曲、小说、曲艺和民间文学研究的宗师和泰斗”③。然而时光荏苒,历史渐渐被掩埋在岁月的烟尘中,扑朔迷离。赵景深先生虽离世不过几十年,但有关他的生平与著述,在后人的记述中,却已变得模糊起来。即使赵景深先生之子赵易林,在对父亲的回忆中,其描述也与史实存在差异。据赵易林在《赵景深的学术道路》一书中写道:“24岁,父亲在良友图书公司出版的刊物《人间世》上连载了两期《说大鼓》;26岁,又写了不少有关大鼓的篇什,如《大鼓书录》等等。终于,在商务印书馆出版了《大鼓研究》一书。”“27岁,出于对日本侵略者的愤恨,写了一册《抗战大鼓书》(后在正式出版时,更名为《抗战大鼓词》)。”④笔者在调研民国时期的大鼓词出版状况时,发现赵易林的记叙与史实有一定出入。首先,赵景深先生出生于1902年4月,其文《说大鼓》,分上下两篇,分别载于1935年出版之《人间世》第21期、22期上;《大鼓书录》辑录了15种赵先生收藏的与大鼓有关的图书,发表于1938年第2卷第4期的《文艺》半月刊;《大鼓研究》一书,则成书于1936年,于1937年1月初版于上海商务印书馆;其次,《抗战大鼓词》,实则就是《战时大鼓词》,1938年1月由战时出版社出版发行,而非赵易林在《赵景深先生著译年表》中所说的北新书局。此书国家图书馆未藏,重庆图书馆、上海图书馆及南京图书馆有藏。

作者简介:

万华英,硕士,重庆图书馆副研究馆员,研究方向为中国现代史。

---

① 赵景深:《战时大鼓词》,第24页。

② 赵景深:《战时大鼓词》,第31页。

③ 李平、胡忌:《赵景深印象》,学林出版社,2002年,第157页。

④ 赵易林:《赵景深的学术道路》,山西古籍出版社,2004年,第110页。

文化遗产保护

云南省抗战遗址调查报告

陆　璎　李建平

[摘　要]云南省抗战遗址遗迹内容丰，数量多，包容丰富的历史内涵。文章记叙《中国西部地区抗战遗址调查与保护利用研究》课题组对云南抗战遗址调查情况，分析存在的问题，提出保护和利用的对策建议。

[关键词]抗战遗址；文化遗产保护；云南

[基金项目]本文为2014年度国家社科基金西部项目《中国西部地区抗战遗址调查与保护利用研究》(编号：14XZS023，负责人：李建平)阶段性成果。

抗日战争时期，云南是西南大后方的重要组成部分，在输送兵员、物资生产、安置难民、战时教育等方面发挥了重大作用。1942年1月，日军为切断我国的对外交通运输线——滇缅公路，并从西南地区进犯中国，从缅甸攻入滇西，占领了怒江以西3万平方公里的领土，云南的西部又成为抗击日军的战场。残酷的战争给云南带来沉重灾难，英勇的云南人民开展的抗日斗争也创造了辉煌的业绩，留下许多抗战遗址。2015年3月下旬，《中国西部地区抗战遗址调查与保护利用研究》课题组对云南抗战遗址进行了调查。

一、调查过程

对云南省抗战遗址的调查在本课题2014年6月获得国家社科基金西部项目立项之前就已进行，2010年3月和2013年9月，我们分别前往腾冲市和畹町镇开展抗战遗址考察，当时考察了国殇墓园、来凤山战斗遗址、和顺图书馆、滇西抗战博物馆、陆军五十四军一九八师攻克腾冲阵亡将士纪念塔、寸性奇将军墓、滇缅公路重要枢纽——畹町桥。2015年3月下旬，我们又对云南抗战遗址进行了较为详细的调查。

云南之行得到云南社科界同行的热情接待，当地的学者在了解我们的需求后，为我们设计了便利的考察路线，使我们在昆明的考察节约了大量时间，连轴转的工作状态也使得考察取得事半功倍的效果。3 月 23 日清晨 7 时，我们到达昆明，云南大学杨绍军教授在火车站迎候。早餐过后，杨教授开车带我们首先来到云南师范大学校园内的“国立西南联合大学旧址”，参观了国立西南联大纪念馆、纪念碑、教室旧址和“一二·一”运动纪念馆等。西南联大旧址内蕴含的历史文化、爱国精神、人文精神、民主精神、科学精神，因其独特的地位和特殊的价值已成为中国近代历史文化遗产而不断地得到传承和弘扬。

飞虎队总部大楼是我们考察的第二个抗战遗址，它位于昆明五华区滇缅大道的云南第十四冶金建设集团总公司办公楼，当年是陈纳德领导的美国航空志愿队总部，俗称“飞虎队大楼”。对照抗战时期的资料照片，这座建筑比当年增加了一层楼，楼内格局基本没变，外观保护尚好，大楼前的四根罗马式立柱和五层台阶都是镌刻着历史的记忆，美中不足的是大楼东侧墙角的奠基石和时任云南省政府主席龙云“豳风基础”四个楷体题字没有很好保护，虽然在大理石上覆盖了玻璃，但字体模糊不清，且有一根电线立于前，直接影响视线，只能从侧面观看。

在前往昆明市郊的西山考察聂耳墓等遗址的途中，我们考察滇缅公路起点遗址暨纪念碑。滇缅公路在抗日战争中发挥了重要作用。1937 年 7 月全面抗战爆发，8 月 15 日龙云晋见蒋介石时提出修建滇缅公路。滇缅公路的零公里就在昆明西大门的岷山。数年前陆瓔到过滇缅公路在中国境内的终点——畹町，做过考察，这次又来到起点考察。滇缅公路纪念碑大型浮雕落成于 2004 年，一座高 10 米宽 50 米，用料 700 多立方的坚硬大青石，背衬岷山苍翠屏障，浮雕内容主要表现云南儿女众志成城的抗敌气概，十分壮观

中午时分，我们来到位于昆明西山区碧鸡街道办事处高峣村冷水塘 1 号今紫园内的中国远征军司令部旧址。20 世纪 40 年代，为支援远征军作战，龙云命时任云南省财政厅长的李培天在西山脚下建盖远征军的指挥部。该组建筑为 3 栋别墅及 1 栋礼堂，现存历史遗留建筑 4 幢，杜聿明、戴安澜、孙立人等远征军高级将领曾分别住于中间三栋法式风格的别墅，记录了中国远征军在云南的峥嵘岁月。

下午，我们开始考察在西山公园里的聂耳墓和南洋华侨机工抗日纪念碑。在西山公园内太华寺与三清阁之间，绿树丛中，长眠着人民音乐家聂耳。聂耳

墓建于1954年，由郭沫若撰写碑文。1980年，重建新墓，同年5月13日迁葬于此。

来云南前，我们专门在网上查看了中央电视台记录频道拍摄的六集高清纪录片《南侨机工》。南侨机工一直被称为是被遗忘的卫国者。在抗日战争中，1000余名侨胞为了祖国的抗战事业献出了年轻的生命，后人在昆明和畹町都建有纪念设施，位于昆明西山公园内的南洋华侨机工抗日纪念碑，碑身高9米，碑座高3米，建于1989年；另有南洋华侨机工抗日事迹陈列室。

从西山下来，已近五点，大家又马不停蹄赶往昆明城东的龙泉镇考察抗战文化名人故居。西南联大在昆明的8年里，为躲避日本飞机的轰炸，居于城内的联大教授不得不疏散至城郊的龙头村、司家营、车家壁等处。据不完全统计，短短的几年时间里，小小的龙泉镇先后生活、工作过闻一多、朱自清、梁思成、林徽因、傅斯年、老舍、冯友兰等文化名人，中国营造学社、中央研究院历史语言研究所旧址也都在这里。几番周折，我们如愿找到了梁思成、林徽因故居，只是大门紧闭，敲门无人应答，不得入内。在攀墙呼唤仍无人回应的情况下，陆璎攀墙翻越而下，在园中拍摄了照片，度量了建筑数据。院中确实无人，陆璎只得再次攀墙返回。

3月24日，我们7点钟就从住地出发，赶到昆明南郊的巫家坝机场大转盘，等候昆明二战史探索协会宋向东会长。宋会长是昆明有影响的民间学者，常年进行云南抗战史的研究，开办抗战军品博物馆，收藏大量抗战时期文物。宋会长带我们来到关上南路机场派出所附近一个安静的小院子里，一幢奶白色的二层小楼就是昔日的巫家坝机场航站楼，现在已是两家物流公司办公地点。关于它辉煌的过去，已鲜为人知，航站楼内的基本设施得到了一定的保护，实木地板、暗红的木质楼梯，蓝绿色的把手、白色的圆形长窗，这些历史实物依然留存。由巫家坝机场航站楼出来后，宋会长又驱车带我们到位于昆明世纪城住宅小区里的滇越铁路西庄车站旧址考察。很难想象在一片现代化的高档住宅小区里，居然保留着一幢旧车站和一小段铁轨，共同见证着历史。当土黄色外墙的车站主楼映入眼帘时，恍然间有时空交错的感觉。世纪城大门前，我们与宋会长告别，坐出租车开始了在昆明最难寻访的一处遗址——昆明中国空军阵亡将士陵园的考察。

好几年前，我们从媒体上看到昆明空军公墓无人管理终成乱坟岗的新闻，就一直把这事放在心上，这次到昆明下定决心一定要找到此地。据资料显示，公墓始建于1938年，1954年迁至昆明东郊大石坝村石塘山，原称昆明空军公墓。抗战时期,500多名刚从航校毕业的中国青年,为了抗击日寇血洒长空,现如今英烈安息的地方,据媒体报道却是棺材横陈、遗骸裸露,令人叹息。2008年,云南飞虎队研究会才在山头上立了块碑,总算让公墓有了一个标志。英烈事迹感天动地,身后遭遇又是那么悲怆曲折,人有事,天感应,在我们驱车前往探寻空军公墓的路上,天空突降大雨。寻找的过程果然曲折艰难。瓢泼大雨中,陆璎下车十几次问路,浑身湿透,途中又遇长列军车出行,交通管制限行,经过三个多小时的奔波,终于找到上山的路口。上山是泥泞路,出租车差点开不上去。终于还是开到了山顶,下车时,雨竟然又停了。我们找到了修葺一新的昆明中国空军抗日战争殉国将士墓,巨大的中国传统圆形坟包庄严肃穆,大理石墓碑和墓志铭也详细记载了英烈的抗战事迹。墓碑建于2014年4月,为国捐躯的英烈总算有了安息之地。

回城的途中,我们直接请出租车师傅把我们送到市中心的抗战纪念堂,全面抗战的8年,云南举全省之力修筑了滇缅公路,开辟了驼峰航线,有力地支援了全国抗日战争。抗战胜利堂1944年动工兴建,1946年落成,承载着这段不能忘记的历史,具有重大历史纪念价值。

由于陆璎当天晚上就要赶往大理附近的祥云县,李建平第二天要赶往罗平县,于是下午得把昆明的几个遗址跑完,又是一番急行军。最先去往西郊的小团山。在小团山综合市场的对面,有一处"交通部昆明国际无线电支台"旧址。在四周新建商住楼房重重包围之中,在一位热心民警的指点下,我们找到了一座别致的小院,在院大门的上方用整块石头雕刻的"交通部昆明国际无线电支台"字样,昭示着这里特殊的身份。这里的发报台承担着云南拍发往国内国际的无线电报,在抗战中发挥了十分重要的战时通讯作用。在西部地区,有关电台的遗址较少,而在昆明这方面的遗址还有,很快我们又赶往昆明市中心的昆明广播电台旧址。这里是云南省广播电视局的一处大院,昆明广播电台旧址现在已成为云南音像出版社的办公楼了,周围停满小轿车,来往进出的人员也较多,我们真担心这处遗址的生存寿命。

在昆明考察的最后一站是位于圆通山公园的两处遗址。趁着太阳还没下山,我们驱车赶紧来到公园,急登山顶,在落日下山前拍摄到了"滇西抗战阵亡将士纪念碑",即"陆军第八军滇西战役阵亡将士纪念碑"。纪念碑基座上原有陈诚、顾祝同、卫立煌、卢汉、何应钦、于右任、白崇禧等人的题字,"文革"时期曾经被人为破坏,如今已重新镌刻,只存一块何绍周题刻的"浩气长存"石为历史原物。随后我们又前往同在圆通山上的"缅甸战役中国阵亡将士碑",该处又名“戴安澜纪念塔”。暮色中，我们带着满满的收获下山。当晚，陆璎登上开往大理的列车，准备第二天到祥云县和云南驿考察。

3月25、26日，陆璎在祥云县考察了美国空军莫尼中卫纪念标和云南驿机场。莫尼中卫纪念标位于县城附近的小山包上，几经周折才在当地群众的指引下找到纪念标。云南驿机场旧址还可见到跑道、停机坪和十余个飞机掩体，当地人称为“飞机窝”，未有保护措施。

3月27日，陆璎从大理搭班车经保山市到达龙陵县，相继考察了位于县城的董家沟日军慰安所旧址和日伪县政府旧址，参观了县城的抗战纪念文化广场，包括日军碉堡、龙陵抗战纪念馆等。28日早上天蒙蒙亮，陆璎就前往腊勐乡考察著名的松山战役遗址，包括远征军雕塑群、103师阵亡将士墓园纪念碑等。3月30日，陆璎回到昆明，探访了聂耳故居，当晚乘火车于4月1日凌晨回到南宁。

李建平3月25日由昆明去罗平县，专门考察该县液峰公园里的罗平抗战阵亡将士纪念碑。纪念碑建有纪念亭遮护。此处遗址的特别之处在于纪念碑前有两尊跪式石雕像，一男一女，是爱国军民对汉奸汪精卫及其夫人陈璧君卖国罪行予以惩罚的一种表现。此处遗址被围栏围护，一把大锁将游人阻在其外。园中多时无人，无法开锁，依然是无法入内细观。当晚，李建平乘车返回南宁。

此次调查，我们还得到云南省社会科学院李永祥研究员的资料支持，他提供了他到腾冲市考察的一些照片，有几处遗址是我们未了解到或考察时来不及去探访的，如飞凤山战斗遗址、高黎贡山抗战遗址、腾冲文庙等。杨绍军教授也提供了一批文字资料。我们的调查，有他们的一份辛劳。

现将调查统计情况制表如下：

云南省抗战遗址调查汇总表

序号	遗址名称	遗址地点	遗址年代	遗址类别	保护级别
1	国立西南联合大学旧址（纪念碑）	昆明市一二一大街298号云南师范大学	1940	企业与文教机构遗址	全国重点文物保护单位
2	西南联大教学楼和援华美军空军招待所旧址	昆明市五华区滇缅大道281号	1936	企业与文教机构遗址	昆明市文物保护单位

续表

序号	遗址名称	遗址地点	遗址年代	遗址类别	保护级别
3	滇缅公路起点纪念碑	昆明市 320 国道岷山路口	1938	军事设施与战场遗址	
4	中国远征军将官住所旧址	昆明市西山高峣村紫园	1940	名人故居与文化活动遗址,	云南省文物保护单位
5	聂耳墓	昆明市西山	2000	抗日英雄活动遗址与阵亡将士纪念碑、园、墓	全国重点文物保护单位
6	南洋华侨机工抗日纪念碑	昆明市西山	1989	抗日英雄活动遗址与阵亡将士纪念碑、园、墓	
7	梁思成、林徽因故居	昆明市盘龙区龙泉镇	1940	名人故居与文化活动遗址	昆明市文物保护单位
8	巫家坝机场旧址	昆明市关上南路 98 号	1937	军事设施与战场遗址	昆明市文物保护单位
9	滇越铁路西庄站旧址	昆明市"昆明世纪城"	1920	企业与文教机构遗址	昆明市官渡区文物保护单位
10	昆明中国空军抗日战争殉国将士墓	昆明市长春山	1938	抗日英雄活动遗址与阵亡将士纪念碑、园、墓	
11	昆明抗战胜利纪念堂	昆明市五华区云端西路	1946	纪念设施	全国重点文物保护单位
12	昆明国际无线电支台旧址	昆明市小团山	1938	企业与文教机构遗址	昆明市文物保护单位
13	昆明广播电台旧址	昆明市人民西路 94 号	1940	企业与文教机构遗址	昆明市文物保护单位

续表

序号	遗址名称	遗址地点	遗址年代	遗址类别	保护级别
14	滇西抗战阵亡将士纪念碑遗址	昆明市圆通山	1947	抗日英雄活动遗址与阵亡将士纪念碑、园、墓	昆明市五华区文物保护单位
15	缅甸战役中国阵亡将士碑	昆明市圆通山	1945	抗日英雄活动遗址与阵亡将士纪念碑、园、墓	
16	聂耳故居	昆明市甬道街	1920	名人故居与文化活动遗址	云南省文物保护单位
17	美空军莫尼中尉殉职纪念标	大理市祥云县城南面清华洞山上	1943	国际援华与反战机构及其人员活动遗址	
18	云南驿机场旧址	大理市 祥云县下川坝	1929	军事设施与战场遗址	
19	东卡侵华日军碉堡遗址	龙陵县抗战纪念广场	1942	日军侵华罪行与中国人民灾难遗址	云南省文物保护单位
20	日伪龙陵县政府旧址	龙陵县 白塔村	1942	日军侵华罪行与中国人民灾难遗址	云南省文物保护单位
21	董家沟日军慰安所旧址	龙陵县 董家沟	1942	日军侵华罪行与中国人民灾难遗址	全国重点文物保护单位
22	松山战役遗址	龙陵县 腊勐乡	1944	军事设施与战场遗址	全国重点文物保护单位
23	陆军第八军第一〇三师抗战阵亡将士公墓	龙陵县腊勐乡松山战役遗址	1944	抗日英雄活动遗址与阵亡将士纪念碑、园、墓	全国重点文物保护单位
24	惠通桥	龙陵县腊勐乡	1937	军事设施与战场遗址	全国重点文物保护单位

续表

序号	遗址名称	遗址地点	遗址年代	遗址类别	保护级别
25	中国远征军雕塑群	龙陵县腊勐乡松山战役遗址	2013	纪念设施	
26	国殇墓园	腾冲市叠水河畔	1939	抗日英雄活动遗址与阵亡将士纪念碑、园、墓	全国重点文物保护单位
27	中国远征军抗日将士纪念碑	腾冲市国殇墓园内	1939	抗日英雄活动遗址与阵亡将士纪念碑、园、墓	全国重点文物保护单位
28	远征军第二十集团军克复腾冲阵亡将士纪念塔	腾冲市国殇墓园内	1939	抗日英雄活动遗址与阵亡将士纪念碑、园、墓	全国重点文物保护单位附属文物
29	盟军抗日阵亡将士纪念碑	腾冲市国殇墓园内	1944	国际援华与反战机构及其人员活动遗址	全国重点文物保护单位附属文物
30	寸性奇将军墓	腾冲市国殇墓园内	1989	抗日英雄活动遗址与阵亡将士纪念碑、园、墓	全国重点文物保护单位——国殇墓园附属文物
31	李根源故居	腾冲市城内	1947	名人故居与文化活动遗址	腾冲文物保护单位(县级)
32	五十四军一九八师攻克腾冲阵亡将士纪念塔	腾冲市来凤山	1945	抗日英雄活动遗址与阵亡将士纪念碑、园、墓	保山市文物保护单位
33	来凤山战斗遗址	腾冲市城南	1944	军事设施与战场遗址	腾冲文物保护单位(县级)
34	日军驻腾冲宪兵司令部本部暨慰安所旧址	腾冲文庙	1940	日军侵华罪行与中国人民灾难遗址	云南省文物保护单位

续表

序号	遗址名称	遗址地点	遗址年代	遗址类别	保护级别
35	界头抗战县政府旧址	腾冲市界头镇	1942	抗日机构活动遗址	
36	飞凤山战斗遗址	腾冲市城东	1944	军事设施与战场遗址	
37	高黎贡山抗战遗址	腾冲市界头镇	1944	军事设施与战场遗址	
38	和顺图书馆旧址	腾冲市和顺乡	1938	企业与文教机构遗址	全国重点文物保护单位
39	南洋华侨机工回国抗日纪念碑	瑞丽市畹町经济开发区	2005	抗日英雄活动遗址与阵亡将士纪念碑、园、墓	
40	畹町桥	瑞丽市畹町	1940	军事设施与战场遗址	
41	罗平抗战阵亡将士纪念碑	罗平县城液峰公园	1941	抗日英雄活动遗址与阵亡将士纪念碑、园、墓	罗平县文物保护单位
42	远征军第二十集团军总司令霍揆彰指挥部旧址	腾冲市盈水村护珠禅寺	1940	军事设施与战场遗址	保山市文物保护单位
43	远征军第二十集团军司令部旧址	腾冲市和顺乡	1940	军事设施与战场遗址	保山市文物保护单位
44	倭冢	腾冲市国殇墓园内	1944	日军侵华罪行与中国人民灾难遗址	全国重点文物保护单位——国殇墓园附属文物
45	英国驻腾冲领事馆旧址	腾冲市大盈江边	1931	国际援华与反战机构及其人员活动遗址	云南省文物保护单位

续表

序号	遗址名称	遗址地点	遗址年代	遗址类别	保护级别
46	腾冲归化寺抗战阵亡将士墓(战士冢)	腾冲市界头镇石墙村	1945	抗日英雄活动遗址阵亡将士纪念碑、园、墓	腾冲市文物保护单位(县级)
47	滇缅铁路路基遗址(公郎段)	大理州南涧县公郎镇板桥村公郎河畔、祥临公路 106 公里处	1938—1942	企业与文教机遗址	大涅州文物保护单位

二、云南抗战遗址总体情况

(一)数量未有完整统计

我们到云南,调查了解到抗战遗址(含纪念设施)47 处。实际应该超过这个数字。据昆明二战史探索协会宋向东会长认为,云南省抗战遗址有几百处之多,只是还没有做出个完整的统计。

(二)类型较全

根据上述 47 处现存抗战遗址分析,云南抗战遗址大体分为以下类型:

1.侵华日军罪行与中国人民灾难遗址

1942 年日军占领龙陵后,强占民居作为“军人服务社”——慰安所,董家沟日军慰安所即是战时龙陵城最大的日军慰安所,同时成立的日伪县政府公开挂牌招降纳叛,网罗一批地痞流氓,组建了一套包括民政、司法、财政、内务、警事等科局在内的伪政府工作机构,帮助日军在全县开展征粮征款,抓丁派夫,捉拿人犯以及推行奴化教育等殖民活动。东卡侵华日军碉堡位于龙陵县城内,用钢筋水泥、砂石浇铸成六边形,占地面积 10 平方米,高 190MM,壁厚 22MM。龙陵这几处遗址都具有典型性,见证了日军侵略中国迫害中国人民的罪行。

2.军事设施与战场遗址

龙陵和腾冲作为滇西抗战的主战场,留下了较完整的战场遗址,如位于龙陵县腊勐乡境内的松山战役遗址,被称为“东方直布罗陀”,二战期间,中国南方最大的战役之一——松山战役就发生在此。如今战场遗址基本保持原样,松山地表上的战壕、掩体、弹坑随处可见，当年日军为把松山修建成堑壕纵横、堡垒密布、地道暗通的坚固工事，松山几乎被掏空，现在的松山战役遗址成为第二次世界大战中保存最为完整的战场遗址之一。

此外还有腾冲的来凤山、飞凤山、高黎贡山战场遗址，其他重要军事设施包括飞虎队云南驿机场遗址等。

3.抗日英烈纪念碑、墓、园

此类遗址云南保存得较多，由于历史原因被人为破坏的，近年也得到重修。如昆明圆通山上的滇西抗战阵亡将士纪念碑和缅甸战役中国阵亡将士碑，腾冲市远征军第二十集团军克复腾冲阵亡将士纪念塔和一九八师纪念塔，罗平抗战阵亡将士纪念碑等，这些都是新中国成立以前修建的，具有较高的历史价值。

4.企业与文教机构遗址

国立西南联合大学旧址无疑是此类遗址中最重要的，旧址位于昆明市一二一大街云南师范大学西南联大校区东北角，占地10000余平方米，西南联大旧址内建有国立西南联大纪念馆、国立西南联大纪念碑、原教室、"一二一"运动纪念馆、李公朴先生衣冠冢、闻一多先生衣冠冢等。2006年被国务院核定并公布为第六批全国重点文物保护单位。此外还有和顺图书馆、昆明广播电台旧址等。

5.名人旧居与活动遗址

此类遗址有李根源故居、聂耳故居与聂耳墓、梁思成和林徽因旧居等。

6.国际援华与反战机构与人士活动遗址

此类遗址有盟军抗日阵亡将士纪念碑、英国驻腾冲领事馆旧址、祥云县美空军莫尼中卫殉职纪念标等，他们不远万里来到中国，为中国抗日战争和世界反法西斯战争的胜利建立了不可磨灭的功绩。

(三)分布多处

云南抗战遗址主要分布在昆明、滇西地区龙陵、腾冲及中部大理白族自治州。具体分布情况是：昆明市：16处，大理州：3处，腾冲市：18处，龙陵县：7处，瑞丽市：2处，罗平县：1处。共47处。

三、云南省抗战遗址保护中存在的问题

(一)挖掘、展示、研究尚未形成系统

云南的抗战遗址遗迹涵盖各种类型，整体规格较高，包括大后方遗址和正

面战场遗址,都比较丰富和典型。从了解的情况看,至我们调查结束时的2015年3月,云南省尚未展开对全省抗战遗址的调查工作,无论是从历史学意义,还是文化遗产保护工作看,云南省对抗战遗址遗迹的研究还相对较少,还没有见到比较完整的省级抗战遗址的统计报告,更没有像广西、重庆等地那样已有《抗战遗踪:广西抗战文化遗产图集》《重庆抗战遗址遗迹图文集》等相关论著出版,缺乏对抗战遗址的完整梳理和系统研究。

(二)遗址旅游开发尚无合理规划

近年来,随着大量云南抗战题材的影视作品和畅销书的问世,极大地宣传了云南的抗战史,如电视剧《我的团长我的团》《滇西1944》《中国远征军》;中央电视台和凤凰卫视都制作过大型纪录片《中国远征军》;畅销书《国家记忆》《父亲的战场》《松山战役笔记》《腾冲之围》等。这在一定程度上吸引更多的游客,使滇西成为抗战文化旅游目的地,个中部分遗址面临考验。

单就战场遗址来说,龙陵的松山战役遗址和腾冲的来凤山战场遗址就规模和保护价值来说,在全国都是首屈一指的,但通过课题组成员的田野考察,两处还缺乏指导性的保护、开发规划和保护措施,目前滇西的旅游业方兴未艾,与龙陵相比,腾冲旅游业已显示出高速发展的趋势,前往松山的旅游公路也在积极扩建,对于这两处我看来是全国最完整的抗战遗址之一,如果没有一个完整的旅游开发规划,一旦开发起来,往往会因为某些单位或个人为获取经济效益,目光短浅的进行改造,形成破坏,这样的例子在其他地方已经屡见不鲜,希望这两处能用好旅游开发这把双刃剑。

(三)各级文保单位的历史文化价值发挥不够

在调查中见到,一些被列入文保单位的抗战遗址得到较好的保护,政府相关部门的介入使得其较清晰地呈现于世人,例如全国重点文物保护单位——聂耳墓、抗战胜利纪念堂等,作为全国保持较好的董家沟日军慰安所旧址,纳入全国重点文物保护单位"松山战役旧址",政府部门也重视了对该遗址的维护,修旧如旧,基本保持了原来的面貌。

部分抗战遗址受商业开发造成的影响依然存在,如昆明市内的聂耳故居,位于昆明市内热闹街区,显然已经处于城市改造地段,故居周围的楼房已经拆迁殆尽,仅剩故居孤立于建筑工地中,从工地的建筑情况看,此处正在修建大型的现代化楼盘,不知管理方是否已经想到故居的保护方案,要不可以像位于昆明世纪城商业住宅区里的滇越铁路西庄站一样,干脆就让这幢年代久远的建筑立于现代化玻璃之城中，也未尝不可，主要还是要保存遗址的历史原貌和象征意义。要做到古老建筑与现代楼盘并肩共存，相映成趣，共同造福大众。

再如始建于1938年、2014年重修的“昆明中国空军抗日战争殉国将士墓”，它是抗日战争期间全国设立的八个空军公墓之一，目前在国内也是为数不多的抗战殉国空军公墓。1954年，公墓迁移至长春山现址后，由于历史原因，这里一度杂草丛生，无人管理，后经政府部门重修，得到有效保护，但对于该公墓历史价值、科研价值的研究还相当缺乏。

四、抗战遗址保护与利用的建议

（一）开展系统遗址普查，全面掌握遗址情况

希望云南省政府高度重视抗战遗址保护工作，建议文物保护管理部门、社会科学界联合做出普查调研方案，尽快抗战全省范围的抗战遗址调查工作，为抗战遗址保护工作提供实证材料和基础数据。开展抗战遗址调查，既是对民族优秀文化遗产的发掘和整理，也是在唤起全社会对抗战遗址的关切和保护热情与保护责任的同时，开展爱国主义教育的极好形式。抗战遗址调查政策性强，田野工作量大，技术含量高，操作环节烦琐，需要大量人力、物力、智力和财力支持。要靠政府主导、专家介入、民间配合方能取得成绩。

（二）整合抗战遗址资源，挖掘更大文化价值

抗战纪念园的建立和建设，可以为社会提供一处处颇具文化内涵的文化景观与文化产业发展基地。目前所知的腾冲市的中国远征军抗战纪念公园和龙陵县的松山抗战遗址公园应该从发展抗战遗址旅游的角度入手开展整体性保护与开发的抗战遗址园区。希望通过园区的建设，将当地的抗战遗址资源有效整合和利用，使这两个滇西重镇都形成得以持续发展的文化品牌。

滇缅公路不仅为中国抗战运输了大量战略物资，是一条通往抗战胜利的路，更是为中、美、英、苏建立的一条友谊之路。滇缅公路从起点纪念碑，到沿途的云南驿机场、美空军莫尼中尉殉职纪念标、惠通桥、国殇墓园等遗址，在今天看来都是具有国际影响力的重要遗址，对于它们的研究、保护、开发，应该切合此关注点，挖掘其历史价值，使其成为中美两国人民友谊的象征，不愧于当年徒手修路的云南各族群众。

（三）制定相关法规、抢救修复遗址

相关法规的制定有利于抗战遗址的系统保护。鉴于抗战遗址普遍存在破

损毁坏的现象,应该立即开展修复工作。修复工作既是对抗战遗址本身的物理性修复,如加固、补损、恢复历史原貌等,对于重要的抗战遗址应由相关管理部门竖立标志牌,给予历史应有的尊重。

本次考察的纪念碑遗址不乏近年重修的,如圆通山的一碑一塔,“缅甸战役中国阵亡将士碑”(又名“戴安澜纪念塔”)建于1945年;“滇西抗战阵亡将士纪念碑”立于1947年。作为滇西抗战的重要实证记录,它们在被破坏多年后,经云南有识之士多方奔走呼吁,引起政府部门重视,如今修葺一新,恢复本来面目,纪念碑基座上陈诚、顾祝同、卫立煌、卢汉、何应钦、于右任、白崇禧等人的题字都按原样重新镌刻,无不显示出云南各界对于历史的尊重。

(四)扶持民间研究组织和热心民众参与抗战遗址保护

在云南开展抗战遗址调研的时候,可以感受到来自媒体和民间的力量。昆明当地的媒体曾对昆明的众多抗战遗址进行专题报道;举办过“昆明十大抗战遗址”的评选,唤起了社会对抗战遗址的关注;昆明二战史探索协会利用多年收集的大量抗日战争期间所遗留的实物、图片,多次举办展览,为群众和在校学生讲解抗战文化,效果颇佳。这类群众性参与的爱国主义宣传教育活动,也时常得到来自科研机构和高校的专家学者的专业指引,这些都说明云南在这方面具有良好的群众基础和学术氛围,应该积极扶持,大力推广。

(五)做好抗战遗址旅游规划,充分发挥抗战遗址的效用

云南是旅游大省,中国远征军在龙陵、腾冲的抗战史也广为传播,在开展抗战遗址保护工作的同时,结合做好抗战遗址旅游规划,设计抗战战场游、抗战遗址游等特色旅游线路,是会受到旅客的欢迎并起到事半功倍的效用的。已开展多年的红色旅游模式,可以很好地转换到抗战遗址旅游中来。

五、结语

中国远征军、飞虎队、华侨机工、史迪威将军、滇缅公路、驼峰航线、松山战役、腾冲之围等,这一串熟悉的名词很容易让人想到抗战中的云南。这是一段中华民族万众一心抗御外敌的辉煌历史,也是一段中、美、英、印、缅共同书写的友谊史。此番对云南抗战遗址的考察,深切感受到云南人民为抗战的胜利做出的巨大贡献。一处处抗战遗址,诉说着当年的抗战历史和生动的事例。今天,我们怀着对抗战英烈的缅怀与崇敬之情,踏上这段寻踪之旅,希望能够开启西部抗战遗址遗迹更多领域的研究,以真实的历史材料告诫后辈不忘国耻之痛，珍惜和平，发扬中华民族不屈之魂，开拓未来。

考察期间，我们得到云南社科界杨绍军、李永祥等专家的指导和昆明二战史探索协会宋向东会长等社会组织热心人士的协助，在此致以诚挚谢意。

作者简介：

陆璎，接力出版社编辑，广西抗战文化研究会副秘书长，研究方向为民族音乐文化、广西抗战文化。

李建平，广西社会科学院文化研究所研究员，广西抗战文化研究会会长，研究方向为抗战文化。

贵州省抗战遗址调查报告

陆　璎

[摘　要]贵州省抗战遗址遗迹数量不多,但类型比较丰富。文章记叙《中国西部地区抗战遗址调查与保护利用研究》课题组对贵州抗战遗址调查情况,分析存在问题,提出保护和利用的对策建议。

[关键词]抗战遗址;文化遗产保护;贵州

[基金项目]本文为2014年度国家社科基金西部项目《中国西部地区抗战遗址调查与保护利用研究》(编号:14XZS023,项目负责人:李建平)阶段性成果。

抗日战争时期,尤其是1937年七七事变全面爆发后,贵州作为抗战大后方,云集了全国的文化精英,容纳了大量的西迁工厂和机关学校,留下了富含历史内容的抗战遗址遗迹和深厚的文化传统。虽然有不少抗战遗址随着岁月流逝和历史变迁已经消失或损毁,但还是有不少留存了下来,各级政府和民间团体做了不少保护和修复工作,本课题组对此情况进行了调查,有关情况如下。

一、调查过程

对贵州省抗战遗址的调查在本课题2014年6月获得国家社科基金西部项目立项之前就已进行。2013年陆璎考察广西抗战遗址时,在考察位于南丹县六寨镇的抗战将领莫树杰将军故居后,经麻尾镇进入贵州独山县,考察了飞虎队独山机场遗址,旋即返回广西。

2014年后,开展了两次调查,第一次是2014年8月期间对贵州主要抗战遗址进行较为详细的调查,8月1日到贵阳后,先赴贵州省图书馆查阅资料,并拜访贵州社科院、贵州文史馆有关专家,立即开始田野考察工作。2014年8月2至4日在贵阳市考察位于黔灵公园麒麟洞的张学良被囚处和市区内的“八路军贵阳交通站旧址”及位于市郊花溪镇的“巴金纪念馆”“戴安澜将军衣冠墓”;8月5日赴息烽县考察全国重点文物保护单位“息烽集中营革命历史纪念馆”

和深藏于息烽县高山峡谷中的玄天洞——“杨虎城将军被囚处”。8月6至8日考察了遵义市、湄潭县的“浙江大学旧址”，8月9日赶往都匀市考察位于都匀一中内的“都匀炮校遗址”并探望、采访广西籍百岁老兵周有成老先生，8月10日前往黄平县旧州镇考察“飞虎队旧州抗日机场遗址”及国内少见的飞虎队武器弹药库；8月11日赴镇远县考察全国重点文物保护单位——“日本在华反战同盟‘和平村’遗址”。

8月12日赶至独山县考察了“深河桥抗日文化园”，包括贵州抗战陈列馆及黔南事变纪念馆、黔南人民抗日纪念碑、独山前进机场等抗战遗址，8月13日经南丹县回到广西境内，途径宜州市顺道考察宜州浙江大学西迁遗址。

第二次是2015年6月20日到25日陆璎赴贵州省贵阳市、桐梓县、铜仁市、荔波县考察了八路军贵阳办事处、贵州抗日救国军司令部旧址、中国红十字会救护总队图云关旧址、英国女医生高田宜之墓、国立第三中学旧址、铜仁抗日阵亡将士纪念碑、黔南布依族苗族自治州穿洞阻击战遗址等。

现将调查统计情况制表如下：

贵州省抗战遗址调查汇总表

序号	遗址名称	遗址地点	遗址年代	遗址类别	保护级别
1	八路军贵阳办事处旧址	贵阳市民生路92号	1939—1941	抗日机构活动遗址	贵州省文物保护单位
2	中共贵州省工委旧址	贵阳市文笔街10号	1935—1945	抗日机构活动遗址	贵州省文物保护单位
3	蒋介石与张学良会面处暨张学良被囚处	贵阳市黔灵公园内麒麟洞	1940	抗日英雄活动遗址与阵亡将士纪念碑、园、墓	贵阳市文物保护单位
4	戴安澜衣冠墓	贵阳市花溪公园内	1944	抗日英雄活动遗址与阵亡将士纪念碑、园、墓	贵阳市文物保护单位
5	八路军家属旧居	贵阳市花溪青岩镇	1939	抗日机构活动遗址	
6	巴金旧居暨纪念馆	贵阳市花溪公园内	1944	名人故居与文化活动遗址	

续表

序号	遗址名称	遗址地点	遗址年代	遗址类别	保护级别
7	王伯群故居	贵阳市都司路	20 世纪 30 年代	名人故居与文化活动遗址	贵州省文物保护单位
8	息烽集中营旧址	息烽县城阳朗坝	1938	抗日英雄活动遗址与阵亡将士纪念碑、园、墓	全国重点文物保护单位
9	杨虎城将军被囚处	息烽县玄天洞	1938	抗日英雄活动遗址与阵亡将士纪念碑、园、墓	全国重点文物保护单位
10	遵义浙江大学办学旧址	遵义市第十一中学	1940	企业与文教机构遗址	
11	湄潭浙江大学办学旧址	湄潭县文庙、天主堂	1939	企业与文教机构遗址	全国重点文物保护单位
12	浙江大学办学旧址教授楼	湄潭县永兴镇	1939	企业与文教机构遗址	全国重点文物保护单位
13	苏步青《湄江吟社》旧址	湄潭县湄江镇西来庵	1940	企业与文教机构遗址	全国重点文物保护单位
14	美军飞虎队旧州机场遗址	黄平县旧州镇	1941	军事设施与战场遗址	
15	美军飞虎队旧州机场弹药库遗址	黄平县飞云崖	1941	军事设施与战场遗址	
16	“中国人不打中国人”碑	独山县深河桥抗日文化园	1934	抗战标语与石刻	
17	基长抗日阵亡将士纪念碑	独山县深河桥抗日文化园	1940	抗日英雄活动遗址与阵亡将士纪念碑、园、墓	

续表

序号	遗址名称	遗址地点	遗址年代	遗址类别	保护级别
18	深河桥抗日文化园	独山县麻万镇	2000	纪念设施	
19	深河桥战斗遗址	独山县麻万镇	1944	军事设施与战场遗址	
20	荔波穿洞阻击战遗址	荔波县	1944	军事设施与战场遗址	
21	前进机场遗址	独山县城关镇	1940	军事设施与战场遗址	
22	中国第一航空发动机制造厂旧址	大方县羊场坝	1940年建厂	企业与文教机构遗址	大方县文物保护单位
23	王若飞故居	安顺市	1940	名人旧居与活动遗址	贵州省文物保护单位
24	贵州抗日救国军司令部旧址	毕节市七星关区和平路74号	1936	抗日机构活动遗址	全国重点文物保护单位
25	二十四道拐抗战公路(史迪威公路)	晴隆县莲城镇五一村半官坡	1942—1945	军事设施与战场遗址	全国重点文物保护单位
26	何应钦故居	兴义市泥凼镇	民国时期	名人故居与文化活动遗址	贵州省文物保护单位
27	达德学校暨贵阳抗日救国会旧址	贵阳市南明区中华南路	1914	企业与文教机构遗址	贵州省文物保护单位
28	桐梓张学良将军被囚处遗址	桐梓县娄山关镇天门村	1944	抗日英雄活动遗址与阵亡将士纪念碑、园、墓	

续表

序号	遗址名称	遗址地点	遗址年代	遗址类别	保护级别
29	国民政府军政部第二俘虏收容所旧址(和平村)	镇远县舞阳镇	1938—1944	抗日机构活动遗址	全国重点文物保护单位
30	兵工署第四十一兵工厂天门河水电厂旧址	桐梓县东郊	1939	企业与文教机构遗址	
31	都匀炮校遗址	都匀市第一中学	1940	企业与文教机构遗址	
32	中华民国海军学校旧址	桐梓县城金家节孝祠	1938—1945	企业与文教机构遗址	贵州省文物保护单位
33	英国女医生高田宜之墓	贵阳市图云关森林公园	1941	国际援华与反战机构及其人员活动遗址	贵州省文物保护单位
34	国际援华团医疗队旧址暨纪念碑	贵阳市图云关森林公园	1941	国际援华与反战机构及其人员活动遗址	贵州省文物保护单位
35	中国红十字会救护总队图云关旧址	贵阳市图云关森林公园	1939—1945	企业与文教机构遗址	
36	国立第三中学旧址	铜仁市向阳路7号铜仁一中	1938	企业与文教机构遗址	
37	铜仁中南门码头遗址	铜仁市中南门锦江北岸	1940	企业与文教机构遗址	
38	铜仁抗日阵亡将士纪念碑	铜仁市中南门东山	1938	抗日英雄活动遗址与阵亡将士纪念碑、园、墓	
39	《新华日报》贵阳分销处旧址	贵阳市云岩区富水西巷	1939	企业与文教机构遗址	贵州省文物保护单位

续表

序号	遗址名称	遗址地点	遗址年代	遗址类别	保护级别
40	重安江抗战钢铁桥遗址	黔东南州黄平县重安镇西面1.5公里	1942	企业与文教机构遗址	
41	石板寨抗日战斗遗址	黔南州三都县九阡镇石板村	1944	军事设施与战场遗址	贵州省文物保护单位
42	关乡桥抗日标语遗址	黔南州都匀市广惠办事处关乡桥	1943	抗战标语石刻	黔南州文物保护单位

二、贵州抗战遗址总体情况

（一）数量少

根据初步调查，贵州抗战遗址（含纪念设施）共计42处。另据记载，已损毁现已无存的还有位于贵阳市区的国民革命军102师抗日阵亡将士纪念碑遗址，如今此路段仍然名叫“纪念碑”，但已无实物；另外，独山县黄埔军校遗址也已荡然无存，到独山县后，我专门前往资料记载中的铜鼓井，仍然搜寻无获，所以不计入上表。

（二）类型较多

根据上述42处现存抗战遗址分析，贵州抗战遗址大体分为以下类型：

1.侵华日军罪行与中国人民灾难遗址

抗战时期贵州处于抗战后方，但1944年底，日军进攻到达贵州南部的独山、荔波、三都、丹寨等县，使得贵州直接投身于抗战一线，贵州人民真刀真枪地与日军奋战。另据资料记载，1938年9月25日日军首次入黔空袭，到1944年，日军轰炸贵州多达三四十次，出动飞机近四百架，包括贵阳在内的12个县市遭到日机轰炸。抗战期间，贵州全省伤亡人员数万人，黔籍官兵在抗日前线阵亡2万多人。如今，独山县深河桥抗战文化园成为承载当年历史的代表性遗址。

2.军事设施与战场遗址

深河桥位于贵州省独山县城北9公里处，是广西进入大西南的要冲，在二战期间是西南铁路终点站，黔桂公路的必经之地，1944年侵华日军由广西经黔桂公路进犯贵州黔南,妄图以此打通纵贯南北的大陆交通线,以扭转战争的不利局面。12 月初,日军侵占黔南重镇独山,烧杀掠抢,无恶不作,制造了震惊中外的“黔南事变”,日军行至城北 9 公里处,铁蹄被斩断于深河桥。深河桥成为日军入侵中国,入侵贵州,入侵黔南而不可逾越的历史转折关头之一,如今深河桥战役遗址成为深河桥抗战文化园的一部分。

其他重要军事设施包括飞虎队黄平机场遗址及飞虎队弹药库、独山前进机场遗址和列入全国重点抗战遗址的滇黔公路 24 道拐。

3.抗日机构活动遗址

八路军贵阳交通站旧址及位于花溪的八路军家属旧居、贵州抗日救国军司令部旧址。

4.抗日英雄活动遗址与阵亡将士纪念碑、园、墓

此类遗址保存较多,有铜仁市的抗日阵亡将士纪念碑、位于独山县的独山抗日阵亡将士纪念碑、黔南人民抗日纪念碑、戴安澜将军衣冠墓等。另外,全国重点文物保护单位——位于贵州省息烽县的息烽集中营遗址暨革命历史纪念馆是抗战期间国民党坚持“消极抗日、积极反共”政策而设立的关押中共党人和爱国进步人士的最大秘密监狱,与重庆白公馆、渣滓洞集中营、江西上饶集中营同为抗战期间国民党设立的四大集中营,是抗日英雄遭受迫害的活动遗址。

5.企业与文教机构遗址

除了中国第一航空发动机制造厂旧址,影响最大的首推位于遵义、湄潭的多处浙江大学旧址。

6.名人旧居与活动遗址

此类遗址有张学良、杨虎城囚禁处(贵阳市麒麟洞和息烽县)、巴金纪念馆、王若飞烈士故居、何应钦故居。

7.抗战标语与石刻

深河桥抗战文化园“中国人不打中国人”石刻,1935 年初,中央红军长征过贵州,留下大量抗日标语,宣传“北上抗日”“收复华北失地”等主张。

8.国际援华与反战机构与人士活动遗址

其中日本在华反战同盟“和平村”遗址最具代表性。

(三)分布情况

以贵阳为中心,贵州抗战遗址以分布在中部、南部为主,东部次之。各地保存数量:贵阳市12处,息烽县2处,遵义市1处,湄潭县3处,都匀市1处,黄平县3处,镇远县1处,独山县5处,大方县1处,铜仁市3处,桐梓县3处,毕节市1处,黔南州2处,安顺市1处,晴隆县1处,荔波县1处,兴义市1处,共42处。

三、抗战遗址保护中存在的问题

(一)尚未形成系统普查、挖掘、展示、研究

从了解的情况看,至2015年3月,贵州省尚未展开对全省抗战遗址的调查工作,对抗战遗址遗迹的研究都相对较少,几乎没有查阅相关信息,在制定调查方案时可参考的资料较少。

本次开展对贵州抗战遗址的调查,对贵州抗战遗址的基本面貌有了一个基本的了解。从上表可以看出,贵州的抗战遗址遗迹比较丰富,既有红军北上抗日遗址遗迹,又有大后方生产、医疗、教育等活动遗址,还有抗击日军的正面战场遗址遗迹,数量不少。尤其是大后方教育机构遗址很有特色。如抗战时期,全国有包括浙江大学等地方大学和军事院校在内约20所学校在贵州各地落脚,较大的有位于湄潭的浙江大学、昆明的大夏大学、铜仁的海军学校、都匀的南京炮兵学校分校等,如今有的学校遗址已无迹可寻,仅靠健在老人的回忆获取点滴信息。如果能通过寻找这类抗战遗址来系统研究迁入贵州的各类学校的西迁史,更能凸显贵州在抗战时期对国家稳定教育事业做出的贡献。

(二)列入国保的单位,得到有效保护

在调查中见到,被列入文保单位的抗战遗址得到较好的保护,政府相关部门的介入使得其较清晰地呈现于世人,例如全国重点文物保护单位——息烽集中营革命历史纪念馆、位于湄潭的浙江大学旧址及日本在华反战同盟“和平村”遗址。

息烽集中营革命历史纪念馆是全国爱国主义教育示范基地、全国100家红色旅游经典景区之一,1997年修复开放以来共接待参观者400余万人次,2004年,贵阳市委、市政府投资1000万元建设二期工程,在中共中央宣传部和中央文明办的资助下,于2005年对外开放;“和平村”遗址也因为其国际反战运动的背景,作为全国唯一保持完好的国民政府俘虏收容所而受到国际社会的重视,政府部门保证了该遗址的维护,好在修旧如旧,基本保持了原来的面貌,鹿地亘夫妇正是从桂林出发前往镇远。在和平村考察倍感亲切,1941年9月,在华日本人民反战革命同盟会重庆总部22名同盟员和桂林西南支部16名同盟员到达镇远,组成了“在华日本人民反战革命同盟会和平村训练班”,国

统区反战同盟的阵地从重庆、桂林等地转移到镇远。

(三)商业开发造成的破坏情况比较严重

部分抗战遗址缺乏保护,都受到不同程度的破损,甚至在城市建设拆除后,并未重建。抗战时期,贵州军队被改编为国民革命军102师、103师,参加了淞沪会战、徐州会战、长沙会战及远征军赴缅甸作战,其中102师9000余官兵几乎全部殉国。1940年,贵阳各界民众在贵阳市南大门外十字路口建立“国民革命军第一百零二师抗日阵亡将士纪念塔”,由贵州辛亥革命元老周素园撰写碑文。对于参加滇西怒江战役的103师,1942年在贵阳三桥广场中心建立“国民革命军第一百零三师抗日阵亡将士纪念塔”,左右面刻有103师战斗史迹。此番笔者在贵阳寻访纪念碑遗址,已是繁花照眼,旧址不存。对于在民族危亡之际,为国捐躯的数万贵州子弟兵,有的甚至长眠异乡,居然在故土没有一处供后人凭吊之地,实在令人心酸,希望能引起政府部门的重视,恢复重建。

另外比较突出缺乏保护的遗址还包括几处抗战机场遗址,包括飞虎队黄平机场遗址及飞虎队弹药库、独山前进机场遗址。黄平机场所在的旧州镇并不像抗战时期处于交通要道,距离县城所在的新洲镇有一小时的路程,现遗址已为杂草丛生的荒地,要不是现场立有陈纳德将军的塑像,几乎看不出此处是抗战遗址。距机场30公里的飞虎队弹药库,是国内难得一见的飞虎队弹药库,十余个依山而建的半圆形山洞已成为当地乡民的粮食仓库,由于没有路牌指示,笔者几经周折才找到此处,连当地百姓都不知道其由来——又是一处被人们遗忘的抗战遗址。

据调查,抗战期间贵州兴建有9个机场,特别是湖南、广西沦陷后,有力地支持飞虎队对日寇的空中打击。两年前我曾到独山县寻访过机场遗址,未有收获,此番我再次前往独山,在当地几位老人家的指点下,终于在县城近郊独山县儿童活动中心附近,拍摄到相关图片资料,几十亩的机场包括数公里长的跑道,已被开发商蚕食,各式建筑几乎布满机场遗址,保护情况还不如黄平机场遗址。

四、抗战遗址保护与利用的建议

(一)开展系统抗战遗址普查作,全面统计和掌握遗址情况

田野调查工作量大,操作环节烦琐,需要大量人力、物力和财力支持。建议贵州省政府文物保护管理部门、社会科学界尽快做出普查调研方案,在全国纪念抗战胜利70周年之际,在全省范围内开展抗战遗址保护工作提供依据,同时唤起全社会对抗战遗址的关切和保护热情与保护责任,政府主导、专家介入、民间配合方能取得成绩，笔者在考察期间得到贵州文史界众多专家学者的指导和贵州援助抗战老兵群等社会民间组织热心人士的协助，使得考察期间事半功倍，在此深表谢意。

（二）整合抗战遗址资源，挖掘价值较高的抗战遗址的文化内涵

抗战博物馆的建立和建设，将有力推动抗战精神的传播和民族精神的弘扬，进一步推动爱国主义精神的传承，并为社会提供一处颇具文化内涵的文化景观与文化产业发展基地。

目前贵州仅有独山县深河桥抗日文化园一处是从发展抗战遗址旅游的角度入手开展整体性保护与开发的抗战遗址园区。深河桥为贵州独有的抗日战场，具有独特的优势，整个园区分为两大部分，第一部分为贵州抗战陈列馆，该展馆陈列了自九一八事变以来到 1945 年抗日战争胜利这 14 年间日本帝国主义侵华过程，各族人民在党的领导下抗击日寇侵略的可歌可泣的民族精神。第二部分为实景部分，它包括深河桥、黔南人民抗日纪念碑、黔桂公路等抗战遗址，国旗台、小石桥、烽火台等一批抗日文化景点，此外还含影视制作园区，将参观抗战博物馆、开展抗战遗址旅游和抗战影视剧的制作结合起来，综合利用抗战文化资源。深河桥抗日文化园为贵州其他抗战遗址的保护、开放提供了较成型的样式。

在国家公布的首批重点抗战遗址中，贵州的滇黔公路 24 道拐成为唯一入选的抗战遗址，然而 24 道拐也是贵州最晚发现的一处抗战遗址，十余年前才由专家学者确认，随着近年来社会各界对远征军、滇缅抗战题材的关注，对于滇黔公路 24 道拐的研究、保护、开发，应该切合此关注点，挖掘其历史价值，使其成为中美两国人民友谊的象征，不愧于当年徒手修路的贵州各族群众。

（三）制定相关法规、对损坏严重的抗战遗址做抢救性修复

在西部各省保护抗战遗址方面做得较好的重庆市很早就制定了《重庆抗战遗址保护利用总体规划》，对重庆抗战遗址的保护和利用具有重要指导意义和积极推动作用，让重庆 20 处抗战遗址入选了 2013 年公布的第七批全国重点文物保护单位名录。

相关法规的制定有利于抗战遗址的系统保护。鉴于抗战遗址普遍存在破损毁坏的现象，应该立即开展修复工作。修复工作既是对抗战遗址本身的物理性修复，如加固、补损、恢复历史原貌等，对于重要的抗战遗址应由相关管理部门竖立标志牌，给予历史应有的尊重，还可以借鉴国外二战遗址保护和开放的成功经验，为此，我们期盼着。

五、结语

烽火连天,山河破碎,国家危亡,匹夫有责。贵州位于祖国西南,抗战期间处于大后方,但同样为抗战胜利做出了贡献,她不仅接纳了内迁的学校和工厂,征召民工三四十万人次,修建了多处机场,为抗战前线提供保障,谱写了可歌可泣的感人篇章,此番对贵州抗战遗址的考察,涵盖了指挥地遗址、战场遗址、侵华日军罪行与中国人民灾难遗址、抗日英烈纪念碑、园、墓;抗日机构活动遗址,名人旧居与活动遗址,企业与文教机构遗址,国际援华与反战机构与人士活动遗址,抗战标语与石刻等,它们以感人肺腑的真实故事,诉说着当年的抗战历史。今天,我们怀着对抗战英烈的敬畏之情,踏上这段寻踪之旅,希望能够开启西部抗战遗址遗迹更多领域的研究,促进抗战文化大发展、大繁荣。

本次调研,得到李朝贵、熊宗仁、韩继伟等专家学者的帮助,在此致以诚挚谢意。

作者简介:

陆璎,接力出版社编辑,广西抗战文化研究会副秘书长,研究方向为民族音乐文化、广西抗战文化。

史料研究

民族精神视域下抗战文献的文化形态

谭　翠　王兆辉

[摘 要]在民族危亡的时刻，民族精神是民族的凝聚力与向心力，是民族巨大的精神支撑。近代中华民族在反抗日本帝国主义期间逐步形成了反映民族精神和历史发展方向的优秀文化思想和观念，并通过抗战文献较具体、生动、完整地记录了下来。“以史为鉴”，探究抗战文献中民族精神内涵与文化传承有重大的价值与意义。

[关键词]民族精神；抗战文献；文化形态

[基金项目]本文系重庆市社会科学规划青年项目“多维视域下抗战文献的文化形态研究”（项目编号：2014QNCB21，课题负责人：王兆辉）、重庆市“青年文化优才”培养计划项目成果（培养编号：2014QNWHYC06）、重庆市文化艺术新闻出版广播影视科学研究规划青年项目“重庆图书馆抗战文献资源建设的模式研究”（项目编号：15DH013）的阶段性成果。

党的十六大报告指出：“民族精神是一个民族赖以生存和发展的精神支撑。一个民族没有振奋的精神和高尚的品格，不可能自立于世界民族之林。”同时指出：“在五千多年的发展中，中华民族形成了以爱国主义为核心的团结统一、爱好和平、勤劳勇敢、自强不息的伟大民族精神。”抗日战争是中国抵抗日本帝国主义侵华的反侵略战争，攸关中华民族的生死存亡。中华儿女浴血抗战十四年取得了最终胜利，其民族精神成为支撑这场战争走向最终胜利的重要法宝。今天，战火虽已停息，但历史需要铭记，民族精神要长存。“文以载道”“以史为鉴”，保留下来的大批珍贵的抗战文献成为这场攸关中华民族存亡的战争史实的记录者、见证者，是中华民族精神、民族情感的传导者、歌颂者，是振兴中华、复兴民族的强大动力，是对中华民族传统的历史传承、重要概括及继续发展。

一、抗战文献中蕴含民族精神的表现形态

民族精神有民族性、历史继承性、时代性、自觉能动性、开放性等特性,[①]不同历史时期,中华民族精神有着不同的具体表现和本民族的特色。在日本帝国主义的侵略下,面对民族危亡,有血性的中国人民在不断地自我觉悟和自我反思中惊醒,中华儿女在抗日特殊的历史背景下涌出保卫家园、抗战建国的爱国主义精神,民族统一、世界友好的团结精神,与时俱进、不断创新的时代精神,顽强不屈、百折不挠的必胜信念。中华儿女在这些伟大精神的支撑下守卫中华民族神圣的领土、赶走了日寇。

(一)保卫家园、抗战建国的爱国主义精神

在民族精神中,爱国主义精神处于核心地位。爱国主义指个人或集体对祖国的一种积极和支持的态度。爱国主义是民族精神的核心,中华民族精神的全部内涵都以此为主线来延深和展开。爱国主义是中华民族最深厚的思想传统,最能感召中华儿女团结奋斗。[②] 面对日本帝国主义的侵略,民族危机意识在各个阶层的中国人心中产生,"打倒日本帝国主义","捍卫领土主权","抗战到底","中华民族解放万岁"是全部中国人的心愿。此时爱国主义精神是中华民族最具有号召力和凝聚力、战斗力的旗帜,是激发民族自尊心和自信心不竭动力。这些不断涌现的爱国主义思潮经抗战时期的文献记载并留存至今。

九一八事变后,全国各界在各地编辑出版了宣传抗战建国的报纸和期刊。有如抗战与建国旬刊社编辑出版《抗战与建国》,国民精神总动员会秘书处编《精神动员》,高龙、黄秋、戴谦编辑《抗战书刊》,韬奋编辑上海抗战三日刊社发行的《抗战三日刊》,广东省银行储蓄部编印《节储运动专刊》,湖南省文化界抗敌后援会,广东省兴宁抗战文化社及广西桂林乐群社文化部编辑的同名抗战宣传刊物《抗战文化》;湖北省汉口战时出版社,上海出版社及广东省广州战时出版社编辑的同名抗战刊物《抗战半月刊》等,积极宣传爱国、抗日、建国。其中霹雳生主编《上海抗日血战丛刊续编》(军事政治新闻社,1932 年)收入《抗战救国宜重小学教材》《日本帝国之前途》《长期抗战有书为证》等论述中国应抗战救国,《同胞受辱拾零》《可怜狼藉路边骨》等愤诉了日本卑劣行为,《十九路军布衣救国》《抗日名将李延年》等歌颂英勇的抗战军民。

---

① 李正华编:《国学概要》,广东高等教育出版社,2012 年,第 20 页。

② 本书编写组编:《习近平中国梦重要论述学习问答》,党建读物出版社,2014 年,第 96 页。

同时，报纸的主题纷纷转向了抗战，报纸多数开辟了介绍战事、号召爱国抗日的专栏。如九一八事变不久，《申报》在10—12月连续发表了抗日救亡歌曲，有《追悼被难同胞》《向前进攻》（黎锦辉）、《军歌》（萧友梅）、《抗日救国歌》（觉剑）、《铁血歌》（易君左）、《报国仇》（张亦庵）等。[①]《新民报》1938年7月7日出的"七七周年特刊"收入蒋中正的《告日本国民书》，中国国民党《七七纪念日告国民书》《七七纪念日告同志书》等文章，指出日本侵华行为为"世界上最野蛮最残酷之破坏力"，呼吁国民"抗战建国"、呼吁同志"救国建国，一完成国民革命之任务"。

全面抗战后，宣传抗战的图书也不断涌现。有何立山编选《民族呼声集·最新歌选》（山东歌曲研究会，1937年4月）、傅纬平著《民族抗战史略》（商务印书馆，1938年）、蒋介石著《抗战建国论 最近重要演说词六篇》（现代文化出版社，1939年）、陆军大学校编《抗日战史》（出版地不详，1942年）、欧阳樊著《中国为什么要抗战 》（中国国民党中央执行委员会宣传部出版，1943年）等。

国共两党及一些重要人物发表抗日宣言。如七七事变后，蒋介石发表《告全体将士书》宣告全面抗战；郭沫若发表《我们为什么抗战》号召国民积极投身到救亡图存、全民抗战运动中；洛川会议上中共通过了《中共中央关于目前形势与党的任务的决定》《抗日救国十大纲领》宣传抗日。

（二）民族统一、世界和平的团结精神

九一八事变后，随着日本入侵的深入，越来越多的中国人投入到了反日战争中。七七事变后，在爱国主义的旗帜下，中共倡导和领导的国共二次合作实现，抗战民族统一战线形成，全民族抗战的历程开启。海内外炎黄子孙不分民族、阶级、阶层、党派、信仰都积极投入与凶残的日本法西斯的战斗中，工农商学生知识分子、国共两党、民主党派、各民族人民及华侨等为抗战奔走，前方团结奋战、同仇敌忾，后方献金、献机、捐寒衣等捐献活动广泛开展，全民万众一心，直至抗战最终的胜利。而且，随着德意日合作侵略协议的签订，法西斯的爪牙向全球伸展，被入侵的国家积极组成反法西斯同盟，中国毫无疑问地加入反法西斯战线，与各国人民协同作战，共同反击侵略，争取世界和平。

面对日本的武装侵略，国共两党都做出重大的努力。九一八事变后中国共产党发出《为日本帝国主义强暴占领东三省事件宣言》，提出联合全国的工农兵；西安事变后，中共发出《关于西安事变及我们任务的指示》"要求停止一

① 陈建华、陈洁：《民国音乐史年谱（1912—1949）》，上海音乐出版社，2005年，第144—145页。

切内战,一致抗日”,国民党接受联合抗日六项条件,抗日民族统一战线初步建立。卢沟桥事变后中共发出《中共中央为日军进攻卢沟桥通电》,指出“平津危急!华北危急!中华民族危急!只有全民族实行抗战,才是我们的出路”。7月17日,蒋介石在庐山发表谈话:“卢沟桥事变已到了退让的最后关头”,“如果战端一开,那就地无分南北,人无分老幼,无论何人皆有守土抗战之责任,皆应抱定牺牲一切之决心”;9月23日蒋介石在庐山发表团结御侮谈话,承认共产党合法地位。至此,以国共合作为基础的抗日民族统一战线正式形成。

1941年12月珍珠港事件后,中国向德意日宣战,发布《中国政府对日宣战文告》《对德意宣战文》,中国反法西斯战区形成,并寻求与其他国家联合反击法西斯。1942年初,中美英苏等26个国家在华盛顿签署《联合国家宣言》,国际反法西斯统一战线最终形成。其中中美联合作战成果突出,如“缅北之战”。“业余新闻记者”黄仁宇1943年至1944年间在缅北战场撰写的一些战地通讯在《大公报》刊登。

战时大量的书报杂志也宣传、号召团结抗敌。如秦博古《论抗日民族统一战线的发展、困难及前途》(新华日报馆,1938年)、侯外庐《抗日民族统一战线论》(生活书店,1938年);张君劢《民主与团结》(独立出版社,1939年)、傅于琛《国共团结与中国前途》(群力书店,1938年)。大量的文章号召团结抗战,如北平学生组织的抗日救国联合会发表《为东三省事件告全国同胞书》提出“全国的工农商学兵联合起来,打倒日本帝国主义”;毛泽东发表《为动员一切力量争取抗战胜利而斗争》《纪念白求恩》;宋庆龄发表《国共统一运动感言》《关于国共合作的声明》。皖南事变后周恩来在《新华日报》上高呼“千古奇冤,江南一叶,同室操戈,相煎何急!”;《东南日报》1941年11月12日报道了《献金献机》;《解放日报》1942年1月12日报道《各地人民踊跃献金》;歌曲《团结就是力量》(1943年创)唱遍了大江南北。此外期刊中还发表了《集中力量一致对外》(作者韬奋,《战胜文粹周刊》1938年创刊号)、《华侨与抗战建国》(《汗血周刊》1938年第10卷第1—2期)、《国家总动员法》《蒋委员长广播训示——国民精神动员会三周年纪念日》(《驿运月刊》1942年第3卷第1期)、《蒋委员长对印度问题的努力》(《成都英语周刊》1942年第100期)等文。

(三)顽强不屈、视死如归的必胜信念

抗日战争中,大多数的中国人面对日寇的疯狂侵略,国土的大面积沦陷,依然有顽强不屈,百折不挠、坚定的抗战必胜信念;面对敌人的枪林弹雨与糖衣炮弹,选择了以死报国、誓死拼搏、杀身成仁、血战到底的斗争方式,顽强抗敌、宁死不做亡国奴。

国共两党大力号召军民抗战到底、抗战必胜。进入相持阶段后，1938 年 5 月 26 日，毛泽东在延安抗日战争研究会上做了《论持久战》讲演；周恩来于 1938 年 10 月 7 日在《新华日报》发表社论《论目前抗战形势》[1]，指出，“只有坚持长期抗战，才能争取中华民族解放战争的最后胜利。一切对中国抗战之速亡论或速胜论均已从事实上宣告破产”。同时，为纪念抗战一周年林森发表了《纪念“七七”要坚持抗战必胜、建国必成的信念》的广播讲话。为了鼓舞人民的抗战斗志，1938 年 12 月 26 日蒋介石发表驳近卫声明的讲话《揭发敌国阴谋阐明抗战国策》认为：日本灭亡中国的计划和工具已经齐备，中国只有坚持不懈抗战到底，才能求得独立与平等，并求得国际和平的秩序。[2] 此外，还有何应钦等著《抗战必胜论》（战时综合丛书，上海独立出版社，1939 年），白崇禧的《自力更生与持久抗战》（中央训练团印刷所，1941 年）。

抗战中众多顽强不屈、视死如归、英勇作战的故事涌现。有国民党军“八百壮士”、八路军“狼牙山五壮士”、新四军“刘老庄连”等英雄群体，也有张自忠、戴安澜、佟麟阁、赵登禹、杨靖宇等抗日英雄，他们殊死拼搏、血战到底。如七七事变后抗日名将佟麟阁与二十九军诸将领联名通电全国：“保卫国土，义不容辞，慷慨赴义，理所当然。”[3]在卢沟桥抗战中，他腿部中弹，部下劝他后退裹伤，但他说“情况紧急，抗战事太，个人安危事小”[4]，坚持带伤战斗，不幸中弹殉国。东北抗日联军领导人、共产党员杨靖宇在缺粮半个月，完全断食 5 天以上，零下 30 多度的气温下存活并坚持战斗着，牺牲后敌人解剖了将军的胃，胃里竟没有一颗粮食，只有棉絮、树皮、草根。据日本侵略者战场实录记载：“讨伐队已经向他（杨靖宇）逼近到 100 米、50 米，完全包围了他。讨伐队劝他投降。可是，他连答应的神色都没有，依然不停地用手枪向讨伐队射击。交战 20 分钟，有一弹命中其左腕，‘啪嗒’一声，他的手枪落在地上。但是，他继续用右手的手枪应战。因此，讨伐队认为生擒困难，遂猛烈向他开火。”[5]

战时宣传中华儿女英勇抗敌、鼓舞士气的书刊报涌现。中国国民党中央执行委员会宣传部编《四年来抗战英雄事迹》（中国国民党中央执行委员会宣

---

① 周恩来：《论目前抗战形势》，武汉《新华日报》，1938 年 10 月 7、8、9 日。

② 张宪文、方庆秋等主编：《中华民国史大辞典》，江苏古籍出版社，2001 年，第 1725 页。

③ 《佟麟阁生平事迹》（未刊稿），卢沟桥文管所藏。

④ 中国人民政治协商会议河北省保定市委员会文史资料研究委员会编：《保定文史资料选辑》第 3 辑，河北省供销社保定印刷厂，1986 年，第 131 页。

⑤ 张宏伟编：《二战风云大全集》，中国华侨出版社，2013 年，第 361 页。

传部,1941 年),中国国民党中央宣传部编著《抗战英雄传记》(国民图书出版社,1943 年);四川省资中县罗泉镇小学编《罗泉镇小学校刊》1938 年第 2 期收入《杀鬼子的呼声》《为国牺牲》等文;《反攻半月刊》1940 年第 9 卷第 2 期,为九一八九周年纪念刊,收入《我们苦斗九年了》《九一八九周年应有之勖勉》等文对长期艰辛作战事迹做了论述和宣扬;其附册收于毅夫著《九年来东北人民英勇奋斗的总结》,有我们奋斗的基础,艰苦卓绝的抗日联军,南北西东的东北健儿,关内的东北民众团体等栏目,著作对九年来东北人民英勇抗日作了详细的记录和总结。《士兵月刊》1942 年第 82 期《英勇善战的杨班长》《东方贞德之死》等文,诗《挺进! 英勇的士兵》;《政治周报》1941 年第 9 期收入《中国国民党的英勇血痕》;等等。

(四)与时偕行、不断革新的时代精神

与时偕行、开拓创新,是中华民族时代精神的重要表现。随着日本侵略扩展的加剧,中国人民由片面抗战转为全面抗战,国对共由"围剿"走向了"二次合作",各阶层民众、各派人士都开启了抗日的步伐,寻求、探索最好、最快、最有效的方法结束这场大杀戮,与时俱进,不断创新。

面对中国东部的被占领,政府、企业、工厂、学校、出版机构、知识分子等纷纷内迁,但继续作战,将武装反抗与经济支持、文化协助、思想鼓励相结合,工厂、学校、文化宣传机构等都为抗战服务,一切为了抗战、服务于抗战。教育学者陶行知抗战时重教育的力量,鼓动民众参加抗日民主运动。1934 年他创办并主编《生活教育半月刊》,阐述普及教育问题。1936 年"一·二八"四周年时著《国难教育方案》,把生活教育运动和民族民主革命斗争结合起来,指出"中国已到生死关头",国难教育方案"只有一个目的",就是"保卫中华民国领土主权之完整以争取中华民族之自主平等"。并强调"民族之命非'小众'所能救"。国难教育要"唤醒大众组织起来救国"。[①] 1937 年 9 月 25 日陶行知将刊物《生活教育》改为《战时教育》,提出战时教育工作的目标就是"在战时工作的组织中进行教育","将民众组织起来进行教育"。[②]

随着日军的大扫荡、毒气战、细菌战等多样化侵略方针的变化和各种新式的武器增多,有血性的中国人开始结合本国实际背景,研究抗日战争的特点和规律,一步步探讨有效作战方法、实时调整作战方针政策来摆脱这场民族危机,争夺最终的胜利。中国人民开辟了正面战场和敌后战场,研究海军作战与

---

① 陶行知著,中央教育科学研究所编:《陶行知教育文选》,教育科学出版社,1981 年,第 216—217 页。

② 《战时教育》1937 年第 1 卷 1 期。

空军作战，创新了战略战术，采取运动战、阵地战、游击战三者互助的作战方式，并创造了许多适合本国情况的游击战战法，如破袭战、地雷战、麻雀战、伏击战、袭击战、地道战、围困战等灵活机动的作战形式。如抗战将领刘伯承著《论游击战和运动战》(《战术研究资料》，1938 年 3 月)指出了运动战与游击战的作战原则、特点及协作的情况等；罗荣桓军工会议上的总结报告《分散游击战与作战指挥》(1944 年 10 月 1 日)对游击战、分散游击战特点进行了论述。

同时，中共面对国民党政策的摇摆多变，不断加强党的理论建设。抗战时期，初步形成的毛泽东思想逐步走向成熟，并确定为党的指导思想。以毛泽东为首的中国共产党对党的自身建设的理论建设、思想建设、组织建设等方面有了很多发展与进步。毛泽东同志作为中共重要领导人，是实时求事、与时俱进精神的重要代表。在中共党的建设方面，毛泽东为党内刊物《共产党人》(1939 年 10 月 4 日)纂写的发刊词中指出“统一战线问题，武装斗争问题，党的建设问题，是我们党在中国革命中的三个法宝”；延安整风运动中毛泽东同志作了《改造我们的学习》《整顿党的作风》《反对党八股》的报告，通过不断理论学习，提高了自身的马克思主义理论水平与认识能力，组织能力及领导能力。在军事战略、战术上毛泽东写下《抗日游击战争的战略问题》《论持久战》《战争和战略问题》等光辉文献，对战争形式、规律、主体，斗争方法，获胜的条件和依据等都做了精辟论述，成为中国人民同日本帝国主义进行殊死斗争的理论指导，为中国人民取得抗日战争的最后胜利积累了理论智慧。

二、民族精神视域下抗战文献的文化传承

民族精神有其历史的传承性、也有时代性等特征，抗战文献是对中华民族传统的历史传承、重要概括及继续发展。抗战精神、抗战历史、抗战文化都是对中华民族精髓的继承和发扬。

(一)抗战精神是中华民族精神的重要内容

抗战精神是抗战时期民族精神的集中体现。抗日战争是中华民族共同抵抗日本帝国主义的伟大的、胜利的战争，是全民族由分裂走向团结、由屈辱走向自强的历史，是近代史的重要组成部分，是中华民族灿烂的历史，其精神是留给中华民族的重要的财富。抗战文献是全民族参与的长达 14 年反抗外来侵略史实的重要的记录与传播者，而且大量作品的产生也是为了激发中华儿女的爱国主义思潮、鼓舞中华儿女抗战救亡。如《抗战(三日刊)》《抗战与文化》的期刊、名为《抗战与戏剧》《抗战与防毒》等书籍，《川东日报》1942 年 7 月 7 日出版的《抗战建国五周年纪念特刊》等报纸。因此说，抗战文献中蕴含的精

神是中华民族精神的集中体现,是中华民族精神的至关重要的组成部分。

新时代下的抗战精神有其时代的内涵:弘扬抗战精神,促进祖国富强。1.弘扬爱国主义精神,增强民族自尊。爱国主义思潮是任何一个民族、国家在任何时代都不可或缺的精神支柱。抗战文献中,一部书籍、一期刊物、一张报纸,甚至是一篇文章、一个文件、一首歌曲、一张画、一句口号都可以成为是当下进行爱国主义教育的重要资源。2.加强团结,"树立人类命运共同体"[①]意识。即促进民族团结、维护世界和平。新时期要倡导国家统一,各民族平等团结,海峡两岸协作发展;同时,抗战胜利是世界反法同盟的共同的协作的成果,加强国与国之间的政治协商,经济协作,反对霸权主义和强权政治,维护世界和平,从而促进人类共同发展。3.艰苦奋斗,复新民族经济。新时代下的今天,每个中国公民都应全身心地投入社会主义现代化建设中,独立自主,艰苦奋斗,大力发展经济,构建社会主义和谐社会,实现民族复兴。4.与时俱进,提高创新能力。与时俱进、审时度势、适时改变作战方针政策是夺取抗战取得最后胜利的重要因素。新时代下创新国民意识,提升国民的创新能力;创新国家各项政治、经济、文化方针政策,促进社会和谐发展;不断学习马克思主义的理论,丰富和完善中共的指导思想,提升党的创造力、领导力等。

抗战文献中赋予了民族精神的无限潜力。抗战文献中蕴含众多的民族精神瑰宝。而当下许多文献整理、开发、研究力度不够,文献中的民族精神的无限潜力还有待更完善、更充分的发挥,对抗战文献的开发有利于复活抗战历史,复活抗战文化、复活民族精神。

(二)抗战历史是中华民族的最痛记忆

"铭记历史、缅怀先烈、珍爱和平、开创未来"是习总书记在纪念中国人民抗日战争暨世界反法西斯战争胜利70周年大会上所讲到的,中国抗日抗战暨世界反法西斯战争是正义和邪恶、光明和黑暗、进步和反动的大决战,中国人民抗日战争长达14年,是第二次世界大战开始时间最早,持续时间最长的反法西斯战争。中国军民伤亡超过3500万。为了避免悲剧的再次发生,我们绝不能让历史悲剧重演。[②]

抗日战争是"长期而又广大的抗日战争,是军事、政治、经济、文化各方面犬牙交错的战争,这是战争史上的奇观,中华民族的壮举,惊天动地的伟业"。[③]

---

① 习近平:《纪念中国人民抗日战争暨世界反法西斯战争胜利70周年大会讲话》,2015年9月3日。

② 习近平:《纪念中国人民抗日战争暨世界反法西斯战争胜利70周年大会讲话》,2015年9月3日。

③ 毛泽东:《论持久战》,《毛泽东选集》第二卷,人民出版社,1966年,第441页。

日本占领台湾50年，侵略中国大陆14年，中国抗日战争持续了14年。我们要了解日本一步步侵吞中国的过程，记住四处硝烟滚滚、一片狼藉的战场，记住日本侵略者烧、伤、抢、掠等卑劣行迹，记住被日本侵略者残杀、炮轰的中国无辜百姓的死亡场面，记住面对战火而大规模躲避或西迁的手无寸铁的百姓，记住炮轰后被熊熊大火包围着的房屋、街道和流离失所的人们；了解中国人民如何结成抗日民族统一战线，了解国共如何开辟正面和敌后战场，了解抗战从战略防御到战略相持，再到战略反攻等艰难的历程，了解淞沪会战、太原会战、徐州会战、武汉会战、百团大战等重要战场及敌后任何与日本帝国鬼子作了誓死抵抗的军民，记住为了抗战最终胜利在后方继续发展经济、开展教育的人们，记住给予抗战任何帮助的人们，记住冲锋陷阵受伤甚至付出生命的先烈……随手翻看《扫荡报》(桂林版)其中一期我们就可以看到《皖南寇突乘大风雨蠢动 遭我聚歼凶锋顿挫》《寇机七十二架 空袭陪都》《劝募战时公债 港粤进行顺利》《怎样完成军事教育的任务——技术问题》及关于改善防空洞条件、足球赛等报道。①

抗战历史是中华民族不可磨灭的最痛的记忆，同时也是振兴民族精神、团结中华儿女的强大的精神武器。记住这些血与火的场面，学习抗战中体现的民族精神，再次高唱起誓杀鬼子、保卫祖国的抗战歌谣，高吟歌颂英勇抗战诗词……勿忘国耻，用历史来点燃每个中华儿女心中的爱国热火，团结一心，振兴中华。

(三)抗战文化是中华民族文化的重要传承

为了宣传抗战文化，弘扬抗战精神，揭露侵华暴行，作为“文化名片”的书、刊、报承担了重要的角色。随着日军侵略的深入，大批的文人、杂志社、报社、出版机构等向后方转移，形成以重庆、桂林为中心的新文化圈，继续出版书籍、期刊、报纸。同时还不断兴办新报刊。据《桂林文化大事记》统计，抗战期间，桂林有书店、出版社180多家，期刊总数202家；印刷厂最兴旺时(1943年)有109家，其中书版厂家8家，书版为主兼印其他杂件的18家。② 八年中，大后方出版图书22552种，出版期刊2000余种。③

出版的书刊报以论著、文章、歌曲、版画、漫画、戏剧、小说、摄影、电影等体

① 桂林《扫荡报》1940年6月20日。

② 叶再生:《中国近现代出版通史》第三卷，华文出版社，2002年，第137页。

③ 图书出版数字，根据四川省中心图书馆委员会编印的《抗日战争时期出版图书联合目录》统计得出。期刊出版数字，根据有关省市期刊出版情况调查统计得出。见张定华等编著《中国抗日战争时期大后方出版史》，重庆出版社，1999年，第369—371页。

裁呈现,展现了特殊时期文化的抗战特色及繁荣多样的景象。我们可以读到张自忠、佟麟阁、杨靖宇等抗日英雄战场事迹;可以高吟《破阵子(咏第二期抗战)》《行香子(咏兵役)》《抗战》①等抗战诗,可以高唱《大刀进行曲》《团结就是力量》《义勇军进行曲》等抗战歌曲;可以观赏《棠棣之花》《虎符》《高渐离》《屈原》《孔雀胆》《南冠草》(郭沫若)等抗战戏剧;可以欣赏宣传抗战的美术作品,如《广西日报》1937 年 7 月 16—18 日特发《李桦先生第二次木刻展览会专号》,刊载李桦的《在瞭望中的民族》《战友》《怒焰》等;《工作与学习·漫画与木刻》杂志(1939 年桂林出版)收入声讨汉奸汪精卫的漫画木刻《总理的叛徒》(沈同衡绘,建庵刻),揭露日本强盗罪行的组画《敌机空袭桂林损伤之统计》(黄茅作,建庵刻),号召人们奋起战斗,坚持抗战必胜的《抗战必胜连环图》(冰兄作)、《要抗战到底》(周令钊作)、《胜利的欢笑》(刘元作)等。②

抗战文化既是对中国传统文化的继承和发展,如诗歌、版画、戏剧、音乐等,又是当代文化的奠基者,如摄影、电影等。抗战摄影、电影是对抗战生活、战争场面特别是对日军疯狂杀戮恶劣行径最直观、真实、形象的记录。抗战时创办了《联合画报》《大战画集》《抗日画报》《抗战画史》《大美画报》等几十种宣扬抗战的画刊(报),发行的《新蜀报》《新民报》《大公报》《国民公报》等报纸也收入一些有关战事的照片,具有很高的时事性。

综上所述,大批珍贵的抗战文献是抗日战争暨世界反法西斯战争的最真实的记录者、见证者,是中华儿女内心深处沉痛的无法抹平的伤痕;同时,也成为中华民族精神和情感的传导者、歌颂者,中华民族文化的重要传承者,成为振兴中华、复兴民族的强大动力。因此,探究抗战文献中民族精神内涵与文化传承有重大的价值与意义,抗战文献需要更深层次的开发、研究。

作者简介:

谭翠,硕士,重庆图书馆助理馆员,研究方向为民国文献整理与研究。

王兆辉,硕士,重庆图书馆副研究馆员,研究方向为民国文献整理与开发。

① 刘吸虹:《词曲八首》,《罗泉镇小学校刊》第 2 期,1938 年,第 21—22 页。

② 蔡定国等著:《桂林抗战文学史》,广西教育出版社,1994 年,第 267 页。

中国抗战文化和民国广西文化的珍贵遗产*

黄伟林

[摘　要]抗战时期，桂林接纳了大量的文化人，容纳了大量的文化机构，创造了大量的文化产品，《抗战桂林文化城史料汇编》设立政治、经济、教育、军事、民族、文学、戏剧、美术、音乐舞蹈、新闻出版、自然科学、文化建设、广西人文、广西抗战、国际问题15个专题选编文献史料，达500万字，清晰完整地展现抗战时期广西文化的全貌。

[关键词]抗日文化；桂林文化城；广西文化；史料汇编

抗日战争期间的桂林“文化城”，始于1938年10月武汉沦陷，终于1944年11月桂林沦陷，共存在整整6年时间。这6年，桂林接纳了大量的文化人，容纳了大量的文化机构，创造了大量的文化产品，举办了大量的文化活动，成为抗战时期中国大后方的文化中心。中国文化在桂林得以营救，中国文脉在桂林得以延续。

抗战时期在桂林文化城从事抗战文化活动的林焕平先生说过：“在中国抗战文化史上，可以说抗战时期，北有延安，南有桂林。要研究抗战时期的中国，一要研究延安，二要研究桂林，或者说，要研究国统区，首先要研究桂林，桂林有着很强的典型性。”①

抗战桂林文化城确实有很强的典型性。不妨看看下面这个名单：

郭沫若，中国文联首任主席、中国科学院首任院长。

茅　盾，首任文化部长。中国文联首任副主席，第一、二、三届中国作家协会主席。

* 本文为广西第三批特聘专家“广西抗战文化暨桂林文化城研究”、广西人文社会科学发展研究中心哲学社会科学服务地方经济社会发展特色基地桂林抗战文化研究与教育实践基地、国家社科基金重大招标项目“桂学研究”(12&ZD164)、广西人文社会科学发展研究中心“桂学研究团队”阶段性成果。本文也为《抗战桂林文化城史料汇编》之《总序》，本书收录时稍有删节。

① 林焕平：《〈桂林文化城大全〉总序》，见雷锐主编《桂林文化城大全·文学卷·小说分卷》第1册，广西师范大学出版社，1991年。

巴　金,第四、五、六届中国作家协会主席。
何香凝,中国美术家协会首任主席。
田　汉,中国戏剧家协会首任主席。
马思聪,中国音乐家协会副主席,中央音乐学院首任院长。
戴爱莲,中国舞蹈家协会首任主席。
蔡楚生,中国电影家协会主席,文化部电影局艺术委员会主任。
吴晓邦,第二届、第四届、第五届中国舞蹈家协会主席。
李四光,中国科协首任主席,地质部部长,中国科学院副院长。
胡愈之,中央人民政府出版总署首任署长,《光明日报》总编辑。
范长江,新华社总编辑,《人民日报》社长。
徐铸成,《文汇报》社长兼总编辑。
欧阳予倩,中央戏剧学院院长。
熊佛西,上海戏剧学院院长。
焦菊隐,北京人民艺术剧院创建人、总导演、艺术委员会主任。
夏　衍,中国电影家协会首任主席、上海人民艺术剧院首任院长。
徐悲鸿,中央美术学院院长。
刘季平,教育部代部长,北京图书馆馆长。
林砺儒,教育部副部长,北京师范大学校长。
梁漱溟,中国文化书院院务委员会主席、发展基金会主席。
李　达,政务院文化教育委员会副主任、湖南大学校长、武汉大学校长。

上述人物都曾经活跃于抗战时期的桂林文化城,都曾在桂林文化城从事抗日救亡运动。1949 年以后,他们是新中国文学、美术、电影、戏剧、音乐、舞蹈、新闻、出版、教育、自然科学、社会科学界的领军人物。以他们的文化地位之尊崇、文化范围之广泛、文化影响之深远、文化形象之卓越,足以说明,抗战桂林文化城书写了一段辉煌的中国文化史。可以这样说,一部抗战桂林文化史,堪称半部抗战中国文化史。

改革开放以来,桂林文化城研究一直是广西学术界研究的重要领域。广西社会科学院、广西师范大学文学院、广西桂林图书馆、桂林市政协文史资料委员会、八路军桂林办事处纪念馆等机构都将桂林文化城作为重要的研究对象,高度重视收集、整理、编辑各种类型的抗战桂林文化城史料,并形成了几个丛书类的史料成果,主要有《抗战时期桂林文化运动资料丛书》《桂林文化城大全》《桂林文史资料》几大系列。

《抗战时期桂林文化运动资料丛书》,已经出版的主要有:

《西南剧展》(广西戏剧研究室、广西桂林图书馆主编,丘振声、吴辰海、唐国英编选,漓江出版社,1984年2月第1版)

《桂林文化城纪事》(广西社会科学院主编,潘其旭、王斌、杨益群、顾绍柏编选,漓江出版社,1984年11月第1版)

《桂林文化城概况》(广西社会科学院、广西师范大学主编,杨益群、万一知、王斌、潘其旭、顾绍柏编著,广西人民出版社,1986年7月第1版)

《文艺期刊索引》(广西社会科学院主编,杨益群、王斌、潘其旭、顾绍柏编选,广西人民出版社,1986年7月第1版)

《欧阳予倩与桂剧改革》(广西艺术研究院、广西社会科学院主编,丘振声、杨荫亭编选,广西人民出版社,1986年7月第1版)

《旅桂作家》(广西师范大学主编,苏关鑫、雷锐、黄绍清、肖昭惠编写,广西人民出版社,1989年12月第1版)

《戏剧运动》(广西艺术研究所、广西社会科学院、广西桂林图书馆主编,吴辰海、丘振声、唐国英编选,广西人民出版社,1992年11月第1版)

桂林市政协文史资料委员会编的《桂林文史资料》,其中以桂林文化城史料为主题的有:

《抗战时期桂林美术运动》(杨益群编著,漓江出版社,1995年9月第1版)

《抗战时期桂林文学活动》(李建平编著,漓江出版社,1996年第1版)

《抗战时期桂林出版史料》(龙谦、胡庆嘉编著,漓江出版社,1999年1月第1版)

《抗战时期文化名人在桂林》(魏华龄、李建平主编,漓江出版社,2000年11月第1版)

《抗战时期文化名人在桂林(续集)》(魏华龄主编,2004年9月印刷)

《抗战时期桂林音乐文化活动》(王小昆编著,2008年12月印刷)

《抗战时期桂林社会科学资料目录索引》(毛毓松、周德荣主编,未标明印刷时间)

此外,已经出版较为重要的单本桂林文化城史料图书主要有:

《桂林文化大事记(1937～1949)》(桂林市文化研究中心、广西桂林图书馆编,漓江出版社,1987 年 11 月第 1 版)

《漓水烽烟·纪念八路军办事处建立五十周年革命回忆录专辑》(冷德惠、张伴娣、黄熙主编,1988 年 8 月印刷)

《桂林抗战文艺辞典》(广西社会科学院主编,广西人民出版社,1989 年 4 月第 1 版)

《桂林旧事》(刁萦梦、罗标元、陆汉卿、左超英编,漓江出版社,1989 年 10 月第 1 版)

《桂林文化城大全·文学卷·小说分卷》(1—4 册,雷锐主编,广西师范大学出版社,1991 年 11 月第 1 版)

《桂林抗战文物精品集萃》(文丰义主编,广西师范大学出版社,2014 年 10 月第 1 版)

20 世纪 80 年代末 90 年代初,当时的桂林市政府与广西师范大学曾决定联合编辑出版一套包括了政治、经济、文学、艺术、新闻、出版、历史、教育等多学科的桂林文化城史料丛书,丛书总名为《桂林文化城大全》。其中,仅《文学卷》就分为《小说分卷》《诗歌分卷》《散文分卷》等多卷本。《桂林文化城大全》组成了有夏衍、林默涵、陈荒煤、艾芜等担任丛书编委会顾问、有当时桂林市市长袁凤兰、广西师范大学校长王炜炘担任丛书编委会主任委员、有一批文史专家如苏关鑫、潘香华、刘世英、郭道明、伍纯道、党玉敏等担任编委会委员的编辑委员会。然而,这个庞大的编辑出版计划最后仅仅由广西师范大学出版社出版了雷锐主编的《桂林文化城大全·文学卷·小说分卷》(1—4 册)之后再未见下文。黄绍清教授、林焕标教授分别主编了《桂林文化城大全·文学卷》的《诗歌分卷》和《散文分卷》,但始终未能出版。

诚如有识之士所认为:“抗战时期桂林文化城是一份珍贵的文化遗产。”① 然而,迄今为止,桂林文化城研究的水准、桂林文化城研究的影响力与桂林文化城本身的价值还有很大的一段距离。历史研究的突破或者基于史料的突破,或者基于观念的突破。显而易见,桂林文化城研究的突破需要史实和观念

① 林焕平:《〈桂林文化城大全〉总序》,见雷锐主编《桂林文化城大全·文学卷·小说分卷》第 1 册。

两个方面的突破。由于桂林文化城在政治经济、文化教育、文学艺术、新闻出版、科学研究整个文化领域具有宏大建树，产生巨大影响，留下丰厚遗产，因此，桂林文化城文献史料的收集和整理也必须突破以往较为狭窄的学科领域，向整个文化领域拓进。

正是基于这样的认识，2013 年广西桂学研究会桂林联络处成立之后，广西桂学研究会潘琦会长交给桂林联络处的第一项学术课题就是收集、整理、编辑抗战时期桂林文化城史料，出版一套涵盖多学科、具有较大规模的《抗战时期桂林文化城史料汇编》。

根据抗战时期桂林文化城的文化实绩，我们各方求教、多次研讨、几经反复，最终确定了史料编选范围，分别是政治、经济、教育、军事、民族、文学、戏剧、美术、音乐舞蹈、新闻出版、自然科学、文化建设、广西人文、广西抗战、国际问题 15 个专题。专题确定后，落实了每个专题的负责人选。由于史料收集难度高，整理费力大，所需费用多，每个专题的编选者都付出了大量的劳动。

课题组经反复研究，明确了各专题史料的编选范围及原则：

一、文献史料的发表时间设定在 1931 年“九一八事变”起至 1945 年“桂林光复”这一时间范围。少数与广西抗战关系密切的文献史料延伸至这个时间范围前后。

二、史料作者若为广西籍人士，史料选自其在此时间范围内发表的文章和言论。

三、史料作者若为外省籍人士，史料选自其在此时间范围内在桂林撰写或在桂林出版的书报刊上发表的文章。

四、史料作者若为外省籍人士，史料选自其在此时间范围内在外地报刊发表的有关广西暨桂林文化城的文章。

五、史料收录原则为权威性、重要性、代表性、珍稀性等等，特别注意已经出版的多种类似选本，尽量不要与已有选本有不必要的重复。

本次收集、整理桂林文化城史料，与 20 世纪 80 年代收集、整理桂林文化城史料相比，具有两个好的条件：一是有许多前人整理的目录索引作为基础；二是有大量数据库资料作为支撑。但也遇到了过去较少遇到的困难，一是许多图书报刊由于年深日久，损坏程度严重，给课题组成员阅读文献造成了极大的困难；二是遇到一个偶然性的困难，即广西桂林图书馆将要搬迁临桂新区，图书报刊均已整理打包,我们即便查到了目录索引,也无法获得原文。

本次收集、整理桂林文化城史料,主要依托的实体图书馆分别是广西桂林图书馆、广西师范大学图书馆和广西图书馆,此外,还利用了大量网络图书馆和专业数据库。广西师范大学图书馆人文科学团队为课题组提供了切实的指导和具体的服务,学科馆员潘灯为课题组成员做了如何使用电子资源的专门讲座。在此,我们表示衷心的感谢!

广西桂林图书馆原历史文献部主任覃静女士为这套史料汇编做了大量工作,她主持了教育和国际问题两卷史料的编选工作,对整套史料的编选提出了许多指导性意见,为每卷史料的编选提供了许多切实的帮助,不幸的是,2014年末,她突发疾病与世长辞,在此,我们谨表深切的哀思和崇高的敬意!

这套《抗战时期桂林文化城史料汇编》是一个开拓性的成果。

首先,从学科领域看,15 个专题中,政治、经济、教育、军事、民族、舞蹈、新闻出版、自然科学、文化建设、广西人文、广西抗战、国际问题等专题的史料文献属于首次公布,文学、美术、戏剧、音乐等专题的史料文献原来虽然曾有过出版,但本次收集、整理、出版的范围对之前的成果均有明显突破。

其次,从时间范围看,过去的桂林文化城史料整理范围多限制在 1937 年至 1944 年,本次整理上限延自 1931 年,下限延自 1945 年。这是时间范围的突破。如此,人们可以更清晰完整地看到桂林文化城的历史发展脉络。

再次,从地域视角看,本次桂林文化城史料整理虽然以桂林为核心,但是,由于桂林是广西历史上最重要的文化名城,1936 年复为广西省会,1938 年成为西南文化中心,因此,文献史料的收集有意识地扩大到不在桂的广西籍作者写作的文献以及非桂地出版却与广西有关的文献等范围。这是地域范围的突破,如此,人们可以更清晰完整地看到抗战时期广西文化的全貌。

在史料编选过程中,数十位课题组成员浏览了数以千种计的图书报刊,阅读了数以万篇计、上亿字的文献史料,录入了逾千篇、数百万字的文献史料,所有录入史料文献都有原始扫描文件作为依据。

这是一个浩大的工程,是许多机构和专家或者有心无力,或者有力无心的浩大工程;这是一项重大的事业,涉及中国传统文化保护与传承、利用与开发的重大事业;这是一笔珍贵的遗产,是中国抗战文化、民国广西文化的珍贵遗产。

的确,越是深入抗战时期桂林文化城汗牛充栋的文献史料,越是感到深入到一个科研的富矿、学术的宝库,虽然已经有不少先行者在其中淘得了黄金,拾得了宝玉，但桂林文化城的浩瀚无垠、博大精深时刻在显示还有更珍贵的财富在其深处、更深处。仰之弥高，钻之弥坚，面对桂林文化城，既望洋兴叹，又激情满怀；瞻之在前，忽焉在后，深入桂林文化城，本来是旁观壮烈激烈的历史，却仿佛洞见纷纭繁杂的现实。

桂林文化城是桂林的，也是广西的，更是中国的；研究桂林文化城，既是触摸历史，也是感知现实，更是想象未来。

沉潜于桂林文化城，我们可以发现文化自觉，领略文化自信，想象文化自强。文化是一个民族的心灵归宿，桂林文化城是抗日战争时期中华民族的心灵归宿。中华民族曾经有过整整一个世纪的挫败屈辱，中华民族伟大复兴因此成为近代以来中华民族最伟大的梦想。文化是一个民族凝聚力和创造力的源泉，在所有复兴中，文化复兴是一个民族最艰难也最重要的复兴，因此，沉潜于桂林文化城，同样是实现中国梦的一个途径，一种方式。

作者简介：

黄伟林，广西师范大学文学院二级教授，研究方向为中国现当代文学、桂林抗战文化。

抗战时期鼓词文献拾遗两则
——基于重庆图书馆馆藏

王兆辉　闫　峰

[摘　要]比照《中国鼓词总目》,基于重庆图书馆馆藏,所拾遗的两则鼓词唱本,乃属于一种抗战通俗丛书,是《中国鼓词总目》的有益补充。同时,这两则鼓词唱本,其作为一种文艺作品,能够反映抗战文艺的另一侧面;其作为一种历史文献,是抗战时期有关事件、人物、史实的史料佐证。而对于鼓词著者,他们亦是值得今人发掘研究的人物对象。

[关键词]抗日战争;鼓词文献;重庆图书馆

[基金项目]国家社科基金艺术学青年项目"抗战民歌民谣与中华民族精神塑造研究"阶段性成果,项目编号:2015GA00429。

鼓词,是民俗唱词的一种重要形式,也是民歌民谣的一种重要体裁。我国民俗学家赵景深认为:"鼓词是流行在北方的民间的说唱文学,它的较早的称呼是'鼓儿词'或'鼓儿书'。……鼓词的体制,可分为有说有唱的成套'大书',只唱不说的'小段'。"①抗战时期,"文艺通俗化""文艺大众化"逐渐成为各界文艺工作者的共识,很多当时的知名学者、作家,如赵景深、老舍、郭沫若等都自觉投身到通俗文艺创作事业中,借助于鼓词、民歌等传统形式创作了一批抗战文艺作品。譬如,老舍就曾经谈道:"于小说杂文之外,我还练习了鼓词,旧剧,民歌,话剧,新诗,……我写了旧的形式新内容的戏剧,写了大鼓书,写了河南坠子,甚至于写了数来宝。"②郭沫若在"文协"成立五周年纪念大会上,也总结道:"为了要动员大众,文艺界曾有'旧瓶装新酒'的主张和尝试,便是利用旧有的通俗形式如弹词、鼓词、民歌、旧剧、章回小说等,以便于一般的接受,这是偏重于宣传与教育的意义,已经有不少的作品,并收到了不少的效果。"③但是,目

① 赵景深:《鼓词选·序言》,古典文学出版社,1957年,第1页。

② 老舍:《三年写作自述》,《抗战文艺》1941年第1期。

③ 郭沫若:《抗战以来的文艺思潮——纪念"文协"成立五周年》,1943年《抗战文艺》"文协成立5周年纪念特刊"。

前而言，学界对于抗战时期乃至民国时期鼓词文献的整理与研究却寥寥无几。

2006 年，山西大学教授李豫领衔编著的《中国鼓词总目》出版。戏曲音乐界老前辈寒声赞许该书是“一部皇皇巨著”①。编著者在《编后记》中亦认为是该领域“第一部比较全面的鼓词目录学专著”②。诚然，《中国鼓词总目》对于中国鼓词领域有着开拓与奠基之功，至今而言，该书依然是中国鼓词领域出版的规模最大、辑录最全的一部目录专著。然而，平心而论，《中国鼓词总目》所收录民国时期鼓词目录，遗漏不少，尚待完备。比照《中国鼓词总目》，仅基于重庆图书馆馆藏，就能够搜集抗战时期鼓词文献即有数十则均没有收录到《中国鼓词总目》之中。其中，鼓词专著文献十二种以上，鼓词期刊文献亦有一二十则，鼓词报纸文献更不在少数。这数十种乃至上百种的鼓词文献可谓《中国鼓词总目》的“遗珠”。

以下所拾遗两则鼓词唱本，乃属于一种抗战通俗丛书，是《中国鼓词总目》的有益补充。同时，这两则鼓词唱本，其作为一种文艺作品，能够反映抗战文艺的另一侧面；其作为一种历史文献，是抗战时期有关事件、人物、史实的史料佐证。而对于鼓词著者，不仅是著者的第一手研究资料，能够反映出我们对于民国学者、知识分子研究的遗漏缺失，他们亦是值得令人发掘研究的人物对象。

一、《王铭章血战滕县城》

杨昌溪编，重庆：国民图书出版社，1942 年 7 月，56 页。

杨昌溪（1902—1976），四川仁寿人，我国近现代史上的一位作家、翻译家。早年，杨昌溪先后就读于泸县川南联合县立师范学校、上海圣约翰大学，并曾留学日本。在 20 世纪 30 年代，杨昌溪担任“中国国民党临时行动委员会”（“第三党”）机关刊物——《絜茜》杂志的特邀编辑，是该杂志的重要撰稿人之一。抗战初期至抗战胜利前后，杨昌溪曾任职于《青年战线》《九江日报》《贵州日报》和“新生活运动总会编审组”等机构。

---

① 李豫、李雪梅等：《中国鼓词总目》，山西古籍出版社，2006 年，第 1 页。

② 李豫、李雪梅等：《中国鼓词总目》，第 1073 页。

王铭章

杨昌溪

需要指出的是,1934年,晚年鲁迅在杂文《刀"式"辩》中批评杨昌溪的小说《鸭绿江畔》"涉嫌抄袭",这为新中国时期杨昌溪的文艺人生留下了难以消除的"伤痕"。同时,由于长期供职于国民政府地方报刊、社团组织,担任编辑、记者等职务,文艺道路上的杨昌溪被认定为"民族主义文学的追随者"。① 或许是由于意识形态方面的惯性使然,目前学界对于杨昌溪的关注度不高,对其研究论者亦比较鲜见。在某种程度上,杨昌溪是中国近现代文学家中被遗忘、被湮没的一员。

通过民国时期文献普查,搜集到杨昌溪的存世著述主要有:

(1)文学作品:《三条血痕》(上海:金马书堂,1930年);《给爱的》(上海:联合书店,1930年第1版,1931年第2版);《雷马克评传》(上海:现代书局,1931年);《文人趣事》(上海:良友图书印刷公司,1932年);《卓别麟之一生》(上海:上海良友图书印刷公司,1932年);《黑人文学》(上海:上海良友图书印刷公司,1933年);《东战场上的杨家将(杨森部血战记)》(主编,上海:金汤书店,1938年);《中国军人伟大》(上海:金汤书店,1938年/汉口:上海金汤书店,1938年再版、增订本);《在火线上的四川健儿——川军抗战实录》(主编,上海:金汤书店,1938年);《川军滕县血战前后——邓孙部抗战实录》(昌溪、枕戈编,上海:金汤书店,1938年);《台儿庄血战(报告朗诵诗集)》(上海:金汤书店,[1911? —1949?])等。

(2)翻译作品:《两个真诚的求爱者》([波兰]阿尔塞斯基著,钟心见、杨昌溪译,支那书店,1930年);《无钱的犹太人》([美]哥尔德著,杨昌溪译,上海:上

① 鲁迅:《花边文学》,人民文学出版社,2006年,第43页。

海南强书局，1930 年/上海：现代书局，1931 再版）；《卓别林的赛会（卓别林的故事）》（上海：上海印书馆，1931 年）；《西线归来》（[德]雷马克著，林疑今、杨昌溪译，上海：神州国光社，1931 年，1932 年第 3 版/言行社，1940 年再版）；《世界各国劳动服务》（[德]罗伯兹著，重庆：青年书店，1940 年）；《十二兄弟》（重庆：上海书店，1942 年）等。

仅从民国文献普查可以看出，杨昌溪著述颇丰。况且，以上所辑著述，只是单行本图书，其散见于报刊的文论、译作更不在少数。从其著述也可以看出，杨昌溪有为国民政府"背书"之嫌，如将杨森部比作"杨家将"，或表明了其对于国民政府抱持肯定态度。但是，《中国军人伟大》《在火线上的四川健儿——川军抗战实录》等军事报告文学作品，则表现出杨昌溪作为文艺工作者的爱国情怀。其中，《在火线上的四川健儿——川军抗战实录》《川军滕县血战前后——邓孙部抗战实录》等应当是我国最早一批集中反映"川军出川抗战"的报告文学专著。此外，有论者认为：杨昌溪的学术专著《黑人文学》"开创了中国黑人文学研究之先河"。[①]

著者指出：《王铭章血战滕县城》的创作主要为形式宣传，故词句亦采错综方式，或用对句，或用联珠句，或作长短句，或用叠字句，旨在舍其短而取其长，不仅在文字上较为活泼，而在应用时亦较有力。在文字用语上，《王铭章血战滕县城》的文字尽量通俗，在"俗"中亦寓"典雅"之意。文字多用民众习惯使用之词语，但力避民众惯用之脏字，并在可能范围内，注入新思想与新意义。语尾用韵，取其自然，多以西南及西北各省流行者为主，腰韵亦是。著者强调：《王铭章血战滕县城》可作金钱板、莲花落、唱书、说书、鼓书、平话等形式的正本。在应用时

《王铭章血战滕县城》书影

① 韩晗：《重读〈刀"式"辩〉及其他——以杨昌溪早期文学活动为中心的史料考察》，《浙江社会科学》2013 年第 4 期。

因有简单工具,及板眼节拍之陪衬,自较文字上更有意味。如各随其方言与对象,而加以地方性之渲染烘托,更为有趣。

在整体内容上,《三铭章血战滕县城》以王铭章滕县殉难为中心,诉说了川军出川、川军血战台儿庄的经过,最后用一定篇幅号召“全国总动员”,以支援持久抗战。

具体而言,《王铭章血战滕县城》开篇点出国民政府在重庆建立陪都,开展抗战建国政策,坚持长期抗战。同时,描述了川军由争权夺利的军阀转变为枪口对外的抗战队伍。

“国民政府现刻重庆把陪都建,/一面抗战、一面建国不怕有甚艰难。/我们抱定了长期抗战,/准备把日本拖干。”

“四川本是一个好地面,/天府之国名不虚传。/可惜民国以来天天闹内战,/前十几年真实闹得黑气冲天。/一批批军人只晓得争权、争利、争地盘,/老百姓弄得来只喊皇天。/卢沟桥炮火把他们醒转,/大家齐把枪口向外边。”

随后,唱词描述了全面抗战爆发后,国民政府调集川军出川抗战,表现了川军的抗战精神。在东战场上,杨森、郭勋祺、饶国华等川军将领在广德、泗安与日寇开展血战,战况激烈,损失惨重。但川军将士前仆后继,不怕牺牲。其中,饶国华师长就义,郭勋祺师长腿部受伤。一面表现了川军英勇抗敌的英雄事迹,一面烘托了王铭章滕县殉难之难能可贵。此外,唱词还点出了由于汉奸出卖情报,致使我军防守失利的历史细节。

“中央政府传下了一枝令箭:/要调川军到前线。/一调就是二三十万,/人人摩拳擦掌、巴不得个个争光。/东战场杨森将军在陈家行、大场,碰到了硬战,/飞机大炮坦克车简直不在眼。/一团一团的向前干,/谁敢临阵脱逃就是‘不要脸’。/冲锋喊杀惊硬胆,/两三师人只剩一二千。”

“汉奸卖了国防封锁线,/敌寇抄到了江阴太湖边。/大炮轰我江阴炮台重要站,/陆军又把我们四面围。/江阴泗安两地齐失陷,/日军的机械化部队又朝广德窜。/川军桂军并肩作战,/不够本钱不回还。/新武器打得好凶险,/郭师长的脚杆都打穿,/饶国华师长广德殉了难,/士兵人人气冲天。/一齐冲锋往前干,/马上就把广德泗水夺回还。”

唱词将王铭章描述为一员和善的儒将:

“王将军本是四川省一员勇将,/毕业是在陆军军官学堂。”“在军中常带着岳飞佛祖像,/叫兵士要效法他们没要遗忘;/在军中总爱手持佛珠口念阿弥陀,/身上都常常又挂着手枪指挥刀。/他平素教育兵士很有方,/大家都把他当成一个笑眯眯的佛和尚。/他的身体虽是有点儿胖,/走路却是比兵士的脚杆长。/打战伙总是‘身先士卒’在前方。”

对于滕县阻击战的具体情形，唱词笔墨着力不多，主要描述了王铭章与所率川军22师全体将士视死如归、战斗到底的场面。

“王师长指挥巷战站在街口上，/肚皮上挨了几炮‘不倒装’。/士兵劝他退下去休养，/他反骂士兵出言狂；/尺寸土地不肯让，/誓与滕县共存亡。/指挥杀敌如旧样，/伤重气绝大呼‘中国不会亡’，/可惜一员英勇将，/为国牺牲死沙场。/还有重伤官兵三百名，/敌兵来了退不出城；/他们不愿做一个半生不死的俘虏，/就在黄泉路上也要与王师长一路行；/大家拿出手榴弹来齐爆炸，/这种惊天动地的壮烈死难，/谁也没有听过！/还有滕县城内的零星部队五六百，/王师长死了，没人指挥，还是与敌人巷战不绝；/打到晚间才且战且退，/那冲出重围的二三百人真实了不得！/这就叫‘一人、一枪、一弹，都要打到底’，/有了这种精神中国不会亡！”

对此，国民革命军第22集团军总司令孙震也肯定了川军部队的战斗功绩与英勇气概：王铭章战死后，“官兵随之就义者，自一二二师参诛长赵象贤，一二四师参谋长邹绍孟及团长王麟以下凡三千余人。负伤者自旅长王志远、吕康、张宣武、汪朝廉等以下四千余人。城破以后，除有机会跳城归队者外，其余城中残留官兵，均战至最后，以手榴弹自戕，无一被俘投降者。奉命之忠，死事之烈，克以保障徐淮，奠定抗战之基；睢阳之后，一人而已。”①

让人玩味的是，在诉说台儿庄战役指挥时，唱词提到了白崇禧对于台儿庄战役的作用，但是没有提及李宗仁。

“我们参谋白总长，/坐镇徐州指挥北方；/人人称他是小诸葛亮，/计划指挥无人强。/在台儿庄安下了天罗和地网，/专等日本人来钻牛角尖。”

对于滕县阻击战的功绩，对于台儿庄大捷的战果，唱词描述也比较客观，并没有过大夸张或渲染，只是简单指出，王铭章所部用流血牺牲促成之台儿庄大捷。

“这回王铭章死守在滕县，/阻挡敌兵足足有三天；/王师长一个虽说殉了难，/三天内在徐州台儿庄一带布置好了大圈圈。”“北战场全靠滕县这一档，/不然台儿庄那会打胜仗？/如果没有王铭章死守滕县把他挡，/一鼓作气就会把徐州来扫光。”

“这一回打死他两万以上，/捡到他几百尊大炮几千支枪；/开不动的乌龟坦克车捡得了好多辆。”

① 滕州市政协文史资料研究委员会：《滕州文史资料》第4辑，1988年，第77页。

最后部分,唱词用了相当篇幅来纪念王铭章须服从领袖,全民精神总动员,各在其本身岗位努力,亦有钱出钱,有力出力之训示,完成最后胜利,俾使王铭章之纪念不至于空洞。

"现在抗战到了第三期的新阶段,/争胜利要靠我们全国精神总动员。"

"你要知道中日两国开国战,/这是我们民族存亡的生死关;/不比往年四川军阀打内战,/也不像往年中央大兵讨叛将。/救国家要靠全国同胞努力干,/不要做梦装聋卖哑全不在心眼。"

"提倡全体国民精神总动员,/勉励同胞努力抗战,/不管前方、后方、一齐都要大动员。""有钱出钱、有力出力紧记上,/团结不怕紧,动员不怕严,/协力同心打东洋。"

"我们四万万人一条心,/兵多,将广,宝藏多得很。/大家齐来杀尽倭奴心中快爽,/吐气扬眉在东京、富士山岗。/收复失地,报仇雪恨,男儿多勇壮!"

王铭章(1893—1938),是四川新都人,国民革命军陆军第 41 军 122 师师长。1937 年率川军参加抗战。1938 年 3 月 16 至 18 日,王铭章部在滕县阻击日军,为台儿庄战役的胜利赢得了宝贵时间。是役,王铭章所率川军全师几乎全部战死。对于王铭章及川军实际战况,后世文献多有历史"堆砌"之感,稍有"美化"成分,如颇多文献认为王铭章部"击毙日军 4000 余人",似有以讹传讹之嫌。

第五战区司令长官暨台儿庄战役的总指挥李宗仁曾经高度赞扬了藤县阻击战对于台儿庄大捷的重要地位。他指出:"如无滕县之固守,焉有台儿庄之大捷! 川军以寡敌众,写成川军史上最光辉的一页!"①王铭章阵亡后,国民党与共产党都一致称颂他的抗战功绩。国民政府追授其为陆军上将,蒋介石为其题写了"民族光荣""死重泰山""烈比睢阳"等悼词。毛泽东、陈绍禹、秦邦宪、吴玉章等联名撰赠挽联云:"奋战守孤城,视死如归,是革命军人本色;决心歼强敌,以身殉国,为中华民族争光。"朱德、彭德怀、周恩来、贺龙、叶剑英等也联名挽联曰:"一旅守孤城,为民族解放事业牺牲,真是炎黄子孙,流芳青史;万人兴义愤,抗日本帝国主义侵略,将使沦亡大地,复兴中华。"②

2014 年 9 月,王铭章名列民政部公布的"第一批在抗日战争中顽强奋战、为国捐躯的 300 名著名抗日英烈和英雄群体名录"③。

---

① 高鹏:《徐州会战》,团结出版社,2005 年,第 68 页。

② 中国人民政治协商会议四川省新都县委员会文史资料委员会:《新都文史》第 9 辑,1993 年,第 126 页。

③ 民政部:《民政部公布第一批著名抗日英烈和英雄群体名录》,民政部公告,第 327 号。

二、《大家齐来打日本》

《大家齐来打日本》书影

《大家齐来打日本》，杨昌溪编，重庆：国民图书出版社，1942年10月，14页。这是一部抗战政治宣传小册子，主要内容围绕支援长期抗战，以号召“全国总动员”。全文主要采用七言句，间或有九言或十一言句。开篇先扼要评述抗日战争以来国内外背景情况：“各位同胞听我讲，/想起中国好惨伤，/真是大祸从天降，/咬牙切齿骂东洋。/近几年来逞疯狂，/侵占中国好地方。/东三省按下且不讲，/十几省来摆战场。/满想中国不抵抗，/几下就把中国亡；/得了中国财宝广，/英美各国一扫光。/谁知有个蒋委员长，/……抗战建国计划长。”

随后，唱词强调：抗日战争是“长期持久战”。中国人多地广，只有坚持持久战，从而拖垮日本，取得最后胜利。为此，“国府早下动员令”，号召“全国总动员”：

“六年打了多少仗，/中国越打越刚强；/人多、财多、地又广，/誓与日寇拼短长。/这样就叫长期战，/要把日本来拖干。”“中国准备长期战，/各国都要来当先。/士农工商军警团。/各个都要齐动员。”

接着，唱词叙述了“全国总动员”的范围，将“全国总动员”分为“物力动员”与“人力动员”两大部分，并依次细数“物力动员”与“人力动员”包含的具体内容。在“物力动员”中，唱词指出：

“‘物资动员’要的是‘物品’，/‘业务动员’说的是‘办事情’。”

“先说物资动员这一节，/所有弹药和兵器，/粮秣、被服、医疗和运输。/建筑、燃料、电力等东西，/都在政府管制里。”“不管研究，保管和试验，/专卖，金融，运输和通讯，/救护，情报，教育和宣传，/征购，抢运，防空，治安那一件，/只要是军事有关的业务。/一齐包括在这‘业务动员’。”

在将“物力动员”内容叙述基础之上，唱词进一步提出：“物资要能总动员，/军事才能得胜利。”

在“人力动员”方面，唱词批评了“逃壮丁”“买壮丁”等那些不肯当壮丁，不愿去打仗,逃避服兵役的行为。“有些同胞想逃避,/甘愿出钱请他人。”“不当壮丁自以为荣。”

唱词将“人力动员”分为两种情况,其一是补充兵源,去抗日前线打仗;其二是劳力动员,在后方努力劳作支援前线。同时,唱词认为抗日战争也是一场“人力战”,强调“人力”是支撑抗战胜利的最大根源。

“‘人力动员’分两件,/第一件是补充兵源,/补充新兵源源上前线,/第二件是全国‘劳力’大动员,/接济前方就是后方努力把工作增。/这样就叫‘人力战’。”

“现在人力动员办得紧,/大家都要去当兵。/与其后方躲着没出息,/倒不如前方去杀敌人。”“如果你未当兵上前线,/应该做工努力把生产增。”“其中尽有一番大道理,/做工同胞记心尖。/‘人力’是一切力量的‘大力士’,/它是最后最大的根源。”

在“物力动员”与“人力动员”及“国家总动员”的关系上,唱词认为“人力动员”是决定性的地位,是“物力动员”的前提,还是“国家总动员”的“基本点”。最后,唱词指出,持久抗战的关键是“国家总动员”,而“国家总动员”的根本是“人力总动员”。只有号召“全国总动员”,推行“人力总动员”,才能坚持长期抗战,才能战胜日本帝国主义:“当前国家紧急办:/最大要政就是人力总动员。/大家快快总动员,/赶走敌人享太平。”

总体而言,《大家齐来打日本》主旨是诉说“全民总动员”。倘若探索追溯的话,早在九一八事变后,就颇有高瞻远瞩之人提出“全民总动员,进行抗日战争”的主张。譬如,1933 年 1 月 9 日杨虎城在孙中山纪念周会上的报告中就提出“不仅限于军人单方面,须全国民众能有总动员的精神,一致奔赴国难。”[①]抗战全面爆发后,1937 年 11 月,国民政府正在成立“全民总动员委员会”,制订《全民总动员委员会组织条例》。而“全民总动员”最早的文艺创作源头应该来自于宋之的、曹禺创作的四目剧——《全民总动员》。这是 1938 年“第一届戏剧节”的压轴剧目,于 10 月 29 日在重庆举行首演。该剧由中国制片厂、中央摄影场、业余剧人协会、国立戏剧学校及怒吼剧社等联合公演,可谓中国话剧界的总动员。《全民总动员》的意义是“一面唤起后方民众,参加抗战,一面为前方浴血抗战的将士们募集寒衣。”[②]到 1942 年,国民政府提出“军事第一,胜利第一”的口号,于 3 月 29 日颁布了《国家总动员法》,以“集中运用全国之人

---

① 佚名:《孙中山纪念周会报道》,《西安日报》1933 年 1 月 10 日。

② 施畸:《〈全民总动员〉中之总动员》,《戏剧新闻》1939 年第 1 卷第 8—9 期。

力、物力,加强国防力量,贯彻抗战目的。"[①]由此,"全民总动员"逐渐过渡到"国家总动员",正式上升为国民政府的国家战略法律政策层面。社会各界对于"抗战总动员"的建议愈加广泛。譬如,谷正伦就提出"限制宴会,禁止赌博,推行守时运动,推广普遍劳动服务,提倡工作竞赛"等,作为加强"全民总动员"的"战时后方的基本工作。"[②]从某种意义上来看,《大家齐来打日本》应是在全民抗战语境下,杨昌溪在学习贯彻国民政府《全国总动员法》基础上创作的一部文艺作品。

以上所拾遗的两则民俗唱词均属于国民图书出版社出版"国民常识通俗小丛书"。据《大家齐来打日本》书末对"国民常识通俗小丛书"的介绍,同一时期该套丛书还包括:《防毒须知》《防空须知》《防空洞》《防空袭》《新战长沙》《骂汪》《汪贼卖国密约》《募寒衣》《开封屠奸记》《新五更劝夫》《阎海文》《郑和与郑成功》《党旗和国旗》《三民主义鼓词》《民权初步浅说》《毁家纾难记》《兵役制度》《木兰从军》《国家总动员》《俘虏》《王铭章血战滕县城》《除毒与御侮》《提高尚武精神》《杏儿山尽忠》《先国后家》《新生活》《陈怀民肉弹击敌》《张骞通西域》等数十种。其中,如《三民主义鼓词》,明确为鼓词唱本,其余大多数如《阎海文》《杏儿山尽忠》等都可以作为鼓词、弹词、评书等形式加以说唱演绎,亦都属于民俗唱本。

作者简介:

王兆辉,重庆图书馆副研究馆员,硕士,研究方向为民国文献整理与开发。

闫峰,重庆商务职业学院讲师,硕士,研究方向为思政教育与历史研究。

---

① 秦孝仪:《中华民国重要史料初编》第4编第3册,台北"国史馆",1981年,第476页。

② 谷正伦:《加强全民总动员的几项基本工作》,《甘肃省政府公报》1942年第520期。

榕湖畔的文人背影

尹汉胤

[摘　要]文章通过画家尹瘦石在桂林的生活与交往，记叙了抗日战争时期生活在有“文化城”之称的桂林的一群爱国进步文化人的爱国情怀和诗画活动。

[关键词]尹瘦石；柳亚子；桂林；文化抗战

在中国人民抗日战争胜利70周年的日子里，抚今追昔。79年前抗日战争全面爆发后，以李宗仁、白崇禧为代表的新桂系，提出了“挽救国家民族的危难”的呼吁。一时间在广西桂林出现了宽松的政治环境，从而吸引全国的文化人纷纷来到桂林，在榕湖畔形成了一个文化人聚居地。这些背井离乡不愿做亡国奴的文学艺术家来到桂林，给这座山水绕城、风景如画的优美城市，注入了一股浓郁的文化气息。一时间文学、戏剧、美术、音乐，各种报刊、演出、展览……异彩纷呈地出现在桂林，随使抗战后方的桂林，成为抗战文化的前沿阵地。

20世纪发生的这场中日战争，是中国历史上从未有过的举国上下、同仇敌忾、地域广阔的全面反侵略战争。在战场上进行军事保卫战的同时，一场文化保卫战也在全国轰轰烈烈地进行着。桂林文化城的形成，是这场文化保卫战的重要阵地。抗战爆发后，大片国土的沦丧，使原本分散于全国各地的文化人，怀着对日寇的家仇国恨聚集于桂林，不仅在这里创作了大量激昂澎湃、鼓舞人心的抗战文艺作品，而且还在艰难困苦的环境里，留下了许多飘溢着爱国情怀的佳话轶事。

1937年，我父亲尹瘦石18岁。在日寇铁蹄踏上家乡时，他毅然离家出走，在日寇飞机的狂轰滥炸中，沿长江艰苦跋涉一月余，到达武汉参加了义勇队。面对山河破碎、流民四野的凄凉景象，他悲愤地创作了《流亡图》，将明末夏完淳“逢人莫诉流离事，何处桃源可避秦”的诗句题于画上，以激励国人的抗战决心。然而，随着武汉会战的失利，使他无奈地再次踏上了流离之路。辗转于长沙、湘潭、邵阳……至烟溪时，遭遇日机轰炸，伤及面颊及手指，更增添了他对日寇的刻骨仇恨。经过两年多的战争颠沛，他于1940年9月来到桂林，受聘于欧阳予倩先生主持的广西省立艺术馆，在美术部任研究员。

到桂林后，父亲与熊佛西、叶子夫妇等文化人共同住在榕荫路 47 号。不久又一同移至榕荫路一处荒园。这座荒园，距榕湖只有百步。四周残垣断壁、瓦砾四溢，仍呈现着去岁日机轰炸后的悲凉景象。从荒园的规制可以得知，这原本是一家大户人家的宅邸，不幸在日寇野蛮轰炸中化为一片废墟，所幸四围墙壁还算完好，主人依残垣筑起一排简陋的房舍。辉煌不在的劫后荒园，于无声的呻吟中注视着新来的房客。令人感动的是，荒园中的各类植物，却依然不负故宅地在废墟中绽放出勃勃生机。

于此园安顿下来后才发现，轰炸破坏了原有街道格局，使来访者、信件投递无门牌可寻颇费周折。时值仲夏，荒园中一株石榴正怒放出一树繁花，灿若云霞，格外惹人眼目。熊佛西见此，欣喜地一拍大腿，即景将此园命名为“榴园”。随即在园中寻来一块劫后余生木板，擦拭干净，用浓墨写下“榴园”两个苍劲大字，残留着战火痕迹的匾额制成。张于园额，蕴藉沧桑，典雅醒目。一日田汉先生来榴园，佛西先生向其索联，田汉望着满园翠柳，火红石榴，挥笔写下：“热似榴花犹照眼，淡如园柳助描眉。”并附跋：“秋日至榴园，君既未能免俗，予亦何妨强作解人。按该园不知谁氏故宅，经轰炸后，瓦砾成堆而林木繁茂，犹可想见盛时，今得嘉客，风月有主矣。”自此，荒园不但有名，更添新联，随成为桂林文人的雅集之所。

于战争漂泊中得以暂时安定，让身心疲惫的父亲格外珍惜。强烈的创作欲望，使他徜徉在充满诗情画意的榕湖，寻访历朝遗迹、研读名人碑刻，泛舟烟雨漓江、探幽阳朔胜景……画下大量写生，潜心创作出一批绘画。于 1942 年 1 月，假桂林乐群社举办了自己第一个画展，画展得到了桂林文化界的好评。从一幅当年的留影中看到，时年 23 岁的父亲，与朋友一起站在画展门口，脸上充溢着淡定自信的神情。

这一年 6 月，从香港脱险的柳亚子先生来到了桂林，一家人暂时栖身在榕湖旅馆。父亲仰慕亚子先生已久，随登门拜访，两人见面一开口，同为吴语，格外亲切。亚子先生家乡吴江，父亲家乡宜兴，两人是隔太湖相望，共饮一湖水的同乡。年长父亲 32 岁的亚子先生，欣喜地望着这位年轻的同乡，一老一少，相谈甚欢。烽火离乱之年，告别沦陷的江南故乡，相遇在异地桂林，两人心中自有一番离愁感慨。父亲为表达对先生的仰慕之情，为亚子先生造像。亚子先生观后，非常欣赏，随赠诗一首：“阳羡溪山君入画，吴江风雨我惊魂。如何异地同漂泊，握手漓江认酒痕。”

自此，两人成为亲密的忘年交。桂林期间，父亲与亚子先生过从甚密，诗画交往,相谈至深。兴致勃发时,还以小酌助兴。一次对饮,二人怀念起锦绣江南故乡,感叹彼此生命漂泊际遇,先生不禁起身,展纸运笔,以诗人的幽默,戏谑地写下"酒徒画丐"四字。父亲见字,不禁哈哈大笑,诙谐地将这四字就作为自己居所斋名,请亚子先生马上题写。亚子先生欣然提笔写下"酒徒画丐之屋",并在旁附跋:"瘦石尹子吾吴阳羡人也,嗜酒工画,久客漓江。余亡命南来,遂与相值,属题其所居如右云。"投笔落座后,两人面对此幅,欢声中不禁感慨万千,随再次举杯,将离愁别恨,尽付酒中。

与亚子先生相处中,先生渊博的明史知识,为父亲开启了以抗击外族侵略的民族英雄为题材的创作。在亚子先生指导下,父亲以明末民族英雄郑成功、史可法、文天祥的史迹,创作了《郑成功海师大举规复留都图》《史可法督师扬州图》《文天祥正气歌画意》等历史题材绘画。亚子先生看了《郑成功海师大举规复留都图》,激情澎湃地在画上题写了一阕《满江红》:

三百年来,溯遗恨,到今未歇。真国士,延平赐姓,鏖兵战烈。组练晨翻南澳水,艨艟夜酹秦淮月。奈棋差一子局全输,攻心切!

甘熚耻,未湔雪。苍水计,成灰灭,愤丑虏狡狯,长围溃决。龙驭难归滇缅徼,鲸波还喋台澎血。看白虹贯日画图中,排云阙。

1942 年,中国远征军入缅对日军作战,在缅屡挫日军,使日军遭受到太平洋战争以来少有的沉重打击。亚子先生得知消息非常兴奋,对抗战胜利充满了信心。他满怀激情地找到父亲,要父亲为他画一幅《樱都跃马图》。根据亚子先生的创意,画中的亚子先生和夫人佩宜,意气风发地并辔在一片灿烂的樱花背景中,远处依稀可见幸德秋水的纪念碑,以寓意日本社会主义运动将取得成功。

父亲将画绘制完成,请亚子先生审视。先生看后,非常满意。在画前沉吟片刻,气魄恢宏地在画上题诗道:

踏破蜻蜓斗大州,
齐襄九世复吾仇。
当年军阀争雄霸,
此日齐民破苦囚。
死士应尊秋水垄,
生王迟斩裕仁头。

狂游好与山妻约，
早割倭宫署羿楼。

豪放诗情，回荡在画里画外。朱蕴山看过此画和亚子先生的题诗，对亚子先生的豪迈激情钦佩不已，附诗云："老骥犹存伏枥思，横流沧海感离离。樱花自有红时节，莫道英雄跃马迟。"

1942年10月，传来了弘一法师圆寂泉州的噩耗。熊佛西先生特约请西山寺主持巨赞法师，为其主编的《文学创作》写一篇悼念文章。文章发表后，巨赞嘱佛西先生，将稿费留作为亚子先生祝寿之用。然而，各位文友等不及亚子先生生日，提议在榴园举行上元夜宴。是日，柳亚子、佩宜、田汉、安娥、端木蕻良、李白凤、秦似以及住在榴园的熊佛西、叶子、王羽仪、父亲共11人聚于榴园。父亲为增添节日气氛，用一把旧伞的伞骨，制成一盏彩绘宫灯，高悬于园中，又用几只瓶子充作烛台，燃起红烛，布置于榴园四周，使夜幕中的榴园莹莹烛火，遥遥宫灯，充满诗情雅趣。一尾鞭炮鸣过，夜宴开席。酒过三巡，父亲起身宣布道：今夕上元夜宴，为巨赞上人做东，值此良辰美景，怎可无诗，下面请各位方家联句赋诗。父亲率先出句：

红烛双烧夜（尹瘦石）
榴园耀佛光
酒如漓水满（田汉）
春意蕨山阳
文字千秋想（亚子）
因缘百世长（端木蕻良）
联欢上元节（安娥）
争撷烛花忙（秦似）
……

亚子先生不忘感谢巨赞法师的盛意，又诙谐地赋上两首绝句：

绛蜡双烧成晕红，春灯燕子可怜虫。
殷雷爆竹声如沸，倘向漓江起卧龙。

龙象宗门任废兴，伊蒲供养我难持，

肥鱼大肉今宵醉,多谢西山行脚僧。

几个月后,榴园再添喜事。园主之一的戏剧家王小涵与演员池宝华将在榴园举行婚礼。榴园各位立即行动起来,父亲与熊佛西负责布置新房,卧室悬一副亚子先生书写的朱红对联,旁边是王羽仪绘制的《双清图》。书房里是熊佛西先生笔墨蕴情的花卉四条屏,两间陋室,顿时飘逸起艺术芬芳。父亲为王小涵、池宝华伉俪描绘了一幅丽影,裱成一长卷,将两人画像置于卷首,后面留出空白,供朋友们题写诗句。更有意思的是,父亲还为二人婚礼绘制了一张结婚证书。证书上额一个大红囍字,两边绕以祥云和翻飞的凤凰。证书中央依次排列着证婚人:柳亚子;介绍人:田汉、熊佛西;主婚人:王羽仪、阎宗临。每人签名下,郑重地钤上朱红图章,随使这张手绘证书,蕴藉风雅又充满庄重。将这场举办于国难中的婚礼,不仅印记着时代的痕迹,更将战争中中国文人的乐观情绪与生命期望留存在了这张结婚证上。

然而,令人惊叹的事情还在后面。时隔30多年的1981年,父亲带领中国书画代表团访问加拿大时,竟然在多伦多街头与移居加拿大多年的池宝华不期而遇,阔别30多年的两人,相遇瞬间,竟然同时认出了对方。岁月沧桑,时光不老,故人依旧。池宝华邀请父亲一行到家中做客,激动地将珍藏完好的父亲手绘结婚证书拿出,呈现给大家观赏。父亲望着凝结着当年友谊的见证,感慨万千地望着头发染霜的池宝华,两人仿佛又回到了抗战时的桂林。他拍了张照片,将记录着那段战争岁月的结婚证书又带回了中国。

1942年,李济深等人在桂林发起成立了别山会(别山,为张同敞之字),以纪念明末矢志不移抗清,壮烈殉节的瞿式耜、张同敞二公。田汉得知后,决定为这两位英勇赴死的节士写一部《双忠记》剧本。为此,他潜心研读明史及二公生平事迹。甚至在日寇空袭时,于防空洞中还借着微弱灯光,手不释卷地专注看资料。在熟读二公史料后,他胸有成竹地很快写出了四幕剧的第一幕,随即送给剧团开始排练。为使演员深刻理解瞿、张二公的精神,他特意将演员们召集起来,以富有感染力的生动讲解,将兵部尚书瞿式耜、总督张同敞率领桂林军民不畏强敌英勇守城,城池陷落,瞿式耜平静地端坐在衙门中,誓与城池共存亡。张同敞得知后,毅然只身泅过漓江,两人相对而坐赋诗唱和,共勉坚贞的英勇行为,激发演员的爱国热情。第一场戏排练得非常顺利,在排练期间,田汉又神速地写出了后面三场戏的剧本。

父亲聆听了田汉的讲演。瞿、张二公大义凛然的民族气节,强烈地点燃了他的创作激情,他盼望着早日读到田汉的完整剧本,以便开始绘画创作。一天他来到田汉的住处，看到了令人惊叹的一幕。眼前的田汉，正在激情四溢地奋笔创作着剧本，为了节省誊写时间，他竟然在蜡纸上直接写作。刻字笔在蜡纸上划出强有力的声音，喷薄而出的一行行文字，好似跳动的烈火，以燎原之势在蜡纸上推进着。写好一页，即交人付印，一个下午，田汉便将后面三场剧本写完了。

《双忠记》在桂林隆重上演后。剧中瞿、张二公慷慨赴死的民族节操，通过演员的精彩表演，强烈地感染激发起了广大观众的爱国激情，在桂林掀起一股热潮，人人争相传颂二公事迹。

父亲阅读了田汉墨迹未干的剧本。眼前浮现出瞿、张二公坚贞不屈的身影。为表达对田汉先生的钦佩之意，父亲为田汉先生画了一幅像。并在研读剧本的基础上，开始了《瞿、张二公殉国史画》的创作。经过反复构图修改，最终完成了十二幅《瞿、张二公殉国史画》组画。亚子先生看后，充满激情地题诗："貌取遗容奠酒樽/千秋灵爽荡精魂/东皋旧里欣同郡/太岳高门重孝孙/独秀峰峦犹有泪/始安城郭黯无言/怜余未就南明史/输与宜兴画笔尊。"

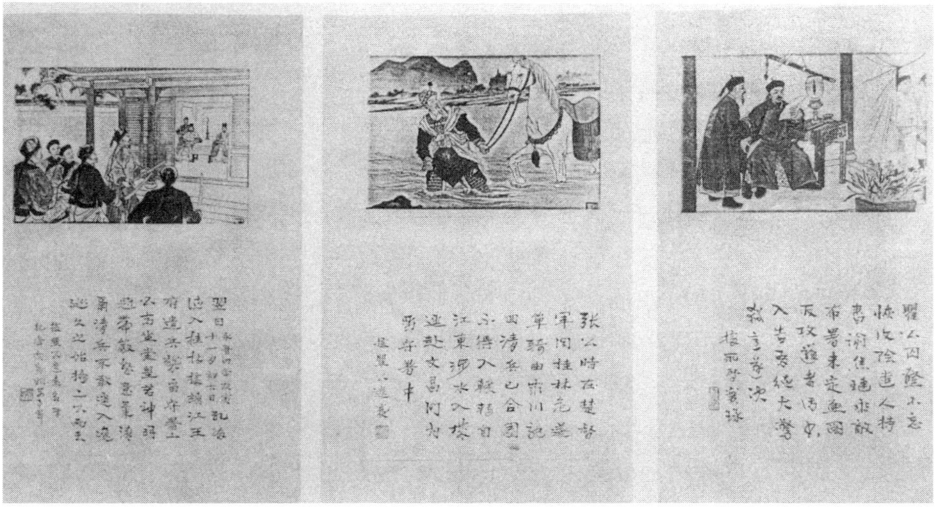

尹瘦石绘《瞿、张二公殉国史画》(部分)

1943 年 5 月 28 日，适逢亚子先生 57 岁诞辰。桂林文化同仁，集聚嘉陵川菜馆为亚子先生举行祝寿活动。那天父亲早早来到菜馆，在现场一角安排好笔墨，展开一幅长卷，长卷中央已绘好亚子先生的头像。待祝寿同仁陆续到来，父亲逐一邀请莅临者来此稍站片刻，以寥寥数笔，将其头像绘于亚子先生周围，画好一位，即请其在自己像下签上姓名。宴会结束，共绘有欧阳予倩、熊佛西、田汉、司马文森、孟超、周钢鸣、安娥、端木蕻良、任珍琰、芦荻、彭燕郊、陈中岳、李白凤、林北丽、朱荫龙、陈迩冬、宋云彬、朱蕴山、曹慕髡、陈孝威、黄尧、佩宜、柳无垢、谢冰莹、叶仲寅、黄宝珣、范洗人、章曼石、叶子、吴枫、张英、了如、巨赞、蒋本菁、李紫贵、胡和龙、李玉良、王羽仪、王小涵及父亲自画像等共计48人。何香凝夫人那日因身体不适未能出席聚会。几日后,亚子先生约上父亲一同前往观音山何香凝寓所看望,父亲补画了廖夫人及其孙廖愷孙像,图成此卷,名之为《百寿图卷》。亚子先生阅后,兴奋异常地在长卷上题诗:"画笔淋漓染赫蹶/始安两载证鸿泥/纷纭漫笑头颅贱/标榜还怜姓氏低/应有红光冲斗极/难忘杜妹与粱妻/班生九等分人表/青史他人任品题",并附跋:"《百寿图》,仅四十八人,尚未及半。肇始于去岁余生朝之日。曰'百寿'者,溢美之词,亦颂祷之意也。图凡甲、乙两幅,甲以余为中心,乙以廖夫人为斗杓……"

1944年5月,父亲在广西艺术馆举行了第二次画展。画展主要展出了他在桂林四年创作的历史人物画。李济深、李铁夫、田汉、陈迩冬、朱荫龙等人在预展时便来观看。亚子先生观后,为父亲画展又激情赋诗一首:

尹郎年少笔能遒,高会灵山集众流。
国老岂徒尊画苑,群才各自有千秋。
图成正气天应泣,血写双忠鬼亦啾。
赵宋朱明今已矣,樱都跃马我昂头。
如此星辰非昨夜,为谁风露立中宵。
英雄儿女嗟同命,金粉胭脂惨不骄。
阁部衣冠梅岭冢,延平勋业蛎滩潮。
更怜丘壑西山美,一衲难容谢世嚣。

画展闭幕时,传来了日军已攻陷全州,正逼近桂林的坏消息。在桂林的文化人,又面临着再次踏上迁徙之路。但这次转移,已不同几年前。大家在桂林共同经历了抗战文化的激情洗礼后,已使他们对打败日本帝国主义,赢得抗战的胜利充满了必胜信念。大家依依惜别时,亚子先生自然以诗为朋友送行。父亲决定往贵阳、遵义转道去重庆。行前父亲与亚子先生告别时,先生感慨在桂林与父亲建立的深厚友谊,但又遗憾没能一起在桂林迎来日本投降之日。动情地写道:"尹宜兴与柳吴江/此日分别恨未降/自昔画师多入蜀/愿君彩笔换无双。"

其实,桂林一别,他们很快又在重庆重逢了。在重庆他们不但一同迎来了日本无条件投降的喜讯，并且还共同举办了“柳诗尹画联展”，以两人在抗战时期创作的诗画来庆祝中国人民历经八年艰苦卓绝的抗战所取得的这一伟大胜利。

2015 年 5 月，我到桂林出席一个文学会议，正好下榻在榕湖饭店。会议期间清晨，我早早起身，环绕着迷人的榕湖跑去。晨曦中的榕湖，平静得连一丝涟漪都没有，还沉睡在梦中。而湖边一株株老迈的古榕，佝偻着身躯，犹如阅尽历史的老人，狷介地挺立在湖畔。沧桑如铁的树干上，缠绕着血脉贲张的条条气根，似依然奔涌着青春热血。岁月于它们，就好似倒映在湖中的日月双塔，早已将无尽的日月沉淀在水中了。静谧安详的湖畔，在我的脚步叩动中，好像渐渐苏醒，响起了幽远的回声。在落满岁月沧桑的古榕树荫间，我仿佛依稀望见了当年那些行吟于湖畔的文人背影……

当今中国，又一次站在了历史进程的节点上。回顾 70 多年前抗战时的文人生活，让我们看到了那场战争中的一代中国文人，是怎样背负着各自的创伤在国家危难之时来到这里，以怎样的生命状态和激情创作面对艰苦的抗战生活的。在如此困苦的战争环境中，他们没有放弃对民族的担当与责任，坚守着中国文人的精神情怀，相互砥砺、彼此激荡，在这里营造出一种风雅的艺术氛围、生活情趣。充分彰显出了中国文人的民族节操与精神器宇。以自己创作的大量文艺作品，激发着国人的爱国激情，坚定着中华民族战胜日本侵略者的决心。从而使桂林文化成为抗战文艺的一个重要组成部分。

逝去的岁月，带走了历史沧桑。今日的桂林，已是一座现代化的城市，在市区内已很难寻觅到当年的旧影。然而，在浓荫遮蔽中的榕湖，每个曙光涟漪和落日余晖中，历史的背影都会在水中泛起粼粼的波光。从而印证着一个历史定律：中华民族之所以总能在历经磨难的战争废墟中重新崛起，就因为在我们民族的血脉中，始终传承着中华文明灵魂的共鸣。处在当今和平发展的世界潮流中，行进在重新崛起道路上的中华民族，将以怎样的生活情趣、精神气质生活在当今世界，将决定着中华民族实现民族伟大复兴梦想，融入世界的未来。

作者简介：

尹汉胤，中国作家协会创作联络部民族文学处处长，中国少数民族作家学会秘书长。

国家意识 史诗精神

——评“中国·四川抗战文化研究丛书”

苏 宁

2015 年 9 月，在纪念中国人民抗日战争暨世界反法西斯战争胜利 70 周年之际，由四川省社会科学院推出，中国文联出版社出版的九卷本“中国·四川抗战文化研究丛书”问世了。这套丛书是由四川省社会科学院承担的四川省政府重大项目，首席专家为四川省社会科学院文学所原所长、美学专家苏宁研究员。作为一部第一次系统、全面研究中国·四川抗战文化的大型系列丛书，已入选中宣部、国家新闻出版广电总局的“纪念中国人民抗日战争暨世界反法西斯战争胜利 70 周年”重点出版物。

“中国·四川抗战文化研究丛书”，从文学、美学、艺术、文化运动等方面专题研究中国尤其是四川——抗战大后方的文化成果，梳理抗战文化历史，提炼抗战精神。立意不仅放在四川，而是放在国家层面，体现国家意识，史诗精神，在很多方面填补了学术空白。周恩来曾经说过，抗日战争的胜利，是文武两条战线的胜利。过去对抗日战争的研究，集中在军事、历史、政治方面的更多，而从文化方面来看，确实需要这样一部书来进行较为全面的梳理。这部书呈现了其特殊的抗战文化史意义。

作者认为：“战争会毁灭文化，这在国际上不乏范例。可中国的抗日战争不仅没有使我们的民族文化毁灭还促使了中国现代文化的发展。四川的抗战文化在战火的硝烟中谱写出历史新篇章，这正是中国文化强大生命力的表现。”[①]习总书记说，抗日战争“开启了中华民族伟大复兴的光明前景，开启了古老中国凤凰涅槃、浴火重生的新征程。”抗日战争是近代以来中国抵御外国侵

① 苏宁：《中国·四川抗战时期的美学家研究·前言》，中国文联出版社，2015 年，第 2 页。

略规模最大的战争，也是首次取得全局性的伟大胜利。在漫长的战争岁月中，伴随着民族统一战线的形成和民族解放战争的推进，形成了波澜壮阔而又独具特色的抗战文化。抗战文化是中国的，也是世界的，已成为世界反法西斯文化的重要组成部分。这场战争对中国人民来说，既是一场空前浩劫，也是一个转折，它改变了一百年来中华民族备受欺侮的历史。作者在研究中提出："中国现代文化的发展有三个高峰：'五四时期'、'左联'时期、抗战时期。不容否认，每个时期都有各个时期不同的特点和意义，但相较而言，抗战时期更为辉煌。因为它始终伴随着民族复兴思潮的不断高涨。它绵延时间长，内容非常丰富，聚焦于中国现代文化多义项的重建与复兴。"[①]"日本的一些教授、学者也在关注这个话题。去年 9 月，笔者应邀到名古屋大学参加"移动的战时媒体与宣传——身体·声音·映像"国际学术研讨会，会后和日本学者进行了比较深入的交谈，他们说的一句话使我印象深刻："战争离现在是越来越远了，但作为文化，还要继续研究下去。"[②]

抗战文化研究涉及范围之广，研究对象之复杂，材料查找之困难，在同类学术研究中都十分突出。撰写过程中，作者注重尊重历史，用材料说话。"抗日战争是中国人民的死里求生，试问中国二十五史，有哪一次做到了。应该用司马迁的笔来写。"(宗白华语)作者以历史唯物主义的立场，注重文献，注重实录与秉笔直书。全书史实准确、导向正确、学术性强。可以说，这项大型研究项目无论在学术理论上还是在现实意义上，都体现出较强的原创性和拓展性，在国内学界处于领先地位。

"中国·四川抗战文化研究丛书"系由四川省内现代文学、美学和文艺理论等方面知名专家组成的课题组共同完成的。作者均为在这方面多年深耕，研究有成者。作为系统性很强的大型研究项目，抗战文化研究丛书凝聚了学者们数年心血。三年多来，课题组几乎没有假日，不分寒暑，足迹遍布四川、南京、重庆、昆明、台湾、北京等省市的各大图书馆、档案馆，查找了大量第一手文献。写作过程中作者们遍访四川抗战文化遗址遗迹，多次召开研讨会，与国内外同行切磋，与中国台湾的学者、日本学者等交流，召开多次国际、国内学术研讨；发表了大量前期成果。现将九部书的作者及主要内容介绍如下：

---

① 苏宁：《中国·四川抗战时期的美学家研究·前言》，第 2 页。

② 苏宁：《中国·四川抗战时期的美学家研究·后记》，第 215 页。

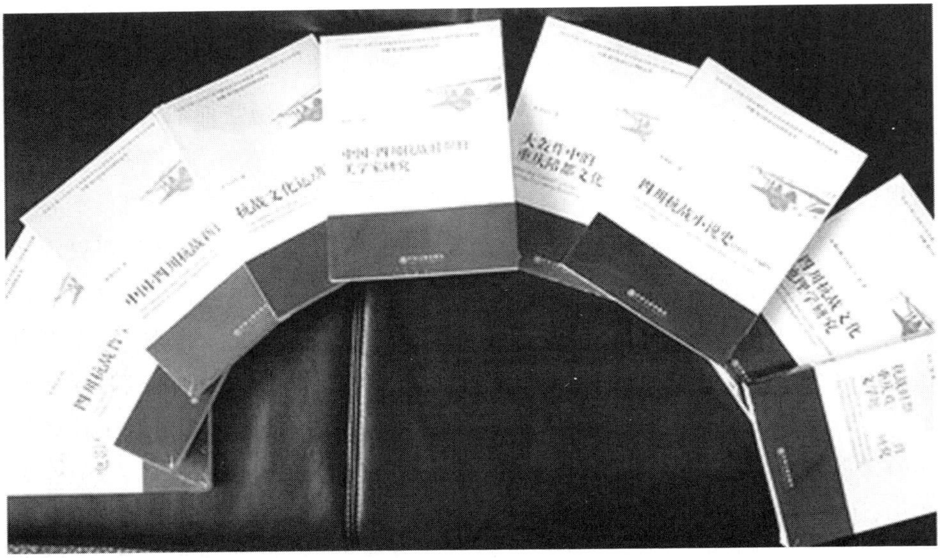

“中国·四川抗战文化研究丛书”九种

《中国·四川抗战时期的美学家研究》,作者苏宁,北京人,四川大学哲学博士,“中国·四川抗战文化研究”课题组负责人,四川省社会科学院文学所原所长、研究员;研究领域:美学、文艺学、宗教学;国务院特殊津贴专家,已承担两项国家社科基金课题,负责多项四川省重大课题,出版多部美学、文艺学著作。全书撰写以朱光潜为首的美学家抗战时期活动在大后方的历史足迹与美学创建。朱光潜、宗白华等人堪称中国现代美学的先驱,是中国现代美学史的主要支撑。全书展现一代美学家在抗战中的痛苦与彷徨及其复杂的精神历程,探索身处战争危机中的美学家们如何用艺术的方式寻找拯救国家民族的良方,作为一支“笔部队”,在时代源流与民族意识中完成的诗性嬗变。该专著以大量第一手材料,呈现中国美学在苦难中艰难前行的步伐,从一个全新的角度撬开中国现代美学史,填补中国现代美学研究的某种空白。

《抗战文化运动史》,作者文天行,四川省社会科学院研究员,多年从事中国抗战文学和文化的研究,抗战文化研究领域的重要学者,出版了多种抗战文学与文化方面的著作。该书认为,抗战文化运动是里程碑似的反对日本帝国主义侵略的文化运动。它绵延的时间长，内容非常丰富，促进了中国现代文化的发展，为抗战的胜利与五星红旗插上天安门城楼立下了卓越的功勋。全书有《分期》《基本特征》《中华全国文艺界抗敌协会》《文化工作委员会》《文化运动委员会》《广泛的纪念活动》等20章。

《中国·四川抗战新诗史》，作者段从学，云南大姚人，北京大学文学博士，西南交通大学中文系教授，博士生导师，主要从事抗战文学与文化、中国现代新诗研究。自1993年来，发表学术论文90余篇，多次获得国家社科基金、中国博士后科学基金资助，出版有专著《"文协"与抗战时期文艺运动》《穆旦的精神结构与现代性问题》等。全书在中国政治中心因抗战而转移到四川这个宏大背景之下，紧扣学校内迁、报纸出版两个基本动力，在勾勒中国现代新诗在以四川为中心的大后方发生和发展历史脉络的基础上，以大量丰富的史料，呈现了四川诗人在抗战时期如何成长、壮大而为中国新诗的中心群体的历史过程。全诗资料丰富翔实，可读性强，发掘了不少此前很少有人关注的诗人和诗歌现象，在揭示中国现代新诗历史复杂性和丰富性的同时，也为撰写"地方性"文学史，提供了新的可能。

《四川抗战小说史》，作者陈思广，新疆库尔勒人，四川大学文学与新闻学院博士，教授，博士生导师。主要从事中国现当代作家及小说研究。该书以抗战时期四川作家的小说创作为例，全面细致地梳理了四川抗战小说的审美品格与创作风貌，深入分析了四川抗战小说在中国现代小说史中的历史价值与伟大意义，揭示了四川抗战小说对于当下的现代启示，为人们重新认识四川抗战文化的历史价值提供了新视阈。

《四川抗战文化地理学》，作者冯宪光，四川大学文学与新闻学院教授，博士生导师。研究领域：文艺学、文艺理论、文艺美学；第二作者：魏红珊，四川省社会科学院研究员。研究领域：文艺理论、现当代文学。全书从文化地理学角度研究抗日战争引起的中国政治地图和文化地图的变化，它使处于中国西南的四川成为战时大后方，赋予四川前所未有的中国文化中心地位，四川的地理空间和人文历史的优势承载了中国文化的重托，在中国抗日战争中谱写了中国现代文化历史的辉煌篇章。同时战争也改写了四川的文化地理面貌，给四川留下了若干抗战文化的历史遗址，积淀了丰厚的文化因子，使四川在抗战以后迄今的文化发展奠定了深厚的基础。该书从文化地理学这一新兴学科，深入挖掘四川抗战地理空间造就的抗战文化实绩，着力探索抗战文化在四川遗留的丰富文化资源以及对四川当代文化发展的深刻影响,在学术上具有创新性,具有理论和实践价值。

《陪都文化》,作者苏光文,西南大学文学院退休教授,国务院特殊津贴获得者。1963 年大学毕业后留校从事中国现当代文学教学与研究至今。苏光文在教学过程中,将较多的精力与时间用于中国抗日战争和世界反法西斯战争时期的中国文学的研究。先后主持"七五""八五""九五""十五"教育部社科课题和国家社科课题。重庆在抗战时期为国民政府的陪都。全书共十一章全面而系统地论述了大轰炸中的重庆陪都文化活动如文化组织机构、新闻传媒、文化思想论争、对外交流和文化成果,如文学、艺术、教育、哲学、宗教的著述文字。同时,把重庆陪都文化放在中国抗战文化和世界反法西斯文化层面去考察,追寻其共时性特征及其重要作用;还把重庆陪都文化放在"五四"以来中国现代文化层面去考察,追寻其历时性关系及起的承传作用。重庆陪都文化在大轰炸中依然得到了大发展大提升。

《四川抗战哲学史》,作者李北东,四川三台人,四川师范大学政治教育学院教授,研究方向为马克思主义哲学。该书是一部比较系统、完整地反映以四川为中心,抗战时期中国哲学的发展及活动历史的著作。内容涉及四川抗战前的文化生态,抗战期间四川哲学中心地位的确立,中国传统哲学向现代哲学的转变,中国哲学与世界哲学的对话交流,哲学流派对抗战的态度和互相间的学术论争,哲学家群体的学术活动和社会活动,哲学视阈中的抗战,哲学与抗战的关系,西方哲学著作的进一步译介等等。成果也是一部反思抗战的专门著作。

《重庆抗战戏剧文学的文学地理学研究》,作者马晶,湖南湘潭人,长江师范学院文学院副教授,文学博士,研究方向为文学地理学、抗战文学。全书第一章抗战时期重庆戏剧文学中心的区域整体研究。第二章抗战时期重庆戏剧文学的地理生态分析。涉及自然地理环境、文化地理状态、政治地理格局、军事地理格局等四个方面的变化给重庆戏剧文学活动带来的影响。第三章抗战时期重庆戏剧文学的空间问题研究。从旅渝剧作家活动地点和演出活动地点两个方面来研究戏剧文学活动的空间分布。第四章地理感与抗战时期重庆戏剧文学的文学地理景观研究。从陪都、家乡、国家空间体验三个方面来研究剧作家的地理感和文学地理景观形成的关系。

《电影与抗战》,作者王菱,上海人,四川省社会科学院副研究员,主要研究方向为文艺美学,现当代文学。全书重点研究抗战时期的电影与抗战的关系。通过对抗战电影在大后方不同发展阶段的状态及相关问题的解决等具体史实的考察，力求呈现抗战电影发展的全貌，同时展现抗战电影对抗战胜利、西南文化事业的发展以及戏剧本身的影响。通过对抗战时期大后方第一手文献资料的研究，还原抗战电影的真实面貌，将抗战电影纳入与相关性文化活动的动态联系之中进行考察和评价。

“中国·四川抗战文化研究丛书”的推出与四川社会科学院抗战文化研究的传统分不开。四川社科院自20世纪80年代起就开始了抗战文学研究，成果迭出，成就斐然，在海内外影响很大。20世纪时，学术界曾经公认：抗战文艺研究的中心在四川省的社会科学院。老一辈学者在这个领域打下了牢固的基础。今天，这项研究意义更为重大。抗战文化研究正在成为新的学术聚焦点，还有很多方面的内容需要研究。相关学者表示，将以这套丛书的出版为契机，继续开展抗战文化研究，以书写历史，珍爱和平，开创未来。

作者简介：

苏宁，四川省社会科学院文学研究所研究员、原所长，四川省美学学会副会长、“中国·四川抗战文化研究”课题首席专家。

“广西抗战文化研究丛书”评论专辑

编者按:为迎接纪念中国人民抗日战争和世界反法西斯战争胜利 70 周年,发掘整理抗战文化遗产尤其是广西抗战文化遗产,弘扬抗战精神,广西抗战文化研究会于 2013 年 11 月策划编制了“广西抗战文化研究(系列研究)方案”,经广西壮族自治区社会科学界联合会审核并推荐,向中共广西壮族自治区委员会宣传部申报参加 2014 年度广西文化精品项目评选。2014 年 3 月获得批准立项。2014 年 10 月至 2015 年 8 月,“广西抗战文化研究丛书”(李建平主编)中的《广西抗战文化史》《广西在抗日战争中的历史作用与贡献》《桂林抗战艺术史》《桂林抗战文化综论》《广西抗战文化大事记》5 部由广西人民出版社出版。《中共中央南方局与广西抗战文化》一书因送审原因,推迟至 2016 年 10 月出版。现发表一组书评。

“广西抗战文化研究丛书”六种

一部记录广西抗战独特贡献的文化研究新著
——评李建平等的《广西抗战文化史》

黄伟林

在纪念中国人民抗日战争胜利70周年的日子里，抗战文化研究知名专家李建平等推出了长期研究的成果《广西抗战文化史》（李建平、盘福东著，广西人民出版社，2015年8月出版），记录了广西在抗日战争时期的文化抗战历史和贡献。

广西是中国抗日战争中出力巨大、贡献颇多的省份，仅1300万人口就动员和组织兵员100万，李宗仁指挥台儿庄大战，长期镇守安徽、鄂西，白崇禧进入军事中枢参与指挥全国军事抗战这些出兵出将的数据和实例就能很好地说明。广西在抗日战争时期不仅有出兵数十万北上抗日，在淞沪会战、徐州会战、武汉会战、随枣会战等战场英勇抗敌，血染沙场，并在广西本土开展昆仑关大战、桂林保卫战和敌后游击战的军事抗日战绩与重大贡献，也有在后方开展组织输送兵员、开展救国生产、输送物资支前、救护伤员、安置难民等建立牢固的大后方维护国家半壁河山的经济抗日历史和民生发展贡献，更有数千名文化人集结桂林轰轰烈烈开展抗日文化保卫战和广西民众广泛开展的抗日救亡文化宣传活动，传播抗日思想武装、鼓舞全民坚持抗战胜利信念的"文化抗战"业绩与文化建设贡献。广西波澜壮阔的抗日战争史，锻造了丰富的抗战文化，留下了大量的抗战文化遗产，包括遗址、文物和文献档案。记录、整理和研究广西抗日战争史，不能离开广西抗战文化这一重要内容。

如今，李建平等推出《广西抗战文化史》一书记录这段历史，总结其间的历史经验。该书的第一个特点是填补了广西抗战文化研究的学术空白。过去，广西学者对抗战文化的研究，大多数是"桂林抗战文化"研究。桂林是当时广西的省会，中国共产党在桂林设立八路军桂林办事处，国民党在桂林设立国民政府军委会委员长桂林行营，国共两党在桂林曾有一段较好的合作抗日的历史，加上大批爱国进步文化人在这里活动，桂林成为盛极一时的抗日"文化城"，前期的《救亡日报》创办和后期的西南剧展举办就是两件效果极佳、影响广泛的文化业绩。曾经有人提出："广西抗战文化研究，实质上就是桂林抗战文化"，这话大体不错。经过30多年的努力，广西学者先后出版了《桂林抗战文学史》《桂林抗战艺术史》《桂林抗战文化史》等著作30多部，成果丰硕。但是，除桂林之外，广西其他地区的抗战文化史长期没有很好地整理出来，文学艺术活动之外的新闻出版和教育活动与业绩，也研究得不多，如今，李建平等编撰的《广西抗战文化史》,弥补了这一学术空白。

该书的第二个特点是对广西文化抗战历史做了全面地反映和总结。全书八章,第一章论述广西抗战背景和广西抗战文化的内涵与特征;第二章介绍国共两党的文化政策与做法,反映国共两党在统一战线旗帜下开展文化抗战的合作与分工的情况和各自的努力与贡献;第三章叙述广西抗战文化由兴起到高潮,由高潮到低落,在低落中持续的发展过程,其间包含广西抗战文化机构社团的建立和外来文化机构内迁广西的活动等内容;第四章介绍桂林抗战"文化城"的活动与成就,重点是对文艺抗战内容的反映;第五章介绍桂林之外广西主要城市的抗战文化活动的情况,包括桂东、桂中、桂东南及桂南等地区的抗日文化活动以及广西学生军在广西各地的抗日救亡宣传活动;第六章和第七章叙述抗战文化的重要领域——新闻出版和教育事业两个方面的情况和成就;第八章叙述国际反法西斯人士在广西开展抗日文化活动的内容和广西抗战文化走出去的基本情况,其中包括对欧美记者、日本反战同盟、朝鲜(韩国)以及越南等国的反战人士和革命志士在广西的文化活动的描述。书末还以"附录"形式介绍了广西抗战文化的物化形态——广西抗战遗址。这么多历史内容的有机组合和生动呈现,表明作者对历史脉络把握的自如和对历史资料掌握的娴熟,显示了作者的学术功力。

该书的第三个特点是资料丰富,对广西抗战史料掌握充分。作者采用的资料来自档案、史著、方志、历史图片等,对抗战文化资料的把握与辨析工作做得十分到位。书中既有中共在桂林开展抗日民族统一战线工作的史料,也有关于国民党桂系在广西开展抗日文化活动的史料,如《广西建设纲领》制定的文化政策,广西建设研究会建立的背景资料,等等。另一方面比较突出的是对除省会桂林之外的南宁、柳州、梧州、玉林等广西各地的抗日文化活动史料的收集和反映也比较丰富,突破了过去以"桂林抗战文化"代替"广西抗战文化"的研究局限。这些充分表现出作者所占有抗战史料的丰富以及严谨踏实的治学作风。

该书的第四个特点是图片的运用。大多数历史研究仅仅是对历史档案、文献的研究,很少有图片。《广西抗战文化史》刊登了100多幅历史图片,将图像与文字相结合,相互映衬,融会贯通,从而更直观、生动,增加了传播效果。

翻阅此书,可以看出,广西抗战文化是中国抗战文化的重要组成部分。它以群众性抗日救亡运动的兴起为基础,以中国共产党倡导、国共两党合作开展的抗日民族统一战线为支撑,以抗日救亡思想和持久抗战的意志力量为核心,以桂林抗战文化城的文艺创作、新闻出版为主要载体，以国民基础教育和高等教育事业的发展为动力，以留存至今的广西抗战文化遗产为外化形态。广西抗战文化在广西抗日战争史上留下了光辉的篇章，为抗战文化的发展和抗战精神的弘扬做出了卓越的贡献。

（**作者简介：**黄伟林，广西师范大学文学院二级教授，研究方向为中国现当代文学。）

彰显广西抗战特色的史学新著
——评《广西在抗日战争中的历史作用与贡献》

李建平

由广西党史学者何成学、刘绍卫、黄莺合著的《广西在抗日战争中的历史作用与贡献》一书，近日由广西人民出版社出版。该书全面总结了广西在抗日战争时期的重大历史贡献，记载了广西人在抗战中的英勇斗争事迹，具有丰富的史料和深刻的内涵，是一本值得重视的学术著作。

该书整理总结了广西人民参与中国人民抗日战争的多方面的内容和所做出的众多历史性贡献，并提出了以下主要观点：

广西抗战内涵大于广西地域内涵。狭义的广西抗战指广西在省内抗战；广义的广西抗战则包括广西在省内抗战、广西人在全国各地和东南亚各地抗战、外省籍军队和各界人士在广西抗战、旅居国外的广西侨胞支援祖国抗战、国际友人在广西支援抗战等六个层面。

广西与中国早期抗战有直接关联。尽管广西本土没有卷入早期抗战，但广西不仅适时开展了抗日救亡活动，广西人还间接和直接参加了全国早期抗战。如张君嵩、何柱国等广西籍军人分别参加和指挥了 1932 年淞沪抗战和 1933 年长城抗战，夏国璋、秦霖等将领参加 1937 年的淞沪战场并在战场献身，钟毅将军牺牲于 1940 年的随枣战场，空军英雄何信牺牲于台儿庄战役上空，等等。

抗战时期广西既是战略后方基地，也是沦陷区和重要战场。广西是全国抗战模范省、全国抗战兵源的主要供给区、全国安置战时难民的主要地区、全国抗战时期重要的国际交通线地区；广西曾于 1939—1940 年、1944—1945 年两次沦陷；就重要战场来说，广西本土相继进行了桂南、桂柳和桂柳反攻等三次重大会战以及中共广西地下党领导的敌后游击战。

广西抗战的历史作用与贡献特别重大。在精神激励方面,广西率先响应中国共产党的抗日民族统一战线,全省上下全民抗战;李宗仁的"焦土抗战论"在全国引起很大反响;白崇禧的"积小胜为大胜,以空间换时间"口号,成为国民党抗战的最高指导原则。在兵员组织方面,广西征兵100万,人口比例数居全国第一。在抗敌战斗力方面,广西籍国军在台儿庄、昆仑关等重大战役和桂南会战、桂柳会战中,以敢打敢拼的顽强斗志为世人所瞩目;广西籍八路军在平型关、黄崖洞等重大战役战斗中打出了广西人的军威;中国远征军中的广西籍军人在滇边、密支那、松山等重大战役战斗中打出了底气,等等。

广西为抗战胜利做出了巨大牺牲。陈济桓、阚维雍等数万名广西军人在本土抗战、朱立文和钟毅等数万名广西军人在全国各地抗战、余鹏化等上千名广西籍军人在中缅抗战、李光前和陈仲达等数万名广西侨胞在抗战中都献出了宝贵生命。

我们应铭记先烈的英勇业绩,弘扬抗战精神与广西精神,开创21世纪实现"两个100年"中国梦的新伟业。

(**作者简介**:李建平,广西社会科学院文化研究所二级研究员、广西抗战文化研究会会长。)

一本填补多项重要空白的艺术史力作

——李建平等著《桂林抗战艺术史》读后

魏华龄

一本期盼已久的《桂林抗战艺术史》终于由广西人民出版社出版了。这是一件大喜事,也是桂林抗战文化研究的一大收获。捧读这部50余万字的大作,深感一项重要学术成果来之不易,因此也倍加珍惜。下面谈点个人初读的心得。

本书的特点:

一是观点鲜明。作者在"导论"中就开门见山地宣称:《桂林抗战艺术史》"研究的重点,在与抗日救亡活动密切相关的艺术内容方面。因为我们确定的是'抗战'艺术课题,不是纯粹的艺术史研究"[①]。

二是体例精当,有史有论,史论结合,提升了该书的学术价值。在内容安

① 李建平等:《桂林抗战艺术史》,广西人民出版社,2014年,第7页。

排上，以历史发展线索为经，以各艺术门类的发生状况为纬，对艺术门类的记叙一般都离不开戏剧、美术、音乐三大类的模式，而《桂林抗战艺术史》则增加了“舞蹈”部分，这是符合抗战时期桂林艺术活动的实际情况的。资料收集中，特别注重了地方少数民族民间史料和广西本地艺术家史料，这也是本书的一大特点，这是一部比较系统、全面又有深度的桂林抗战艺术史。

三是史料丰富、翔实。这是 4 位作者长期努力和积累资料的结果，他们不仅查阅了大量抗战时期的文献资料，也吸收了前辈和学术界的研究成果。学术研究，特别是学术专著的完成，有它的运作规律。20 多年前，《桂林抗战文学史》的成书，集 3 人之力前后花了 8 年时间，《桂林抗战艺术史》的编撰与出版，则集 4 人之力，用了 6 个年头，可见一本学术专著来之不易，因为要充分地占有资料，不是朝夕所能完成的。

其次，谈谈这本书的价值。

《桂林抗战艺术史》是一部填补中国现代艺术史，尤其是广西和桂林抗战艺术史重要空白的学术力作。抗日战争胜利以来，全国各地学者对于抗战文化的研究，在资料的征集、整理、编辑、出版方面做了许多工作。在学术研究方面，有关抗战文化研究的论文发表了不少，而学术专著方面则显得不足，在学术专著方面，有关抗战文学史的著作出了一些，而对抗战艺术史方面的著作，自 1947 年蓝海的《中国抗战文艺史》出版以来，60 多年了，还没有一本《中国抗战文学史》和新的《中国抗战文艺史》面世。抗战胜利已经 70 年了，人们在期盼着能有一部《中国抗战文学史》或《中国抗战艺术史》的出版。在广西，自 1994 年《桂林抗战文学史》出版以来，人们就在期盼一本《桂林抗战艺术史》问世。20 年后的今天，《桂林抗战艺术史》终于出版了，它不仅填补了桂林抗战文化研究的空白，也为《中国抗战艺术史》填补了一个重要的空白。因为桂林抗战文艺是中国抗战文艺的重要组成部分，也是中国抗战戏剧、美术、音乐、舞蹈的重要组成部分。作为桂林抗战文化史的研究体系来说，在出版《桂林抗战文学史》之后，继续完成并出版《桂林抗战艺术史》，再加上 2011 年《桂林抗战文化史》的出版，三本书构成了桂林抗战文化研究的史论研究体系，让桂林抗战文化史的研究更为系统、更为全面，也更加深入了一步。这样，就不仅在桂林和广西抗战文化研究中具有厚重的分量和重大意义，也为全国区域性抗战文化研究领域做出了贡献。

《桂林抗战艺术史》是一部弘扬爱国主义的好教材。在中国现代史上，抗日战争是一场团结全国各族人民，反对日本帝国主义侵略、争取民族独立和人民民主的伟大的正义战争。战争的烈火锻炼了中国人民和她的文艺工作者，同时，文艺工作者运用他们的眼泪和血汗，谱写了一曲曲惊天地、泣鬼神的爱国主义诗篇。在那艰苦的战争年代，我们的文艺家、进步的爱国文艺工作者，用他们的心血，创作出一出出充满爱国主义激情的剧目，洋溢着爱国主义情愫的画作、歌曲和舞蹈形象。戏剧方面有欧阳予倩的《梁红玉》，田汉的《新儿女英雄传》，夏衍的《心防》；美术方面有徐悲鸿的《鸡鸣不已》，黄新波的《他没有死去》，赖少其的《抗战门神》；音乐方面有张曙的《我们要报仇》，陆华柏的《故乡》；舞剧方面有吴晓邦的《虎爷》等堪称传世之作。在舞台上和群众中，最流行并广为传唱的是抗战歌曲，在当年，几乎是哪里有群众，哪里就可以听到抗战的歌声，“哪个地方有抗战歌声，哪个地方就可以看出民众的动员情形”[①]。音乐是战斗的号角，抗战音乐成了动员群众、统一思想、鼓舞斗志的精神武器，也“和枪炮一样的朝敌人方向打去”[②]，如《义勇军进行曲》《黄河大合唱》《游击队之歌》等等，成为爱国主义的主旋律，也是团结人民、打击敌人、夺取胜利的有力武器，《义勇军进行曲》后来成为中华人民共和国国歌。

《桂林抗战艺术史》是一本研究桂林抗战文艺的学术著作，又是一部史料丰富、可供学界利用的案头参考书，具有使用价值。如该书的“附录”《桂林抗战艺术大事记》(1937—1945 年)，就有将近 5 万字，这是 4 位作者的另一贡献。这一纯粹资料性的成果，可给研究抗战艺术史的学人带来不少方便。再说《桂林抗战艺术史》一书，史料丰富，全书厚达 500 多页，共 50 多万字，内含戏剧、美术、音乐、舞蹈四大领域，其中涉及各种活动、人物、作品等等，大海捞针，研究者从何检索，作者想得周到，提供了一份详细目录，多达 8 页，也是本书的一大特点，我认为很好，方便使用者检索。我不主张所有的书都列详细目录，多占篇幅，但大部头的学术著作和可供参考的书，把目录列详细一点，确有好处，不仅便于科研人员检索，而且读者选购图书时，花很少时间，可以了解该书内容，以决定取舍。如果再放大一点，也是出版工作为民、为读者着想，为读者更好地服务的一个方面。

总而言之，李建平、李江、覃国康、陆璎 4 位专家奉献给读者的《桂林抗战艺术史》是一部填补多项重要空白的艺术史力作，为抗战文化研究做出了重要贡献，功不可没。

(**作者简介**：魏华龄，桂林市政协原副主席、广西抗战文化研究会名誉会长。)

---

① 司马文森：《过去的和未来的》，《音乐阵线》创刊号，1940 年 7 月 7 日。

② 司马文森：《过去的和未来的》，《音乐阵线》创刊号，1940 年 7 月 7 日。

桂林抗战文化研究可资借鉴的学术样本

——《桂林抗战文化综论》简评

盘福东

广西人民出版社 2014 年 12 月出版魏华龄先生的《桂林抗战文化综论》（以下简称《综论》），37.5 万字，内分为 6 辑，客观展示桂林抗战文化的历史面貌，科学论述桂林抗战文化的内涵价值和相关理论问题，为桂林抗战文化的深入研究提供了一个可资借鉴的学术样本。

第一，《综论》第一辑：抗战时期桂林文化城的盛况与形成，描述抗战时期中国共产党在桂林的统一战线工作，分析桂林抗战文化运动的分期及其特征，列举为什么说“一个独特的历史现象：桂林文化城”的大量事实，科学论述这种独特的历史现象是其他国民党统治区所没有的伟大作用，是中国共产党有一条抗日民族统一战线，巧妙地利用桂系与蒋介石之间、国民党地方与中央之间存在的矛盾，发展了进步势力，争取了中间势力、孤立反动势力，从而正确领导一大批为了抗日战争的胜利、为了一个崇高理想和信念而艰苦奋斗的共产党人和进步文化人在开辟当时“正统”思想所不容的“特区”，形成的独特的历史现象——桂林文化城。这是深化桂林抗战文化研究可资借鉴的学术样本之一。

第二，《综论》第二辑：论述中国共产党主要通过广西建设研究会和中华全国文艺界抗敌协会桂林分会和其他文化团体，巧妙地调动桂林文化大军，巩固扩大抗战文化统一战线；八路军桂林办事处成立前桂林的文化活动为中国共产党与桂系建立统战关系奠定基础；桂林沦陷后广大文化工作者和知识青年，在中国共产党的领导下走向农村转入敌后，将革命文化火种撒播在八桂大地，桂林抗战文化是摧毁不了的；论证桂林抗战文化与延安抗战文化的内在联系，实事求是地肯定桂林抗战文化不仅是中国抗战文化的总汇，也是中国抗战文化对外交流的一个重要窗口的历史地位。这是深化桂林抗战文化研究可资借鉴的学术样本之二。

第三，《综论》第三辑：阐明马列主义、毛泽东思想、爱国主义、集体主义、社会主义思想的传播；科学世界观、革命人生观和艰苦奋斗精神的培育等桂林抗战文化内涵，填补了桂林抗战文化研究的空白；客观分析在“桂林八办”的统一领导下依靠一批优秀共产党员在桂林文化城的各个领域起核心作用，是毛泽东思想在桂林文化城的传播与实践的组织保证；描述抗战时期桂林文化城的社会科学概况，肯定桂林文化城的社会科学不仅是空前繁荣的，而且是以进步的、革命的新兴社会科学作为主要标志的。不仅对抗日战争做出了重要的贡献，而且对培育青年人的成长，使许多青年走向革命道路产生了积极而深远的影响；揭示《义勇军进行曲》《黄河大合唱》为代表的时代号角声，是振奋民族精神的不朽乐章。升华时代哺育着音乐、音乐纪录时代主题；回顾桂林抗战文化的优良传统，总结桂林抗战文化的宝贵经验，倡言继承发扬桂林抗战文化的优良传统，对建设中国特色社会主义文化的意义。这是深化桂林抗战文化研究可资借鉴的学术样本之三。

第四，《综论》第四辑：研究“西南剧展”这一中国戏剧史上的盛举，对“西南剧展”作了实事求是的描述和评价，肯定“西南剧展”起到团结广大戏剧工作者坚持进步戏剧运动，推动大后方剧运的作用，为我国现代戏剧运动史册增添了光辉的一页，客观地指出在当时历史条件的限制，“西南剧展”难以避免出现的一些问题，旗帜鲜明地肯定“西南剧展”的进步意义和积极作用。这是深化桂林抗战文化研究可资借鉴的学术样本之四。

第五，《综论》第五辑：对桂林抗战文化研究成果引而伸之，指出桂林抗战文化研究的四个特点，梳理 30 多年桂林抗战文化研究成果，肯定研究成果的价值与重要贡献；讲述“‘桂林抗战文化’与‘桂林文化城’的不同概念，但又紧密相连”，“写《桂林抗战文化史》”，“朝‘更为系统、更为全面、更为深入’的目标前进一步，也为后来的学者积累 、提供有关桂林抗战文化史素材”，“衷心地期望一部更为系统、更为全面、更为权威、图文并茂的《桂林抗战文化史》问世”心声。这是深化桂林抗战文化研究可资借鉴的学术样本之五。

第六，《综论》第六辑：抗战时期旅桂文化人笔名(化名 、艺名)辑录。弄清楚和收全抗战时期桂林文坛所有文化人的笔名和对抗战时期旅桂文化名人在桂住址调查，实非易事。其中，笔名录整理修订过 6 次。魏华龄先生阐释笔名是一个作家和文化人的代表符号，图书审查制度严厉以文网森严，桂林抗战文化人为了逃过国民党当局的图书审查关而使用笔名的背景。《台儿庄会战胜利的台前幕后》指出“台儿庄大战的胜利，是国共两党真诚合作的结果，是全国人民发扬爱国主义精神，精诚团结的结果。台儿庄大捷是国民党军队承担正面战场上的一次大胜仗，在这次战役中，中国共产党及其领导的抗日力量也尽力进行了支援和配合。”结论符合历史、客观。这是深化桂林抗战文化研究可资借鉴的学术样本之六。

篇幅之限，仅举《综论》六个深化研究桂林抗战文化可资借鉴的学术样本。

《综论》作者时已96岁，手抖，在放大镜下完成《综论》，向中国人民抗日战争胜利70周年献礼，这礼的价值极为贵重 、意义非同一般，这更是深入研究桂林抗战文化学习的榜样！

（**作者简介：**盘福东，广西桂林博物馆研究员、广西抗战文化研究会副秘书长。）

尊重一段历史　为往事继绝学

——评《广西抗战文化大事记》

朱丽莉

作为广西抗战文化研究丛书之一，《广西抗战文化大事记》（万忆、万一知等编著，广西人民出版社2015年8月版，以下简称《大事记》）无疑是编著者给中国抗战史增添了浓重的一笔。全书35万字的史料，堪称句句是“干货”，页页见人见事。内容之丰富、涉及之广泛，在广西抗战文化研究领域实属不易。编者以编年体的方式，将抗战时期广西的抗战文化概况予以真实、客观、准确、全面、清晰地辑录，犹如一本广西抗战史“史料字典”，将很多人印象中广西抗战的零碎认识和片面认知一并串联，形成较为完善的整体，有助于后人读懂历史全貌，厘清历史事实，只此一项，《大事记》一书功德无量。

《大事记》将广西抗战文化研究领域基础史料工作大大推进了一步。近年来，随着国际局势的发展变化，日本军国主义有死灰复燃的迹象，当前日本政坛也越来越右倾化，引起了亚洲各国的高度警觉，国内学界也抓紧了对众多抗战遗址、文化的抢救和保护。在广西，近年来也不断有越来越多的抗战文物及日本侵华铁证被发掘和发现，在深入开展抗战文物研究工作时，不少抗战文物本身承载的历史文化，在开展深入研究和诠释时面临着基础史料的缺失，多方史料印证不足、孤证难全等问题。《大事记》全书沿着时间轴，将发生在广西的抗战文化大事娓娓道来，让后人在研究抗战文化、抗战文物时，能够依据书中铺陈的史料，做分析对比，研判提炼，提供佐证、查漏补缺及新的探究思路。

《大事记》的辑录整理报刊报道填补史料缺位的尝试值得肯定。历史研究，往往基于前人辛勤的付出，在前人打下的基础上将史学研究继续向前推进。今天的新闻就是明天的历史，今天的报纸在未来就是一张张、一份份真实记载历史事件的“史书”。《大事记》一书的主体内容以抗战时期广西境内出版的报纸刊载的新闻报道为史料，经过人工筛选、整理、编辑等工序最后定稿成书，真实全面客观准确地反映了抗战时期，广西的经济、社会、文化、政治、军事等发展全貌及广西各族人民在抗战中坚持斗争，救亡图存的坚韧不拔性格和伟大的民族精神,堪称“广西抗战百科全书”。

《大事记》为统一海峡两岸关于抗战时期的历史观和文化观提供研究基础。这些年随着两岸交往日益密切频繁,关于中国国民党正面战场的作用日益成为学术界关注的新动向和研究重点。这一点,单从每年被允许立项拍摄、上映涉及国民党抗战的电影、电视剧呈现明显的上升趋势可见一斑,而国民党正面战场的作用也屡被官方提及与认可,影视剧中的国民党抗战官兵也不再脸谱化。另一方面,两岸史学界交往的频密,使得大陆和台湾之间的学术交流,特别是史学研究交流取得了一定的成果,为进一步加深两岸和解,统一两岸关于抗战时期的历史观和文化观,剔除党派之争引发的负面效应,形成牢不可破的抗战文化认同和共同的历史记忆,最终推动两岸和平统一发挥积极的推动作用。

由于此前广西对国民党抗战的基础史料的挖掘、整理有限,一些重大的具有历史意义的新闻事件,往往缺乏多方面的佐证,成为不少史学研究者心中的一大缺憾。作为国民政府内部派系中实力最为雄厚的新桂系,其抗战活动及影响,正日益成为两岸学界研究和关注的热点。《大事记》一书真实辑录了国民党广西当局(新桂系)及其高层在抗战时期的社会交往和对外交流,从字里行间,读者就可以隐约洞察到广西抗战文化的发端、发展壮大及积极影响,对于尊重历史,还原事实真相,呈现历史原貌,增强两岸之间互相理解、包容,凝聚民族自信心意义重大。

概而言之,《大事记》就像是一本广西抗战文化研究领域的“字典”,将为后来人继续研究广西抗战文化提供“检索”“对证”“研判”“注释”等功能,在未来的抗战史研究中发挥出越来越大的作用。也许,这也就是该书的魅力所在吧。

(**作者简介:**朱丽莉,硕士,新华社广西分社记者。)

一部反映中国共产党直接领导文化抗战的新作

——读《中共中央南方局与广西文化抗战》感言

李建平　盘福东

70多年前的那场战火硝烟虽已远去,但在中共南方局直接指挥下,以八路军桂林办事处为代表领导的中共地下党组织,高举抗日民族统一战线伟大旗帜,充分运用团结统战的法宝,团结一切爱国力量,在中国南部地区构建了一个广泛和紧密的文化界地下党组织网络,积极发挥共产党员先锋模范和率先垂范的“中流砥柱”作用,在国统区广西桂林创造了一个以高扬爱国主义旗帜为主旋律的文化战线奇迹,在抗战中铸造了一个时代的文化辉煌。

由刘绍卫、文丰义两位研究员在长期研究与积累的基础上撰写完成的《中共中央南方局与广西文化抗战》(广西人民出版社,2016 年),体现了其扎实的史料功底,史料丰富、翔实可信,整体框架也比较合理。通过相应的逻辑关系梳理,纵论中国共产党在南方地区的党组织建设与在文化战线的布局,站在历史的高度,高屋建瓴,统领南方地区的抗战全局,尤其是文化战线的抗战。著作充分展示了中国共产党对文化抗战领导的主旋律作用和鲜明的旗帜特色,反映党对具体文化政策实施和对文化人细微的关怀等,从著述的文化功能来讲,不愧是一部全新反映共产党对广西文化建设直接领导的有力之作。也是目前为止,唯一直接反映以中共中央南方局、八路军桂林办事处为代表的中国共产党对广西文化抗战领导的专著。

首先,主题鲜明,高扬党的领导红色主旋律作用。著述从中共党史的角度深入、细致、具体地反映了“中国共产党领导的另一个抗日战场——文化抗战”。尤其反映的是发生在广西八桂大地上的轰轰烈烈的桂林抗战“文化城”文化运动。这场文化抗日运动,不仅具有全国性,而且具有国际性。其对世界反法西斯斗争和中国抗日战争的作用,通过文化传播、交流,其影响力是巨大的,也是最直接的。著作出版后,相信其在国际、国内的社会宣传与文化传承中会发挥巨大的作用。

第二,以鲜活的史实,丰富的文化底蕴,揭示了文化对抗战的独特推动作用。作者准确把握历史现象下文化发展的规律,论述了中国共产党倡导的抗日民族统一战线旗帜下,以深层次的文化艺术形式及有理有利有节的文化智慧,推动广西地方政府突破重庆国民政府的文化统制政策禁锢,和广西人民一道协力抗战的历史事实与发展过程。当时广西省会桂林的文化抗战是中华民族全局抗战的一个侧面,它以极为特殊的方式参与到全民族抗战的行列,以深层次的文化艺术形式触动长期受封建思想禁锢的麻木了的广大普通百姓的灵魂,重新唤起广大民众的爱国意识,热情动员他们参战抗战,将他们团结在抗日的民族统一战线的旗帜下,形成强大的抗日力量后备军。同时,由于中国共产党的军事抗战和文化抗战这两条战线都始终贯穿和运用着抗日民族统一战线的策略思想,并且有机地把这两条战线辩证地结合在一起,从而使文化思想战线上的斗争胜利从根本上保证了军事战线上的斗争的必然胜利,而军事斗争战线上的每一次胜利又给文化思想斗争战线上的不断开拓前进创造了条件,两者相互依存,又相互促进。为抗日战争的整个进程和最终的胜利提供了路线、方针、政策和思想、理论的正确保证。

第三,突出特色,全新展示研究新观点。著述展示了与以往研究的不同观点,强调和突出历史的地域、政治、人文特色,更客观、公正地肯定了中共南方局,尤其是八路军桂林办事处对广西抗战文化建设的作用。指出桂林"八办"的设立,不仅是中国抗战进入相持阶段后的历史产物,是代表中共南方局执行具体领导任务的办事处机构,还由于抗战时期的重庆地处西南一隅,交通并不十分方便,在长江水路被日军封锁、切断之后,在"蜀道难难于上青天"的自然条件下,并不能够十分方便、快速、有效地统一指挥整个中国南部地区的抗战局面,虽然中共南方局机关最后决定由桂林改设重庆,那只是因为战时国民政府的陪都定在重庆,为使国共两党合作抗日的机构对等,方便与国民党商讨、协调抗日工作而已。在当时的实际情况下,重庆虽然是中共南方局所在地,但由于地理条件和政治环境的限制,在广大的中国南部地区,要充分发挥我党的独立领导作用,并产生积极的引导与影响作用,真正能够使党中央和南方局的抗日方针政策、指示精神得到贯彻落实,还必须依靠桂林这个特殊政治环境和特殊地理条件下的传播与辐射才能发挥更好的作用。尤其对新四军地区和南方各地抗日游击武装的领导与联络作用,就只有充分发挥八路军桂林办事处的特殊功能。在行使和执行中共中央和南方局的具体领导职能方面,也就基本上由桂林"八办"及所属地下党组织来代为完成了。从实际作用来讲,桂林"八办"在一定程度上并不亚于重庆"八办",一定时段内,桂林"八办"是南方局的一个极为特殊的办事机构和派出机关,甚至说在皖南事变前是南方局的"化身""替身"也不过分。因为从 1938 年 12 月至 1939 年 6 月的短短半年时间内,周恩来就曾连续三次来到桂林,1939 年上半叶剑英也前后在桂林小住了半年多时间,李克农则直接坐镇桂林指挥具体作战方针的实施等事实,就说明了这个问题。其作用自然是不言而喻的。

第四,著述采用插图的形式,大量插入珍贵历史照片,使内容更真实,史料的可信度更高。该著述不仅文字叙述周详扎实,还采用了 100 多幅历史图片,将图像与文字相结合,相互映衬,使历史的呈现更为直观、生动,较好地丰富了表现手法。

该书真实地还原了中共南方局领导南方各地的抗日斗争史实,尤其是中共中央南方局对广西文化抗战的直接与间接领导,从一个重要侧面明晰地展现了中国共产党坚定领导全国人民进行英勇抗战的革命历程。因此,该书具有十分可信的史料依据和革命斗争经验的启迪与借鉴性教育价值。

(**作者简介:**李建平,广西社科院二级研究员、广西抗战文化研究会会长。盘福东,桂林博物馆研究员、广西抗战文化研究会副秘书长。)

探寻真相　重塑英烈

——评《不能忘却的记忆——追寻新四军杰出的青年戏剧家李增援》

谢力哲

他曾就读于私立上海美术专科学校西洋画系，也是国立(南京)戏剧学校的首届毕业生。他于20世纪20年代末加入中国共产党，抗战军兴，他先后担任新四军战地服务团戏剧组(队)组(队)长、剧团副主任、主任，新四军苏北指挥部、新四军八路军华中总指挥部战地服务团剧团主任、新四军第一师战地服务团主任。他创作的独幕剧《盲哑恨》通过盲哑人痛斥亡国之恨，控诉日军与汉奸的罪行，激发民众的民族义愤和投身抗战的热情，在陪都重庆公演后陆续被国统区进步剧团剧社搬上各地舞台，并被收入各种抗战戏剧集，风靡一时。他自编自导自演的独幕剧《一家人》讲述大义灭亲除汉奸，倡导军民团结，在南昌首演后，作为新四军话剧创作的成功尝试，成为战地服务团的保留剧目。他参与创作的歌剧《送郎上前线》以群众喜闻乐见的形式在皖南根据地轮番上演，每场演出掌声不断。他还创作了在苏中、苏北和浙东地区流传最广、影响最大的广场喜歌剧《红鼻子参军》，是新四军服务团到达苏北后演出场次最多、延续时间最长、演出效果最好、最受部队和群众欢迎的长期保留节目。此外他还创作了两首脍炙人口战歌——《勇敢队》和《黄桥烧饼歌》，前者以铿锵明快的节奏和生动有力的语言激励了军民坚决抗敌的英勇精神，后者以浓郁的地方特色和鲜明的民族风格吐露了胜利的喜悦，鼓舞了广大新四军官兵的士气，并且穿越七十年的历史时空，至今仍在传唱，是新四军歌曲创作的优秀代表作。在新四军文艺史上，他与著名戏剧家刘保罗、许晴齐名。

他就是李增援。当然，这位新四军文艺战士在其创作生涯中所从事的活动、所留下的作品，还远不止上述的这些。

1941年2月，李增援在新四军第一师后方医院苏中区东台县第九区西团镇(今江苏省大丰市西团镇)养病时突遭日寇“扫荡”袭击，他为掩护战友而壮烈牺牲。新四军第一师师长粟裕、政治委员刘炎、政治部主任钟期光等军政领导参加了他的追悼会,粟裕还在会上做了讲话。可是,这位年仅 28 岁就将一腔热血抛洒在苏北平原上的新四军青年戏剧家却长期被埋没,甚至他的家属也没有得到任何通知,其英魂埋于何处更是数十年来无人知晓。由于种种原因,与李增援音讯中断多年的亲属到后来竟也误信他"叛投"了国民党军队,以为他不是在战场上被解放军打死就是败逃去了台湾,对他的名字避之唯恐不及。

"文革"期间,李增援家人的厄运接踵而至,遭受到各种严酷的迫害:被当作"反革命家属",被划为"四类分子",戴高帽,游街批斗,被强制劳动,罚扫大街、厕所,家门被贴上白纸条、衣袖上被戴上白袖箍以示"划清界限",在其妻子惨死于打谷场后,家人因顾虑自家成分以至于不敢向组织讨要公道。

烈士的英名不仅湮没无闻,烈士的家庭还蒙受了长达半个世纪的冤屈,这冤屈中甚至还浸透着血迹。直到 1988 年,来自江苏大丰的县级党史工作委员会副主任陈海云开始了重寻烈士遗迹、还原历史真相的历程。历经了长达 6 年、数千里的探寻,通过实地走访和信函调查,终于洗清了李增援及其家庭遭受的不白之冤,也使得新四军文艺史上的一位长期被埋没的文化名人得以重新浮出历史表面。

这本中共大丰市委党史工作办公室主编、张汉林著、中共党史出版社 2015 年 8 月出版的《不能忘却的记忆——追寻新四军杰出的青年戏剧家李增援》,以发掘和再现英烈被埋没的生平事迹为线索,以双线叙事的结构全面描写了李增援烈士短暂而光辉的一生。书中纪实部分与传记部分相辅相成,交替呈现,既是烈士李增援生平事迹的传记,也是对党史工作者陈海云曲折追寻的纪录。

作者从陈海云因 1988 年京城炎夏的一个偶然机会开始探寻李增援事迹的缘起着笔,在详细记述了陈海云用"顺藤摸瓜"和"滚雪球"的办法,通过实地走访和信函调查烈士生前战友的过程后,转而对传主李增援从武汉参军到苏北牺牲三年多间的基本情况,尤其是其话剧歌曲创作的成绩展开了细致而生动的叙写。尽管经过一年多的调查走访将李增援的军旅生涯基本厘清,但对他的籍贯背景和青少年时期的成长情况却在遍访多人后仍旧不得而知,线索的暂时中断使作者又转入到了对陈海云继续艰难查访的纪实中,而随着搜集材料的丰富,李增援在国立戏专的两年学习和演出情况又逐渐被清晰地呈现了出来。皇天不负有心人,陈海云终于在南京中国第二历史档案馆找到了上海美专时期的李增援学籍表,也确定了他的籍贯地(山东省莱芜县),李增援在上海美术专科学校两年的学习生活状况也终于水落石出。在莱芜完成核查完烈士的故乡家世以及亲属蒙冤的情况后，陈海云的多年探寻之路也总算可以踏上最后一段里程：为烈士恢复名誉。从烈士的申报到批准前后两年又是一波三折，然而无论如何，事情终于得到了完满收尾：1994 年 12 月 31 日，江苏省民政厅正式下发了《关于追认李增援同志为革命烈士的批复》，李增援被追认为革命烈士，同时，江苏省大丰县人民政府也填发了国家民政部颁发的《革命烈士证明书》，烈士之灵终于在时隔五十三年之后获得了迟到的告慰，烈士家属背负了半个多世纪的冤屈也得以洗刷，陈海云探寻真相、重塑英烈的义举至此也得以圆满。

读者借助此书，不仅可以了解到优秀文化战士李增援致力于创作和战斗的一生，体会抗战时期一位新四军青年戏剧家从事文艺创作和舞台演艺活动的历史情境，还可以深入到陈海云追寻烈士遗迹的感人事迹中去。而《不能忘却的记忆》一书除了作为传记和纪实作品的可贵价值外，还对近年来兴起的“抗战文学”研究有着重要的启示意义。李增援撰写的剧本被收入多种抗战戏剧集之外，还被写入《中国现代文学史》《中国现代文学词典》《中国现代戏剧史稿》和《中国话剧通史》等著作中，由他作词的战歌也被收入《中国近现代音乐史》《中国音乐简史》《中国音乐通史概述》和《抗战音乐史》等论著中。然而以上诸书中，李增援都是作为零星散入的“顺带一笔”被看待的。而实际上，李增援的这些文艺作品完全有理由也应该被纳入“抗战文学史”的视野和框架中，也只有如此，才能更好地为其创作无论是作为历史文献还是作为艺术文本的价值意义做出切合历史文化语境的微观评析和在文学史乃至文化史上相应的宏观定位。涉足这一领域的学者已经明确指出，“在关于中国现代文学的历史叙述中，抗战文学是最为薄弱的”①，而其实，“考察抗日战场文学，不仅可以拓展文学史视野，以期全面把握抗战文学，而且有助于准确认识中国人民抗日战争的巨大历史贡献，呈现其作为世界反法西斯战争之东方主战场的重大意义”②。抗战文学的恢宏画卷和繁复面貌无疑是由抗战时期从事文艺创作的每个个体组成的，而除了职业作家，像李增援这样身处前线的以战士身份出现的创作者也绝不应被忽视。而正因为有他们的参与，也才使得抗战文学的气象大大突破了传统文人圈的狭隘格局，进而汇入到争取解放和独立的民族精神大合唱的时代洪流中去。如果更多在前线从事文艺活动的官兵被探寻发掘出

① 张中良：《民国文学史概念的合法性及其历史依据》，《西北师大学报(社会科学版)》2014 年第 2 期。

② 张中良：《中国抗日战场文学论》，《西南民族大学学报(人文社科版)》2015 年第 10 期。

来,他们留下的文本被重新整理、重新重视起来,那么他们的作品自然就将融入抗战文学的历史长河中,成为抗日战场文学中不可或缺的组成部分,而他们作为有着相同身份的创作群体也自然应当在抗战文学史册上占有一个特殊的位置。《不能忘却的记忆》在这个层面上,便起到了一部难得的抗战文学史参考文献的作用。

除此之外,此书引人深思之处还在于:李增援烈士英年早逝,固然是不幸的,但他同时也是幸运的,因为他有幸在其身后还有一位坚忍不拔的党史工作者不惜耗费六年时间和数千里的奔波为其正名。可以想象,如李增援般为抗战殉国而长眠于地下的无名英烈不知凡几,李增援及其家属幸得陈海云矢志不渝的道义相助才得以恢复名誉,而那些隐没在阵亡牺牲数字背后的另一些更多的"李增援们"呢? 这恐怕仍有待于今后更多的"陈海云们"去探寻和重塑。胡适在"中华民国华北军第七军团第五十九军抗日战死将士公墓碑"碑文的最末大书:"他们把他们的生命献给了他们的祖国。我们和我们的子孙来这里凭吊敬礼的,要想想我们应该用什么报答他们的血!"——陈海云在这本书里给出了他的答案。牢记历史的教训,也当记取那些死难的英名。"毅魄归来日,灵旗空际看",但愿那些已被人们遗忘的英魂毅魄,早日得以被书写上历史的灵旗,这既是舍生取义的逝者应得的慰藉,也是坐享太平的生者应尽的责任。

英烈辉耀天地,历史发人深思,读罢此书,我们自然应该感谢寻绎历史遗踪的党史工作者和以睿智的构思与质朴的文笔如实呈现英烈与历史的本书著者!

作者简介:

谢力哲,上海交通大学人文学院中文系博士研究生。

应区分两种内涵不同的文化

——评《桂系的文化自觉与抗战桂林文化城》

魏华龄

一、引言

黄伟林著《桂系的文化自觉与抗战桂林文化城》一文，发表于《广西民族师范学院学报》第32卷第4期(2015年8月)，又收入广西师范大学出版社2015年出版的《社科文萃》一书。引起我的关注的是作者在文章的开场白就说“本文试图在前人研究视角之外，另辟蹊径，阐述关于这个历史现象的个人心得，并不打算改变他人的观点，只是呈现一种对于历史的别样探究”(本文对黄伟林文章的引文，除注明出处者外，均出自《桂系的文化自觉与抗战桂林文化城》，下不另注)。我关注他“对于历史的别样探究”有何新的观点。

黄伟林教授为了探究曾经辉煌一时的桂林文化城的形成，“试图在前人研究的视角之外，另辟蹊径”。他从20世纪30年代广西建设的历史文库中发现：李宗仁曾经说过：“文化上求自觉”[①]。黄伟林认为“‘文化上求自觉’，这是桂系建设广西过程的文化感悟。广西建设研究会则是桂系‘文化自觉’的现实举措。广西建设研究会兼容并包的胸怀和招贤纳士的态度，充分显示了桂系的文化自觉。可以说，‘文化自觉’是桂林文化城得以形成的思想保障”。从而得出下列的结论：“七八十年之后，我们重温抗战桂林文化城这段时间，应该清醒地意识到桂系的执政理念和执政策略是桂林文化城得以形成的重要因素。”

这一论述，实际上谈不上“是呈现一种对历史的别样探究”，只是前人探究过的结论他可能了解不多的缘故。早在20世纪80年代末，桂林学者曹裕文就提出了“形成(桂林文化城)的根本原因，是由于桂系坚持抗日的方针，实行开明政策的结果”[②]。两者在文字表述上略有差异，而结论的实质又何等相似。

---

① 李宗仁:《广西建设的总目标》,1934年5月在广州对广西留穗学生的演讲。

② 曹裕文:《抗战时期桂林文化城成因之管见》,《桂海论丛》1989年第5期。

唯一的“别样探究”,是发现了桂系在“文化上求自觉”。因而黄伟林说:“‘文化上求自觉’,这是桂系建设广西过程的文化感悟。广西建设研究会则是桂系‘文化自觉’的现实举措。广西建设研究会兼容并包的胸怀和招贤纳士的态度,充分显示了桂系的文化自觉。可以说‘文化自觉’是桂林文化城得以形成的思想保障。”

二、两种内涵不同的文化与文化自觉

谈“文化自觉”,首先要分清两种内涵不同的文化。毛泽东说过:“一定的文化是一定社会的政治和经济在观念形态上的反映。”[①]桂系在广西建设纲领的“基本认识”中宣称:“总理(即孙中山——引者注)所创立之三民主义乃中国革命唯一适当原则,广西党政军同志及全体民众之无上使命,即本此原则以建设广西,复兴中国。”[②]即是说,三民主义乃是广西建设纲领的理论依据。

桂系所谓的三民主义,不是新三民主义,而是旧三民主义。旧三民主义的世界观是所谓民生史观,实质上是唯心论。白崇禧曾经说过:“我是主张唯心论的,反对唯物论的,但我主张你们要研究唯物论。你们不研究它,怎么懂得反对它呢?”又说:“我们对于一般青年,不是怕他们阅览唯物论的书籍,问题是怎样教他们去看那些书籍的方法,老实说,凡是一个政治家,必须要博览群书,对于古今中外的学说,都要细心去探讨研究,在世界的学术界中,已经有了它的地位,凡是一个研究政治经济的人,无论是反对马克思理论的,或者是信仰马克思理论的,都应该对它做一番研究工作。”[③]说明白一点,反对马克思主义才是“桂系的文化自觉”。

共产党人也承认“三民主义为抗战的民族统一战线的政治基础”,承认“三民主义为中国今日之必需,本党愿为其彻底实现而奋斗”。“但是这种三民主义是什么三民主义呢?这种三民主义不是任何别的三民主义,乃是孙中山先生在《中国国民党第一次全国代表大会宣言》中所重新解释的三民主义”。“这篇宣言,区分了三民主义的两个历史时代。在这以前,三民主义是旧范畴的三民主义,是旧的半殖民地资产阶级的三民主义,是旧三民主义。在这以后,三民主义是新范畴的三民主义,是新的半殖民地资产阶级民主革命的三民主义,

---

① 毛泽东:《新民主主义论》,《毛泽东选集》一卷本,人民出版社,1967年,第645页。

② 钟文典主编:《二十世纪三十年代的广西》,广西师范大学出版社,1993年,第22页。

③ 白(崇禧)副总司令关于“青年思想问题”的谈话,见1937年5月20日《广西日报》副刊《社会周刊》第3期。

是新民主主义的三民主义，是新时期的革命的三民主义。……是联俄、联共、扶助农工三大政策的三民主义。没有三大政策，或三大政策缺一，在新时期中，就都是伪三民主义，或半三民主义。”①

抗战时期桂林文化城所传播的文化，是什么样的文化？我们只要回顾一下当年的桂西路——桂林抗战文化一条街，就知道了。这里有书店、出版社、报社、学校、艺术馆，有文协桂林分会等。这里是中国共产党信息的来源地，是马列主义、毛泽东思想的传播地，是爱国主义作品的集结地，是文化工作者活动的集散地，还是当时书刊出版发行的中心，也可以说这里就是当年桂林文化城的缩影。这里也有国民党的文化设施——书店，但读者前往光顾的不多，门市冷冷清清。而共产党和进步文化人所主持的文化阵地则人山人海，川流不息，读者众多，许多知识青年，从这里获得精神食粮，受到启迪、觉醒，从而在思想上倾向进步，走上革命道路。桂林文化城对于在抗日大后方宣传抗日、宣传团结进步、宣传中国历史必由之路曾经做出过巨大的贡献。这就是毛泽东在《新民主主义论》中所论述的“联俄、联共、扶助农工三大政策的三民主义”文化，也就是新民主主义的文化，是以中国共产党领导的进步文化为主导的。

1941 年 1 月皖南事变后，蒋桂合流，桂系参与了反共行列，国民党顽固派对进步文化进行扼杀，生活书店、新知书店、读书生活出版社被查封，可是没有多久，三家书店采取“改头换面、化整为零”的办法，又以三户图书社、学艺出版社、文学编辑社、自学书店、远方书店、实学书局、新光书店的名义继续出版新书，在极其艰苦、充满危险的条件下，坚持抗日、反对投降，坚持团结、反对分裂，坚持进步、反对倒退，继续传播马克思主义、革命思想和进步文化，充分显示了桂林进步文化人的文化自觉和自信。

三、广西建设研究会是桂系“文化自觉”的现实举措吗？

黄教授在文中说：“广西建设研究会是桂系‘文化自觉’的现实举措。广西建设研究会兼容并包的胸怀和招贤纳士的态度，充分显示了桂系的文化自觉。”

1937 年 10 月 9 日，即李宗仁离桂北上抗日的前一天，广西建设研究会召开成立大会，李宗仁亲致开会辞，题为《广西建设研究会成立之旨趣》，李宗仁指出：“本会研究的范围，只限于政治、经济、文化三个部门，而在这三个部门中

① 毛泽东：《新民主主义论》，《毛泽东选集》一卷本，第 680 页。

我们所尤应注意的是文化建设,因为文化建设为一切建设之母。"在论"文化建设"讲到各种政治思潮或主义时,他指出:"我们对于某种思潮或主义用冷静的客观的头脑去研究去比较,看看它是否和我们的国情国性正适合,看看它是否在我们特殊的当前环境与背景之中有前途以供我们建设的参考则可。不管国情国性,不要历史,不顾环境,生吞活剥地拿来实行则不可,因为我们既有我们的环境和历史,自然会有我们的文化,而离了历史和客观环境去讲文化建设,结果只会是玄学家的玄谈哩!所以我们居今日而谈文化建设必须恪守总理遗训恢复中国固有的文化,融合西洋的现代文化,然后我们所接受的文化才是真正的中国新文化。"[①]李宗仁这段话是在公开场合讲的,我们可以看出:一是《广西建设研究会成立之旨趣》对当时"某种思潮或主义"是有所指的;二也说明广西建设研究会是并非"兼容并包"的;三是桂系所要建设的文化乃是旧三民主义的文化,而不是联俄、联共、扶助农工的新三民主义的文化。

李宗仁成立广西建设研究会的真实"旨趣"是什么呢?据李任仁回忆:李宗仁在离开广西之前,为把广西的事作些安排,特约李任仁、程思远作了一次谈话,李宗仁说:"蒋介石是不能容我们的,横竖是利用我们,不过是借抗日之名来削弱和他对立的地方力量,将来还是要搞统一独裁。蒋介石这个人最不可靠,他绝不会相信我们。我在北伐时有过深刻的经验;他和冯焕章(冯玉祥)及我不是换过兰谱称兄道弟吗,但是后来他就打我,也打冯焕章。现在抗战他虽然不敢对我怎样,但是一到他情势好一点就要下我们的手了。现在是举国一致的抗战,我又不能不出去,我们必须成立一个组织来对付他才行。我最顾虑的是我出发之后,广西的党政军不能团结,我们的干部被蒋介石个别收买。要团结,就得有个组织来维系。现在和蒋合作,不能再搞秘密组织了,所以中国国民党革命同志会撤销了,但是可以搞一个公开的合法的组织。我和健生(白崇禧)都出发了,广西家里的事交给旭初(黄旭初)打理,但是旭初是由副军长出任省主席的,在党和军方面的威信还不足,同时省政府也不能领导党和军,总得有一个公开的组织,使党政军的主要干部参加,作为团结中心,同时也便于旭初的领导。"[②]这才是李宗仁的心里话、旨趣和目的。

广西建设研究会的成立,据该会主持日常会务的常委陈劭先指出:"这个组织从名义上看,似是一个学术研究团体,从形式上看,只是替广西省的政治、

---

① 李宗仁等编著:《广西建设》(下),广西建设研究会,1939 年,第 669—671 页。

② 李任仁:《回忆广西建设研究会》,《广西文史资料选辑》第 4 辑,1963 年,第 87—89 页。

经济、文化建设提供意见，但实际上它是一个以反蒋为主要目的的政治组织。”①

另据桂系六君子之一的万仲文在《李宗仁筹建广西建设研究会的背景与意图》一文中指出：“李宗仁组织广西建设研究会的当时背景和意图是有两面的，即既有在政治上暗中反蒋的一面，也有在思想上公开反共的一面，前者是出于桂系一时的政治需要，后者出于桂系永久的阶级本性。”②到 1941 年“皖南事变”后蒋桂合流，桂系参加了反共行列，白崇禧则进一步暴露了他反共的阶级本性。

研究会初成立时，有研究员 50 余人，多为政府党政、军官员。桂系为了反蒋需要，增加政治资本，以壮大自己的声势，才招贤纳士，按李宗仁成立研究会之“旨趣”，其所招之“贤”和所纳之“士”，无疑是为其“反蒋”的目的服务的，只要是“反蒋”人士，一律欢迎。这就为 1938 年武汉、广州沦陷以后，一大批文化人撤到桂林，并加盟广西建设研究会提供了机遇，而不是桂系的“文化自觉”。

另一方面，也正是武汉沦陷后，在国民政府军事委员会政治部第三厅第五处任处长、主管抗日动员宣传工作的胡愈之，随同当时中共中央南方局书记周恩来一同到了长沙，因第三厅需要整编，胡愈之向周恩来提出辞职，希望去延安。周恩来考虑到今后桂林的地位很重要，要胡愈之来桂林，任务之一是做好桂系的统一战线工作，二是开展抗日文化工作。胡愈之受周恩来指派，和范长江一道，于 1938 年 11 月下旬到达桂林。胡愈之到桂林后，作为党外人士，以救国会代表的名义进行活动，他的“(中共)党籍绝对保密”，只有南方局周恩来和“桂林八办”李克农才知道。为了开展工作，他首先联系的是广西建设研究会的李任仁、陈劭先和陈此生，他们三人都是救国会成员(当时并未公开)，又是建设研究会的实际负责人，不久，在他们的推荐下，胡愈之以文化人的身份被吸收为该会研究员、并被聘任为该会文化研究部副主任(主任万民一，三民主义理论家)，千家驹(救国会成员，经济学家、广西大学教授)被聘为经济研究部研究员、研究部副主任，白鹏飞(法学家、广西大学校长)被聘为政治研究部副主任(主任是黄旭初)。再通过他们的关系，又陆续吸收了一大批到桂文化人为政治、经济、文化等部门任研究员。初成立时，研究员仅 50 余人(主要为党、政、军负责人)，到 1940 年 2 月达 238 人，最多时达 300 余人。这些人就政

① 陈劭先：《广西建设研究会的成立和结束》，《广西文史资料选辑》第 23 辑，1986 年，第 1 页。

② 万仲文：《李宗仁侧记》，《万仲文文集》(下)，华夏出版社，2009 年，第 101 页。

治态度来说,虽然左、中、右都有,但以进步力量为主,其中有不少是中共党员、民主同盟、救国会成员(三者都未公开,都以研究员身份进行活动)。当时作为共产党员的胡愈之、杨东莼、夏衍、邵荃麟、张锡昌等,正好利用建设研究会这个合法的平台,开展文化统一战线工作,依靠李任仁、陈劭先、陈此生等,团结广大文化工作者为桂林文化城做出了重要贡献。这是抗日民族统一战线的产物,既不是桂系"文化自觉的现实举措",也不是桂林和广西的统治者桂系在桂林文化城中扮演了重要角色。

由于国共实现了第二次合作,团结抗日,应当指出,在抗战初期,直到皖南事变前,桂林的政治形势还是比较好的,它一直是抗战空气比较浓厚,文化活动比较活跃,民主气氛比较宽松的一个城市。但自1941年爆发了震惊中外的皖南事变,国民党顽固派掀起了第二次反共高潮,蒋桂开始合流,桂林面临白色恐怖,"八办"被撤离,《救亡日报》被迫停刊,生活书店、新知书店、读书生活出版社、国际新闻社等被迫关闭停业,一大批文化人(包括建设研究会的一批研究员)被迫离开桂林,连陈此生这样的民主人士也不能容。

这里需要指出的是,桂系的"兼容并包"也好,"联共"也好,桂系并没有放弃敌视和反对共产党的立场,而是采取"外联内防"的两面手法,不仅如此,其两面手法,还表现在,一方面对外地来的共产党员,一旦发现,则"礼送出境";另一方面对中共广西地方组织则毫不留情,一旦发现,即许是可疑分子,也毫不留情,予以打击和迫害,以至镇压。皖南事变前,他们对中共柳州支部、中共那马中心县委、中共天(保)、向(都)、田(东)中心县委、中共郁江特委所属组织加以破坏,逮捕杀害共产党人。皖南事变之后,他们又制造了1942年的反共"七·九事件",1943年的"一·一三"反共事件等,彻底暴露了桂系反共的真实面目。在建设研究会内部,对时任编译室主任的陈此生也加以排斥,迫使陈此生离开广西。1940年,广西建设研究会内一些进步人士胡愈之、张志让、千家驹、杨东莼、陈此生、李任仁、陈劭先等为要求民主宪政,结束一党专政,于5月成立广西宪政协进会,公推李任仁为主席,发表了《广西宪政协进会成立大会宣言》。可是这个会成立不到两个月,就被扼杀,停止活动了。

其实,广西建设研究会的成立,是桂系"搭台",进步文化人"唱戏",是抗日民族统一战线的产物,是一个独特的历史现象。它既不是"桂系'文化自觉'的现实举措",也不是"文化城得以形成的思想保障"。其"招贤纳士"聚集了一大批文化人,主要不是由于桂系"兼容并包",而是由于在国民党和桂系中有一批拥护抗日民族统一战线和孙中山三大政策的民主人士,如李济深、李任仁、陈劭先和陈此生等，没有他们真诚地“兼容并包的胸怀”和发挥他们具有独特的“保护伞”作用的话，建设研究会的“招贤纳士”是招纳不起来的。听听当年一些文化人的声音就懂得了，柳亚子是这些文化人中的一个代表，他说：“讲起我到桂林当初的动机，原来可说是投李任潮（济深）而来的，因为他有西南文化保护人的声誉。到桂林后，果然也给我以不少帮助。”①这道出了当年客桂文化人的心声。再看戏剧家田汉又是怎么说的，田汉说：“在广西闻名的是李、白，可是武李、白绝对不如文李、白，即是李任仁先生和白鹏飞先生，桂林文化工作者的困难，他很能担当和支持。”②这两例充分说明在建设研究会真正具有“兼容并包胸怀”的不是武“李、白”，也不是“桂系的文化自觉”。

除了上述民主人士，还有以政治、经济、文化研究部副主任身份的白鹏飞、千家驹、胡愈之等人的桥梁作用，他们三人，其实都是当年文化人中的代表性人物，他们在为建设研究会“招贤纳士”方面，起了非常重要的作用。

四、中国共产党与桂林文化城

1938 年 8、9 月间，周恩来与叶剑英分析了当时的抗战形势，估计武汉可能很快失守，决定在重庆、桂林两地设立八路军办事处，并决定李克农任桂林办事处处长。为此，周恩来亲自与白崇禧沟通并获得支持。八路军桂林办事处于 1938 年 11 月正式建立，在周恩来和李克农的领导下，文化界的统一战线工作由胡愈之、夏衍具体负责。皖南事变前后，胡愈之、夏衍、李克农以及“八办”都先后被迫撤离桂林。1941 年 6 月，为加强桂林统一战线工作，南方局又派李亚群、徐鸣、刘隆华等到桂林，建立中共桂林统一战线工作委员会，李亚群任书记，同时组建以邵荃麟、张锡昌、狄超白三人为核心的文化工作组，邵荃麟为组长，具体负责文化界的统一战线工作。1941 年 6 月，在李亚群来桂林前，周恩来对李亚群说：“桂林这个阵地不能丢，一定要保存下来大大发挥作用；广西同国统区其他地区有差别，要充分利用这个差别”，“出版一些好的书刊，不仅能在广西起作用，并要向国统区其他地区发行”③。国统区及桂林抗战文化的发展，完全是按周恩来所指示去开展的。也即是说是在中国共产党的领导下进行的。

夏衍，中共党员，抗日战争时期，一直在国统区从事党的文化工作，1938 年

① 柳亚子：《八年回忆》，《柳亚子文集》，上海人民出版社，1986 年。
② 《桂林文化城人物选辑》，《桂林文史资料》第 50 辑，第 15 页。
③ 金冲及主编：《周恩来传》，人民出版社、中央文献出版社，1998 年，第 527、504—506 页。

11 月至 1941 年初任《救亡日报》桂林版总编辑，同时在八路军桂林办事处处长李克农领导下做文化界统一战线工作，兼任文协桂林分会理事，1942 年去重庆，任中共中央南方局文委工作。他说："在整个抗日战争时期，国统区的文化艺术工作，从始至终是由中共中央南方局、主要是由周恩来领导的。"①

周钢鸣，中共党员，自 1938 年 11 月至 1944 年秋疏散都在桂林，先后担任《救亡日报》记者及采访部主任，广西地方建设干部学校指导员及该校中共地下党外省支部书记，文协桂林分会理事，《人世间》杂志主编，西南剧展剧评团成员。他说："在我党(中共)领导下，广西桂林有了抗日的统一战线、抗日的舆论阵地、抗日的干部队伍，因而为'文化城'的建立奠定了政治基础。否则，桂林'文化城'是不可能形成的。"②

艾芜，党外著名作家，1939 年 1 月到桂林，从事文学创作，直到 1944 年秋桂林疏散，曾任中华全国文艺界抗敌协会桂林分会第一至第五届理事、常务理事，是文协桂林分会领导核心之一。他说："在广西我待了五年，我知道'文协'桂林分会的一些情况。当时，成立公开合法的会，国民党就要看你什么人出来领导。中间的人出来，他们无话可说。选分会理事会，凡是中间派的人我们都支持他们出来。将候选人名单搞好后，林林叫我找李克农，李克农当时是八路军桂林办事处主任，我找李克农，他同意了，说中间人多更好些，甚至有的人右一点也没关系，只要赞成抗战，赞成争取民主，我们就欢迎。桂林文协分会成立的时候，理事会名单是与八路军桂林办事处讨论过的，是在党的领导下进行的。这就是说不要看是否哪个党员来坐第一把交椅，才算有党的领导。在我看来，这个协会是党领导下的一个文艺统一战线组织，要承认这一点。"③

程思远，国民党员，抗战期间，曾在桂林任国防艺术社社长、广西绥靖主任公署政治部主任、三青团广西支团筹备处书记。他说："抗日战争时期，桂林处于特殊的地位。桂林能够发展成为全国著名的'文化城'，是由于周恩来实行中国共产党的抗日民族统一战线的结果。"④

以上所列桂林文化城的见证人对桂林文化城形成的论述，是当年历史的见证，在这些见证人中，有共产党人，有党外著名作家，有国民党知名人士，大

① 夏衍:《当年中共南方局领导文化工作的一些情况》,《新文化史料》1990 年第 3 期。

② 周钢鸣:《桂林文化城的政治基础及其盛况》,《学术论坛》1981 年第 2 期。

③ 艾芜:《党领导下的大后方抗战文艺运动——在四川省抗战文艺学术讨论会上的发言》,《抗战文艺研究》1983 年 2 月号。

④ 程思远:《桂林在抗战时期中的特殊地位》,《学术论坛》1981 年第 1 期。

家的看法一致，即“没有中国共产党的领导，桂林文化城的形成是不可能的”。应当肯定，这一看法是客观的，是经得起历史的检验的。

桂林文化城是一个“独特的历史现象”，这是当年在桂林生活书店工作的许觉民根据他在桂林的经历体验而提出的概念，他对我说：“‘独特’的看法是大家（指文化人）都有的，不只是我一个人。”而最主要和最“独特”的是在当时国民党统治区的桂林，却存在一个特别有利于中国共产党人和进步文化人开展抗日救亡文化活动，传播马列主义和毛泽东思想的“文化特区”。而这一文化特区是以革命文化和进步文化为主导的，它坚持了先进文化的前进方向，这种文化，只能由中国共产党来领导，任何别的党派都是不能领导得了的。

抗日战争时期，国共实现了第二次合作，但与第一次国共合作是不同的。当年，在国民党统治区是国民党执政，中共在桂林虽然也有党的组织和党员在开展工作，但都处于地下状态，在这样的情况下，党如何去实现党的领导呢？党的领导主要是政治领导，通过党的方针政策来领导，这是公开的。首先有了一条抗日民族统一战线，又有“坚持抗战、反对投降，坚持团结、反对分裂，坚持进步、反对倒退”的方针。经过宣传，大得民心，受到广大人民群众的热烈拥护。

其次是思想文化领导，这也是公开的。通过办报纸，造舆论，办刊物、办出版社、开书店；举办各种报告会、纪念会、补习班，组织各种研讨会、座谈会、读书会、歌咏队、演剧队等，通过各种文化活动，利用各种形式，宣传中国共产党的方针政策，传播马克思主义、毛泽东思想，在广大读者和群众中唤醒了巨大的爱国主义热情，把无数青年引向抗日、进步和革命道路。

再就是通过统一战线、广交朋友，让每一个党员实现“职业化”和“社会化”。按照中共南方局书记周恩来的要求，“每个党员和领导干部都要有职业”，“要使党员社会化，不仅不能脱离社会，而且要更深入社会”，“要充分利用合法团体和组织，做发动群众和争取群众的工作”。[①]这样，党员就可以利用社会职业的身份公开地开展工作，在发展进步势力、孤立顽固派的斗争中，把中间势力团结在抗日民族统一战线的旗帜下，团结在党的周围，把党的方针政策、政治思想变为广大知识分子和群众的自觉行动，以实现党在国统区的领导。

① 金冲及主编：《周恩来传》，第527、504—506页。

五、坚持正确的历史观和辩证思维

国民党桂系是中国现代史上的地方政治军事集团,情况比较复杂,我们研究它,脑子也需要复杂一点,即是说,不仅要有正确的历史观,而且还要坚持辩证思维,不能把它看得太简单了。

不久前读了《广西文史》主编刘硕良在该刊 2015 年第 1 期发表的文章《识时务者为俊杰》,这篇千字文是为黄伟林教授的《将军决胜岂止在战场——白崇禧将军的另一面》一文而写的。刘硕良在文章中指出:“看来,战场内外的决胜,还有更致命的因素的左右,那就是时势、潮流、人心向背。倘若背离人民,违忤潮流,逆时而动,一个人再有本领也难臻胜境。”“形势比人强。无论多么不可一世的强者也拗不过伟力合成的形势。识时务者为俊杰,而能识时变势,首先得有立足点的求正固根,得有历史的智慧和勇气。”

刘硕良不仅道出了这位民国风云人物最后仍摆脱不了失败的原因,同时也指出了黄伟林教授看问题的局限性和片面性,只看表面,不看本质,往往就会误判。

黄教授发现李宗仁说过“文化上求自觉”就解读为“这是桂系建设广西过程的文化感悟。广西建设研究会则是桂系‘文化自觉’的现实举措。广西建设研究会兼容并包的胸怀和招贤纳士的态度,充分显示了桂系的文化自觉。可以说‘文化自觉’是桂林文化城得以形成的思想保障。”黄教授把桂系的“文化自觉”作为理论根据,未免简单了一点,缺乏科学的辩证思维。

提起辩证思维,让我联想到广西师范大学的前身——广西省立师范专科学校校长杨东莼于 1933 年在《师专校刊》发表的一篇不到千字的短文《理论与实际》,文章指出:“进步的科学家并不从静的方面去处理实际,却从动的方面去处理实际;并不为孤立的事实所限制,却从关联中从联系中去把握事实(即实际);并不从不变中去追求实际,却从变化中追求实际。”还进一步指出:“除掉着重于个别的事实(即实际)却还要着重于一般的事实;除掉着重于具体的方面,却还要着重于抽象的方面。”“要是这样,理论才可以运用到实际上去,才可以得到理论与实际的真正的统一。”①

从桂系的实际(事实)来看,在抗战期间的表现,其所谓的“文化自觉”,却忽略了一条原则,那仍然是“识时务者为俊杰”,必须遵循“坚持抗战、反对投

① 转引自魏华龄《桂林抗战文化史》,漓江出版社,2011 年,第 94 页。

降，坚持团结、反对分裂，坚持进步、反对倒退”的方针，而桂系适得其反，加入反共行列，破坏团结，扼杀进步文化。桂系的所谓“文化自觉”，实质上正如白崇禧说的：“我是主张唯心论的，反对唯物论的。”抓住“文化自觉”一句话，孤立的、静止的去看，去研究，去阐释，就会如杨东莼在《理论与实际》一文中指出的：“有许多理论，从静的方面看去，从不变中看去，从孤立的个别的方面看去，似乎合乎实际，但在事实上，这些理论一点也不合于实际，而且实践这试金石，一定要给予这些理论以正确的证明，证明这些理论一定不能用到实际上去，……凡是研究科学的人，都应当有真切的体认。”[①]时间已经过去 80 多年了，现在看来，杨东莼的观点并不过时。

作者简介：

魏华龄，桂林市政协原副主席、广西抗战文化研究会名誉会长。

① 转引自魏华龄《桂林抗战文化史》，第 94 页。

《抗战文化研究》编委工作会议纪要

曾 祁

2015年8月28日上午，由广西社会科学院文化研究所、广西抗战文化研究会联合主办的“《抗战文化研究》编委工作会议”在南宁举行。来自北京、上海、重庆、四川、山东和广西的9名编委出席了会议，会议还特邀了重庆、四川、云南、北京和广西的几位学者参会。共同研讨《抗战文化研究》创刊9年来的工作和今后的发展路向。

一、工作总结

会议分两个阶段进行，第一阶段由广西社会科学院文化研究所研究员、广西抗战文化研究会会长、《抗战文化研究》主编李建平主持，主要进行工作总结和刊物评议。

李建平首先介绍了召开这次会议的宗旨。他说：“《抗战文化研究》丛刊办了9年，正逢今年是抗战胜利70周年，在这个大背景下，我们召集大家聚集在一起探讨一下我们9年来的工作，研究一下今后的发展问题，同时就抗战胜利70周年大家发表感想以及自己的研究构想，应该是一个很有意义也很及时的会议。”接着，他回顾了办刊9年来编辑9本年刊的一些情况，尤其是在组稿和经费筹措上的一些曲折。他重点谈了《抗战文化研究》的作用和影响。他说：“回顾9年来的历程，今天我们可以说，《抗战文化研究》对推进中国抗日战争史研究发挥了较大的作用。第一，它是自20世纪90年代以来20多年里国内出现的第二家专门研究中国抗日战争史的连续性学术刊物，更重要的是，它是国内第一家专门研究文化抗战和抗日战争时期文化问题的连续性学术刊物，这就为扩大抗日战争史研究阵地，开辟抗日战争史研究中关于文化研究的新领域做出了贡献。因为过去20年，有关抗战时期的文化研究成果是较少的，这与发表园地少是有关系的，《抗战文化研究》在2007年出版时可以说是及时地弥补了这一缺陷，而且在后来带动了《抗战史料研究》和《抗战文史研究》两刊的出版。第二，《抗战文化研究》9年来出版的刊物，发表了将近300篇论文，涉及不少新鲜课题，如国民党正面战场的文学表现、抗战文化遗产和抗战遗址调查与保护、抗战艺术研究、西南联大研究、沦陷区文学艺术研究，等等，都是以往抗日战争史研究较少涉及或者系统研究不够深入的。这批论文，为中国抗日战争史研究提供了新的史料和新的结论。三是联络了一批抗战文化研究学者，壮大了抗战史研究队伍。既有颇具实力和影响的中老年专家，也有一批年轻的博士硕士学人，在《抗战文化研究》连续发文，充实了中国抗日战争史研究的学术力量，积累了一批成果，提升了研究水平，为抗战文化研究事业持续开展扩大了人才队伍。我们欣喜地看到，经过9年的持续努力，我们这个刊物的影响力越来越大，特别是中国知网全文收录后，影响力向海外扩展很快。从中国知网每年提供给我们的传播统计报告可以看到，全国和世界一些大的图书馆，包括一些国家的国会图书馆、国家图书馆等等，还有一些著名大学每年都订购《抗战文化研究》的电子版。因为二战这个命题至今仍然是影响当今世界发展的重要问题，我们研究中国抗战的成果必然会进入到世界二战研究的视野之中，会引起世界各国学者关注。从作者队伍的逐步壮大也看出我们刊物的影响力在扩大。创刊之初，我们的组稿面向的主要还是一些我们熟悉的学者，还带有一点学术小圈子的性质。近几年，这种状况有较大改观，现在自然来稿增多了，作者来源由原来的10来个省已增至20个省，军事院校的学者投稿也多了。来稿量的增加，使稿件的淘汰率加大了，文章的质量也提高了。总之，我们这个刊物，在抗日战争史研究的同类刊物里面，应该是比较引人注目、有较高的学术实力和影响力的。我们有决心把它办得更好。”最后，李建平对各位编委9年来的大力支持和所做的努力表示了谢意。

上海交通大学人文学院教授、《抗战文化研究》主编张中良说：“刚才建平先生把这个刊物的历史做了一个大体的勾勒，正如建平所说，2005年我们在参加中国社会科学院文学所召开的纪念中国人民抗日战争胜利60周年的研讨会上，商议了一个办刊的大致的想法，后来逐渐去做，终于得以实现，2007年正式创刊。这个经历想起来也是很久的事了，刊物也是时间比较长的一个刊物了。刊物最早的创意和实际的操持主要是建平在做，我的工作任务一个是组织一个编委会,联络学者;再一个就是协助组稿;第三个是商议编稿中的问题。每期的稿件中我们认为有问题的,我和建平都要讨论几次。有一些敏感问题,涉及殖民地、沦陷区的问题,还有日本学者的稿子,等等,我们都做过多次的意见交换,力求科学、规范地办好刊物。”

张中良评价了刊物9年来的工作,他说:我们这个刊物是全国性的,这一点是做到了,虽然是广西抗战文化研究会来组织的,但实际是全国刊物。我想起了抗战时期第五战区李宗仁司令长官指挥了徐州会战,在台儿庄获得大捷。虽然指挥者是桂军首脑李宗仁,但指挥的是全国的军队,不光有桂军,还有川军、西北军和部分中央军。我们这个刊物虽然是“桂系”学者在主持,但实际上是全国性刊物。当时商议组建编委会的时候,我们请了中国社会科学院学部委员、兼任文学所和民族文学所两个所的所长杨义先生作编委会主任,然后又请了北京大学的钱理群教授,我们也不完全是慕名,这些学者确实是有抗战文化研究成果在。像钱理群,合著的《中国现代文学30年》(1998年版)关于抗战时期戏剧那一章就是他写的,他还对抗战时期沦陷区文学有很好的研究。我们请钱老师的时候他欣然接受。前几天我邀请他来开会,他不方便前来,住在养老院忙于著述,他让我转述他的意见,他说,“我很关心这个刊物,每期都读”。他虽然这次不能参加会议,但我们知道他一直在支持我们,以后有问题我们还可以继续向他请教。《抗战文化研究》之所以办得好,有质量,是一批老一代的专家在我们前面起了很好的引领作用,同时,我们聘请担任编委的专家学者,包括在座的全国各地学者,都是同年龄段、同时代做抗战文学最出色、最有代表性的一批。再一个,不但我们的编委、核心作者是全国性的,我们的稿件来源也是全国性的,稿件内容也带有全国性特征,研究国统区、抗日根据地和沦陷区的问题的文章都有。另外还有一个重要特征要总结的是,我们的刊物是具有前沿性的,我们不是把过去的旧东西再翻一翻重新做一下,不是!我们每一期都能提出新的问题,每期都有新的作者,每期的文章和论文,还有其他资料性的综述,等等,都代表了同时期全国抗战文学的前沿水平,这个是值得骄傲的。因此它也就有了权威性,我们这个刊物因为有了全国性、有了前沿性,所以有权威性。现在得到了很多抗战研究机构的重视,比如北京的中国人民抗日战争纪念馆,副馆长罗存康先生就在我们杂志发过论文,还有抗战纪念馆编辑研究部副主任李鑫也在我们这儿发过论文,我们刊物论文的研究信息在他们的刊物《抗战史料研究》做过摘编,我们的信息是互通的。我们的刊物也得到了国外许多重要的图书馆的收藏和学者的关注。这样来看,我们9年的工作确实卓有成效，值得欣慰。

李建平：张中良先生在刊物办刊上做了大量工作，起了积极作用。如果只是由我们广西学者自己来做，可能只是地方作者办成地方刊物、地方特色。他在这个刊物上还连续发表了关于国民党正面战场文学表现的多篇论文，我深深地感谢他对这个刊物做出的贡献。

二、刊物评价

北京市社会科学院文化研究所张泉研究员从20世纪80年代四川办的《抗战文艺研究》说起，他说：从全国来说，研究抗战史的刊物不少，如《抗日战争研究》《南京大屠杀研究》《抗战史料研究》等，但是研究抗战文学、抗战文化的刊物很少。我从20世纪80年代初开始搞抗战文学研究，对我影响最大的，一个是四川的《抗战文艺研究》，出版了十年，还有一个是80年代东北高校和社科院联合举办的《东北现代文学史研究丛刊》，出了13本，但是到90年代初就停刊了。21世纪以来的十几年，就只有李建平主编的《抗战文化研究》了。我自己搞了一个沦陷区研究史料丛刊，但是才搞了一期就退休了，没法搞了。我觉得咱们的《抗战文化研究》，由于有开放的视野和学术探讨的精神，一开始就能够把沦陷区研究纳入，我觉得这是很有勇气的，开了一个很好的头，为在这个领域耕耘的很多学者的文章提供了一个发表的园地。《抗战文化研究》能坚持9年，确实不容易，我们都希望它能够坚持下去。因为从全国和整个东亚地区来说，这么专业，能这么长时间的专注抗战、二战时期文化问题的连续刊物没有，所以能够做下去是非常好的。而且抗战文化研究的圈子应该是逐步增大的，比如具体的研究桂林文化城、西南大后方，再扩大一点有国统区、沦陷区、解放区，再扩展一点有东亚殖民地、所谓“大东亚共荣圈”，还有中国台湾以及韩国，都可以包括进去，在东亚整合的范围内来研究抗战文化。由于抗战在中国近代史、新中国建国史当中很重要，所以抗战文化研究在若干年内肯定是中国一个经久不衰的课题。做任何事都得有一个平台、有一个象征。有这么一块阵地、有这么一个招牌，对于统合国内的、海外的东亚圈的研究是非常有意义的。所以李建平先生发开会通知的时候，尽管我特别忙，也还是赶来了，一是表示感谢，二是希望今后能够继续坚持办下去。

重庆社会科学院文史研究所张凤琦研究员说：我和李建平先生多年一道参加全国地方社科院文学所、文史所所长会议。记得是2006年在新疆开会的时候就听到李所长说：“明年要出《抗战文化研究》，我准备请你参加进来做编委。”我觉得办刊非常好,因为它是专题性的,目前来看类似这样的杂志还没有,它确实是填补了这方面研究期刊的一个空白。所以当时我说:“好吧,我就尽量支持,尽我所能来为这本杂志出点力。”现在回过头来看,9 辑刊物的出版,给我的印象,一是它的成绩确实非常显著。刚才张泉先生说了,它的开放性、包容性,使得这个刊物能够纳入抗战文化这个领域各个方面的一些研究成果,并连续 9 期如此;而且从栏目来看,应该说是越来越完善、越来越成熟。二是特色鲜明,始终坚持抗战文化研究这一主题。它不像有些杂志,有些杂志打的是一个名目,但是里面内容打开一看也不完全是这个东西,所以我觉得《抗战文化研究》首先是属于抗战文化这个范畴的,它特色很鲜明。三是学术性严谨,一个学术杂志能不能够维持它的生命,可能很大程度上取决于它的学术性。尽管开始有一些论文集的感觉,有点像一些会议开完了以后搞的一个文集,但是从后来出版和编辑的特色来看,和它把握的资料来看,它的学术性确实很严谨,这也和李所长个人认真、执着,做什么事都是一门心思地扑上去的学术性格有关。回过头来看这个期刊的印象确实很感慨,这几点给我的印象特别深。一份期刊创办,到它继续走下去的确很不容易,现在已经有了这样的底子和基础,它确实是需要继续做下去,这是我们一个共同的愿望。如果要继续做下去,当然还有一些东西我们需要进一步改进、进一步拓展,把它做得更好。

上海社会科学院陈青生研究员说:抗战文化研究真正从学术上开展是改革开放以后,而它的起点又是从抗战文学、抗战文艺研究上发展的,是从 70 年代末 80 年代初开始的。当时最初进行抗战文学整体的研究是三个单位,最积极的就是四川社科院文学所,还有重庆的几个高校,那个时候开全国性的抗战研究会议,几乎就是他们两家轮流开。上海是搞“孤岛文学”研究,当然东北有一些研究者是搞东北的沦陷区文学研究。作为刊物来说,当时影响最大的也是四川社科院的《抗战文艺研究》,很可惜这个刊物后来在 80 年代末还是 90 年代初就停了。中国社科院近代史所办有一个《抗日战争研究》,但它和抗战文学、抗战文化研究离得远了一点,它主要关注战时的政治、军事、经济、外交、民生和日军暴行与战时中国损失等,对文学和文化问题的研究文章很少发表。到 2007 年,建平所长办起《抗战文化研究》了。对《抗战文化研究》,我最欣赏的是它的前瞻性,张中良刚才也说了,我现在仍然觉得,如果以后我们坚持要搞抗战文化研究,一定要抓住抗战文化这个基点。

四川民族大学李光荣教授说:我跟建平先生认识是十年前中国社会科学

院文学研究所在香山办的那个纪念抗日战争胜利 60 周年学术研讨会，中良先生也参加了那次会。因为我研究西南联大的关系，他邀请我做了编委。我既然做了编委，那我就想为这个刊物做一点事情。我做了三个方面的工作：第一，我自己给刊物写了一些文章，第一辑里面就有我的文章，第九辑也有我的文章，这些文章都是在建平先生的反复催促下写成的，没有他的催促，我可能都以忙不过来作为推托就不写了。由此我觉得建平先生确实是一个很好的组织者和编辑。第二，我帮助组了几篇稿子，他当时给我一个任务，要介绍云南学者的文章，我第一次就介绍了杨立德先生，他很积极，差不多每一期都有文章，杨绍军的文章也是我介绍的。后来我到四川后，在成都也介绍了几篇文章过来。第三，我在一定的场合对这个刊物做了介绍，我觉得个刊物办得很好，向学术界人士做了一点推介，特别是我把这个刊物作为我的研究生的必读书，每期都要他们认真读。

说到对刊物的总结，我觉得一个是坚持了学术性，《抗战文化研究》这九辑在坚持学术性方面做得较好，这一点我确实很高兴，我每期都认真看了，它没有那种专门带着某种有色眼镜去选稿、编稿而发表的情况。二是它具有前沿性。今后也一定要站在学术的前沿，要引领学术，做到这样它就会具有一定的权威性了。今年是纪念抗战胜利 70 周年，全国都很重视，四川社科院出了一套丛书，听说广西也出了丛书，全国还有多个刊物开辟抗战研究专栏，用稿量很大，我发在《抗战文化研究》第九辑的这篇文章写出来之后有人跟我要这篇稿子，我说这篇稿子我已经给《抗战文化研究》了，不能再给你了，他说你能不能跟那边说说给我发，我说那不行。尽管他是一个北京刊物，但我还是拒绝了，我是专门给《抗战文化研究》写的，所以我没有给他。我觉得《抗战文化研究》是大有可为的，也有相当的学术影响的。

李建平说：我们当时请光荣兄做编委，一个考虑是地域性，因为云南是抗战的一个很重要的大后方，史料非常丰富，他当时在云南师范大学，后来才调到成都去了。他也确实在西南联大研究方面颇有造诣，成果丰硕。他后来寄来多篇文稿支持刊物，文章很有学术分量。他还请了几位学者帮我们撰写抗战文化论文。非常感谢光荣兄。

特邀参加会议的四川省社会科学院文学所所长、《中国·四川抗战文化研究丛书》执行主编苏宁研究员说：我非常赞同前面几位先生对《抗战文化研究》这个刊物的评价，它的权威性、前瞻性我也是有同感的。我认为这个刊物还不只是一个刊物的价值，它通过这个刊物形成了一个学术的副中心的辐射性。

我们知道北京是学术文化的政治文化主体，像四川、广西都属于西南边区，但是在抗战文化这一块的历史价值和意义可以形成一个学术副中心，实际上这对于中国学术生态的共生是有很大贡献的。从这个角度，我特别看重这个刊物，尤其是它一直坚持了下来。

重庆师范大学郝明工教授说：能够把这个刊物一直办下去，而且办了9年，这是很不容易的。前面很多同行已经发言谈到的我就不再重复。

山东师范大学黄万华教授说：《抗战文化研究》办刊快10年了，我这里要向这个刊物致敬，因为抗战的历史可以凝聚整个民族的向心力，这个刊物在这方面出了大力。为什么30多年来抗战文学研究中心始终在西南？前有四川的《抗战文艺研究》，现有广西的《抗战文化研究》，它没有出现在西北，也没有出现在当时日占区的华东、东北。我认为是因为这里是抗战时期陪都重庆的辐射地区，是陪都的影响所致。我觉得我们没有必要去研究谁是抗战的领导者，是一个中心还是两个中心的问题。西南地区的学者的学术重点始终在重庆、四川、广西这一带，如文天行老师到现在为止，他研究四川抗战文化，几乎没有转移过。《抗战文化研究》也没有局限于自己，关注西南大后方的文化，同样也关注敌后抗日根据地和日本人占领的沦陷区的文化问题，这才是整个民族抗战的意识。要说感谢和敬佩的话语是很多的，就不多说了。

广西师范大学黄伟林教授说：我每年都收到《抗战文化研究》，一晃9年过去了。刚开始不觉得，如今回过头来，觉得这是一件了不起的事情。今年纪念抗战胜利70周年，抗战话题自然比较热闹，但在很长时间里，这本刊物是处于一种很寂寞的状态。这就需要办刊人对其所从事的工作有特别的信心和耐心。尤其是这本刊物的经费并不是很有保障，于是，李建平的坚守就变得特别重要和可贵。因为《抗战文化研究》，全国一批从事相关研究的学者们得以集结，抗战文化研究的工作能够借助这样一个平台不断深入延伸，这在当代学术史上显然是一件值得称道的事情。从广西的角度来说，广西是抗战文化大省，广西的抗战文化研究持续有年，《抗战文化研究》对广西的意义在于为广西抗战文化研究开辟了一个与全国同行交流的园地，让广西的相关学术成果从这里向全国传播，而不是囿于自说自话的状态。我希望这本刊物能够持续办下去，而且，能够不断自我超越，开拓新境。

三、办刊建议

会议的第二阶段由张中良先生主持。主要是发表学术见解和办刊建议，讨论今后办刊路向。

郝明工教授提出了要捕捉前沿性话题和开展连续性研究的建议。他说：我认为一个大的刊物有两点是需要阐述的，因为是期刊，一年出一期，是不是说每期都应该有一个前沿性的话题？把它稍微理性化一点，不要太具体，通过这些文章也可能形成一个关注的热点。比如说史料研究，长期以来我们认为史料整理是为研究做准备的，但是中国社科院史料协会文学分会前不久在我们学校开了一个学术会议，其中的观点是整理史料也是一种研究，因为它要梳理。如果我们期刊上开一个史料整理的栏目，要有连续性，形成每一期有一些连续性的研究，不要搞成“东一榔头西一棒子”。还有刚才张泉先生说的沦陷区的研究，无论是东北沦陷区还是华北沦陷区，连续发表，让人家研究这方面时必须到我们这个刊物里头找。从台湾到东北再到全面抗战爆发之后逐步沦陷的华北、华东，实际上殖民化的程度是不一样的，台湾是完全殖民地化，东北是半殖民地化。总的来说，希望每期有一个主题，大家围绕这个来做。

张凤琦研究员提出了推出“重点关注文章”和增加编委的建议。她说：有两个小小的建议：一是期刊现在已经有这么多的栏目，能不能够在每一期的前面有一两篇类似于这本期刊当中的重头戏，或者是“特别推荐”的重点文章，把它放在前面的第一篇、第二篇，这样起到引导和关注的作用。二是随着期刊的拓展，无论是内容的拓展或者是研究领域的拓展，我们应该把更多的学者纳入到期刊当中来，当时我们在做的时候有些学者还没有联络上，但是他们在这个领域确实有研究，为了使我们这个杂志能够办得更好，所以编委会可以适当地做一些拓展，人选的确定前提应该是在抗战文化研究方面确实有功底有成果的学者，而且在这个领域、在一个区域里有一定的代表性和影响力。像四川社科院苏宁所长，她们今年搞了一套《中国·四川抗战文化研究》丛书，重庆到现在都还没弄得出来，四川在这方面又上来了，这套书很快就要出版了。所以我想说，类似这些学者可以纳入到我们这个编委当中来。

李建平说：重庆张所长讲得非常好，她提的建议也很好，我们要从这方面努力，争取一两年内有所改进。另外她还提出了扩大这个刊物的编委会，联络更多专家参与的意见，这个建议很好。

陈青生研究员对栏目的名称提出质疑与更名建议。他说：我有一个小的问题，我看征稿启事里面的第一个就叫“历史当代性”，我觉得这个栏目的名称是不是可以改，因为在史学界流行着一个话题叫“历史都是胜利者的历史”，但是真正的历史不见得是胜利者的历史，失败者也有历史，而你胜利者的历史未必是完全真实的历史。就好像刚才有学者提到中国现代文学,这个历史里面缺了很多,比如通俗文学或者是对自由派作家的疏忽,既然文学史是这样,那么抗战史也是这样。所以你讲历史当代性容易产生一个歧义,就是它是为当代服务的历史,这个栏目如果改名字的话,或者就叫“以史为鉴”,哪怕叫“历史与当代”,都比你给它定性要好,不要叫“历史当代性”,这个是建议,请考虑。

李光荣教授提出增加史料学研究内容和排除干扰、坚持以历史真实为原则的办刊精神的建议。他说:建议方面,我觉得现在《抗战文化研究》从史料发掘方面不够,做史料考证和史料学研究,我们怎么发掘史料、编辑史料、使用史料,不是纯客观的,是带有我们的主观思想的,它有主观性。过去有几套史料,几位资深的抗战文化研究专家都说到了。我们现在大多数的东西都是不好用的,我个人都不是那么相信它,特别是有些文章拿它来摘编,摘了一下再编,它的思想性、观点性不鲜明。所以我们在史料的运用上要用的是第一手资料、原始的资料。第二,抗战文化研究是政治性很强的研究,很多都牵涉到政治方面的事情,许多人都会带着政治的思想色彩来进行阅读。历史追求真实,追求真理,追求实事求是,要把真实的事情呈现出来,面对真实的东西要提出我们的看法,这是我们的原则。如果我们事先就带有某种思想去阐释,或者事先带有某种有色眼镜去看这段历史、这些史料,那不一定是正确的。最后,希望继续坚持把刊物办下去,而且把它办得越来越好。

苏宁研究员提出了申请C刊的建议。她说:从抗战文化的价值来说,它的前景和学术增长性是不可估量的。我们都知道,从现代文学史和现代文化发展历史来看,实际上有三个高峰,“五四”“左联”和抗战三个时期,形成了三个高峰,每一个时期有它各自的价值和意义。但是抗战文化这个高峰的价值和意义是最大的,这是现在正在形成的一种共识。抗日战争之后中国现代文化形成了又一个辉煌,从另外一个方面也证明了中国文化的强大生命力,所以对它的研究是非常重要的。我们四川省社科院在20世纪80年代时搞得非常好,起步很早,可能很多老师都知道文天行等老一代的学术研究者,他们办了个《抗战文艺研究》刊物,中间有一些原因刊物停止了,这些老先生也退休了,各种原因就中断了。在前些年,2012年时我经过深思熟虑,给省里面写了报告,重新来搞抗战文化研究,也征求了很多老专家的意见,最后省里面就立项了,给了我们100万元,支持力度很大,专门做中国(四川)抗战文化研究,作为一个重要文化工程来做。可以向各位汇报的是这个项目目前形成了一些成果,叫作《中国·四川抗战文化研究丛书》,苏光文老师写的是《大轰炸时期的重庆陪都文化》,文天行老师写《抗战文化运动史》,还有段从学的诗歌史,陈思广的小说史,冯宪光的《抗战文化地理学的研究》,还有我们所的一个青年学者写的抗战电影,等等,一共 9 本,这套书前几天本来想把它带过来的,但由于打印的问题确实赶不过来。这套书后来入选了中宣部纪念抗日战争暨世界反法西斯战争胜利 70 周年优秀图书。以前我们不懂日语和韩语,现在我们可以跨学科研究了,现在我们有一批学者聚合在一起,利用他们的语言优势,我觉得很多问题确实是可以细化和深化的。

黄伟林教授提出了开设当代抗战文化研究栏目和加强组稿的建议。他说:我觉得抗战文化研究的空间真的是非常大,具体到我们的《抗战文化研究》,我觉得还有一个延伸的空间,当代文学里面其实有大量的抗战文学题材的作品,但是我们目前的《抗战文化研究》全部是研究当时的历史文化,我觉得这个研究其实可以延伸到当代,在当代文学里面抗战题材还是特别受公众关注的,包括现在的抗战神剧,学术界对它们是特别有看法的。所以我想,《抗战文化研究》是不是可以有一个栏目朝当代的抗战文学或者是抗战文化的研究做延伸,从文化的角度来讲,我想它也建立了一个抗战文化研究的学术史,从文学上来讲,它也把抗战文学从 20 世纪 30 年代一直延伸到我们这个新的世纪,再过十多年就达到 100 年的历史了。我们当代文艺创作中的抗战文化,这一块我觉得也值得我们来面对它,应组织这方面的稿子发表。

陈青生研究员说:黄老师讲的这点很好,就是对当代文学作品中的抗战研究或评论,完全应该纳入《抗战文化研究》这本刊物里。你在评论的时候完全可以和世界反法西斯文学进行比较,我们的抗战文学,讲老实话,无论在表现题材和深度上,和世界先进的反法西斯文学相比差得太远,不管是和美国、俄罗斯还是法国、英国比,因为我们太缺少对人性、对人的关注,正是因为这个原因使我们的抗战文学比别人的差得太多。《抗战文化研究》应该在这方面有一个提示作用。

四、学术思考

在发言中,许多专家学者就抗战文化研究发表了自己的见解和学术思考。

张泉研究员说:我想谈谈沦陷区文学与文化研究的问题。抗战刚胜利的时候,李宗仁到北京接管,北京接管存在一个问题,就是很多在日本占领时期在高校、文教机关工作过的人没有职业了,因为北大校长一回来就宣布,凡是日伪时期在北大工作的老师都解聘,都要甄别,结果一批老教授就找到李宗仁说:“我没有职业了怎么办?”然后李宗仁把一些人安排到广西的大学,然后在一次会上说:“我们作为军人,领土丧失了,我们心里很惭愧,现在抗战胜利了,应该全国军民一起来建设这个国家。”从这里可以看出,如何对待沦陷区非常重要。从时间上说,中国现代文学30几年,台湾被占领了50年,东北沦陷14年,北京、南京被占8年,上海4年,广州、武汉7年,海南岛6年;从地域上看,东北、华北、华东、华南、台湾,半个中国,沦陷区占这么大。可以设想,在30年中,日本占领的地理面积这么大,时间那么长,你把它完全排除在中国现代文化史、文学史之外,那这个文学史、文化史是残缺的,是不可想象的,整个台湾现代文学史就没有了,所以对沦陷区文学的研究是不能否定的。排斥沦陷区文学研究的这个状况到现在还没有完全改变,基本上还是一个敏感领域、敏感地区。我和黄万华教授是比较早做沦陷区文学研究的,有很深切的感受。我们的抗战史研究对象,传统的是三大块,国统区、解放区、沦陷区。我想说的是,在这种情况下,以研究抗战文艺为宗旨的《抗战文化研究》,从一开始就有一个全局的观念,特别是整体文化的观念,把沦陷区文化纳入了,尽管对这方面稿件会比较慎重,可能有些稿件也因某种原因给撤掉了,这是可以理解的,就因为沦陷区的确太复杂了。特别是沦陷区的一些作家,他们有些介入当局的言论、担任的一些职务,这些都应该具体分析,不能因为这些行为和个别言论而否定这些作家。最典型的就是杨逵,谁也不能否定他,但是在日本占领时期,他有作品,有言论,这种情况下应该具体人具体分析,不能因为个别言论、个别作品就把这个时代、这个地区给否定了。四川大学有一个很好的博士论文,但是他整体否定沦陷区文学,只要这个作家有一篇是迎合日伪当局的短文,就彻底否定这个作家,如果按照这个标准,那台湾现代文学就没有了。

陈青生研究员说:刚刚听了几位学者的发言以后我又想起了我们整个抗战文学、抗战文化研究的一个历史,最早对抗战文学进行研究的实际上是战后不久,战后不久中国的学术界、文学界、史学界就开始对战争、抗战的文学和文化开始研究,但是随着中国进入了内战,这个研究没有深入。1949年以后,这个研究基本上是停止了,注重的大多是由各个地方,就是国家的文史馆或者是政协里面的文史委员会来进行的一些历史回忆资料的整理,当然也包括一些由解放军出面编的,有两套大丛书,一套叫《星火燎原》,一套叫《红旗飘飘》,那里面主要是共产党、解放军一些将领对革命岁月包括抗战历史的回忆,而国民政府党政军里面的回忆主要集中在各个省市的政协文史资料汇编里面,各个省都有,国家层面的也有。这些大多都停留在史料的回忆、发掘、整理上,如果真正要说对抗战的研究，实际上没有很深入的展开。因为你所谓的抗战文化，它的涵盖也是多侧面的，一个是抗战史实的发掘整理，抗战史实的研究，更重要的也是更深层次的就是做文化研究——抗战文化的研究。这个抗战文化不应该仅仅局限在 8 年或者 14 年，应该从文化上面做更深的课题。比如在这一期里面，建平催促我写了一篇文章，我很感谢是建平的催促让我一直在思考，一直有这个思想，没他的催促我可能也不会形成文字，但有了他的催促以后，我把它形成了文字。我在文章里表达了我的思考，就是在总结抗战胜利时，我们不要光是去谴责日本人，还要思考我们民族性方面的问题。如果你真正是从文化的意义上来思考，我们可以反省我们民族很多值得深思的地方，比如张泉先生刚刚讲到李宗仁说的那句话："国土丧失是我们军人要感到羞耻的"，就有值得我们深思的东西。

战时上海也有一个至今引起非议的作家叫苏青。苏青当时有一个观念，她说："国土丧失，你不应该怪我们老百姓，你们要怪应该怪政府、怪军队，他们守不住国家，让日本人进来，我们老百姓怎么办呢?"你能说她这种想法完全错误吗？但是这里面它会反映出很多问题来，我的意思是不应该光是去对沦陷区的老百姓或者是一些文人、商人、官员一味地指责，要从更深层的方面来探讨这种历史原因。比如说还有一个问题，就是我们都知道"伪军"或者伪满洲国，中国的伪军数量远远超过入侵中国的日军数量，为什么会有这种现象呢?在苏德战争当中，整个追随德军的，用我们的表述是俄奸，大概只有 12 万—20 万，可是追随日军的中国皇协军有 300 万，为什么会有这种现象呢？这是值得我们对这个民族自身的毛病要深思的地方，而这个问题恰恰是抗战文化研究的一个重要领域。我觉得这就是我们抗战文化研究今后可以关注的，或者叫引导，或者叫倡导的问题。

总之，还包括其他很多问题，比如说我在第九辑的文章里面提到一点希望大家能够认识的问题，就是如何对待慰安妇，对待被日军侮辱的中国妇女在战后的命运。很多被强奸的妇女，后来生出来的小孩子被称为二鬼子或者是一个野种。随着战后的时间越长，她受到的歧视和迫害越重。我这里引述一段被作为慰安妇的一位妇女的故事：她快死了，她说我现在无所顾忌了，我就把心情讲出来。她说在 1949 年以后每一次碰到政治运动的时候，就把她拿出来做典型，她最后说了一句话"我恨日本人，我更恨中国人"。像这样一种现象确实是抗战文化，而且是我们民族应该深思的问题。如果能够把这一类对民族文化自省的问题纳入到《抗战文化研究》中，我觉得这就能够保持前瞻性。

李建平:陈青生先生谈了很好的意见,特别是谈到前瞻性问题,表达了很深刻的见解。关于栏目的设置,我们会进一步学习和探讨、研究这个问题。

黄万华:我想谈的第一个问题是我们要面对的是抗战文化研究30年来如何提高学术质量的问题,就像我前两个月在重庆开会的时候和大家议论的一样,这是我们最需要思考的内容。现在很多老师都已经做了很好的成果,比如说我最近看到一个国家重大课题的论证材料,就发现在论证材料里面有很多郝老师的成果,但是这类成果好像还是宣传得不够。实际上这30年来很多学者勤勤恳恳在那个地方做研究,已经把抗战文学研究往很多方面深入推进了,但另一方面我们也有一些焦虑,比如我跟张泉老师谈话时说到,有一些学者有他们的学术锐气,有他们新的理论背景和资源,但另一方面他们似乎也不是非常了解80年代之后学术史的变化,所以出现了比较简单化的研究倾向,就是他觉得他发现了一种新的角度、新的视野,但是这种新的角度、新的视野恰恰把非常复杂的历史存在,本来就是目前为止还不是非常清楚的情况下又简单化了,我认为他们又回到了以前的路上去,比如从后殖民理解的角度来谈,那我就可以找到这方面的内容,当时日本在沦陷区的文化政策,中国民众被奴化的程度,我可以找到很多材料来证明你们是被奴化的,奴化的情况下怎么会有什么文学,然后把乡村文学都否定掉了,认为所有文学都是日本文学的变种。我觉得新的观点可以出来,新的角度我们也可以尊重,但是历史应该更加认清它的复杂化而不是把它在新的理论背景下把它简单化了。所以我想,实际上如何提高学术质量的话,很多学者已经用他们的研究在回答了,我觉得刚刚开始就应该回到这个领域来说也说不出什么,但是我昨天很受启发,我们把整个抗战史放在两次世界大战的背景下有很多可以拓展的新的领域,把这个新的领域拓展,重读我们原来熟悉的那些历史空间,如果把这两者能够结合在一起,其实还是可以有一些新的收获的。

第二,我来之前在广州开会,也是一个抗战文学的讨论会,但是他们侧重的是海外,抗战期间的海外华人跟中国大陆的关系是非常密切的,也就是民国以后海外的华侨华人对国家的忠诚程度、认同程度在抗战期间得到一次大的爆发,包括中国作家那时候在海外是很多的,海外抗日文学的存在实际上有助于我们了解中国大陆的抗战。我举一个例子,当时东南亚华侨可能对中国抗战的支持力度是最大的,不管是捐钱、出人,大陆的很多作家,包括到东南亚去的也很多,东南亚文学有一个战前五年时期,它几乎跟香港一样,在1937至1941年里,利用一个相对和平的后方环境来大力支持中国前线的抗战,的的确确成为那个时候海外东南亚文学的一个高潮，有很多作品，现在都有学者已经整理出来了。但问题是现在的研究者碰到一个难题，就是说那五年东南亚华侨跟中国的关系非常密切，那时候的东南亚文学作品几乎完全是中国大陆文学的海外版，90 年代之前的大陆研究者把那段历史看作是东南亚华文文学的高潮。前些年又出现另外一种情况，就是排斥它，认为那段时期的东南亚本地意识受到挫折，中国意识、侨民意识高涨，是极端的中国表现阻碍了新加坡、泰国、马来西亚文学本地化的进程。所以这些新近的研究者把这段抗日文学历史排斥在东南亚华文文学历史的建构当中。台湾学界也有相近的对自己本土独立性的过分强调和追求的研究观点。我们要思考的恰恰是涉及我们中国抗日文学的一些深层次的问题。比如说"五四"文学传统和抗战文学传统的关系，它跟本土现实之间的联系，比如说对战争的认识究竟是只视为中国的反侵略战争，还是置于 20 世纪背景之下。当时也出现了这样一些很有意思的问题，就是说创作中间两面性的问题，一方面必须有大量的、有非常强烈的抗战现实性的战地剧、街头诗，那些东西文学性很差，但是发挥了很强的宣传作用。另一方面当时又出现了很前卫的文学观念，他们意识到抗战本身是一个非常复杂的现实，文学的简单化会把抗战的复杂性遮蔽了，所以他们实际上也在追求文学创作上的复杂性。我认为，海外华人文学应该成为中华文学中非常重要的一环，在历史上是不能脱离的，包括我们的抗战文学，全民族的抗战，海外的很多文本也可以进入我们的研究视野。

第三，抗战时期各战区的文学研究内容。为什么提到战区呢？以往 80 年代我们所说的沦陷区基本上指的是九一八以后日本人在大陆占领的地区，但是也还要意识到台湾是一个非常重要的存在，台湾从 1895 年到 1915 年的文化抵抗，内容是非常丰富的，包括香港。香港那一段三年八个月日本人占领时期的文学是空白的，但是现在大量史料证明那段时间绝对不是空白的，像戴望舒、叶灵凤等人就非常有意识地在创作，实际上还有一批作家有限地在抗战，他们回答了在日本人直接占领之下文化的抵抗性。还有双重殖民体验，像戴望舒就有双重殖民体验的作品，他在殖民地生活，在日本人的统治下是双重殖民体验，包括当时台湾的作家大批流亡到日本人占领区，到东北、华北，他们的作品中不管是有限的抵抗还是双重殖民的体验性，其实都可以深化我们对抗战时期很多问题的认识。所以我觉得这一块其实也是可以去拓展的。张泉老师对沦陷区文学的研究，我是非常敬佩的，我和不少人从这个领域撤离了，但是他一个人从华北沦陷区文学研究延伸到东北沦陷区文学研究，出了很多很好的成果。

黄伟林:我最初介入抗战文学研究大概是 1992 年。我所在的广西师范大学中文系有一批老师从 60 年代初开始就在收集桂林抗战文学史料,90 年代初他们想做一套《桂林文化城大全》,涉及很多学科,最后做出来的是我们中文系老师编的桂林文化城的文学卷小说分卷,四本,当时我参与了其中的工作,写了一两个作家的作品介绍。进入新世纪以后,我们现当代文学学科在讨论怎么发展问题时,我就想到中文系的桂林抗战文化的研究,应该要把它继续做下去。当时我们的老教师基本上已经退休了,年轻老师几乎没有人做过这个领域,所以,大约是 2006 年的时候,我当时就专门请了李建平老师去给我的学生上课,也跟我们的老师交流。我们从来没请过外面的老师给我们的研究生上一门系统的课,唯一请的就是李建平老师,请其他老师来做讲座倒是经常有。李建平老师给我们的学生开了这门课程后,我们有几个年轻老师也开始加入了抗战文学研究。我在 2010 年以后,才较多地转过来开展桂林抗战文化研究,因为我觉得它的研究价值、研究空间是非常大的,所以就有了越来越多的介入。

这两年我主要做了两个事情,一个是我们在 2013 年策划、2014 年举办了一个新西南剧展。因为西南剧展 1944 年在桂林举办时影响特别大,我们就复排了当年抗战时期的四个剧,一个是夏衍的《芳草天涯》,一个是田汉的《秋声赋》,还有两个是欧阳予倩的《旧家》和《桃花扇》。其中有三个戏公演了,有一个戏排了但是一直上不了台。这两年我们在桂林、南宁、上海都做了演出,特别是在桂林演出的时候特别让我们激动。在学校里面演出的时候很多学生、老师对这段历史不是特别有共鸣,看了就看了。但是桂林市民特别是老市民还留了这样一个记忆,他们在看的时侯,他们的表现特别强烈,他们会觉得广西师范大学做了一件功德无量的事情,他们说,桂林文化城现在大家都看不见了,或者只能到博物馆去看,或者是看文物,或者是读书,在实际生活中看不到了,但是你们的这个话剧能够复活这样一段历史。很多人主动找到我们,说你们做这个话剧肯定有很多困难,因为做话剧确确实实要投入大量的经费和精力,你们需要什么随时向我们提出要求。很多老先生、当年的经历者直接给我们唱剧中的曲目,比如我们在史料上看到《秋声赋》里面的歌在当时桂林中学的学生里传唱得很厉害的,这我们只是在书上知道,但是当这个戏演出的时候,80 多岁的老先生就直接对着电视台的镜头把这个歌唱出来,可以看得出历史的记录确实有很真实的地方,就是老先生们对这个歌的记忆也是非常好。

另外我还带着学生做了一套史料，叫《抗战桂林文化城史料汇编》也花了两三年时间。当时做这个史料的时候，一开始我还专门请教了建平老师。因为我们原来的研究主要还是集中在文学艺术这一块，但是我们做这个史料的时候确定要有一个领域的扩大，所以最后我们做了15个专题，包括政治、经济、教育、民族、新闻出版、音乐、舞蹈、戏剧、美术、文化等，总共15个专题。刚才很多老师谈到史料问题，我们在做史料的时候确实发现有很多对抗战包括对桂林文化城的认识，实际上它可以不断地丰富，或者在一定程度上可以更新一下。特别是中华民族意识、中国人的国家意识，是在抗战时期得以强化与普及的。我们也看到抗战的时期很多学者，中国最优秀的那批学者也在修正他们自己的民族观。在桂林的抗战史料这一块，我们可以看到很多关于民族问题的史料，甚至包括对广西、对西南地区的民族历史、民族文化的挖掘，那个时候已经做了很多的工作。这在那些文献里面可以一目了然。这一套书编选了600多万字，后来审查的时候让我们删除了近百万字，印出来是500万字。书也不是公开出版的，属于内部印制的。尽管是内部的，有关部门还是很慎重地做了一个审查的工作。

张中良：围绕这个刊物大家也谈了很多学术话题，通过刊物发表或者大家有各种渠道把这个信息传递出去，也对抗日文化研究的学科发展是有益的。比如最近谈到几个战场的问题，刚才谈到的后方生活问题，我们以前谈抗日战场是两个战场，一个是正面战场，一个是敌后战场，其实我们还忽略了东北战场。过去说东北军30万大军拱手相让，有的甚至说不放一枪一炮就退出了东北。其实不是这样。一是东北军哪有30万大军？我最近系统地看了东北的材料才知道，张学良的正规军有28万左右，1930年进关协助蒋介石打中原大战派了10万精锐部队，到了1931年6月石友三叛变，张学良没办法，又从东北派了14万精锐部队。28万去了14万多精锐之师都派到关里去了，东北没有30万大军。说30万大军在东北不打，这是不符合事实的。二是东北军的抗战，有马占山的黑龙江抗战和锦西作战，还有义勇军抗战。关于东北抗战有很多作品。像东北抗联的赵一曼，作为一个母亲，把自己1岁多的孩留在四川，自己到东北去抗日，最后牺牲在前线。她这种精神特别珍贵，我们文学史不讲这个都讲什么呢？最近黑龙江大学出版社出版了《1931—1945东北抗日文学大系》，我们又找到一个文学作品，就是王立川的一个作品，1932年在上海《新中华》杂志发表，叫《血战归来》，这是直接表现东北义勇军、辽西义勇军的抗战，过去我们从来不提。还有东北战场牺牲的金剑啸，文学史几乎提都不提,多少搞现代文学研究的都不知道金剑啸是何人。金剑啸 1931 年在上海从事左翼文化运动,后来坚持回到东北家乡,投入了东北抗战,搞抗日文化,在齐齐哈尔办了刊物,被日本查封以后,又到哈尔滨去办刊物,后来被日本人抓住了,日本人搞清楚他就是在齐齐哈尔与哈尔滨办刊物使他们恨之入骨的那个作家,1936 年 8 月 15 日把他杀害了。这样的作家也留下了很好的长篇叙事诗、美术作品和其他一些作品等,但是我们一直不提。像这样的一些话题最近几年都陆陆续续进一步展开,我想我们的刊物应该推动新史料的发掘与新话题的讨论,希望引起整个学术界的关注,推动抗战文化的深入发展。

五、会议小结

广西社会科学院文化研究所所长覃振锋研究员参加了会议,覃振锋说:我首先对这个会议的召开表示祝贺!十年前我是李所长的副手,因为我是研究文化产业和区域文化的,当时我不太理解他办《抗战文化研究》的决定,今天看到了收获。我现在考虑的是它的传承问题。现在我们领导班子非常重视《抗战文化研究》这个优长学科和办刊问题。广西抗战文化研究会以及《抗战文化研究》年刊是我们广西社科院的一个品牌、一面旗帜,一定要传承下去。

今年是纪念中国人民抗日战争暨世界反法西斯战争胜利七十周年,明年是《抗战文化研究》十周年。未来十年的抗战史和抗战文化研究应该怎样发展?我认为应该往纵深领域扩展。我觉得对抗日战争可以定义为中国封建社会迈向现代化过程必须经历的这么一场凤凰涅槃。它对整个民族、整个国家来说是全方位的影响,这不单单是以战争的形式,也是文化的巨大变迁。正因为它是一个迈向现代化过程中的凤凰涅槃,所以有各种各样的众生态纷纷上演,有抗战文化,也有汉奸文化。汉奸文化不是抗战以来才有,其实历史上不少朝代都有这个文化,而且汉奸文化这个概念、这个思潮迄今为止在我们的互联网时代还有。我们《抗战文化研究》年刊,要向深层次的地方拓展。它有别于其他众多的学术刊物的地方,就是“文化”二字,我们就深挖这个东西,从文化层面挖掘沦陷区、国统区、敌后根据地种种历史、经济、外交、民族等方面的史料和史实,拓展对这段历史的思维和结论。中华民族五千年来迈向现代化的过程中充满着艰辛,付出了很多全民族的代价,从这个角度来评价这个战争,它就有别于全国其他文化的研究。

最后,作为刊物的主办单位,我表个态,今后凡是《抗战文化研究》乃至广西抗战文化研究会的活动费用,由于新一届党组非常重视,在经费预算上应该没有太多的问题，所以我们尽可能在人力、物力，在资源、人才方面出力，尽最大的努力支持它继续办下去。我就说这些，谢谢大家。

张中良教授对会议作了小结。他说：上午的讨论已经远远超出了我们编委会关于办刊的讨论，是一个关于学科发展的深层讨论，具体到对刊物的意见建议，我大体梳理一下，有这么几条：

第一，要考虑将来设立一个头条的问题。设头条是把最重要的文章放在栏目第一个，这不是一篇文章，而是一个栏目放在头条。现在我们的《中国现代文学研究丛刊》就是这样出的，这期刊物哪篇文章最重要，就把它归属的栏目放在最前面，这也是一个办法。

第二，关于史料栏目的问题。我们越来越重视史料了。傅斯年有一个观念：什么是史学，史料即史学，他认为你把史料发掘出来搁在那儿就是史学，所以我们建议设立一个史料栏目。我觉得这是可以考虑的，现在虽然有史料文章，但是不太连贯系统，要考虑单列出一个史料栏目。

第三，最好有一个前沿性的话题。建议从编委会角度，编委提出或者先设计一下，征求大家的意见，然后提供重点稿件，有个前沿性话题，对整个学科有一个引导作用。

第四，覃所长建议要紧紧抓住抗日文化研究的文化特色，因为中国社科院有一个《抗日战争研究》，它在历史、政治方面更侧重，而我们突出文化。这可以看作一个是政治历史研究的路线，一个是文化研究的路线。虽然北京号称为中心，中国社科院是全国学术中心，但是随着自媒体时代的到来，中心化、一人中心已经不复存在。在学术上不妨多中心化，我们进一步突出“文化”这个特色。

第五，文化研究要向纵深挖掘，比如对汉奸文化做研究。历史上那么多的汉奸，汉奸文化是怎么来的，在抗战中怎么发展演变的？这就是向纵深发展。

第六，横向发展，我们的文化学者提出要在横向联系中发展，比如在东亚背景下的文化比较，还有世界背景下的文化比较，还有海外文学研究方面的比较等。

第七，编委会的扩编问题。随着抗日文化研究的深入发展，我们这些年陆续涌现出一批很出色的学者，李建平先生也几次和我商量这个议题，我们利用这次会议的机会，找个机会专门再议一议，大家沟通一下，适度的扩大我们这个辑刊编委会的阵容。

第八,关于沦陷区文学的贡献及其意义,几位先生谈得很充分我不再重复。

第九,关于当代抗战文化现象怎么分析、批评或者各方面的研究。名目叫什么我们都可以再考虑,但是内容我们应该加强,现在已经有的是历史当代性问题,这方面我们把它进一步扩展。

第十,关于抗战文化研究的世界比较文化的视野。

大家的建议我听下来大体归纳有这么十点。我想,李建平先生会和大家一起共同把建议吸纳到未来的工作中,大家群策群力,把刊物办好。

李建平最后说:今天上午的会议就到这里,下午我们召开"西部地区抗战遗址调查与保护学术研讨会"。重庆、四川、云南都有很好的经验可以谈,实际上抗战遗址也是抗战史料,是非文本的实体史料。长期以来我们对这方面重视不够,这几年我和广西的几位学者开始在这方面做了不少工作,从广西抗战遗址做到西部地区抗战遗址。我认为应该把抗战遗址这块史料的研究纳入《抗战文化研究》之中,所以下午开会讨论。

(此《纪要》根据南宁市云霄速记服务有限责任公司李云霄记录整理)

作者简介:

曾祁,广西抗战文化研究会秘书,研究方向为文艺评论、抗战文化。

西部地区抗战遗址考察与保护利用研讨会会议综述

宋　泉　陆　璎

为纪念中国人民抗日战争和世界反法西斯战争胜利70周年，2015年8月28日下午，由广西社会科学院文化研究所、广西抗战文化研究会主办的“西部地区抗战遗址考察与保护利用研讨会”在南宁举行。来自北京、上海、重庆、四川、山东、云南和广西的二十多名专家学者出席了会议，发表了对抗战遗址考察与保护利用的真知灼见。

会议由广西社会科学院文化研究所所长覃振锋研究员主持。广西社会科学院副院长黄天贵出席了本次研讨会，并发表了重要讲话。他说：在举国上下隆重纪念中国人民抗日战争暨世界反法西斯战争胜利70周年之际，我们今天在这里召开中国西部地区抗战遗址考察与保护利用研讨会，很有意义。首先，抗日战争虽然已经胜利结束70年了，但是从学术研究的角度还有很多的问题、很多的领域值得我们进一步的研究和深入发掘。我们搞抗战史研究不仅仅是为了出一些书、出一些学术成果，我想，对社会上更大的意义还是要教育我们的子孙后代、教育我们的后人，使他们懂得，我们的中华民族曾经在近百年里曾经有过什么样的遭遇、经历过什么样的苦难，这样的话，教育我们的子孙后代、讲爱国主义教育就不是虚的、不是假的，珍惜现在的和平生活也不是虚的、不是假的。我们对过去的历史有深入了解的话，真的是会感觉到今天这个和平生活、幸福生活是多么的来之不易。如果对我们国家和民族苦难的过去、苦难的历史都不了解、都不熟悉的话，那么就会觉得现在的一切都应该是理所当然的，那怎么能对这个制度、对这个政权有认同呢？所以我们专家学者们肩上的任务确实不轻，还有很多领域和问题值得去挖掘、整理和深入研究。第二，你们上午还召开了《抗战文化研究》编委会工作会议，研讨了《抗战文化研究》学术辑刊的办刊工作。这个刊物是我们社科院文史所多年坚持开展抗战史研究的成果，一年出一本，已出到第九辑了，这得到在座的许多专家的大力支持,刊物在全国抗战史研究界也产生了越来越大的影响。因此这个会议,也会对全国抗战文化研究产生一定的影响,起到一定的促进作用。我们社科院对抗战文化研究也非常重视,广西抗战文化研究会就挂靠在我们文化所里面,我们院党组对抗战文化研究、对文化所的工作也是积极支持的。从2013年开始,我院党组研究过,按照2013年定的标准每年资助三万元出版经费,所以以后每年都出一本《抗战文化研究》作为文化研究所的一个定性的学术数量。第三,这次会议,北京、上海、重庆、山东、四川、云南都有专家学者来,大家集中来到这里,对广西的抗战文化研究是一个很好的推动,对广西社科院,对文化研究所来说,是一个学习启迪的好机会,我们要上门一家一家走恐怕要费不少时间。你们还要在南宁和到桂林考察广西抗战遗址,我希望社科院的同志一是要做好这个会议的服务保障工作,二是利用这个难得的机会多跟到会的专家学者请教,怎么样把我们的学术研究工作做得更好,包括你们研究会的工作尽可能多向各位专家、老师学习请教,也希望各位专家、老师毫无保留地把你们先进的经验、宝贵的经验多给我们传授。

黄天贵副院长讲话结束后,会议对西部地区抗战遗址有关议题展开讨论。

会议首先讨论了新出版的《中国西部地区抗战遗址图说》一书。该书是2014年国家社科基金西部项目“中国西部地区抗战遗址调查与保护利用研究”的阶段性成果,是国内第一部对西部地区抗战遗址进行全面考察和研究的著作。该书第一作者、项目主持人、广西社会科学院文史所原所长、广西抗战文化研究会会长李建平研究员介绍《中国西部地区抗战遗址图说》一书的出版初衷和调研感受。他说:开展“中国西部地区抗战遗址调查与保护利用研究”的目的在于通过寻找和整理抗战精神的物化形态——抗战遗址,以现存场景和实证材料,丰富、完善中国人民反抗日本侵略者的这段伟大的历史,将散落湮灭在荒郊野岭中的凝聚着民族意志和民族精神的遗址图像归集收纳珍藏,将日军侵华罪行揭示于众,同时,也促进中国抗日战争史学研究由文物、档案、典籍史料等案头工作,扩展到田野调查、遗址考证与保护等实证研究中来,使我们的学术研究,在提升抗战史学研究学术价值的同时,也参与到维护民族文化宝贵财富的文物保护与开发工作之中,为弘扬和传承优秀的民族文化,全面保护利用这些民族优秀文化遗产做些基础性和辅助性的工作。以广西社会科学院研究人员为主成立的课题组还吸纳了广西大学、八路军桂林办事处纪念馆、广西民族文化艺术研究院等单位的研究人员参加,前往四川、云南、重庆、贵州、新疆、陕西、甘肃、内蒙古、青海和广西等西部10个省市自治区,确定了西部地区抗战遗址789处，实地考察了506处，通过后期甄别、考证和精选，选取了458处加以介绍，最后以600多幅图片和20万文字编著成书。

作为《中国西部地区抗战遗址图说》主要作者之一，广西社会科学院文化研究所副所长、广西抗战文化研究会副会长王建平教授发表参与该课题工作到陕西省实地调查抗战遗址的经历与感想。他说："在对西部抗战遗址的调查中，我们发现，大部分的抗战遗址随着战火的消逝也逐渐被人们所遗忘，然而身处当年抗战炮火纷飞之地时，残缺的堡垒、炮坑、子弹痕、纪念碑……这些带着民族抵抗侵略战争的痕迹历历在目，内心深处的追思与保护之情也由此而激发。感受战争的残酷才能倍加珍惜今天的和平，因此对抗战遗址进行的考察与研究，就是为了将被时间遗忘的历史重新发掘出来，以实物的展现还原当年艰苦卓绝的抗战历史。"王建平教授还说："城市的历史是不容遗忘的，它是一座城市文化的灵魂，在现今城市文化的建设中抗战文化应该成为其中重要的组成部分，加以保护与利用，以发挥其学术价值与社会价值。我现在正想跟南宁市政府提建议，借着纪念抗战的热潮，好好梳理一下南宁的抗战遗址。南宁到底有多少抗战文化的遗产，怎么把它开发出来、怎么把它保护下来，使南宁增加一些光荣的元素。所以我觉得我们的抗战文化研究也有地方化的问题，就是研究地方抗战遗址，如果这个方面做得好，有很多文化资源会开发出来，这也是一种保护，也是地方的荣耀。"

《中国西部地区抗战遗址图说》主要作者之一、八路军桂林办事处纪念馆副馆长文丰义研究员从西部地区抗战遗址调研工作引发对桂林抗战遗址保护的思考。他说："桂林作为抗日战争的战场之一，遗留下的抗战遗址非常多。十年前，我们做第一次调查，李建平、王建平那时都来了。2014年，我们对桂林市所有的抗战遗址进行了一次全面的梳理调查，从4月份调查到8月份，整整经历了4个多月。我们现在掌握的遗址遗迹大概160多处，现在遗存还有111处，拍了3000多张的照片，采访的影像资料时长达到20个小时。在我们的调查当中，不少原来存在的遗址，现在都找不到了。像美国飞虎队桂林机场，只有指挥部还在，它是设在山洞里，所以还在，其他的东西都没有了，原来的飞机跑道，还有几个飞机窝和当年修机场用的大石碾，都没有了。十年前我们第一次来调查时都还在，后来修建桂林工业区，全部被破坏了，所以这是一个很矛盾的地方。现在虽然建了一个美国飞虎队纪念馆，但是它相当于一个展览，它没有多少实物，没有历史现场感。桂林现在保护比较好的就是山上的碉堡，因为桂林保卫战时修了很多碉堡，碉堡在山顶上，很难爬上去。当时桂林保卫战的北大门在鹦鹉山一带,山顶修了碉堡。山很陡峭,当时我们十来个人去调查,因为有摄像的、照相的、GPS 定位的,反正配全了,结果我们最后能够爬上山顶到达那个碉堡的只有 4 个人,其他人上不去了,没办法。因为它有一个很陡的悬崖,大概 100 多米,石灰石山体,两边又是很尖硬的石头,根本不敢走,走那个地方会头晕,我们 12 个人只有 4 个人爬上山顶,所以做实地调查很辛苦。我们尽管前面做了很详细的调查,也获得了很多的第一手资料,但是在保护利用方面还是很值得研究的,所以我们今天开这个会,就是要研究这么多遗址遗迹如何保护?它必须有一个相应的对策,我建议,像桂林那么多东西,应该做一个完整的保护规定,还有现在桂林相关的遗址做文物保护标识,现在已经做了一部分,还在做,除了对相关的遗址做文物保护标识,一个完整的保护制度和规定也有待完善。"

来自四川、重庆、云南、北京、上海、山东的学者与广西的抗战文史专家对《中国西部地区抗战遗址图说》一书给予较高的学术评价,也从自身的研究出发,介绍了各地抗战遗址保护的做法与经验,提出了下一步抗战遗址保护工作应有的措施和思路。

上海社会科学院陈青生研究员说:抗战遗址调查和保护,这是一个非常重要的工作。《中国西部抗战遗址图说》整个书你们做得很好。有一年李建平到上海,吃完饭以后我陪着他从北四川路头一直走到北四川路尾,好几公里。这条路上有很多文化遗迹,一部分与 30 年代左联文化有关,因为它靠近鲁迅的故居;还有大量的是和抗战有关的遗址,在四川路头上就是当时日本的沪北区宪兵司令部,许广平当年就是被关押在这个司令部。那天我和建平去看了,然后走到北四川路尾,那里就是"八一三"淞沪抗战城市里最激烈的战区。可惜现在已经商业化,概貌和当时已经不一样了,60 年代时还完全是原样的。原来上海还有很多日本占领时的遗址,结果都拆掉了,包括黄埔公园里面日军的一个他们经常去祭拜的类似靖国神社的地方,50 年代就把它拆掉了。像这些东西只能从历史照片上看到,吴淞口的一些遗址现在随着城市建设也没了。现在开始认识到保护的重要性了,上海市又把四行仓库重新修了,而且修旧如旧。现在上海有这样一种做法,把上海文化遗址细化,每一条街道有哪些著名的建筑,哪一个地方发生过著名的历史事件,搞一个不锈钢材质的牌子,印上当年场景的历史照片,旁边再配上这个遗址或事件的说明,就直接镶在街道的墙上,让人路过就能看到。另外,在大的街道的路口设置一个示意图,说明这条街有什么著名的名人建筑,有什么著名的遗迹,做得很细致。你们现在在西部地区寻找抗战遗址，呼吁开展保护，这个工作确实是非常重要的。这是为后人保存记忆，功德无量。

重庆社会科学院文史研究所邓平研究员说：重庆的抗战遗址和我们所说的抗战遗址可能有一点区别。我想，抗战遗址有一个广义的概念和一个狭义的概念，狭义是直接与抗战有关的，如战场遗址。而重庆是后方，日军没来过，我们除了有空军抗战的遗址，其他大部分是名人故居、机关重地，它不是直接打仗的，但又是与抗战有关的，所以它是广义的抗战遗址。

重庆的抗战遗址有一个数量多、层级高的特点。数量多，有500多处，层级高，因为它是战时的陪都、国民政府重要的军事机关、政府机关、党政要人都在，当时无论是政治、经济、文化都是层次比较高的，民间地位也比较高，所以遗址的层次比较高，是这样一个特点。再一个就是价值高，因为它的层级比较高，所以它的价值也比较高，就是说是政治、经济、文化中心，因为是陪都，当时是国际交往中心，外国驻中国的大使馆或者军事机关都在重庆，所以其他地方可能没有，或者有的比较少。比如说盟军司令部、大使馆、韩国议事政府等。刚才说到标牌，我最近刚好参加重庆抗战遗址的标牌设置工作，我们现在正在做，财政拨钱。凡是抗战遗址纳入保护的就有文物标识牌，但是文物标识牌只是标示抗战遗址的等级，就是它是市级保护单位、区级保护单位或者国家级的。现在重庆在做遗址的内容介绍牌，重庆因为是抗战陪都，所以抗战遗址比较多，虽然经过战时的轰炸和后来的建设，一些重要的建筑、重要的遗址遭到破坏，但是毕竟还留有很多。重庆对这一块也还是比较重视，断断续续的搞过一些调查，后来在全国第二次文物普查的时候将抗战遗址作为普查重点纳入普查工作中了。2011年那次普查应该说比较全，调查结果是有抗战遗址500多处，纳入保护的是190多处，这次制作标牌是按照这190多处来做的。以这样的办法来作为保护的一个初步的措施。再一个保护办法就是打包申报国家文保单位，将其纳入国家保护体系。怎么打包呢？就是一个名称、一个名号放几个点进去。比如说我们有抗战的外交遗址，那就放十多个，美国使馆、英国使馆、比利时的大使馆和领事馆等等通通放进去，采用这种方法都囊括起来了。兵工厂也是这样，抗战时候主要的兵工厂都在重庆，造枪、造炮的都在，而且当时很多在山洞里面生产，那样的比较多，一个兵工厂定一个点是不可能的，把几个兵工厂都纳入一个名号之下，都是国家的文物保护单位，这样就使比较多的一批抗战遗址纳入到国家文物保护单位中，这是重庆抗战遗址保护纳入正规主渠道的一个办法，是对抗战遗址保护工作的一个大的迈进。

重庆师范大学郝明工教授说:我讲讲关于抗战遗址保护问题。刚才王建平讲到,许多抗战遗址不要说恢复原貌,连地方都找不到了。这类遗址,尤其是不是实体建筑的遗址,例如战场遗址,你可以采用建立坐标式、地标式的纪念碑的办法。可以把这个遗址包含的历史信息用文字撰写在纪念碑的上面。这样经费也不是很多,因为你不可能把整个战场恢复起来。当然,重大历史事件的遗址可以考虑恢复。我觉得这是保护抗战遗址的一个办法,政府觉得出这点经费值,这对我们后来研究者提供线索也有帮助,而且有关的资料在当地图书馆、档案室都会保存一部分。当然现在有了互联网以后,如果能够在现在的基础上把相关资料整理出来,在网上做一个数据库那就更好一些,那是功德无量的事情。另外,结合《中国西部地区抗战遗址图说》来看,涉及各地抗战遗址的重要性问题。一般来说,西部地区抗战遗址,我个人观点,第一位是重庆,第二位是桂林或者说广西。实际上当时整个大后方的两个文化中心,第一位是重庆,第二位就是桂林、就是广西,然后再按照西北和西南这样分片,这就一目了然了。现在这本书的编排是把内蒙古放在最前面,不知道是从哪个角度考虑的?我觉得,既然是抗战遗址,按照当时的战区来编排是最好的,这样也有困难,也是可以理解的。比如陕北边区属于第二战区,它是和山西一块儿的,现在山西没有收入这本书。山西抗战遗址数量是很多的,可惜还没看到整理出来。再一个办法是先重庆,然后再按照西南和西北片来排。抗战大后方,西南比西北更重要。我还提个建议,希望再版时,把每一个行政区划做一个概貌性的简述,然后把遗址的保存情况说明一下,让人看了可以激发对历史的追述,对如今保护情况有所了解。如果能再附一个地图,标出抗战遗址,就更好了,能够让读者一目了然。

云南大学杨绍军教授说:"我讲讲云南的情况。2009 年的时候,我第一次到腾冲,去了将近一个月的时间,到今年我已经是第 14 次到腾冲去。腾冲所有的抗战遗址我都到了,还采访了 30 多个抗战老兵,收集了大量资料图片,写了调研报告和论文。这本《中国西部地区抗战遗址图说》中关于腾冲的资料,就是李老师向我们征集的,是我们当时调查的成果。我觉得腾冲比全国 95% 的地方做得好。比如国殇墓园,真是一个保存完好的抗战遗址,也是很好的爱国主义教育基地。当年修建的墓园,令人震撼。我说一个我经历的事,2013 年 12 月份,我陪一位中央领导参观国殇墓园,上到墓园山顶的纪念碑前,我告诉他这片山有 3346 块墓碑,下面埋着 8971 条生命。他没说话,爬到山顶,一个人坐在地上痛哭。没有什么再比这些鲜活的生命埋在地下,让这处遗址、遗迹更加令人动容的了。只有把这些历史的真实东西保留下来才能让人永远记住这段历史。”杨教授同时还提出，保护抗战遗存还需要关注另一抗战历史的“活文物”——抗战老兵，可以从他们身上得到更多抗战的真实信息，然而社会对抗战老兵的关注和关爱却有所缺失。

四川省社会科学院文学研究所所长苏宁研究员说：抗战遗址的保护是一项抢救性的工作，一个遗址后面就是一段史实，就是一个故事，很感人。《中国西部地区抗战遗址图说》一书的调研涉及10个省，考察了500多处遗址，跨地区很广，涉及的领域很宽，确实非常有价值。这体现了我们当代史学研究学者对抗战文化研究的责任与担当。我今年也在主持编撰《中国·四川抗战文化研究丛书》工作，计划编30本，今年出版10本，《四川抗战遗址调查研究》也是我们这套丛书中的一本。看了李所长编的《中国西部地区抗战遗址图说》，很有启发，里面收有几十处四川抗战遗址，对我们的工作有一定的帮助。

上海交通大学人文学院张中良教授说：“刚才说到各地抗战遗址的重要性，郝老师说为什么把内蒙古放在前面，我认为这是因排列的顺序标准不太一致。现在内蒙古放在第一位，那么重庆为什么放第二位？如果中宣部说，我们中共在九一八事变后的1931年底就发表了宣言，为什么不把中共管辖的陕北边区放在第一位？所以按抗战时间顺序来排恐怕有一些争议，按照区域也不太好，排列要有一个统一的标准。目前的状况我认为是编辑的技术问题。没有什么具体的标准。这里我想说的意见主要是，我们做抗战史研究的，可以分作两类，一个是搞抗战遗址发掘和保护，一个是做文献研究，我是搞后面一部分的。缺乏实地调研意识和资料，是做文献研究的人的一个缺陷，在高校和研究机构里很多人都有这种情况。将来应该把这两股力量结合起来，两方面的资源共享，互相协作研究。搞文献研究的应该借鉴文物研究，搞文物的这支队伍也应该借鉴搞文献研究的成果，将来可以有更多共同的研究。在研究中，学者们还可以放大视野，将整个中国的抗战遗址进行考察、整理、研究，将呈现更为全面、客观、真实的历史，更有益于后辈对历史的认识。

山东师范大学黄万华教授说：讨论抗日战争这段历史，开展抗战史和抗战文化研究，我们还应该更开放些，比如进一步利用中国台湾和海外的资料，联合台湾学者和国际学者开展相关专题研究，等等。昨天香港的一家媒体刊出了一位台湾人士发表的公开信，他说：还原抗战历史真相会赢得两岸人民的掌声。他提出了几点建议，一是联合台北、北京以及日本和全球的二战历史学者，根据各方所提的资料，公开研讨论证抗战历史真相，达成共识。第二，重庆为抗战陪都,应在重庆建造抗战纪念馆,并恢复抗战胜利纪念碑。第三,在重要的抗战战役地点建造抗战纪念馆作为爱国教育基地。第四,恢复各地已被拆除的一些抗战建筑如纪念碑等。还提到欢迎大陆学者到台北中正纪念堂参观抗战历史展览。这里所说的几点,不少是可以做的,如第一点、第三点。什么时候海峡两岸都能够坦诚把自己的资料拿出来共同谈论,对抗战历史问题的认识就比较容易贴近了。

在对抗战遗址保护的办法上,一些年轻的学者也给出了创新性的建议。八路军桂林办事处纪念馆馆长助理万玉琴女士提出"互联网+"的概念为抗战遗址的保护提供了新思路,比如微博与微信的抗战遗址保护工作的传播,比如电子地图对抗战遗址的标注等,都是一种通过互联网方式让更多受众了解历史的渠道。广西大学艺术学院欧阳宜文副教授也提出向新一代的年轻人去普及抗战文化,需要考虑到新一代年轻人审美观念和审美的口味,用适合的视觉传达方式去影响他们,比如说微信,它不只是建一个公众号的问题,在建了公众号之后还应该有相应的内容跟进,比如设计出一系列给他们讲故事的方式。可以采用动漫等生动的形式。再一个是将抗战遗址与当代人的现场体验结合起来,使年轻人从身体到精神更直接地感受战争。因此,对于抗战遗址我们除了保护,还需要进一步思考如何普及和教育年轻一代不忘历史、珍爱和平。

《新文学史料》编辑部刘伟编审表达了帮助编辑抗战史料和新文学史料的心愿。他说:"我是做新文学史料编辑工作的,编辑是杂家,在座的都是专家,我们作为编辑是为他人作嫁衣裳的。刚才看到这本书,几位老师们也说了很多这本书的价值,这里面的确有不少新史料。我在这里想表达一个意思,在座的很多老师跟我们杂志也都有过合作,以后不光是抗战史料,只要是跟现代文学史料有关系的,不管是文章或者是书都可以跟我们联系,我们也希望提供一个平台给大家把更多好的成果发布出来。我就表达这个意思,谢谢大家。"

广西大学艺术学院教授张明学在会上介绍了他开展抗战时期桂林美术活动的研究情况。

研讨会请重庆社会科学院文史研究所原所长张凤琦研究员作总结,她说:这个会是讨论式的会议,我就谈点感想,就当是发言。我讲两个问题,一个是对这本书的一点感受,二是对大家的发言做点归纳。

第一,有人说,内蒙古本来属于华北,这本书为什么把内蒙古纳进来,而且放在最前面。我觉得作者可能是考虑西部大开发把内蒙古纳进来了,所以谈西部地区,可以包括内蒙古。看了书中内蒙古的那些抗日遗址,不少是战场遗址,我感觉还是很震撼的。因为这一段历史是抗战前期的长城抗战和抗战后期的苏军出兵进入东北的与日军作战,是令人震撼的历史遗址。在我们的西部抗战遗址研究当中,这样的遗址还真的不多,所以这批遗址有它的珍贵性在里面。而且,书中披露的一批战场遗址,展示了当时的战场场面是什么样的状态,这也是非常珍贵的。以前我们所看到的大后方抗战遗址绝大多数都是机构、企事业单位或者是外交机构等,重庆就基本是这类遗址。而像内蒙古这样的战场遗址,在这种空旷的原野上还能够找到战争的痕迹,这样的遗址真的不多了。所以我觉得这本书真的很有价值,给我们开阔了视野,提供了一些新的研究思路。当然这只是一个阶段性成果,还有些粗糙的地方和匆忙的痕迹,这是可以理解的。这是我对这本书初步的印象。

第二,按照会议布置的任务,对大家的发言做些归纳概括,谈点体会,谈不上是总结。今天的学术研讨会规模不大,20 人左右,但是大家谈得很深入,交流起来很直接也很方便,所以自始至终这个会场显得很热烈,相互的讨论甚至还有一些观点的碰撞,我觉得气氛很好。整个会有 13 位学者作了发言,大致有下面一些内容:

一是大家相互之间交流信息,介绍了各地抗战遗址保护和利用的情况。有广西的、重庆的、云南的、上海的,等等,谈了现状、问题,也谈了一些保护的经验,很有启发意义。二是李建平、王建平、文丰义三人介绍了他们做这次调查和撰写这本图书的一些经历、体会和感悟。特别是王建平谈到他到遗址去调研、拍照片的一些惊险经历,让我们知道了调研工作的艰难。如果是在重庆,调研机关遗址、企事业单位的遗址、名人故居之类,相对来说都是比较好去的,拍摄照片也相对容易些,而他们到西部地区,一些战场遗址是很荒凉的地方,要取到第一手材料真是不容易的,我们由此了解了西部抗战遗址的又一方面的信息。三是对如何开展抗战遗址保护工作提供了一些很好的建议。重庆、上海、云南、广西的学者都提出了很具体的建议。还有两位年轻学者提到用现代媒体的方式来推进学术研究的问题。四是相互之间发生了比较好的学术碰撞,一些发言有很多前卫的思想或者是很深入的一些思考,引起我们的共鸣,使整个学术讨论进行得很深入。五是对抗战史研究的一些问题进行了一定的探讨,比如说张中良教授谈到了我们搞文献研究的和搞田野调查的学者之间要互相借鉴,黄万华教授谈到了开放性研究,两岸学者携手共同开展抗战史研究等,这些观点,都是从事这方面研究的学者需要进一步思考的问题。六是刚才有同志谈到抗战历史与中国现代性之间的关系,我觉得这个问题提得很好,今天只是个开头,值得我们今后进一步思考。

出席会议的还有广西师范大学黄伟林教授,广西桂林博物馆盘福东研究员,接力出版社编辑、广西抗战文化研究会副秘书长陆璎、广西艺术学院讲师、华中师范大学新闻与传播学院博士研究生宋泉、广西社会科学院文化研究所任旭彬副研究员和广西大学研究生等。

8月29日上午,与会专家学者在南宁考察了昆仑关战役遗址,下午乘动车到桂林。30日,专家们在桂林考察了八路军桂林办事处旧址暨纪念馆、桂林保卫战八百壮士墓暨殉职三将军墓、美国飞虎队桂林机场指挥部旧址、李宗仁故居、丰子恺故居等抗战遗址和抗战文化人故居。专家们对广西抗战遗址现状提出了看法和保护性建议。

作者简介:

宋泉,华中师范大学新闻与传播学院博士研究生,研究方向为传播学。

陆璎,接力出版社编辑,研究方向为抗战音乐史、民族民间音乐艺术。

本刊聘请罗存康、苏宁、文丰义、杨绍军为编委会委员

在2015年8月28日召开的《抗战文化研究》编委会工作会议上,经过与会9位编委的协商讨论,并电话征询部分未到会的委员的意见,一致同意聘请4位学者为《抗战文化研究》辑刊编委会委员,他们是:中国人民抗日战争纪念馆副馆长罗存康研究员、四川省社会科学院文学研究所所长苏宁研究员、八路军桂林办事处纪念馆副馆长文丰义研究员、云南大学杨绍军教授。《抗战文化研究》辑刊编委会现有主任、副主任和委员共22名。

(李建平)

后　记

《抗战文化研究》第十辑又编定送交广西师范大学出版社了。本辑文章32篇，作者来自全国13个省市自治区（含解放军），稿源分布情况是：北京（3篇）、重庆（4篇）、上海（3篇）、四川（1篇）、江西（1篇）、广东（2篇）、江苏（1篇）、浙江（1篇）、山东（1篇）、天津（1篇）、湖北（1篇）、解放军（1篇）、广西（13篇）。本辑中的论文均为首次公开发表，有的是国家社科基金项目和省部级社科课题。本辑内容仍很丰富，选题亦新，许多文章值得一读。去年召开的《抗战文化研究》编委会工作会议，许多学者在会上发表了很好的办刊意见和学术新见，本辑发表了会议纪要，值得关注。

根据2015年8月28日本刊编委会会议讨论意见，自本辑开始，栏目有所调整，敬希投稿作者注意。

感谢广西师范大学出版社精心编排出版，尤其要感谢责任编辑在出版工作中付出的辛劳。广西社会科学院资助出版，在此致以深挚谢意。衷心感谢阅读和关心本书的各位读者，欢迎来函来电指导。联系方式详见《征稿启事》。

编　者

2016年7月30日

征稿启事

《抗战文化研究》辑刊以抢救和保存中国抗战文化和世界反法西斯文化遗产,弘扬抗战精神,促进中国抗日战争史、世界反法西斯战争史学科建设和当代先进文化建设为宗旨,反映和研究中国抗日战争(1931—1945)和二战时期中国大陆、港澳台地区和东亚各国的文化史实、文化艺术成果、文化运动和文化思想流变,汇集今人的学术成果,尤其欢迎有关中国各地和东亚各国抗战文化遗产调查抢救开发的调研报告。

《抗战文化研究》每年出版一辑,当年5月31日截稿,广西师范大学出版社秋季出版。主要栏目有:思潮与运动(有关爱国抗战思潮和抗战文艺、文化运动的研究);人物研究(有关抗战人物思想事迹研究)、文本论析(作家作品研究);抗战艺术研究、区域文化研究(抗战时期各区域文化现象研究);文化遗产保护(抗战文化遗产的现状调查及其保护开发研究);史料研究(文本、档案、图片、手迹)等;也发表学术会议综述、学术新著评介、研究机构介绍、研究成果汇编等。

来稿以8000~10000字为宜,文章请按学术论文规范格式行文,包括以下要素:文章标题、作者姓名、摘要、关键词、基金项目、作者简介、正文、注释、参考文献、联系地址和电话。会议综述、书评等非论文不需摘要和关键词。文章请用word软件排版,注释请用脚注(页下注)。文稿、照片均请用E-mail发到主编邮箱:ljp0123456@sina.com。发表后酌付薄酬。

编辑部地址:中国广西壮族自治区南宁市新竹路5号广西社会科学院文化研究所,邮编:530022,电话:0771—5865620(办)。

《抗战文化研究》编辑部

关于稿费支付的声明

为适应我国信息化建设，扩大知识信息交流渠道，《抗战文化研究》已送中国学术期刊（光盘版）电子杂志社“中国知网”（CNKI）全文数据库收录，其作者文章著作权网络使用费与纸质版稿酬由广西抗战文化研究会一次性给付。凡作者向《抗战文化研究》提交文章发表之行为即视为同意我社上述声明。如作者不同意文章被收录，请在来稿时声明，本编委会将做适当处理。

《抗战文化研究》编委会